Lausanne

CAPITALE OLYMPIQUE

Une aura particulière plane sur la Riviera suisse, et Jean-Jacques Rousseau sera d'ailleurs le premier ambassadeur « touristique » dès 1761 à partager la magnificence des paysages dans son œuvre *La Nouvelle Héloïse*.

Offrez-vous le plaisir d'un plongeon au cœur des vignes du Lavaux classées au patrimoine mondial de l'Unesco ; une gorgée de romantisme en voguant sur les eaux douces du Léman ; une séance sous les projecteurs au Montreux Jazz Festival ou au Comedy Festival ; une note de culture dans l'un des nombreux musées et galeries d'art et une vague de gourmandises entre Papet vaudois ou perches du lac… À moins de quatre heures en TGV de Paris et facilement accessibles depuis l'aéroport de Genève, Lausanne et la Riviera se révèlent donc être une destination aux multiples facettes. La région brille de beautés naturelles et architecturales qu'elle tente de conserver et de sublimer. Pour profiter pleinement de toutes ces richesses, on apprécie d'ailleurs les pass transports et musées cantonaux, offerts par les hébergeurs, qui facilitent les visites et font bénéficier de gratuités. La capitale du canton de Vaud, Lausanne, est animée et cosmopolite. Montez et descendez les escaliers, agrippez-vous dans les métros et funiculaires ou perdez-vous dans les ruelles escarpées… Lausanne et ses trois collines déroutent, alors laissez-vous désorienter ! Sous ses allures de petite ville de province, elle cache un dynamisme digne d'une grande métropole. En mouvement perpétuel, elle est connue pour son ambiance estudiantine et ses lieux de sortie vibrants et originaux. Ça bouillonne d'énergie et d'innovation. Berceau de l'olympisme, elle est aussi le siège du Comité international olympique depuis 1915 et le quartier général de nombreuses fédérations sportives. Bienvenue à Lausanne !

Retrouvez cette offre en page 22

SOMMAIRE

© HENRYK SADURA - SHUTTERSTOCK.COM

Bateau à roues à aubes sur le Léman. © FRANK CORNELISSEN - SHUTTE

© JEROME ROMME - SHUTTERSTOCK.COM

117 (SE) FAIRE PLAISIR

Objets traditionnels, artisanat local ou appareils technologiques à bas prix, on vous offre de bonnes raisons pour rentrer la valise pleine.

© BOBEX-73 - SHUTTERSTOCK.COM

ade dans le Léman à Lausanne. © BECKY WASS - SHUTTERSTOCK.COM

125 BOUGER & BULLER

Ici plus qu'ailleurs, on sait bien profiter de la vie et se détendre. Voici tous nos bons plans pour découvrir la ville autrement.

© DANIELE MEZZADRI - SHUTTERSTOCK.COM

131 SORTIR

Lausanne vit de nuit comme de jour. Des petits bars cachés dans des ruelles aux boîtes de nuit les plus fréquentées d'Europe, on vous promet de grosses soirées.

Les quais fleuris de Montreux. © PHILIPPE GUERSAN - AUTHOR'S IMAGE

139 LA RIVIERA SUISSE

Vevey, les terrasses de Lavaux, Montreux ainsi que d'autres perles de la riviera vous tendent les bras pour une ambiance méditerranéenne.

La Riviera suisse. © ROSSHELEN - SHUTTERSTOCK.COM

213 ORGANISER SON SÉJOUR

Tous nos conseils futés pour organiser votre voyage en toute confiance et vivre pleinement votre séjour, sans vous préoccuper d'argent, de santé ou de visa.

QUAND Y ALLER

JANVIER

-3° / 2°

SWISS EXPO
Un salon professionnel agrotechnique, avec élevage et concours international de bovins, qui existe depuis plus de vingt ans.

$

FÉVRIER

-2° / 5°

$

MARS

1° / 10°

BOURSE DE MINÉRAUX ET FOSSILES
Ce salon est une véritable mine d'or pour découvrir les richesses minéralogiques et fossilisées en provenance de la terre.

$

JUILLET

14° / 25°

PALÉO FESTIVAL NYON
Un credo simple : sept jours, sept nuits et sept scènes pour plus de 200 artistes, entre découvertes et stars interplanétaires !

MONTREUX JAZZ FESTIVAL
Le festival qui fait rayonner Montreux dans le monde entier réunit plus de 220 000 personnes chaque année. Réservez bien en amont !

$ $ $

AOÛT

13° / 24°

ACRO SHOW
L'Acro Show est le plus grand événement européen de vol libre acrobatique qui réunit plus de 30 000 spectateurs chaque année.

$ $ $

SEPTEMBRE

11° / 20°

$ $

De juin à septembre, les températures agréables de la saison estivale favorisent une grande variété d'activités de plein air. Si vous visitez la Suisse au printemps ou en automne, vous éviterez bien sûr les foules de touristes et pourrez bénéficier de tarifs plus avantageux dans les hôtels. En revanche, pensez à prendre un parapluie ! Pour profiter des sports d'hiver, la saison débute à la fin du mois de novembre et s'achève avec la fonte des neiges, au début du printemps.

AVRIL

4° / 15°

CULLY JAZZ FESTIVAL
Le jazz est à la fête durant neuf jours dans le village de Cully, avec près de 140 concerts prestigieux et divers événements.

$

MAI

8° / 19°

CARNAVAL DE LAUSANNE
Une fête populaire déguisée, où vous pourrez défiler avec le cortège du carnaval pendant trois jours dans les rues de la ville.

$ $

JUIN

12° / 23°

LAUSANNE À L'HEURE D'ÉTÉ
De juin à septembre, Lausanne à l'heure d'été invite tous les publics à profiter de ses animations culturelles de qualité.

$ $ $

OCTOBRE

6° / 14°

LAUSANNE MARATHON

© ANNA NAHABED - SHUTTERSTOCK.COM

Un marathon populaire mais exigeant qui réunit plus de 15 000 coureurs chaque année, avec comme toile de fond le lac Léman.

$ $

NOVEMBRE

2° / 7°

LAUSANNE LUMIÈRES
Les artistes travaillent la lumière en lui donnant vie à travers des projections, des sculptures ou par une belle mise en scène.

$

DÉCEMBRE

-2° / 3°

MONTREUX COMEDY FESTIVAL
Probablement le plus gros festival d'humour à l'échelle francophone. L'assurance de se marrer, à ne rater sous aucun prétexte !

$

LES BONNES RAISONS D'Y ALLER

© SCANRAIL - ISTOCKPHOTO.COM

UN CADRE NATUREL EXCEPTIONNEL

Le lac, les forêts et les montagnes enneigées, il y en a pour tous les goûts.

UN CENTRE RICHE EN VISITES

Même les plus citadins trouveront leur compte dans le centre historique de Lausanne.

© ANNA NAHABED - SHUTTERSTOCK.COM

© STEFANOPOLITIMARKOVINA - ISTOCKPHOTO.COM

LES TRADITIONS SUISSES RÉUNIES

Toutes les images d'Épinal sont là : cors des Alpes, fabriques de chocolat et bien plus.

© VERSHININ - ISTOCKPHOTO.COM

DES NUITS ENDIABLÉES

La scène électro lausannoise attire les meilleurs DJ d'Europe.

© ANNANAHABED - ISTOCKPHOTO.COM

LES SPÉCIALITÉS FROMAGÈRES

Fondues, croûtes au fromage et autres monts-d'or chauds vous régaleront.

© ANTON_IVANOV - SHUTTERSTOCK.COM

UNE VASTE OFFRE CULTURELLE

Entre les festivals, les concerts et les musées, il y a de quoi se cultiver.

© IRISPHOTO1 - SHUTTERSTOCK.COM

UNE VILLE OLYMPIQUE

Des infrastructures sportives à chaque coin de rue ou presque.

LES BONNES RAISONS D'Y ALLER

UNE QUALITÉ DE VIE INÉGALÉE

Grâce à une urbanisation raisonnée et à un grand contrôle de la pollution.

© ANNA NAHABED - SHUTTERSTOCK.COM

© ALEXANDER CHAIKIN - SHUTTERSTOCK.COM

UN BON VERRE DE VIN

Même pour les Français, il y aura du vin de qualité à goûter.

© ANNA NAHABED - SHUTTERSTOCK.COM

PRENDRE LE TEMPS

Parce qu'ici plus rien ne presse, on peut profiter de l'instant.

LES 12 MOTS-CLÉS

#CHASSELAS

Le chasselas est la grande spécialité vigneronne locale. Ce vin blanc discret met de côté les arômes primaires typiques des vins de cépage pour laisser dominer les notes fruitées et robustes, issues des particularités de la vinification et des sols sur lesquels il a poussé, propres au canton de Vaud et particulièrement à la région de Lavaux.

#CHOCOLAT

Le chocolat suisse est une tradition que l'on ne présente plus. Cailler, Favarger, Suchard, Kohler ou Nestlé, les grands chocolatiers sont légion ici. Vous trouverez donc bien sûr d'excellents confiseurs dans le centre de Lausanne. Des chocolateries vous ouvriront même les portes de leur fabrique. Dégustation obligatoire !

© ALEXANDER CHAIKIN - SHUTTERSTOCK.COM

#DRAPEAU VAUDOIS

Le blason vaudois a été décidé deux jours après l'Indépendance, en 1803, avec comme devise : Liberté et Patrie. Ses couleurs, vert et blanc, ont pour origine le drapeau vert de la révolution vaudoise de 1798, dont la devise était : Liberté, Égalité. Le blanc symbolise l'entrée dans la Confédération helvétique en avril 1803.

#CROÛTE

La croûte ne détrône pas la fondue dans nos cœurs, mais cette sorte de welsch helvétique mérite bien que vous la goûtiez. Il s'agit d'une énorme tranche de pain trempée dans du vin blanc recouverte de gruyère – sur lequel on ne lésine pas –, le tout passé au four. Elle s'accompagne d'oignons grelots et de cornichons. Simple, mais rudement efficace !

#JAZZ

Fondé par Claude Nobs en 1967, le Montreux Jazz Festival accueille chaque année de nombreux talents du jazz, du rock et du blues. À faire absolument, ne serait-ce que pour profiter du cadre idyllique en bord de lac. La Riviera suisse n'ayant pas de difficultés à attirer les musiciens de jazz, le petit village de Cully a aussi créé son festival.

© CORRADO BARATTA - SHUTTERSTOCK.COM

#LÉMAN

Le lac est la merveille de Lausanne, que l'on peut contempler depuis de nombreux points de vue et qui ne cessera de nous surprendre par sa beauté. On peut bien évidemment s'y baigner l'été ou simplement apprécier l'étendue d'eau encerclée par des montagnes enneigée et, surtout, savourer le ciel rougissant lorsque le soleil se couche.

© LUXIANGJIAN4711 - ISTOCKPHOTO.COM

#MÉTRO

Des transports en commun divers et variés presque toujours à l'heure. En tant que Français, on en rêve, les Lausannois l'ont fait. Avec deux lignes de métro pour desservir cette petite ville, c'est plus que suffisant. En plus, les bus sont électriques depuis 1932. Alors vraiment, on ne voit aucune raison de prendre la voiture, surtout qu'il y a toujours le train pour se déplacer entre les villes.

#MARATHON

Ville olympique par excellence, Lausanne se devait d'accueillir son marathon. C'est chose faite depuis 1993, et on vous le conseille. L'ambiance est géniale, le parcours de Lausanne à La Tour-de-Peilz, sublime. En longeant le lac, vous aurez tantôt la vue sur les sommets enneigés des Alpes ou sur les collines du Lavaux. De quoi garder son énergie intacte pendant 42 km !

#PAPET VAUDOIS

Ce mets du terroir sera inscrit sur toutes les cartes des restaurants traditionnels. Sans aucun artifice, il est constitué de pommes de terre, de poireaux et de la saucisse vaudoise. Sa forte symbolique représente les couleurs du drapeau vaudois : blanc pour les pommes de terre et vert pour les poireaux. Très consistant, ce plat fait toujours plaisir.

#VIE NOCTURNE

On ne compte plus le nombre de bars et de clubs dans la ville. Après Zurich, Lausanne est la deuxième ville de Suisse considérée comme la plus intéressante et la plus riche en matière de vie nocturne. Nombreux sont les fêtards venus de toute la Suisse et même de France qui se déplacent afin d'y célébrer le week-end comme il se doit !

#RANDONNÉES

Il y en a pour tous les goûts en termes de randonnée : de la haute montagne avec les Rochers de Naye ou la dent de Jaman, des sentiers balisés tout autour de la Riviera, et même des parcours jalonnés de haltes gastronomiques, avec excursions à l'alpage dans des restaurants où vous dégusterez divers mets du terroir, dans une ambiance champêtre.

© KIEV.VICTOR - SHUTTERSTOCK.COM

#LAVAUX

La région de Lavaux et ses magnifiques vignes, classées au patrimoine mondial de l'Unesco, offrent un paysage incroyable à portée de vue. Ce dernier est tout aussi impressionnant en train, pour passer par les magnifiques villages de Lausanne et les sentiers pédestres. Surtout, ne pas oublier de s'arrêter dans une cave pour une dégustation.

VOUS ÊTES D'ICI, SI...

- Vous êtes adepte des pique-niques au bord du lac avec ses belles plages. Et vous n'hésitez pas à prendre votre planche avec vous, car le stand-up paddle, c'est mieux sur une eau calme.
- Vous triez bien vos déchets et respectez les jours officiels pour le dépôt des ordures.
- Vous abusez des « si jamais » : si jamais vous voulez faire ci, ou si jamais ça vous dit de voir ça. Aucune injonction ici, on propose, et vous disposez.
- Vous dites adieu pour dire au revoir.
- Vous attendez le feu vert pour traverser en tant que piéton.
- Vous avez déjà croisé Stan Wawrinka à la salle de sport. L'enfant du pays, tennisman mondialement connu, est d'une simplicité à toute épreuve et il n'est pas rare de le croiser dans la ville.
- Vous prenez des fondues au fromage même en plein été. Et vous variez les plaisirs avec des fondues moitié-moitié, ou à la tomate, aux champignons...
- Et surtout, vous êtes d'ici si vous n'êtes pas un *frouze* (nom donné aux Français expatriés à Lausanne).

MON LAUSANNE

par Florent CATANZARO, auteur du guide

© DR

Interview

Florent est ingénieur de formation et aventurier dans l'âme. Après avoir parcouru l'Amérique latine lors d'une année sabbatique, il revient s'installer dans sa région natale : l'arrière-pays niçois. Passionné d'écriture autant que de voyages, il commence alors sa première collaboration avec *Le Petit Futé* pour le guide sur la Côte d'Azur. En 2019, il déménage pour Lausanne, ville qu'il vous fait découvrir.

TOP 10

A VOIR / A FAIRE

Situés entre lac et montagnes, Lausanne et la Riviera suisse offrent un large panorama d'activités culturelles et sportives qu'il est possible de combiner, les distances étant très courtes. Il est par exemple très facile de vous rendre d'un point à l'autre de la région dans la journée, voire dans la demi-journée. De ce fait, les circuits à proprement parler (avec changement d'hôtels et de régions toutes les nuits) n'ont pas vraiment cours. La majorité des touristes choisissent un lieu de villégiature unique à partir duquel ils rayonnent.

© NUNO ACACIO

AQUATIS

Le plus grand aquarium d'eau douce d'Europe. Rien que ça. Un vrai retour en enfance. Même pour les plus grands. Surtout pour eux !

© SAMUEL RUBIO _ CINÉMATHÈQUE SUISSE

CINÉMATHÈQUE SUISSE

Un cinéma d'époque, pour redécouvrir le charme des petites réalisations. Et marcher sur les traces de Jean-Luc Godart...

CATHÉDRALE NOTRE-DAME DE LAUSANNE

Imposante, impressionnante. Et depuis le parvis, la vue sur toute la ville l'est tout autant.

© PHILIPPE GUERSAN - AUTHOR'S IMAGE

© PHILIPPE GUERSAN - AUTHOR'S IMAGE

ESCALIERS DU MARCHÉ

Une cocasserie urbaine qu'on adore. Montez, descendez, remontez et même redescendez ces marches ! Comme à la belle époque...

ESPLANADE ET CASINO DE MONTBENON

Esplanade magnifique pour apprécier la ville d'Evian, en face, et son imposant bâtiment inspiré de la Renaissance italienne.

PALAIS DE RUMINE

Magnifique palais, édifice imposant et abritant différents musées gratuits, ainsi que la bibliothèque. À voir absolument.

FONDATION DE L'HERMITAGE

Autant pour le musée que pour le parc, l'Hermitage mérite doublement sa place dans ce top. Deux fois plus de raisons d'y aller.

ROLEX LEARNING CENTER

Un monument d'architecture moderne. Laissez-vous surprendre par sa grandeur, ses courbes, ses espaces vitrés… Unique, à voir !

MUSÉE OLYMPIQUE

Il y a les amoureux du sport et les autres. Mais tous se retrouveront dans ce magnifique musée qui unifie le corps et l'esprit !

TOUR DE SAUVABELIN

Combien de fois suis-je monté en haut de cette tour pour observer le magnifique panorama… Faites de même, vous ne serez pas déçu !

TOP 5

SE REGALER

Si l'on ne peut s'empêcher de penser fondue et raclette lorsqu'on s'imagine les plats suisses, détrompez-vous ! Fredy Girardet, désigné « cuisinier du siècle », fut le premier à propulser Lausanne comme ville de la gastronomie. Et de nombreux restaurants de la région sont couronnés d'étoiles.

CAFÉ DU GRÜTLI

Spécialités typiques, décor atypique. Surtout lorsque les cabines de ski prennent place sur la terrasse en plein hiver !

© VANESSA JEANNERET

100

© EGI – STOCK.ADOBE.COM

99

ABYSSINIA

Restaurant éthiopien en plein Lausanne, déroutant mais excellent ! On y découvre des plats originaux… Et on mange avec les mains !

© EGI – STOCK.ADOBE.COM

109

LE CHALET SUISSE

De délicieuses fondues, dans un chalet suisse avec terrasse pour apprécier toute la ville. Typique autant que folklorique !

BRASSERIE DE MONTBENON

Pour un verre ou partager un plat. Mais surtout, pour profiter de la beauté historique des lieux… À voir autant qu'à déguster !

© MICHEL BONVIN

104

© PINTE BESSON

103

PINTE BESSON

Le plus vieil établissement de la ville. Historique, gastronomique, pour comprendre l'essence d'une «pinte» ou bistrot lausannois.

TOP 5

FAIRE UNE PAUSE

Entre une dégustation de chocolats et une fondue, comment ne pas résister à la tentation de boire un verre ? Tant mieux, les bars sont légion ici, et nous vous avons sélectionné les meilleurs pour vous divertir ou profiter d'une belle vue.

© DR

115 LE LAPIN VERT

EN PHOTO

Un bar comme on aime, qui sent l'alcool et la transpiration, mais qui déborde de charme et de bonne humeur. Ambiance garantie !

116 LES GOSSES DU QUÉBEC

Un petit goût de Canada à Lausanne. L'accueil est génial et la bonne ambiance dure jusqu'au bout de la nuit. Idéal pour s'amuser.

113 BLEU LÉZARD

Bistrot bonne ambiance, avec terrasse conviviale, cuisine raffinée, cocktails de qualité. Et une cave, pour prolonger la soirée.

114 THE GREAT ESCAPE

Une véritable institution à Lausanne, aussi bien pour boire une bière en terrasse que pour s'enflammer jusqu'au bout de la nuit.

116 DAMAS

Un lieu mixte qui fait toujours partie de la scène alternative, bien qu'il soit connu de tous aujourd'hui (ou presque).

TOP 5

(SE) FAIRE PLAISIR

Faire du shopping à Lausanne est une attraction que l'on n'imaginerait pas à portée de toutes les bourses… Et pourtant, on n'est jamais au bout de nos découvertes. Parmi toutes les boutiques traditionnelles (montre, maroquinerie, couteaux), d'habits, de montagne, voici nos coups de cœur.

EN PHOTO

120 MARCHÉ ALIMENTAIRE DU CENTRE-VILLE

Haut en couleur et plein de bonnes spécialités, il se tient deux fois par semaines, vous ne pouvez pas le rater.

122 ART SUISSE

Pour découvrir l'authentique Art suisse et rapporter de beaux cadeaux à vos proches, c'est ici qu'il faut faire un tour !

119 CARAMEL BEURRE SALÉ

Un concept store inédit et complet : vêtements grandes tailles, accessoires de mode, boutique pour la maison… Et coiffeur !

121 COUP DE CHAPEAU

Un coup de cœur pour ce coup de chapeau. De belles pièces, authentiques et originales, qui raviront les connaisseurs mais pas que.

123 LIBRAIRIE UNIVERS

Un mélange entre une librairie d'époque et une galerie d'art. Pour retrouver le doux plaisir de fureter dans les rayons.

TOP 5

BOUGER / BULLER

On ne s'ennuie jamais à Lausanne, ville où les activités sportives et culturelles fleurissent à chaque coin de rue. On se baigne dans le lac, on peut aussi y faire du stand up paddle. Et on n'hésite pas à partir pour une balade à vélo ou une randonnée entre deux visites.

129 VAUDOISE ARENA

Idéal pour la pratique du patinage, avec une patinoire intérieure et une autre extérieure. Les spectacles proposés sont splendides.

127 CENTRE NAUTIQUE UNIVERSITAIRE

Ouverts à tous les amoureux de la glisse, voilà un bel endroit pour profiter de la majorité des sports d'eau à petit prix !

128 PEDALINO

Le stand up paddle, vous connaissez ? Et avec votre chien, ça vous paraît faisable ? Nous non plus, avant de découvrir Pedalino !

129 SKATEPARK HS36

Le temple du bonheur à roulettes, comme les habitués aiment le décrire. On n'a pas trouvé mieux pour parler de ce lieu !

127 BELLERIVE-PLAGE

Un cadre idyllique pour passer une merveilleuse journée ensoleillée et en famille, avec en plus des infrastructures de qualité.

TOP 5

SORTIR

Le soir à Lausanne, la ville s'anime, gagne en effervescence. Et les files commencent à se dessiner à l'entrée des clubs. De nombreuses discothèques pourront vous attirer tant la qualité des DJ est au rendez-vous. Mais il serait dommage de ne s'arrêter qu'à ça : la scène alternative est tout aussi réputée.

LE MAD

Dès que minuit sonne, c'est ici que tout se passe ! Le Mad accueille les bons DJ du moment et organise de belles soirées à thème.

© JULIEN VILLARD

© FGI – STOCK.ADOBE.COM

D ! CLUB

Un bon gros club sur plusieurs étages, qui fait la part belle aux plus grands DJ du moment, tels Steve Aoki, Crookers, Busy P…

© CAVE DU BLEU LÉZARD

CAVE DU BLEU LÉZARD

Une cave conviviale pour des soirées branchées, alternant aussi bien entre les moments ludiques, les concerts ou la danse.

LES DOCKS

Grande salle de spectacle, qui propose un large choix musical toujours très qualitatif.

© LNPIXELLE PHOTOGRAPHY

© MARC VANAPPELGHEM

OPÉRA DE LAUSANNE

Une véritable œuvre d'art en plein centre-ville. Sa grande salle rénovée accueille une belle variété de spectacles lyriques.

© LAUSANNE PALACE

TOP 5

SE LOGER

Du palace centenaire aux établissements plus modestes, Lausanne propose un large éventail d'hôtel pour se loger. La qualité du service sera souvent au rendez-vous, de même que la propreté et le souci du détail que l'on retrouve dans des chambres souvent agréables et joliment décorées.

226 LAUSANNE PALACE

LE palace de la ville. À visiter, ne serait-ce que pour profiter de ses installations bien-être. Ou simplement pour sa superbe.

226 HÔTEL DU MARCHÉ

Une décoration travaillée, pour une ambiance soignée. Le style de l'hôtel familial comme on aime, en plein cœur de la ville.

229 LOFT BERNALDO

Un beau loft, rien que pour vous. Ou pour les 6 amis qui vous accompagnent. Idéal pour se sentir chez soi… Mais chez les autres !

228 CAMPING DE VIDY

Emplacement idéal, prix très raisonnable, plage à quelques minutes à pied... Et de bonnes crêpes ! Que demander de mieux ?

228 CHÂTEAU D'OUCHY

Magnifique château, raffiné et élégant. Il mérite le coup d'œil, pour son architecture, sa piscine extérieure, et sa terrasse.

ALLO ?

Le Natel est le terme générique désignant en Suisse, comme au Lichtenstein, le téléphone portable. Les indicatifs des téléphones portables sont les suivants : 076, 077, 078 ou 079. Pour appeler depuis la France vers un portable suisse : 0041 + l'indicatif sans le 0 (soit 76, 77, 78 ou 79) + sept numéros.
Plusieurs opérateurs suisses proposent des cartes SIM (une carte coûte en général 20 CHF, crédit de communication compris). Ce peut être une bonne solution si vous comptez appeler souvent sur place ou si vous voulez avoir un numéro suisse pour être joignable sans passer par votre opérateur habituel.
Si vous avez un téléphone portable français, sachez qu'en vous rapprochant du lac (et donc d'Évian), vous pourrez très bien capter les réseaux Bouygues Télécom, SFR et Orange.
Sinon, attention aux frais d'itinérance ! Même si depuis le 15 juin 2017, les frais d'itinérance n'ont plus cours dans les vingt-sept États membres de l'Union européenne, la Suisse n'en fait pas partie ! Vérifiez donc bien ce que propose votre opérateur car les conditions peuvent être différentes pour la Suisse et les surprises très mauvaises ! Par exemple, si votre forfait est valable uniquement en France et en Europe, l'utiliser en Suisse aura un coût supplémentaire. On ne vous conseille donc vraiment pas de l'utiliser dans ce pays à moins que votre forfait précise noir sur blanc qu'il est valable en Suisse.

ACCESSIBILITÉ

Malgré les pentes et les ruelles pavées, Lausanne et la Riviera suisse sont un véritable modèle à suivre en matière de structures adaptées aux voyageurs handicapés. Depuis les transports en commun, l'accès aux musées, en passant par les restaurants et autres excursions, une personne handicapée pourra voyager dans des conditions très confortables.

- **Pour en savoir plus sur l'accessibilité au quotidien,** rendez-vous sur le site sur le handicap et la mobilité : www.myhandicap.ch/fr/mobilite-handicap/train-et-mobilite/

URGENCES SUR PLACE

Le premier numéro d'urgence à appeler en Suisse, comme dans le reste de l'Europe, est le 112. Vous pouvez le composer dans tous les cas d'urgence, quels qu'ils soient. Sinon, pensez à un autre réflexe : contacter le consulat de France. Il se chargera de vous aider, de vous accompagner et vous fournira la liste des médecins francophones. En cas de problème

Vue sur Lausanne.

grave, c'est aussi lui qui prévient la famille et qui décide du rapatriement. Pour connaître les urgences et établissements aux standards internationaux, consulter les sites www.diplomatie.gouv.fr et www.pasteur.fr.

SÉCURITÉ

Fidèle à sa réputation de pays sûr, la Suisse offre au touriste un certain confort de sécurité. Néanmoins, depuis 2010, on assiste à des agressions et des vols à la tire dans la ville de Lausanne. Évitez les parcs de Montbenon et de Milan la nuit, car ils sont mal éclairés, ainsi que la rue de Genève (côté rue de Sébeillon), zone de prostitution où les descentes de police sont courantes. Faites aussi attention à vos affaires personnelles dans les transports publics.
Pour connaître les dernières informations sur la sécurité sur place, consultez la rubrique « Conseils aux voyageurs » du site du ministère des Affaires étrangères : www.diplomatie.gouv.fr/voyageurs. Sachez cependant que le site dresse une liste exhaustive des dangers potentiels et que cela donne parfois une image un peu alarmiste de la situation réelle du pays.

LGBTQ

L'homosexualité est très bien acceptée en Suisse. Certains lieux sont réservés à une clientèle gay, mais de manière générale, les homosexuels sont parfaitement intégrés partout ailleurs. Le mariage pour tous a été légalisé en septembre 2021 à la suite d'un référendum où les Suisses se sont largement prononcés en faveur du « oui ».

AMBASSADE ET CONSULATS

Le consulat de France n'est pas à Lausanne, mais à Genève, à l'adresse suivante : 2, cours des Bastions – 1205 Genève, et son numéro de téléphone : + 41 (0) 22 319 00 00. Alors, avant de partir, pensez à photocopier tous les documents que vous emportez avec vous. Vous emporterez un exemplaire de chaque document et laisserez l'autre à quelqu'un en France. En cas de perte ou de vol, les démarches de renouvellement seront ainsi beaucoup plus simples auprès des autorités consulaires. Vous pouvez également conserver des copies sur le site Internet officiel (mon.service-public.fr). Il vous suffit de créer un compte et de scanner toutes vos pièces d'identité et autres documents importants dans l'espace confidentiel.

POSTE

Les postes sont ouvertes, comme en France, en semaine et le samedi matin. En entrant dans le bureau de poste, n'oubliez pas de prendre un numéro. Le service rapide se nomme le courrier A et le service économique se nomme le courrier B. Pour une carte postale à destination de la France, il vous en coûtera environ 1,50 CHF pour une livraison sous deux à quatre jours ouvrables.

MÉDIAS LOCAUX

En Suisse romande, deux maisons de presse règnent sur les médias : Tamedia AG et Ringier AG. L'une comme l'autre possède des quotidiens, des hebdomadaires, des mensuels. Chaque région dispose d'un quotidien précis. Pour le canton de Vaud, par exemple, le *24 heures* est un des quotidiens les plus lus. *La Région* couvre les informations pour Yverdon-les-Bains et alentour, ou encore *La Tribune de Genève* gère Genève et ses environs. Chaque région dispose également d'une chaîne radio locale, diffusant principalement des informations des lieux concernés, ainsi que les informations internationales. Il est également aisé de se renseigner grâce au *20 Minutes*, distribué gratuitement dans toutes les villes.

petit futé
2022-2023
Lausanne
Riviera Suisse
VERSION NUMÉRIQUE OFFERTE
+ PLAN DÉTACHABLE
CITY GUIDE

DÉCOUVRIR

Bordée par le lac Léman, les préalpes vaudoises et Lavaux, la Riviera suisse est située au carrefour de trois grandes aires touristiques qui séduiront un large public. Cette formidable région connaît une vie culturelle riche et son patrimoine est au moins aussi varié que ses paysages démesurés. L'agitation nocturne de Lausanne, réputée dans tout le pays, se découvre dans ses ruelles historiques et tranche avec le calme de la région de Lavaux, dont on vous livre ici quelques clés pour la découvrir pleinement. Et même si la Suisse est surtout connue pour ses paysages enneigés, cette région vous séduira également par ses nombreux festivals et manifestations sportives en période estivale. Se rendre dans la Riviera suisse, c'est donc surtout l'occasion de découvrir un pays voisin qui saura nous charmer et nous dépayser par ses traditions et coutumes bien ancrées dans le cœur de nombreux Suisses.

LES VIGNES DE LAVAUX

Des vignobles en terrasses qui s'étalent sur plusieurs dizaines de kilomètres face à une vue sublime sur le lac Léman et les Alpes, voilà de quoi on va parler ici. Autant vous le dire tout de suite, tous les ingrédients étaient réunis pour que ce lieu soit classé au patrimoine mondial de l'Unesco. C'est le cas depuis le 28 juin 2007, et c'est une région à laquelle l'Unesco s'est intéressée aussi bien pour son histoire remontant au XIIe siècle que pour la manière dont les hommes ont su façonner, au fil des siècles, un environnement contraignant, pour le transformer en une sorte d'œuvre d'art. Mais découvrir la région de Lavaux, ce n'est pas que profiter de la beauté du paysage avec un microclimat propice à de belles balades. C'est aussi des caveaux à visiter et, surtout, des vins à découvrir ! Embarquez donc avec nous dans un tour d'horizon de ce lieu incontournable, à quelques kilomètres seulement de Lausanne.

Les terrasses de Lavaux

À partir d'Ouchy, vous commencerez à apercevoir les longues parcelles de vignes en gradins cultivées directement dans la pente, un paysage étonnant et intrigant qui sépare ces importantes agglomérations que sont Lausanne et Vevey-Montreux. En raison des pentes très abruptes plongeant vers le lac, de 13 à 43 % d'inclinaison, les vignobles du Lavaux sont donc contenus par des murs construits en terrasses. Au total, sur 898 ha, ceps de vignes et petits murets de pierre tracent de longues lignes parallèles à la route et au lac, pour atteindre 32 km de long entre Ouchy et le château de Chillon, voire un peu plus si l'on compte les débordements côté Lausanne et côté Vevey-Montreux. Là où l'inclinaison est la plus forte, la largeur des terrains n'excède pas 2 ou 3 m. Les habitations des villages sont resserrées, de manière à ne pas empiéter sur les vignes. Cet aménagement en terrasses remonterait au XIe siècle et aurait été réalisé par des moines bénédictins et cisterciens qui ont minutieusement travaillé sur cet environnement, de manière à orienter les vignes au maximum vers le soleil.

Un point d'histoire

L'histoire de Lavaux est très riche, marquée par la civilisation romaine et intimement liée à celle du canton de Vaud. Les luttes menées par les Helvètes et leur repliement, l'emprise de la maison de Savoie, la conquête et l'occupation bernoise, sans oublier la Réforme, en 1536, ont contribué à façonner les esprits et les mœurs. Mais n'allons pas trop vite en besogne : tout a vraiment commencé au XIIe siècle avec l'arrivée de moines cisterciens qui fait progresser considérablement les techniques viticoles. Ce sont eux qui prennent l'initiative de la construction de terrasses superposées, soutenues par des murets. Avec comme devise *Ora et labora*, « Prie et travaille », ils introduisent également des plants de pinot noir, tout en cultivant les plants sauvages de raisin blanc.

Jusqu'en 1900, les agriculteurs qui reprendront les vignes sont également éleveurs. Ils possèdent du bétail et quelques champs dans l'arrière-pays. À la fin du XIXe siècle, le phylloxera, sorte de puceron ravageur de vignes, sème le chaos dans tous les vignobles d'Europe et marque la fin des exploitations mixtes. C'est la greffe de cépages locaux sur des plants américains qui va permettre de remédier aux dégâts de ce parasite. Sauvée, la vigne continue de se transmettre de père en fils et aujourd'hui en fille également. Certaines familles habitent la même maison depuis le XVIe siècle ! Vous sentirez dans les villages un véritable amour pour leur terre, même chez les plus jeunes, contrairement à ce qu'on pourrait penser. Certains cependant réfléchissent à des façons de déguster le vin dans un cadre plus contemporain, tout en veillant à garder le charme de l'authentique ; ils proposent ainsi des recettes novatrices, ou encore des étiquettes décalées…

Étapes du travail dans la vigne de Lavaux

La vigne, c'est bien ce qui fait le charme de la région. Mais savez-vous comment elle est travaillée ici ? En hiver, c'est la taille des sarments (jeunes rameaux de vigne). Au printemps, lorsque la vigne a poussé, on ébourgeonne. En été, on attache, effeuillage et cisaillage. Entre fin septembre et fin octobre, viennent finalement vendanges. Les raisins cueillis sont placés dans des caissettes, qui seront entreposées à la cave. Le raisin est alors pressé et le jus extrait (le moût) passe ensuite dans une cuve où a lieu la fermentation. Sous l'action de levures, le sucre du raisin se transforme en alcool et le jus devient du vin.

Les vignes de Lavaux.

Enfin, on clarifie le vin en le filtrant et on procède à la mise en bouteilles. Les vins blancs sont généralement mis en bouteilles au mois d'avril et les rouges à la fin de l'été.

Petite particularité locale : les pentes à pic et l'espace étroit empêchent une trop grande mécanisation. La récolte est donc faite en grande majorité à la main, le plus souvent par une main-d'œuvre étrangère saisonnière. Seul un monorail à crémaillère permet de faire glisser un siège et des wagons de raisins. Sur la pente très abrupte du Dézaley, un funiculaire a été spécialement mis en place. Une chance pour les visiteurs qui peuvent se balader dans un si beau paysage !

Le vin de Lavaux

Alors finalement, que doit-on goûter lorsqu'on se retrouvera en balade au milieu des vignes ? Voici quelques éléments de réponse… La particularité de Lavaux, c'est la qualité de son vin, qualité due non seulement à la terre, mais aussi aux « trois soleils » : celui qui vient directement du ciel, celui que réverbère le lac Léman, enfin celui que les murets des terrasses ont emmagasiné sous forme de chaleur.

Par ailleurs, la grande diversité des sols et le microclimat qui y règne, très doux grâce au lac, même sur un espace si réduit, permettent au vigneron de mettre à profit son savoir-faire afin de produire une large gamme de vins. En effet, pour une même vigne, on obtiendra des vins très différents les uns des autres suivant que leur encépagement se trouve proche du lac, en bordure de forêt ou sur des terrasses soutenues par des murs épais.

Ainsi, la région viticole de Lavaux ne compte pas moins de six appellations d'origine contrôlée (AOC) : lutry, villette, épesses, saint-saphorin, chardonne et vevey-montreux, ainsi que deux grands crus : dézaley et calamin. Le plus grand cru de Lavaux est sans aucun doute le dézaley, qui est l'un des meilleurs vins blancs de Suisse. Ce vin est sec et doré, riche et racé, avec une certaine amertume (goût que le vin prend à la suite de certaines attaques microbiennes). Il est entré dans la culture suisse à un tel point qu'une image du vignoble figure au verso des billets de 200 francs.

Comme dans tout le canton de Vaud, le principal cépage des vignes de Lavaux est le chasselas, qui s'accommode bien au sol et au climat pour donner des vins secs, fruités et robustes, supérieurs à ceux qu'il fournit en France. Mais parmi les rouges, on compte aussi des pinot-gamay et pinot noir avec quelques spécialités.

© ASTRA490 - ISTOCKPHOTO.COM

Dégustation de vin à Lavaux.

Chasselas ou fendant ?

Le chasselas est donc la grande spécialité vigneronne du pays de Vaud ! Un vin blanc discret, vous dira-t-on, qui met de côté les arômes primaires typiques des vins de cépage pour laisser dominer les notes issues des particularités de la vinification et des sols sur lesquels il a poussé, propres au canton de Vaud et particulièrement à Lavaux.

Après avoir porté plusieurs noms depuis le XIIe siècle, le raisin a été le plus couramment appelé le « fendant »… parce qu'il se fend facilement sous la dent ! Après la guerre du Sonderbund, vers 1847, les Valaisans voisins se sont mis à planter massivement du « fendant » et à le commercialiser sous cette appellation. Obligés de se différencier, les vignerons vaudois ont alors décidé de donner à leur cépage le nom de « chasselas », même si, dans toute l'Europe, ce nom était alors associé à du raisin de table. Le chasselas représente ainsi 66 % du vignoble vaudois (90 % du vignoble de Lavaux) et, pour les habitants du canton de Vaud, c'est le vin d'apéritif par excellence !

Tourisme et gastronomie

En général, on visite Lavaux tout en logeant à Lausanne, à Vevey ou à Montreux, car ici, les quelques possibilités d'hébergement sont plutôt des hôtels de luxe, idéalement placés au milieu des vignes et face au lac. Certains vignerons proposent également des appartements et chambres d'hôte, mais ceux-ci ne sont pas ouverts toute l'année, il vaut mieux vous renseigner auprès de l'office de tourisme de Montreux-Vevey pour avoir leurs coordonnées. Les habitants des villages de Lavaux sont restés attachés à des valeurs authentiques et, pour accompagner un bon vin, ils se montrent exigeants en matière de qualité culinaire ! Aussi, les petites pintes nichées dans les villages proposent une cuisine traditionnelle dans de charmants décors rustiques. Plusieurs d'entre

Vignes de Lavaux.

elles possèdent une plaque *pinte vaudoise recommandée*, signifiant qu'elles sont recensées et contrôlées par l'Office des vins vaudois. La gastronomie inventive s'invite également sur des terrasses installées au milieu des vignobles et face au lac.

Balades pédestres dans Lavaux

Pour partir à la découverte des terrasses de Lavaux, on vous propose de commencer depuis Vevey, où vous prendrez le train des vignes pour Chexbres-Village (8 minutes). De Chexbres, soit vous prenez le sentier viticole pour redescendre vers Saint-Saphorin (30 minutes), soit vous choisissez une balade plus longue mais plus belle : empruntez le sentier viticole qui passe au-dessus du domaine de Dézaley, puis de Calamin (villages d'Epesses, puis de Riex) et jusqu'à Cully (2 heures). Pour le retour, depuis la gare de Cully, des trains partent en direction de Lausanne et de Vevey/Montreux.

Au cours de votre balade, n'hésitez pas à vous arrêter dans les caveaux des villages ou, si ces derniers sont fermés, à frapper directement chez les vignerons. Vous pouvez aussi atteindre Chexbres à partir de Lausanne : prenez le train en direction de Palézieux et descendez à Puidoux-Chexbres. Surtout, descendez bien à Puidoux-Chexbres, sinon vous vous retrouverez de l'autre côté du versant, dans les pâturages. Il est possible d'emprunter le sentier dès Puidoux-Chexbres, mais vous pouvez aussi prendre le train des vignes en direction de Vevey et descendre à Chexbres-Village.

Enfin, pour les plus téméraires, il est aussi possible de faire la grande traversée. Une randonnée exceptionnelle de 33 km, d'Ouchy jusqu'au château de Chillon, presque uniquement à travers les vignobles. Il faut compter 8 à 9 heures de marche. Le terrain étant assez plat, il est possible de le faire en une journée. Mais il vaut mieux vous arrêter et passer la nuit du côté de Chexbres, Saint-Saphorin ou Vevey.

Et pourquoi pas en train ou en bateau ?

Pour ceux qui ne veulent ou qui ne peuvent pas trop marcher, il existe des solutions très sympathiques : le Lavaux Express ou le Lavaux Panoramic. Ces petits trains, entretenus par des associations de vignerons, proposent plusieurs itinéraires au départ de Lutry, de Cully ou de Chexbres, d'environ 1 heure chacun. Un programme spécial inclut même une virée dans un caveau avec dégustation de vins.

Si vous souhaitez profiter d'une petite croisière sur le lac, profitez donc d'un circuit à bord d'un bateau Belle Époque. Parmi les seize bateaux de la Compagnie générale de navigation (CGN), huit sont équipés de roues à aubes et proposent un véritable voyage dans le temps sur le lac Léman. Vous avez la possibilité de vous arrêter presque à chaque point important de la rive. Vous pouvez ainsi prendre un bateau depuis le port d'Ouchy, à Lausanne, pour Chillon et visiter le château, puis reprendre un bateau et visiter Montreux, La Tour-de-Peilz, Vevey, Saint-Saphorin, Cully, Lutry et, enfin, revenir à Ouchy.

Mais au fait, pourquoi « Lavaux » ?

Le terme de Lavaux apparaît au XIIe siècle dans une bulle du pape Innocent II, qui mentionne la *vallis de Lustriaco*, « la Vaulx de Lustrie » en ancien français, ce qui signifie la « vallée de Lutry ». C'est là que l'on comprend pourquoi on ne dit pas *le Lavaux*, puisque cela donnerait « le la vallée » ! Au XIVe siècle, Aran, Riex et Villette sont intégrées à cette vallée, qui sera orthographiée Lavaux au siècle suivant.

LES GRANDES ÉCOLES

Lausanne n'a beau être qu'une ville de 140 000 habitants, elle n'abrite pas moins de onze hautes écoles regroupant environ 35 000 étudiants. Cela donne cet incroyable rapport selon lequel un Lausannois sur quatre est étudiant ! Installées aussi bien en centre-ville qu'en périphérie, près du lac autant que sur les hauteurs, ces écoles balaient toute la palette des matières attendues du supérieur : les sciences exactes et humaines, l'art, le management, les métiers de la santé, la pédagogie. Parmi tous les établissements d'excellence à la renommée internationale, nous avons choisi de vous présenter les deux principaux, l'École polytechnique fédérale et l'École hôtelière, parce qu'en plus de leur réputation ou de leur architecture avant-gardiste, les services qu'elles proposent intéresseront grandement les visiteurs de passage dans la cité helvétique.

Les sciences à l'EPFL

L'École polytechnique fédérale de Lausanne (EPFL) est une université technique, dont l'enseignement est tourné vers la science et de la technologie. Elle a été créée en 1853 sous le nom d'École spéciale de Lausanne. Aujourd'hui, l'EPFL est une institution de pointe en matière de formation, de recherche et d'innovation, et ce n'est rien de moins que le plus grand campus universitaire du pays. Situé dans un décor presque paradisiaque à l'ouest de la capitale vaudoise, en bord du lac Léman bien évidemment, ce magnifique campus a tout pour séduire les étudiants sérieux autant que les parents exigeants. Pour les visiteurs de passage, une balade en son sein vaut véritablement le détour. À chaque visite, vous risquez de découvrir un nouveau point de vue, tant il est complexe de tout saisir en un seul passage !

L'attrait international

Classée parmi les meilleures écoles technologiques (au 14e rang mondial et au 5e européen), elle dispense treize formations complètes, du bachelor au master, allant des domaines de l'ingénierie aux sciences de la vie, en passant par l'informatique. Ses cinq facultés (informatique et communication, sciences et techniques de l'ingénieur, sciences de base, sciences de la vie, environnement naturel et construit) comptaient, à la fin 2017, 10 686 étudiants ainsi que 5 996 collaborateurs (dont 343 professeurs).
D'ailleurs, si je devais reprendre des études scientifiques, nul doute que mon choix se porterait sur cette école ! Je ne serais pas le seul Français à faire ce choix : près de 125 nationalités y sont représentées et la moitié des étudiants de l'EPFL sont étrangers avec, parmi eux, 40 % de Français. Alors que ces derniers arrivaient autrefois des régions frontalières, c'est aujourd'hui de toute la France qu'ils sont originaires. Il faut dire qu'à seulement 3h40 de Paris en TGV et avec des frais de scolarité peu élevés (environ 1 000 € par année, quoiqu'il soit question de les augmenter), l'école n'en finit plus de collectionner les bons points.
Enfin, l'EPFL stimule les échanges et les émulations entre étudiants, professeurs, chercheurs et entrepreneurs, favorisant ainsi l'émergence de nouveaux projets tant scientifiques que technologiques ou architecturaux. Le plus connu du grand public est sans contexte le Rolex Learning Center.

Pause café au Rolex Learning Center

De tous les bâtiments ultramodernes du campus, le Rolex Learning Center est celui qui devrait attirer le plus votre attention. Conçu par le bureau d'architecture japonais de renommée internationale SANAA et inauguré en 2010, le centre est ouvert aux étudiants, bien sûr, mais aussi au public. S'étirant sur une surface de 20 000 m², il renferme une bibliothèque de 500 000 ouvrages, mais il offre aussi des centres d'information, des espaces d'études, des restaurants et des cafés, le tout donnant sur de magnifiques extérieurs. Le bâtiment se veut résolument novateur dans son architecture, avec des pentes douces et des terrasses ondulant autour de patios intérieurs et soutenues par de discrets mais élégants piliers. À noter que le Forum Rolex est équipé de toutes les technologies actuelles et d'une loge, et qu'il peut être réservé n'importe quel jour de l'année.

La fête à l'EPFL

En plus des bars présents sur le campus pour prendre un verre lors de votre visite, on vous conseille de noter la date pour le festival Balélec, un événement musical à l'air libre organisé par des étudiants bénévoles, qui se déroule chaque année à la mi-mai sur le campus de l'EPFL. À sa création, c'était le bal de la section d'électricité de l'EPFL (d'où son nom), mais il

© BOGDAN LAZAR - ISTOCKPHOTO.COM

Le Rolex Learning Center.

est aujourd'hui ouvert à tous. Durant un vendredi soir de folie, l'école est transformée et divisée en scènes et clubs. Accueillant plus de 15 000 festivaliers répartis sur une vingtaine de concerts lors de la soirée, le festival Balélec constitue un des plus grands festivals étudiants d'Europe. Créée en 1981, la quarantième édition du festival était initialement prévue le vendredi 8 mai 2020, mais en raison de la pandémie de coronavirus, la date a été annulée et la quarantième édition a donc eu lieu en mai 2021.

La gastronomie avec l'EHL

Après les sciences et les technologies aux bords du lac, changeons de cap pour parler gastronomie et management : l'École hôtelière de Lausanne (EHL) est la doyenne des établissements de management hôtelier dans le monde. Fondée en 1893 par Jacques Tschumi, elle a très vite acquis une grande réputation parmi les professionnels de l'hôtellerie et appartient aujourd'hui aux hautes écoles spécialisées (HES). Située au Chalet-à-Gobet, sur les hauteurs de Lausanne, cette institution forme des étudiants qui souhaitent accéder à des carrières dans l'hôtellerie au niveau international et possède toutes les installations indispensables à l'organisation d'événements. C'est d'ailleurs pour cela qu'elle propose un enseignement en français ou bien tout en anglais. Depuis sa création, l'EHL a formé plus de 25 000 cadres issus de 90 nationalités différentes. Mais surtout, l'école n'a cessé de se réinventer et de se développer pour devenir une référence internationale dans le monde de l'accueil et de l'hôtellerie. Aujourd'hui, elle est reconnue comme la première école hôtelière au monde.

Un restaurant étoilé… tenu par ses étudiants

Rénové et augmenté en 2019-2020, le campus peut maintenant accueillir plus de 2 000 étudiants. Très bien situé aux abords d'une belle forêt typique de Suisse, c'est pourtant davantage son restaurant étoilé qui risquera de vous y attirer. En effet, dans cet établissement dénommé Le Berceau des Sens, les étudiants apprennent les métiers de la cuisine gastronomique et du service, sous la coupe de chefs et de professeurs, experts dans leur domaine. Le Berceau des Sens est le premier restaurant d'application en Suisse à avoir reçu une étoile Michelin, et son rapport qualité/prix est presque imbattable dans le coin. Ouvert au public du lundi au vendredi, le midi (menus à partir de 50 CHF) et le soir (95 CHF), il est vivement recommandé de réserver.

HISTOIRE

Niché entre les Alpes, le plateau et le Jura, la Suisse jouit de sa géographie montagneuse si particulière qui lui donne sa réputation neutre et tranquille. Pourtant, la Confédération helvétique a fait des envieux et n'a pas toujours été une terre de repos. Depuis la découverte des premières habitations aux abords du lac Léman jusqu'aux récents déboires dans l'actualité, l'histoire de Lausanne est beaucoup plus mouvementée qu'on ne pourrait le croire, et pour cause : que de chemin parcouru de l'intégration à l'Empire romain de Jules César jusqu'à devenir une capitale olympique ! Tantôt cité épiscopale ou bien au cœur de la conquête bernoise, la situation de paix n'a jamais duré bien longtemps dans les siècles passés. Pourtant, c'est aujourd'hui un profond sentiment de quiétude qui nous habite lorsque nous nous promenons dans cette région. Découvrez donc avec nous cette histoire si riche qui a façonné Lausanne et le canton de Vaud.

6500 AV J.-C

Les origines sur le site de Vidy

Les premières traces de l'homme à Lausanne remontent entre 6000 et 5000 av. J.-C. environ. Sous les ruines romaines de Vidy, près du lac, des fouilles ont mis au jour une nécropole avec des objets et ossements datant de 6500 à 4500 av. J.-C. Des cités lacustres, construites sur les rivages, apparaissent dès le IVe millénaire. On estime l'arrivée des Helvètes dans la région, tribu celtique venant d'Allemagne, à 4550 av. J.-C.

© PASCAL VOSICKI - SHUTTERSTOCK.COM

Ruines de Vidy.

58 AV J.-C

Les Helvètes sont repoussés par Jules César

La première date réellement connue, 58 av. J.-C., est celle de la bataille de Bibracte. Alors que les Helvètes tentent d'émigrer en Gaule, les armées de Jules César les repoussent. Dès lors, le pays est intégré à l'Empire romain et la langue officielle est le latin. Sur les rives du Léman s'installe le *vicus* ou « bourg » de Lousonna, un nom qui dériverait de *lausa*, qui signifie « pierre aplatie » ou « dalle ». Ce serait une référence soit à un menhir de Vidy, soit au rocher de la cité.

IIIE SIÈCLE

Premières invasions germaniques

Aux IIIe et au IVe siècles, les Alamans sèment la terreur et envahissent la partie aujourd'hui alémanique de la Suisse. C'est certainement à ce moment-là que les habitants de Lousonna ont quitté la rive pour la colline de la Cité, plus à l'abri des dangers.

Vᴱ-VIᴱ SIÈCLES

Constitution de la frontière linguistique

Au Vᵉ siècle, c'est au tour des Burgondes de s'installer dans le pays de Vaud. Également issus des tribus germaniques, ils se romanisent et fondent, en 443, le premier royaume de Bourgogne, chrétien. Moins d'un siècle plus tard, il est conquis par les Francs. Le frontière linguistique se crée : les Burgondes, à l'ouest, se romanisent ; les Alamans, à l'est, conservent la langue allemande.

VIᴱ SIÈCLE

Installation des Francs et christianisation

Vers 600, l'évêque Marius (saint Maire) quitte Avenches pour Lausanne. Il est le premier d'une lignée de plus de cinquante évêques qui vont se succéder pendant près de mille ans, jusqu'à la conquête bernoise. Après un siècle sous le règne des rois francs carolingiens, la décomposition du pouvoir sous les successeurs de Charlemagne favorise la création du deuxième royaume de Bourgogne. Saint-Maurice devient alors le centre politique et religieux du royaume, mais les rois de Bourgogne confient peu à peu de nouveaux pouvoirs à l'évêque.

XIᴱ SIÈCLE

Le pays intègre le Saint Empire romain germanique

En 999, Rodolphe III fait face à une révolte des grands seigneurs du royaume et décide de s'assurer du soutien du clergé. Il fait plusieurs donations importantes aux évêques de Bâle, Sion et Lausanne. En 1011, il cède à ce dernier le comté de Vaud. En 1032, à la mort de Rodolphe III, en l'absence d'un descendant, le royaume de Bourgogne est associé au Saint Empire romain germanique. Durant les deux siècles qui suivent, aucun seigneur féodal, laïc ou ecclésiastique, ne parvient à exercer un pouvoir fort dans le pays de Vaud. C'est une période d'anarchie, durant laquelle les grands propriétaires terriens (des châteaux de Blonay, Chillon...) s'attribuent le pouvoir. Les évêques ne s'entendent pas avec les seigneurs vaudois et cette situation instable favorise les convoitises des puissances voisines.

© CGE2010 - SHUTTERSTOCK.COM

Château de Chillon.

1ᴱᴿ AOÛT 1291

Acte de fondation de la Confédération suisse

Quand Rodolphe Iᵉʳ meurt, en 1291, on ne sait pas qui lui succédera sur le trône impérial et quelle attitude ses fils adopteront. Aussi un pacte est-il conclu entre les représentants des cantons d'Uri, de Schwyz et d'Unterwald dans la plaine du Grütli, peu à peu rejoints par d'autres cantons, pour former, des siècles plus tard, la Suisse qu'on connaît aujourd'hui. Ce pacte est ainsi considéré comme l'acte fondateur de la Confédération et le jour du 1ᵉʳ août sera adopté, à la fin du XIXᵉ siècle, comme le jour de la fête nationale.

1474-1475

Siège de Lausanne lors des guerres de Bourgogne

Le pays de Vaud, savoyard et officiellement neutre, est pris entre les coups de force des Bernois, eux-mêmes menacés par les ambitions de Charles le Téméraire, duc de Bourgogne, et les troupes italiennes qui le traversent pour rejoindre les armées de Bourgogne. Une coalition antibourguignonne se crée, les confédérés déclarent la guerre au duc de Bourgogne en octobre 1474. Un an plus tard, les confédérés déclarent la guerre à Jacques de Savoie, qui soutient alors Charles le Téméraire. Berne domine presque tout le pays de Vaud, mais cette implantation au cœur du pays est lourde de conséquences. Elle sape l'autorité de l'évêque de Lausanne et celle de la maison de Savoie, qui gère de plus en plus mal le pays de Vaud.

1525

Traité de combourgeoisie avec Berne et Fribourg

Les Lausannois, sujets de l'évêque, rêvent d'indépendance. Pendant longtemps, ils trouvent une protection auprès des ducs de Savoie, mais face à leur faible pouvoir, ils sollicitent l'aide des villes de Berne, Fribourg et Soleure. Contre la volonté de l'évêque, Lausanne signe le traité de combourgeoisie en 1525. Lors des guerres de Kappel (qui opposent catholiques et protestants), les Lausannois, encore catholiques en majorité, envoient ainsi des troupes à leurs alliés devenus protestants.

1536

Conquête bernoise

En 1536, Genève, une fois de plus harcelée par le duc de Savoie, demande l'aide de la France. Berne, de peur que François Ier ne la concurrence, prend les devants et déclare la guerre au duc de Savoie. Elle prend alors les possessions savoyardes également en pays de Vaud. Ironie de l'histoire, les Lausannois, en vertu du traité de combourgeoisie, doivent aider les Bernois à conquérir le pays de Vaud.

Les Bernois prennent à Lausanne la place de l'évêque qui s'est enfui et deviennent souverains. Le pays est divisé en douze bailliages administrés par des baillis. Il ne subira pas d'occupation militaire, mais le régime bernois s'exercera jusqu'en 1798.

XVIe ET XVIIe SIÈCLES

Une situation de paix

Alors que l'Europe est souvent à feu et à sang, la domination bernoise assure au pays de Vaud une situation stable. Protestant, il accueille de nombreux réfugiés, en particulier les huguenots français, chassés par les guerres de religion durant la seconde moitié du XVIe siècle, puis, après la révocation de l'édit de Nantes, en 1685, Louis XIV forçant en effet les protestants à se convertir au catholicisme. De nombreuses familles vaudoises descendent ainsi de ces huguenots. Vevey et Lausanne accueillent également des Anglais qui avaient voté la mort du roi Charles Ier. Personne ne critique donc véritablement le régime bernois, jusqu'au manifeste du major Davel, en 1723.

XVIIIe SIÈCLE

Influences françaises

Dès la seconde moitié du XVIIIe siècle, Lausanne devient une ville de tourisme international, apparaissant dans de nombreux témoignages d'écrivains voyageurs. Rousseau promeut les paysages de Vevey et de Clarens dans ses ouvrages. La réputation du docteur Tissot, officiant à Lausanne, s'impose en Europe. À la fin du XVIIIe siècle, les idées des Lumières parviennent en Suisse. Les notions de liberté et d'égalité véhiculées en France et aux États-Unis résonnent dans le canton de Vaud.

Bonaparte accueilli en héros dans le pays de Vaud

1797

Quelques années plus tard, en 1797, Bonaparte libère le pays de Vaud et il est considéré comme un « héros de la liberté ». Parallèlement, à Paris, le Vaudois Frédéric-César de La Harpe demande aux Français leur protection contre les Bernois, afin de garantir les libertés du pays de Vaud.

Lausanne à la tête du mouvement de l'indépendance vaudoise

1798

Le 23 janvier 1798, le général français Ménard répond à cette sollicitation et, le lendemain, une assemblée représentative provisoire est créée, proclamant ainsi l'indépendance du pays de Vaud. Les baillis sont reconduits, dans le calme, à la frontière. Mais le 28 janvier, les troupes françaises envahissent la Suisse, transformant la Confédération en république centralisée à la française et le pays de Vaud en canton du Léman.

Épisode des « Bourla-Papey » : destruction des titres féodaux par les paysans révoltés

1802

Dès le printemps 1802, le Directoire helvétique manque d'argent et décide de demander aux paysans de racheter leurs droits, pourtant abolis pendant la révolution. Ceux-ci se révoltent et brûlent les archives fondant les droits féodaux. C'est l'épisode des Bourla-Papey (brûle-papiers). En juillet, les troupes françaises se retirent, laissant place à une guerre civile.

Bonaparte rétablit la Confédération des cantons suisses

19 FÉVRIER 1803

Pour sauver le nouveau régime de la Suisse et l'indépendance vaudoise, Henri Monod, préfet du Léman, appelle Bonaparte au secours du gouvernement helvétique. En 1803, celui-ci apporte son Acte de médiation qui crée le canton de Vaud et lui permet d'entrer dans la Confédération avec cinq autres cantons. Ils rejoignent ainsi treize anciens cantons et, tous réunis, ils constituent la Suisse nouvelle. Lausanne devient la capitale d'un canton souverain et le siège du gouvernement et des institutions administratives.

Congrès de Vienne et États fédéraux

1815

En 1815, le congrès de Vienne reconnaît, en partie grâce aux Vaudois Frédéric-César de La Harpe, Henri Monod et le général Jomini, qui ont plaidé la cause du canton de Vaud auprès du tsar Alexandre Ier, que la Confédération helvétique soit neutre et qu'elle compte dix-neuf cantons.

Révolution radicale et naissance de l'Église libre

1845

En 1845, la Révolution radicale, coup d'État sans heurts, apporte des transformations politiques et religieuses. Les pasteurs, en conflit avec le nouveau gouvernement, démissionnent et s'organisent en communautés religieuses. L'État tolère cette Église libre, pour autant qu'elle ne trouble pas l'ordre public. Ce n'est qu'en 1965 que les deux Églises, nationale et libre, se réuniront dans l'Église évangélique réformée du canton de Vaud.

L'ENTRÉE DU XXe SIÈCLE

Vers une Suisse neutre

À la fin du XIXe siècle, la construction de lignes ferroviaires contribue largement à l'afflux de touristes. L'homme d'affaires Jean-Jacques Mercier se voit confier la réalisation d'un projet d'infrastructure permettant un développement industriel, avec notamment le comblement de la vallée du Flon et la création d'un chemin de fer entre la gare et le Flon. En 1915, Pierre de Coubertin, qui vient de ressusciter les Jeux olympiques, installe le siège du Comité international olympique à Lausanne.

1919

Les retombées de l'après-guerre

Le traité de Versailles, à l'issue de la Première Guerre mondiale, reconnaît la neutralité perpétuelle de la Suisse en échange de l'abandon du droit d'occuper la Savoie en cas de conflit. La Première Guerre mondiale crée un fossé entre Suisses allemands, en faveur d'une victoire de l'Allemagne, et Suisses romands, qui souhaitent voir la France et ses alliés l'emporter. La période de l'après-guerre en Suisse se caractérise aussi par une volonté de renforcer les aides sociales pour le peuple.

1959

Les Vaudois accordent le droit de vote aux femmes

Après les années difficiles de la crise économique et de la guerre, la prospérité des années 1950 à 1975 transforme la vie des Vaudois : voitures, loisirs, télévision, supermarchés, etc. Ce sont les premiers en Suisse à accorder, en 1959, le droit de vote aux femmes sur le plan cantonal (elles l'obtiendront aussi sur le plan fédéral, mais seulement en 1971 !).

1960

Revendication de la neutralité

Dans les relations internationales, la Suisse garde longtemps sa place en dehors de l'ONU et de l'OTAN, et revendique une neutralité stricte. Elle devient membre du Conseil de l'Europe en 1963 et de l'Association européenne de libre-échange en 1960, créée comme un contrepoids à la CEE initiale.

1964

Lausanne organise l'Exposition nationale

En ce qui concerne la politique intérieure, en organisant l'Exposition nationale de 1964, Lausanne réconcilie la Suisse romande avec la Suisse alémanique. Dans tous les domaines, le canton de Vaud connaît au XXe siècle de profonds bouleversements. La population lausannoise enregistre un fort taux d'accroissement, avec un pic en 1973, la ville atteignant 138 000 habitants. Banques, commerces et assurances s'y multiplient, et le tourisme y est florissant.

1972

Les trois piliers

En renfort de l'assurance vieillesse et survivants (RAVS, établie en 1946 et garantissant une retraite à tout le monde), le système des trois piliers est mis en place : prévoyance sociale, prévoyance professionnelle et prévoyance individuelle.

Non à l'EEE

Au moment où le communisme s'effondre, au début des années 1990, la Suisse doit cependant faire face à une sérieuse crise économique : le chômage monte à plus de 6 %. Malgré ces troubles, l'épargne helvétique est importante, le pays possède une industrie robuste et les espaces bancaires y sont très étendus.

1992 En décembre 1992, le peuple suisse refuse l'adhésion à l'Espace économique européen (EEE). Lors de cette votation déterminante pour l'avenir de la Suisse et de l'Union européenne, le parti populiste du milliardaire Christoph Blocher, l'UDC, gagne du terrain. Le non à l'EEE a été l'occasion pour les Suisses de rappeler qu'ils jugeaient l'Union européenne incompatible avec leur démocratie directe et avec certains secteurs clés de leur économie. Cependant, les négociations avec Bruxelles se poursuivent.

Les accords bilatéraux

2000 Un nouveau cap est franchi le 20 mai 2000 : les Suisses acceptent à 67,5 % les accords bilatéraux, permettant, entre autres, la libre circulation des personnes au sein des quinze pays européens. En 2002, la Suisse adhère à l'ONU.

Adoption de la nouvelle Constitution vaudoise

2003 En 2003, le canton de Vaud adopte une nouvelle Constitution, remplaçant celle de 1885.

Daniel Brélaz est élu syndic (maire) de Lausanne

2002 ET 2006 Si la part d'électeurs UDC augmente en Suisse romande (la base électorale dominante reste toutefois en Suisse alémanique), la gauche a le vent en poupe à Lausanne, avec Daniel Brélaz, membre du parti des Verts, comme syndic depuis 2002.

Les affaires d'évasion fiscale…

En 2009-2010, la Confédération helvétique n'a jamais fait autant parler d'elle. Côté économie, elle enchaîne les affaires d'évasion fiscale de clients américains de la banque suisse UBS, puis celles de Français, dont certains sont dénoncés par un ancien employé d'une filiale genevoise de la banque britannique HSBC, et
2009 enfin d'Italiens et d'Allemands. Sous la pression des gouvernements étrangers, la Suisse fait profil bas et le secret bancaire se réduit comme une peau de chagrin. Des accords doivent être signés avec l'Autriche, l'Allemagne et l'Angleterre. En avril 2012, l'Assemblée parlementaire du Conseil de l'Europe a décidé de s'en prendre aux paradis fiscaux, en exigeant « plus de justice fiscale ». La fin du secret bancaire ?

… et les autres scandales

Fin novembre, l'adoption par le peuple d'une loi contre la construction de nouveaux minarets fait la une de tous les médias internationaux. Fin février 2010,
2009 alors que les relations entre la Suisse et Tripoli étaient déjà en crise, le colonel libyen Kadhafi appelle à une guerre sainte contre la Suisse. Face à cet enchaînement de polémiques, la plupart des analystes affirment que la Suisse, historiquement neutre, doit à présent se réinventer pour sortir de son isolement.

2011

Une économie prospère et la fin du nucléaire

Quoi qu'il en soit et en dépit de la crise économique qui touche la majorité des pays, la Suisse arrive – encore une fois – à tirer son épingle du jeu : le taux de chômage, bien que variable selon les cantons, se maintient à un niveau très bas, si ce n'est le plus bas d'Europe. Enfin, concernant l'énergie, la production d'électricité de la Suisse est assurée par des installations hydroélectriques et des centrales nucléaires. Mais en 2011, le Conseil fédéral a décidé d'abandonner l'énergie atomique d'ici 2034. Une décision bien dans l'esprit de ce pays très écologiquement correct.

2014

Un sportif vaudois sur les devants de la scène

Stanislas Wawrinka, natif de Lausanne et enfant du pays, devient le 26 janvier 2014 le premier Vaudois à remporter un tournoi du Grand Chelem (et seulement le deuxième Suisse, après Roger Federer), en gagnant la finale de l'Open d'Australie dans un duel épique contre Nadal.

© LEV RADIN - SHUTTERSTOCK.COM

2016 – 2022

Plateforme 10 : un projet ambitieux pour le quartier de la gare

Début 2016, la destruction des anciennes halles aux locomotives CFF des chemins de fer, à l'orée de la gare principale de Lausanne, marque le début des travaux de la plateforme Pôle muséal vaudois qui implique trois partenaires : le canton de Vaud, la ville de Lausanne et les CFF. Objectif de ce projet pharaonique : regrouper en un même lieu, sur près de 22 000 m², trois musées – le MCBA (musée cantonal des Beaux-Arts), le MUDAC (musée de Design et d'Arts appliqués contemporains) et le musée de l'Élysée (musée cantonal de la Photographie) – et de deux fondations – Toms Pauli et Félix Vallotton – afin de proposer, à un large public, une offre culturelle majeure tout au long de l'année : expositions, animations et activités plus ponctuelles. Ce nouveau lieu, PLATEFORME 10, ouvrira en juin 2022. Un projet à la dimension d'une capitale olympique !

Le port d'Ouchy.

LA VILLE VERTE

Bâtie sur trois collines, Saint-Laurent, la Cité, le Bourg, Lausanne regarde le Léman, plus vaste lac alpin d'Europe, et les vignobles de Lavaux. Forte d'une dénivellation de 500 m, elle abrite de nombreux parcs et jardins, qui sont autant de lieux de promenade, et pour certains, des belvédères sur les montagnes et le lac. Les mobilités douces sont favorisées, avec un réseau des transports en commun développé et des bus fonctionnant à l'énergie électrique et au gaz naturel. La ville se découvre également à pied et à vélo. Côté déchets, une fiscalité incitative a permis de réduire les volumes produits. Des actions de sensibilisation ont également été déployées pour lutter contre la pollution plastique du Léman. Le chauffage urbain par réseau de chaleur (alimenté majoritairement par les usines d'incinération de déchets) prend quant à lui de l'ampleur. Sachez aussi que Lausanne est le lieu d'initiatives participatives et accueille plusieurs festivals environnementaux.

Les parcs et jardins

La présence de nombreux jardins et parcs offre de belles découvertes. Parmi les principaux coins de nature, on citera le port d'Ouchy (p.71), la forêt de Sauvabelin, le parc Mon-Repos (p.88), le chemin de la Vuachère, le parc de Milan, le Crêt de Montriand, le parc Olympique, ou encore le parc de la plage Saint-Sulpice. Le jardin botanique, qui s'échelonne sur différents niveaux, offre des vues splendides. Véritable havre de paix, c'est aussi et avant tout un lieu dédié à la conservation des espèces et à la recherche, ainsi qu'à la diffusion des connaissances. Et puis on ne se lassera pas des promenades le long du lac Léman. La plaine de Mauvernay est idéale pour les visiteurs en quête d'escapades en forêts ou de parcours sportif. Un projet de parc naturel devrait voir le jour prochainement. Il s'agit du parc naturel périurbain de Jorat, sis sur le territoire de la ville de Lausanne. Sa vocation ? Préserver la biodiversité du seul massif forestier d'un seul tenant du plateau suisse, valoriser son patrimoine culturel, mais aussi accompagner la filière bois, accueillir et sensibiliser les publics. https://jorat.org

Des mobilités douces

La ville est desservie par les réseaux ferroviaires suisse et européen. Des liaisons directes relient Paris à Lausanne. Le réseau de transport en commun est bien développé (métro, bus fonctionnant à l'énergie électrique ou au gaz naturel). Le paiement de la taxe de séjour permet de profiter de la Lausanne Transport Card & More (LTC), qui donne le droit d'emprunter gratuitement les transports publics de l'agglomération. Outre la marche à pied, il est facile de se déplacer à bicyclette dans la ville, qui possède un système de vélos en libre service. Vous pourrez également pédaler tout autour du lac, lui-même connecté à des itinéraires cyclables européens (notamment l'EuroVélo 17).

Réduire, réutiliser, recycler

À Lausanne, la collecte sélective des déchets se fait par porte à porte mais aussi par dépôt dans des points d'apports volontaires et des déchetteries mobiles. Pour les déchets des ménages qui ne peuvent faire l'objet d'une valorisation matière, la collecte se fait au moyens de sacs taxés, c'est-à-dire achetés par les habitants. Cette mesure incite à mieux trier et à réduire ses déchets. En matière de prévention, une campagne a été menée en 2020 afin de sensibiliser les habitants à la pollution plastique du Léman, pollution qui représente environ 55 t de déchets annuels. Les déchets sauvages laissés dans l'espace public (mégots, emballages alimentaires, etc.) représentaient quant à eux 4,5 t de déchets en 2017. Afin de lutter contre cette situation, la ville a organisé une journée de sensibilisation, qui consiste à exposer les déchets sauvages collectés en un jour. Elle a aussi mis en place un système d'amende pour réprimer ce genre de pratique. Dans l'esprit zéro déchet, on voit fleurir à Lausanne des enseignes qui favorisent les produits en vrac, des magasins qui vendent du seconde main, ou encore des boîtes de dons (livres, etc.).

Des démarches participatives et des festivals

Lausanne compte une vingtaine de jardins familiaux et de « plantages communautaires », qui permettent aux habitants de produire eux-même leurs légumes. Plusieurs festivals ayant trait à l'environnement jalonnent la vie de la cité. Il s'agit du festival de la Terre, de la fête de la Forêt, ou encore de Lausanne jardins, dont certaines installations ont été pérennisées dans la ville (façade végétalisée rue de Genève ou potager urbain). Côté mobilités douces, on citera aussi Cap sur l'Ouest lausannois et le festival romand du Voyage à vélo.

ARCHITECTURE

Entre les eaux calmes du Léman et les reliefs escarpés des Alpes, Lausanne et sa Riviera invitent les visiteurs à embarquer pour un étonnant voyage architectural qui les fera remonter jusqu'au temps de l'Antiquité romaine où Lausanne était Lousonna, une prospère cité portuaire. La ville et sa région prirent ensuite un nouvel essor au Moyen Âge, comme en témoignent châteaux, églises et autres splendeurs gothiques. Le classicisme marqua également le paysage bâti, notamment dans les « campagnes », vastes demeures champêtres. Mais Lausanne et la Riviera vaudoise sont surtout réputées pour leur architecture éclectique puis résolument moderniste, ainsi que pour leurs superbes hôtels, témoins phares du tournant du XXe siècle. Depuis cette époque, elles se sont transformées en laboratoire architectural accueillant de très grands architectes venus perpétuer le dialogue entre tradition, environnement et modernité. Un voyage inoubliable, assurément !

Héritages du passé

Pour découvrir Lausanne avant Lausanne, rendez-vous dans le quartier de Vidy où se trouvent les vestiges de la cité portuaire de Lousonna, qui porte à l'époque la dénomination de *vicus*. Notez la place originale du forum qui n'est pas au centre du complexe, mais légèrement surélevé. On voit déjà combien la topographie accidentée de la ville va influer sur son urbanisme. La basilique est l'édifice le mieux préservé et donc celui à ne pas manquer. Au Moyen Âge, la ville connaît un nouvel âge d'or comme en témoigne sa puissante **cathédrale** (p.77) gothique dont on admire le massif occidental avec porche et tours, et la rose en vitrail. L'église réformée Saint-Martin de Vevey, avec son chœur rayonnant, son imposant clocher-porche et sa nef à trois vaisseaux, est un autre bel exemple de gothique. Le Moyen Âge est aussi l'époque des fortifications comme en témoigne **la tour de l'Ale** (p.82) à Lausanne avec ses murs épais et son sommet couronné de créneaux. Mais ce sont sans aucun doute les palais et châteaux qui portent le plus fièrement la marque de ce glorieux Moyen Âge. À Lausanne, le **château Saint-Maire** (p.77) impressionne par son étage défensif en briques garni de créneaux et de merlons, tout comme l'ancien évêché et la silhouette élancée de sa tour. Mais le plus beaux des châteaux reste bien sûr le légendaire château de Chillon au double visage, d'un côté forteresse médiévale percée de meurtrières et mâchicoulis et de l'autre résidence princière aux belles fenêtres gothiques. À cette architecture imposante et puissante vont succéder les lignes épurées de la Renaissance que l'on peut observer dans **l'ancienne Académie** (p.127) de Lausanne avec son imposant corps principal de 50 m de long s'élevant sur trois niveaux, ou bien encore sur la fontaine de la Justice avec son jeu ornemental fait d'arcades et de colonnes cannelées. À la fin du XVIIe siècle et au début du XVIIIe, le classicisme fait son apparition dans les grands édifices publics comme le montrent les **hôtels de ville de Lausanne et Vevey** (p.81), et surtout le monumental ancien hôpital de Lausanne avec ses pilastres colossaux. En parallèle se développent les « campagnes » ou maisons de maître avec domaine rural qui, elles aussi, se parent de frontons, pilastres et porches à colonnes. La Campagne de Beaulieu à Lausanne en est un bel exemple.

© STEVEGEER - ISTOCKPHOTO.COM

Le Château Saint-Maire.

Éclectisme et modernité

Du XIXe siècle au milieu du XXe, Lausanne et la Riviera vaudoise vont connaître une incroyable effervescence urbanistique et architecturale. La désormais capitale du canton de Vaud dépasse les limites de sa ceinture médiévale et s'étend grâce à deux prouesses d'ingénierie : le Grand Pont qui, soutenu par ses dix-neuf arches, s'étend sur près de 180 m de long, et le tunnel de la Barre, long de 56 m, dont les voûtes en plein cintre culminent à 11 m. Entre superposition et

© A G BAXTER - SHUTTERSTOCK.COM

Le Château d'Ouchy sur les rives du lac Léman.

dissimulation, Lausanne joue à nouveau avec sa complexe topographie. L'arrivée du chemin de fer va également transformer le paysage urbain et faire de Lausanne et sa Riviera une destination touristique de premier plan, les gares devenant les nouveaux palais de l'ère industrielle, comme le montrent les très imposantes gares de Lausanne et de Montreux parées aux formes élégantes du style beaux-arts. En parallèle, palaces et casinos sortent de terre devenant les nouveaux châteaux du XXe siècle, alternant entre éclectisme historicisant et style beaux-arts plus classique. Lausanne avait ouvert la voix avec son Hôtel Beau-Rivage et son décor néo-Renaissance, agrandi ensuite en Beau-Rivage-Palace néobaroque, puis ce fut au tour de Montreux avec ses deux célèbres palaces : le Fairmont Palace et le Caux Palace, tous deux œuvres d'Eugène Jost, qui impressionnent par leurs puissantes façades empruntant de nombreux motifs « néo ». On retrouve également cet historicisme dans les châteaux de la Riviera transformés en résidence privée comme au château des Crêtes de Montreux avec sa tourelle octogonale couronnée de mâchicoulis, ou au manoir de Ban à Corsier-sur-Vevey, dont on admire la façade richement décorée de pilastres, corniches et moulures. Leurs jardins portent également fièrement la marque de cet élan romantique et historiciste. Mais les plus célèbres représentants de ce courant sont sans conteste le **château d'Ouchy** (p.228) qui domine fièrement le lac de sa silhouette néogothique et le **palais Rumine** (p.82) avec ses colonnes monumentales, loggias, campaniles et galeries à la mode Renaissance florentine, tous deux à Lausanne. Les édifices commerciaux et administratifs n'échappent pas à cette mode éclectique comme vous pourrez le voir place Saint-François à Lausanne avec ses immeubles à la structure de béton armé permettant de prendre plus de liberté, notamment en matière d'ouverture et de hauteur. Ces immeubles portent également quelques motifs Art nouveau. On retrouve ces caractéristiques dans les galeries commerçantes Saint-François à Lausanne, et sur le pont Chauderon avec ses arches métalliques noyées dans du béton, ses pylônes monumentaux en pierre et ses luminaires aux arabesques Art nouveau. À la même époque se développe dans les villas bourgeoises le Heimastil, qui vise à préserver les coutumes et traditions locales, dans une idéalisation de la vie rurale. Bois sculpté, pierre taillée, fer forgé, toits en saillie, fenêtres à croisillons et encorbellements caractérisent ce style qui opère malgré tout une transition vers la modernité, notamment en matière de confort. Car paradoxalement, c'est cette même bourgeoisie friande de valeurs traditionnelles qui va offrir un terreau fertile à l'architecture moderne *via* des villas incontournables. À Montreux, ne manquez pas la villa Karma, entièrement repensée en 1904 par Adolf Loos, avec son aspect « nu », ses lignes nettes et son intérieur riche de matériaux nobles (bois et marbre). À Corseaux, la villa du Lac, créée en 1923 par Le Corbusier, est un chef-d'œuvre de fonctionnalité. Destinée à accueillir les parents de l'architecte, la maison a été pensée de façon à offrir tous les services et le confort nécessaire à portée de main. Structure en béton armée, toit-terrasse, longue fenêtre de 11 m orientée plein sud offrant un panorama unique sur le paysage… les caractéristiques de la villa du Lac seront ensuite reprises par Le Corbusier dans sa série de « villas blanches ». À Corseaux, ne manquez pas non plus la maison-atelier du peintre Italo De Grandi dont la rationalité et la fonctionnalité des volumes rappellent le style Le Corbusier. La villa Kenwin à La Tour-de-Peilz avec ses grandes baies vitrées, ses balcons-coursives et sa toiture-terrasse arbore, elle, fièrement les codes du Bauhaus.

© TRABANTOS - ISTOCKPHOTO.COM

Tour Bel-Air de Lausanne.

En matière de modernisme et de fonctionnalisme, Lausanne n'est pas en reste comme le prouvent deux des grands emblèmes de la ville : le complexe Bel-Air Métropole avec sa tour faisant office de premier gratte-ciel de la ville et Bellerive-Plage (p.127) avec ses lignes épurées et la légèreté de ses structures en verre et en béton. En matière urbanistique aussi, Lausanne innove, comme le prouve la toute première cité-jardin de la ville, la cité du Prélaz, qui suit un plan étagé en pente douce, ménageant une place ombragée au centre du lotissement composé de deux immeubles et de trente-quatre maisons mitoyennes, s'intégrant lui-même harmonieusement dans cette topographie complexe typiquement lausannoise.

De l'après-guerre à nos jours

Les années 1950-1960 sont les années des *corporate constructions*, édifices pensés tout à la gloire de la société commanditaire. Le grand représentant de cette mode est l'architecte Jean Tschumi à qui l'on doit l'immeuble de La Vaudoise Assurances avec son ossature en béton et son jeu de perspective permis par ses piliers profilés. Une sobriété et des lignes épurées inspirées de Le Corbusier que l'on retrouve dans le bâtiment administratif qu'il a imaginé à Vevey pour le compte de Nestlé. En parallèle, Lausanne continue à modifier sa *skyline* à grand renfort de tours qui empruntent aux codes du style international comme en témoignent la tour Édipresse avec sa façade-rideau entièrement vitrée et le quartier des Tours Valmont, dont les rez-de-chaussée sur piliers rappellent les Cités radieuses de Le Corbusier. À Montreux, la tour d'Ivoire opère un glissement vers le postmodernisme avec son vocabulaire architectural emprunté au nautisme. Avis aux amateurs, son appartement-témoin se visite ! Les années 1950-1960 sont également une période propice au renouveau de l'art sacré qui conserve les codes de l'architecture religieuse tout en exploitant les possibilités architectoniques du verre et du béton, à l'image de l'étonnant temple de Gilamont à Vevey avec sa toiture en voile de béton pliée comme un origami couvrant les six modules identiques organisés autour du clocher et dont les façades sont faites de dalles de verre insérées dans le béton, créant un effet kaléidoscopique saisissant. Les années 1980, elles, marquent une nouvelle phase de transformation pour Lausanne. Entre réhabilitation du patrimoine d'après-guerre et gestes architecturaux audacieux comme l'immeuble Ulysse d'Aurelio Galfetti qui multiplie les effets plastiques grâce à ses volumes cylindriques et cubiques, Lausanne se dote également de nouvelles infrastructures de transport, à l'image de la gare/station de métro Interface Flon imaginée par Bernard Tschumi (fils de Jean) dans un style résolument déconstructiviste. Autour de cette interface, le quartier du Flon continue aujourd'hui encore sa transformation, tout comme le quartier du Rôtillon qui se déploie tout en conservant son urbanisme hérité du Moyen Âge. Enfin, les amateurs d'architecture contemporaine ne manqueront pas de visiter l'École polytechnique de Lausanne qui est devenue, depuis 2010, le repère des starchitects. Dominique Perrault y a transformé l'ancienne bibliothèque en bâtiment administratif aux façades ponctuées de bandes de verre émaillé noir et coloré, l'ancienne halle mécanique en bâtiment enveloppé de volets articulés en mailles métalliques, et y a imaginé le Teachnig-Bridge, un bâtiment-pont. Le célèbre cabinet lausannois Richter-Dahl-Rocha y a créé le très aérien Swiss Tech Convention Center avec son toit en aluminium dominant un ensemble fermé entièrement de baies vitrées. L'agence japonaise SANAA a conçu le Rolex Learning Center (p.89) comme un édifice poreux dans lequel on entre et sort sans même s'en apercevoir *via* des arches, patios et portes vitrées, tandis que son toit ondulant s'intègre parfaitement au relief environnant. Une épure que l'on retrouve dans l'Artlab conçu par un autre Japonais, Kengo Kuma. Ce pavillon de bois, d'acier et de verre, à la toiture en ardoise, ondule sur près de 250 m et s'intègre harmonieusement à l'environnement. Enfin, autre espace à ne pas manquer à Lausanne, la Plateforme 10, le nouveau quartier des arts, qui accueille de superbes créations architecturales telles le nouveau musée cantonal des Beaux-Arts (p.86) pensé pour mettre en valeur les œuvres qu'il abrite. Tout un programme !

BEAUX-ARTS

Lausanne s'affirme en tant que pôle culturel à travers Plateforme 10. À quelques pas de la gare, ce projet deviendra dès 2022 le quartier des arts de la ville. Tous les courants qui attirent amateurs et collectionneurs cohabiteront dans ce lieu ambitieux. Ce n'est pas sans rappeler que Lausanne a su accueillir la collection d'art brut de Jean Dubuffet. S'il faut avouer qu'il n'est pas facile de distinguer un style typiquement suisse, on ne peut nier qu'à l'instar de Genève ou Zurich, Lausanne foisonne d'activités et d'espaces dédiés à la création. La ville, pas si sage qu'il y paraît, demeure le berceau de grands noms de l'art d'hier et d'aujourd'hui. Le lac Léman ne cessera sans doute jamais d'inspirer peintres et photographes. De leur côté, les collectionneurs continueront de renouveler leur intérêt pour le milieu culturel local. Car à Lausanne, on peut aussi acquérir de l'art à moindre coût. Avis aux collectionneurs en devenir !

Monde gallo-romain

Au cœur de Lousonna, un parcours archéologique traverse un *vicus*, une agglomération gallo-romaine mise au jour ces dernières décennies. La nécropole atteste de l'occupation du site dès le mésolithique, vers 8000 avant notre ère. Il se poursuit par le musée romain de Lausanne-Vidy (p.92) qui présente les vestiges d'une luxueuse *domus* romaine avec sa chambre peinte. Dans un cadre verdoyant près du lac, les ruines du forum signalent encore l'antique centre-ville de Lausanne. Avec un peu d'imagination, et avec l'aide des lunettes optiques mises à disposition, chacun se projette sur la place, devant la basilique et le temple voué au culte de Rome.

Entre le musée et le parc, une mosaïque à motifs géométriques embellissait jadis une demeure gallo-romaine.

Moyen Âge

La Suisse telle que nous la connaissons se divisait en plusieurs zones culturelles. La sculpture gothique, influencée par les façons en cours en Île-de-France, rayonne plus particulièrement à Genève et Lausanne. À ce titre, la cathédrale de Lausanne et son portail constituent un patrimoine inestimable. Daté du début du XIIIe siècle, ce portail témoigne d'un remarquable souci du détail. La polychromie de ses sculptures est remarquablement bien conservée. L'art médiéval de la fin du XIVe siècle entame un tournant. Le dessin se fait plus naturaliste, les thèmes se détachent du religieux. Les peintres, à défaut de disposer d'écoles artistiques suisses, partent se former dans les pays limitrophes. Certains poursuivent leurs carrières à l'étranger.

Fronton de la cathédrale de Lausanne.

© MICHAEL DERRER FUCHS - SHUTTERSTOCK.COM

Eurêka, sculpture de Jean Tinguely à Zurich.

Le paysage

La Suisse et ses chaînes montagneuses attirent très tôt les voyageurs. Dès la fin du XVIIIe siècle, les paysages enneigés deviennent le grand sujet typiquement helvète. Ainsi, Caspar Wolf (1735-1783) se spécialise en peinture de haute montagne. De même, le lac Léman inspire plusieurs générations d'artistes.

Chef de file du courant réaliste, le français Gustave Courbet (1810-1877) soutient l'action de la Commune de Paris en 1871, durant laquelle il propose d'abattre la colonne Vendôme à ses frais. Il sera obligé de rembourser les dégâts causés, et ses biens et ses toiles seront confisqués. Ruiné, il s'exile à La Tour-de-Peilz, après avoir séjourné à Veytaux, Clarens et Montreux. Il décède en 1877, dans sa maison de Bon-Port, au bord du lac, avant même d'avoir commencé à rembourser sa dette.

François Bocion (1828-1890), amoureux du lac Léman, a développé en Suisse le goût de la peinture de plein air. Après une enfance entre Lausanne, Montreux et Vevey, il étudie à Paris. Une malencontreuse typhoïde le force à retourner définitivement chez lui. Ses premières peintures illustrent des sujets historiques puis, influencé par les paysages de Jean-Baptiste Corot, François Bocion s'attache à représenter des scènes du lac Léman. Nommé professeur de dessin à l'École industrielle cantonale, il y enseignera jusqu'à sa mort.

Élève de François Bocion, Eugène Grasset est né en 1845, à Lausanne également. Influencé par un père décorateur et sculpteur, il se tourne vers le dessin puis l'architecture, avant de travailler comme graphiste. C'est lui qui a dessiné *La Semeuse soufflant une fleur de pissenlit* pour le dictionnaire Larousse.

Félix Vallotton, né aussi à Lausanne en 1865, est principalement connu pour ses gravures sur bois et ses illustrations en noir et blanc. Inscrit à l'âge de 17 ans à l'académie Julian, à Paris, il rejoint le mouvement postimpressionniste des nabis et, après son mariage, ne se consacre plus qu'à la peinture. Il s'inspirera fortement de l'horreur de la Première Guerre mondiale avant de mourir en 1925. Une fondation, consacrée à sa vie et à son œuvre, a été créée à Lausanne en 1998.

Bien que la Suisse devienne officiellement un État fédéral en 1848, un style artistique typiquement suisse n'émerge pas pour autant. La Société suisse des beaux-arts, créée en 1806, organise des manifestations itinérantes dès 1840. Ses « tournus » ont pour but de diffuser l'art sur le territoire. Néanmoins, les Suisses continuent de se former à l'étranger.

Modernité

La sculpture connaît un bel essor au cours du XXe siècle. Favorisé par les commandes de monuments commémoratifs, cet art voit s'affirmer deux maîtres : Alberto Giacometti (1901-1966) et ses figures filiformes et Jean Tinguely (1925-1991) et ses fascinantes machines. Les courants picturaux de ces décennies préfèrent se développer à Zurich ou à Bâle.

De nos jours, le musée d'Art de Pully regroupe l'art contemporain régional, émergent et confirmé. Également représenté, l'art des XIXe et XXe siècles. Les principaux fonds du musée se regroupent autour de Charles-Ferdinand Ramuz, Raoul Domenjoz, Jean Lecoultre, Jaques Berger, Albert Edgar Yersin et Marius Borgeaud, dont le musée d'Art de Pully conserve la deuxième plus importante collection, après le **musée cantonal des Beaux-Arts de Lausanne.** (p.86)

La collection du MCBA compte environ 11 000 œuvres, allant du XVIIIe siècle au postimpressionnisme, avec des œuvres majeures du cubisme et de l'abstraction vaudois. Sa réputation repose sur cinq collections phares : les fonds Abraham-Louis-Rodolphe Ducros, Charles Gleyre, Théophile-Alexandre Steinlen, Félix Vallotton et Louis Soutter.

Collection de l'art brut

Le peintre français Jean Dubuffet (1901-1985) a choisi Lausanne pour établir sa collection d'exception. Fondée en 1971, la collection se consacre à des œuvres exécutées par des autodidactes. Le château de Beaulieu du XVIIIe siècle regroupe la plus vaste collection d'art brut, essentiellement amassée par l'artiste. Le terme inventé par Dubuffet désigne des œuvres, tous médiums confondus, réalisées par des marginaux qui, sans formation et ne s'adonnant à l'art que pour eux-mêmes, laissent libre cours à leur imagination. Certains de ces artistes surprenants produisent en prison ou en hôpital psychiatrique, d'autres simplement chez eux, mais généralement à l'abri des regards. N'ayant pas de culture artistique particulière, ces hommes et ces femmes accèdent à une forme épurée de la création, un art à l'état brut. Collages, peintures, installations, dessins d'une créativité inégalable vous emportent dans des univers troublants. L'authenticité de chacune des 5 000 pièces rend la visite de la **collection de l'art brut** (p.94) inoubliable.

Art d'aujourd'hui

Dans les rues paisibles de Lausanne, le street art a su se faire une place depuis une dizaine d'années. Les artistes urbains ont recours à deux options : la rue ou les galeries spécialisées. En extérieur, les armoires électriques cédées par la municipalité sont ornées depuis 2009 par les élèves d'un centre de formation professionnelle. Plus de 600 seraient disséminées à travers la ville. Côté galeries, quelques-unes sont gérées par des street artistes qui vendent clé en main des graffs exécutés sur commande.

Des lieux comme l'Eye Food Factory sont animés par une volonté de rendre accessible l'art urbain et contemporain en général. Artistes affirmés ou émergents proposent des œuvres inspirées de la rue en séries limitées.

Sur les murs de plusieurs quartiers, on trouve un peu de tout. Celui du Flon est dans ce domaine le cœur palpitant de la ville. Même si l'élan alternatif d'autrefois s'est assagi, nombre d'activités enrichiront votre balade. Si vous partez de l'esplanade du Flon, vous ne louperez pas les murs noirs du bâtiment de Picpus couverts de statues peintes en trompe l'œil. L'ascenseur et la passerelle du Flon conduisent au passage souterrain de Chauderon orné de fresques variées. Les passages souterrains du quartier de Malley cachent eux aussi des œuvres collectives. Tons pastel et tags en noir et blanc égaient le béton de ces chemins cachés.

Autour du lac, direction le Bowl de Vidy. Les murs du skate-park regroupent de joyeux visages et des personnages comiques.

Lieux de demain

La promenade culturelle serait incomplète sans une sélection de galeries. La galerie Art & Emotion se concentre sur des artistes de renommée internationale. L'Espace Abstract, dédié à l'art contemporain, se veut un laboratoire rapprochant artistes et collectionneurs. La galerie HumuS aime dénicher des artistes décalés pourvu qu'ils suscitent de l'émotion, que ce soit à travers l'humour, l'incongruité ou encore l'érotisme. La jeune galerie Fabienne Levy ambitionne d'interroger notre société à travers des projets *in situ*. La galeriste souhaite mettre en avant des œuvres susceptibles de nous ouvrir les yeux sur le monde actuel et ses problématiques. Pour cela, elle s'est installée à deux pas du futur quartier des arts de la ville, Plateforme 10.

Le quartier culturel établi non loin de la gare sera rejoint en juin 2022 par le **musée de l'Élysée** (p.88), dédié à la photographie. Sa collection couvre toute l'histoire de la photographie, du daguerréotype à l'ère numérique, et rassemble toutes les branches de la photographie : artistique, documentaire et photojournalisme, portraits et albums de voyages. Parmi les grands photographes de Lausanne, Luc Chessex, né en 1936, a travaillé à Cuba où il a réalisé des portraits de Fidel Castro et de Che Guevara avant de rentrer au pays. Il entreprend ensuite un tour du monde qu'il documente avec son objectif. Matthieu Gafsou, né en 1981, vit et travaille à Lausanne. Cela ne l'empêche pas de développer une carrière internationale. Il commence par s'intéresser au paysage et à l'architecture avant d'aborder des sujets sociaux qui touchent à la condition de l'humain. L'exposition « H+ » révélée lors des Rencontres de la photographie d'Arles a marqué les esprits en questionnant le transhumanisme, à toutes les échelles et à travers le monde. Ses images, qui flirtent avec le genre documentaire, suivent un fil conducteur d'une portée universelle.

Envie de visiter un centre d'art contemporain grand public et convivial ? Le Club d'art contemporain (CLAC) partage ses collections d'œuvres au prix abordable avec le plus grand nombre. En prime, des débats informels et des projections invitent les amateurs de tous âges à participer aux rencontres. Un lieu dynamique où l'art vivant agit comme un trait d'union entre les populations.

Esplanade de Flon.

MUSIQUES ET SCÈNES

Lorsqu'on pense à Lausanne, il est aisé d'imaginer une bourgade somnolant au bord du lac Léman. Et pourtant… ce cœur de la Riviera suisse bat fort, vite et possède du dynamisme à revendre. Grand centre du jazz mondial, Lausanne n'attend pas le festival de Montreux pour vibrer et multiplie les événements d'envergure tels que le festival de Cully ou Jazzonze. Fait moins établi, Lausanne est également un des grands pôles européens de la danse. Refuge des artistes russes fuyant la Révolution au début du XXe siècle, elle accueille notamment Serge de Diaghilev. Plus récemment, en 1981, c'est le danseur ukrainien Serge Lifar qui s'y établit, influençant énormément la scène locale. Mais la danse à Lausanne, c'est encore et surtout Maurice Béjart, qui y fonde sa célèbre compagnie Béjart Ballet Lausanne, ainsi que Philippe Saire, un des chorégraphes actuels les plus renommés. Une ville qui bouge, dans tous les sens du terme.

Musique classique

C'est à partir de la seconde moitié du XIXe siècle que l'on voit apparaître les premières figures importantes de la musique suisse avec notamment Friedrich Hegar (1841-1927), compositeur, chef d'orchestre et violoniste à l'influence essentielle sur le développement musical du pays. À la même époque, Hans Huber (1852 -1921) joue aussi un rôle majeur en élaborant quelques-unes des premières symphonies suisses importantes dont *Tellsinfonie*, dérivée de l'histoire de Guillaume Tell, le héros national. Dès 1900, apparaissent de plus en plus de figures centrales, comme Ernest Bloch (1880-1959), compositeur proche du mouvement néoclassique, resté célèbre pour sa direction d'institutions musicales américaines (Cleveland ou San Francisco). Bien qu'injustement oublié, Othmar Schoeck (1866-1957) est, en son temps, le premier compositeur suisse à connaître une réputation mondiale.

Dans les années 1920, deux artistes suisses participent aux années folles françaises : Arthur Honegger et Heinrich Sutermeister. Le premier, Honegger (1892-1955), rejoint le fameux « groupe des six » formé par Poulenc, Milhaud, Auric, Durey et Tailleferre – sous l'égide de Jean Cocteau –, fondé en réaction au wagnérisme et à l'impressionnisme musical. Le second, Heinrich Sutermeister (1910-1995), a aussi fréquenté le « groupe des six » mais sans en faire partie et s'est inscrit dans le style néobaroque de l'époque.

Durant la seconde moitié du XXe siècle, le pays est lui aussi marqué par le dodécaphonisme, incarné ici par des figures locales de l'avant-garde telles qu'Alfred Keller (1907-1987), élève de Schönberg, ou Rolf Liebermann (1910-1999), aussi célèbre pour ses mises en scène tranchantes et sa direction de l'Opéra Garnier.

Plus récemment, c'est sans doute Klaus Huber (1924-2017), compositeur et pédagogue, qui a le plus marqué la création contemporaine du pays. Plus iconoclaste, Jacques Guyonnet (1933-2018) est l'autre grande figure de la création contemporaine suisse.

À l'échelon plus local, le Lausannois Richard Dubugnon (né en 1968) est aujourd'hui l'un des compositeurs suisses les plus joués de sa génération et l'un des plus couronnés de succès. L'autre grande fierté locale est Ernest Ansermet (1883-1969). Illustre chef d'orchestre originaire de Vevey, il fonde en 1918 l'Orchestre de la Suisse romande (l'OSR), puis se voit confier la direction musicale de spectacles des Ballets russes par Serge de Diaghilev entre 1915 et 1923, ce qui lui confère une dimension internationale.

L'OSR est devenu depuis l'orchestre symphonique le plus importants du pays. Il a été dirigé par de grands noms tels que Marek Janowski (2005-2012), NeemeJärvi (2012-2015) ou encore Armin Jordan (1985-1997), une des personnalités suisses les plus importantes de la direction d'orchestre, avec son fils Philippe Jordan (directeur musical de l'Opéra national de Paris) et Charles Dutoit (un Lausannois).

Lausanne dispose de quelques très belles scènes, dont un Opéra (au rayonnement international), le palais de Beaulieu (résidence de l'OSR) ou encore la salle Métropole, où l'on peut croiser l'Orchestre de chambre de Lausanne. À noter également, quelques événements intéressants comme Septembre musical, grand festival de musique classique conviant de prestigieux artistes, la Semaine internationale de piano et de musique de chambre, festival de haut niveau dans la somptueuse église de la Chiésaz, le festival Bach, rendez-vous articulé autour de l'étude et de l'interprétation des œuvres de Bach, ou encore Musique à Saint-Sulpice, consacrée à la musique de chambre.

Statue de Claude Nobs, fondateur du Montreux Jazz Festival.

Montreux Jazz Festival.

Jazz

La Suisse le prouve, on peut être un petit pays et occuper une grande place dans le paysage du jazz. Si la scène helvétique est aujourd'hui aussi vigoureuse, c'est parce qu'elle s'appuie sur une personnalité bien trempée, forgée avec le temps. Le genre s'introduit dans le pays durant l'entre-deux-guerres. Dans les années 1930, une scène s'y développe et le jazz suisse commence à briller hors de ses frontières, incarné par le saxophoniste Teddy Stauffer (1909-1991). Il ouvre la voie à de nombreux musiciens suisses qui vont connaître plus tard, eux aussi, un succès international. C'est notamment le cas de Sylvie Courvoisier, pianiste exilée aux États-Unis qui a enregistré avec des pontes comme John Zorn et Yusef Lateef, ou encore George Gruntz, lui aussi pianiste, qui a travaillé avec Dexter Gordon ou Don Cherry et a été pendant plus de vingt ans le directeur artistique du JazzFest de Berlin. Citons également des figures internationales de la musique improvisée telles que la pianiste Irène Schweizer et le percussionniste Pierre Favre, auteurs d'œuvres dantesques où la musique contemporaine n'est jamais loin. Aujourd'hui, c'est le saxophoniste Christoph Erbet, son jazz sombre et abstrait qui font rayonner le jazz helvétique hors de ses frontières.

Aussi, les festivals ont joué un rôle majeur dans l'essor du jazz suisse. On pense en premier lieu à l'incontournable Montreux Jazz Festival qui, depuis 1967 est devenu un rendez-vous mythique conviant la crème du jazz – et de la musique dans son ensemble. Monument suisse, une statue à l'effigie de Claude Nobs, son fondateur, a été dressée dans le parc du Montreux Palace. Quelques kilomètres plus loin au bord du lac, se tient chaque année le festival de jazz de Cully. Créé en 1983, le rendez-vous reste axé autour du jazz contemporain et propose des affiches de haut vol dans un cadre splendide. À noter également le Jazzonze+Festival, rendez-vous valorisant les musiques improvisées et le jazz contemporain. Côté club, le **Chorus** (p.135) est peut-être le meilleur en ville, et voit se croiser grands musiciens et groupes inconnus.

Danse

La danse contemporaine est une autre passion lausannoise. La ville possède de nombreuses compagnies, dont la plus célèbre est bien sûr le Béjart Ballet Lausanne. Bien que Marseillais de naissance, le danseur et chorégraphe Maurice Béjart (1927-2007) est pour tous les Vaudois une vraie personnalité d'ici. S'installant à Lausanne à la fin de son expérience bruxelloise, Béjart dissout le Ballet du XXe siècle pour créer le Béjart Ballet Lausanne. Cinq ans plus tard, il fonde également l'École-atelier Rudra-Béjart sur place, devenue rapidement l'une des écoles de danse les plus prestigieuses au monde.

L'autre grand danseur et chorégraphe de Lausanne, c'est Philippe Saire. Figure majeure en Suisse, l'artiste a créé sa propre compagnie en 1986, au travers de laquelle il a participé (et participe toujours) à l'essor de la danse contemporaine dans le pays. Auteur d'une trentaine de spectacles à ce jour, il a également fondé le théâtre Sévelin 36 en 1995, devenu un lieu majeur de la ville.

Aussi, chaque année, depuis 1973, la ville accueille le prix de Lausanne, concours international prestigieux pour jeunes danseurs. Considéré comme un des meilleurs au monde, le prix a massivement contribué à associer Lausanne au monde de la danse.

LITTÉRATURE

Lausanne a vu naître, vivre et mourir de grands noms de la littérature romande, de Benjamin Constant à Charles-Ferdinand Ramuz, de Jacques Mercanton à un autre Jacques qui fut son élève avant d'être lui-même professeur, le terrible Chessex. Sur la cité souffle un vent d'inspiration qui paraît encourager tout spécialement l'art poétique et celui du roman, un souffle qui se fait puissant par la grâce d'une nouvelle génération qui ose sortir d'un certain « carcan suisse » pour donner de la voix : Antoine Jaquier ou Quentin Mouron, pour ne citer que deux jeunes talents. Mais la ville est aussi celle qui accueille depuis 2005 le festival international de la Bande dessinée, BDFIL pour les initiés, et celle qui héberge une maison d'édition au catalogue particulièrement impressionnant, L'Âge d'homme. Dans un pays où, dit-on, il y a autant d'écrivains que de lecteurs, Lausanne reste une place forte à surveiller.

La frontière invisible

Sans toutefois crier à l'injustice en espérant qu'il est plutôt question de méconnaissance, il est tout de même notable de constater que la littérature romande reste confusément associée à la littérature française. Preuve étant s'il en faut, qui se souvient du talent d'Isabelle de Montolieu qui vécut au moment même où le canton de Vaud gagnait son indépendance sur Berne et vivait son rattachement à la Suisse ? Bien qu'une rue lausannoise porte aujourd'hui son nom, bien loin de la rue de Bourg qui la vit naître en 1751, seule la maison d'édition genevoise Zoé propose encore l'un de ses textes, *Le Serin de Jean-Jacques Rousseau*, fruit de la rencontre avec le grand homme qu'elle fit durant son enfance. Mais Isabelle de Montolieu fut également une traductrice prolixe, notamment de Jane Austen, et auteure reconnue jusque dans la capitale française où son premier roman, *Caroline de Liechtfield*, est réédité l'année même de sa parution (1786). Ce sont encore les lumières de Paris qui attirent Benjamin Constant (1767-1830) dont on oublie trop souvent les origines vaudoises, d'autant plus qu'il choisit ensuite de se faire naturaliser français. Outre ses nombreuses publications politiques, l'homme est aussi littéraire et fréquente assidûment le cercle qu'anime Germaine de Staël, dont il fut l'amant, dans son château familial de Coppet. De lui nous restent ses écrits autobiographiques, le fameux *Cahier rouge* publié à titre posthume, et un classique indémodable, *Adolphe*, publié en 1816, qui narre les turpitudes d'un séducteur incapable aussi bien d'aimer sa maîtresse que de se décider à rompre avec elle. Tandis que le XIXe siècle voit un jeune professeur s'associer à une librairie à laquelle il laissera son nom, Payot, le siècle assiste également aux travaux théologiques d'Alexandre Vinet et à ceux pédagogiques d'Henri Roorda qui, bien que Bruxellois de naissance, décidera de s'ôter la vie à Lausanne après avoir publié un dernier essai sobrement intitulé *Mon suicide* (éditions Allia). Mais l'année charnière est sans nul doute 1878 ; en effet, le 24 septembre vient au monde celui qui sera l'ardent défenseur du parler suisse romand, Charles-Ferdinand Ramuz. Sa vocation d'écrivain est précoce, soutenue par sa mère et encouragée par le confort dans lequel vit sa famille, ce qui lui laisse toute latitude pour choisir sa voie et entreprendre quelques voyages initiatiques, notamment à Paris qu'il rejoint durant l'hiver 1900 et où il se découvre plus vaudois qu'il ne l'aurait tout d'abord pensé. Oscillant entre ses deux patries, très vite ses premiers vers laissent place à un projet romanesque, *Aline*, qu'Édouard Rod l'aide à publier en 1905 aux éditions Perrin. La guerre le chasse définitivement de la capitale française, il rejoint sa ville natale où il s'investit pleinement dans l'édition des *Cahiers vaudois* qui paraîtront régulièrement jusqu'à ce que la pénurie de papier sonne le glas de cette revue littéraire en 1920. Quelque peu coupé du monde, Ramuz retrouve les cercles littéraires à la faveur de la signature d'un contrat chez Grasset, il touche au point culminant de sa carrière bien qu'il doive affronter les critiques, *Les Cahiers de la quinzaine* n'hésitant pas par exemple à produire en 1926 un article intitulé *Pour ou contre Ch.-F. Ramuz*, mais l'écrivain l'affirme, sa langue maternelle – bien que différente du « bon français » qui lui a été inculqué à l'école – est la seule qu'il connaisse pour transmettre ses sentiments. Les deux volumes qui lui sont consacrés dans la prestigieuse « Pléiade » réconcilient les différences. Plus qu'un écrivain français, Ramuz est un écrivain fièrement vaudois à qui l'on doit des œuvres aussi incontournables que *La Grande Peur dans la montagne*, *Derborence* ou *La Beauté sur la terre*.

© TRABANTOS - SHUTTERSTOCK.COM

Château de Coppet, demeure de Madame de Staël.

Une terre d'écrivains

C'est une approche différente qu'adoptera Jacques Mercanton (1910-1996) qui n'a jamais reconnu la spécificité de la littérature romande et qui paradoxalement aura du mal à se faire reconnaître au-delà des frontières de son pays alors que son style, classique mais fort beau, se dévoile pourtant dans *L'Été des Sept-Dormants* ou dans *L'Amour dur* (éditions de l'Aire). Autre plume, autre talent, celui de S. Corinna Bille, que l'on associe volontiers au canton du Valais où elle s'installa avec son mari, lui aussi écrivain de renom, Maurice Chappaz, alors qu'ils étaient tous deux nés lausannois respectivement en 1912 et 1916. Auteure de romans (*Théoda*, *Œil-de-mer*), c'est plutôt dans l'art de la nouvelle qu'elle excelle, ses recueils (*Le Sabot de Vénus*, *La Demoiselle sauvage*...) se voyant traduits dans de multiples langues. Son époux contribuera à entretenir sa mémoire après son décès survenu en 1979, lui-même sera récompensé en 1997 par le prestigieux grand prix Schiller pour l'ensemble de son œuvre poétique qui avait été saluée par Charles-Albert Cingria. Leur contemporain et ami Georges Borgeaud (1914-1998) ne sera pas en reste puisqu'il obtiendra pour sa part le prix Renaudot en 1974 pour *Le Voyage à l'étranger* paru chez Grasset, une reconnaissance qui trouvera écho dans le prix Médicis essai qui lui fut remis en 1986 pour *Le Soleil sur Aubiac*. Mais le grand auteur de cette seconde partie du XXe siècle est définitivement Jacques Chessex (1934-2009). Bien que natif de Payerne, son ombre continue de hanter le gymnase de la Cité où il a longuement enseigné. Fortement marqué par l'influence de son père, Pierre, également écrivain, qui se suicide en 1956, Jacques s'en inspire pour écrire le seul roman vaudois jamais couronné par le prix Goncourt (1973), *L'Ogre*, qui lui octroie une place d'importance aussi bien sur la scène littéraire suisse que française. Son tempérament parfois excessif, ses éclats, ses dérives, mais aussi ses engagements, en font bien plus qu'un romancier, presque une figure tutélaire qui provoque des sentiments mitigés. Ses textes, qui laissent rarement indifférents et n'hésitent pas à aborder des sujets que d'aucuns préféreraient taire (*Un Juif pour l'exemple*, *Le Vampire de Ropraz*, *Hosanna*...) se découvrent toujours chez Grasset. Bien que Chessex ait aussi reçu le Goncourt de la poésie en 2004, ce genre a également été exploré par Pierre-Alain Tâche, né en 1940 à Lausanne. Ses travaux littéraires lui ont valu la reconnaissance en 2001 de l'Association vaudoise des écrivains (AVE), fondée en 1944 et source précieuse d'informations pour qui aimerait creuser la veine – ô combien prolifique – de la littérature lausannoise.

TOP 10

LECTURE

On pourrait la croire moribonde, confidentielle ou étouffée par l'ombre de sa grande sœur française, pourtant la littérature lausannoise est riche, multiple et audacieuse, et cela ne date vraiment pas d'hier. Retour sur quelques textes essentiels, pour la découvrir poétique, ultra-réaliste, enchanteresse, voire engagée.

ŒUVRES

Élevé à Lausanne, couronné par de nombreux prix, le poète est l'un des rares à avoir été publié de son vivant dans la prestigieuse « Bibliothèque de la Pléiade ».
Philippe Jaccottet, *Éditions Gallimard.*

LA GRANDE PEUR DANS LA MONTAGNE

À en croire les anciens, il ne fait pas bon faire paître ses bêtes à Sasseneire, les jeunes bergers vont pourtant braver l'interdit.
Charles-Ferdinand Ramuz, *Éditions Le Livre de Poche.*

ILS SONT TOUS MORTS

Travailleur social à Lausanne, Antoine Jaquier dévoile les dessous d'un pays pas si policé. Un texte ravageur.
Antoine Jaquier, *Éditions L'Âge d'Homme.*

LES MYSTÈRES DE L'EAU

Un conte écologique réalisé en partenariat avec l'université de Lausanne, pour tout savoir sur notre bien le plus précieux.
Blaise Hofmann et Rémi Farnos, *Éditions La Joie de Lire.*

CALYPSO

© ÉDITIONS FUTUROPOLIS

Qu'est-ce qui unit Gus, ouvrier, et Georgia Gould, ancienne starlette qui soigne ses addictions sur les bords du Léman ? Une proposition inattendue.
Cosey, *Éditions Futuropolis.*

LETTRES À UN JEUNE DANSEUR

© ÉDITIONS ACTES SUD

Il aura fait de la Suisse sa seconde patrie et de Lausanne sa ville de cœur, le danseur volcanique se livre comme jamais.
Maurice Béjart, *Éditions Actes Sud.*

LAUSANNE, PROMENADES LITTÉRAIRES

Mettre ses pas dans ceux des écrivains et visiteurs célèbres de la ville, de Byron à Hugo, de Simenon à Goethe.
Collectif, *Éditions Noir sur Blanc.*

L'OGRE

© ÉDITIONS GRASSET

À l'heure de la mort de son père, Jean Calmet, professeur au gymnase de la Cité de Lausanne, n'éprouve pas le soulagement escompté, bien au contraire…
Jacques Chessex, *Éditions Grasset.*

CALISTE, LETTRES ÉCRITES DE LAUSANNE

© ÉDITIONS DES FEMMES

Traité d'éducation à l'usage des jeunes filles sous forme romanesque, *Caliste* est avant le récit d'un amour atemporel.
Isabelle de Charrière, *Éditions Des Femmes.*

LÉMAN, BIEN PLUS QU'UN LAC

Hors de question de l'affubler de son surnom de lac de Genève tant le Léman est intimement lié au canton de Vaud.
Claude Dussez et Vincent Guignet, *Éditions Glénat.*

A L'ÉCRAN

Comparée au reste de la Suisse, Lausanne est sans nul doute l'un des principaux atouts du septième art suisse. La capitale du canton de Vaud développe au fil des années un certain amour pour le cinéma et participe activement à faire une place sous les projecteurs à la Suisse. Ainsi, pour des projections de films anciens et récents, qui jalonnent l'histoire du septième art, rendez-vous à la Cinémathèque de Lausanne, considérée comme l'une des cinémathèques les plus importantes du monde. La ville accueille également de nombreux événements qui raviront les cinéphiles, tels que le Lausanne Underground Film and Music Festival, le Ciné-festival ainsi que les Rencontres du septième art de Lausanne. Rappelons également que la ville romande a vu naître de nombreux talents tels qu'Anne-Marie Miéville (*Ici et ailleurs*), Jean-Stéphane Bron (*Cleveland contre Wall Street*) ainsi que l'acteur Vincent Perez, vu récemment dans *J'accuse* du réalisateur controversé Roman Polanski.

Institutions et événements du septième art suisse

Dans le monde du septième art, Lausanne est depuis longtemps considérée comme la ville de référence en Suisse. Elle gagne d'abord ce titre grâce à la Cinémathèque suisse, institution fondée en 1948, qui réside au casino de Montbenon. La Cinémathèque suisse fait partie des dix plus importantes cinémathèques du monde, titre obtenu grâce à sa grandeur et à sa richesse de collection. Si on retrouve son centre d'archivage à Penthaz, le siège administratif et les salles de projections sont à Lausanne. En 2010, la ville investit dans le septième art et achète le cinéma Capitole, institution construite en 1928. Outre la sauvegarde de ce patrimoine cinématographique, Lausanne offre ainsi un atout de taille à la Cinémathèque, puisque celle-ci gagne la plus grande salle de cinéma de Suisse (869 places). En 2019, un projet d'agrandissement est accepté et Le Capitole se renomme bientôt La Maison suisse du cinéma. Outre les institutions, le chef-lieu du canton de Vaud est aussi actif du côté événementiel. En effet, depuis 2002 la ville accueille chaque année le Lausanne Underground Film and Music Festival (LUFF). Ce festival tend à promouvoir la création d'œuvres indépendantes. Depuis dix-huit ans, le LUFF espère ainsi faire découvrir un panel d'œuvres cinématographiques, le plus souvent expérimentales, à un plus large public. En 2020, un autre évènement du septième art suisse, le Ciné-festival, encadré par la Cinémathèque suisse, a fêté quant à lui sa vingt-troisième édition.

Œuvres et personnalités

Le septième art de Lausanne, ce sont également de nombreux cinéastes ayant vu le jour dans cette ville romande. En effet, parmi ses plus talentueux enfants, on retrouve d'abord Anne-Marie Miéville, cinéaste, productrice, photographe et épouse d'un autre enfant suisse, Jean-Luc Godard. Miéville et Godard signent plusieurs films à deux, notamment *Ici et ailleurs* (1974), *Contre l'oubli* (1991, réalisé en trio avec Alain Resnais) ou encore *The Old Place* (1998). Au même titre que Miéville, le cinéaste Jean-Stéphane Bron est également originaire de Lausanne. Bron est principalement réputé pour ses documentaires, *Connu de nos services* (1997, présenté à Locarno), *Mais im Bundeshuus – Le Génie helvétique* (2003, élu meilleur documentaire au prix du Cinéma suisse) ainsi que *Cleveland contre Wall Street* (2010), présenté à la Quinzaine des réalisateurs à Cannes. Plus récemment, Bron coscénarise l'œuvre *Proxima* avec la réalisatrice Alice Winocour, sorti en 2019, avec Eva Green et Matt Dillon. Originaire de cette partie du canton de Vaud, citons également Lionel Baier, responsable de l'unité cinéma de l'École cantonale d'art de Lausanne et lauréat, en 2005 du prix culturel Jeunes créateurs ainsi que du prix Best European Director au NEFF. Lausanne donne également naissance à l'acteur et photographe Vincent Perez, connu entre autres pour ses rôles dans les célèbres *Cyrano de Bergerac* (1990, avec Gérard Depardieu), *La Reine Margot* (1994), *Fanfan la Tulipe* (2003) ou *Dalida* (2017). En 2016, Pérez réalise *Seul dans Berlin* et, deux ans plus tard, crée l'événement Les Rencontres du septième art de Lausanne, rendez-vous cinématographique qui se tient chaque année au mois de mars. Enfin, dans les œuvres ayant posé un peu de leur décor entre les murs de la ville, citons *Les Indiens sont encore loin* (1977, Patricia Moraz), *Merci pour le chocolat* (2000, Claude Chabrol), *L'amour est un crime parfait* (2013, Arnaud et Jean-Marie Larrieu) et *Moka* (2016, Frédéric Mermoud).

GASTRONOMIE

S'étirant entre les rives du lac Léman et le massif des Diablerets à 3 210 m, le canton de Vaud offre des paysages variés, écho à une cuisine faite de produits simples mais de qualité. Les fromages et la charcuterie tiennent un rôle important et permettent de réaliser des plats nourrissants pour les hivers enneigés comme la fameuse fondue vaudoise au gruyère de montagne, la raclette, la croûte au fromage ou le papet vaudois mêlant pomme de terre, poireaux et saucisses au chou. Les eaux fertiles du lac Léman offrent de nombreuses espèces de poissons, cuites avec simplicité pour en préserver toutes les saveurs. Les Suisses sont des grands amateurs de chocolat et Lausanne compte de nombreux chocolatiers prestigieux comme Blondel ou Durig, sans oublier de savoureuses pâtisseries. La fierté de la région, ce sont des vins blancs des vignobles en terrasse de Lavaux, offrant des paysages d'une beauté stupéfiante et des crus d'excellence.

Fromages et charcuteries

La tomme vaudoise est la seule pâte molle à croûte fleurie typique de Suisse romande. Elle aurait été fabriquée pour la première fois au XVIIe siècle. Le vacherin mont-d'or, s'il est originaire du Jura, est largement répandu dans tout le canton de Vaud. Fromage à pâte molle, il est contenu dans une sangle en épicéa et se déguste à la cuillère, chaud ou froid. Sinon testez l'etivaz, un fromage à pâte dure, pressée et cuite au feu de bois dans de grands chaudrons en cuivre. Fabriqué uniquement à l'alpage pendant la saison d'estivage (mai à octobre), il doit son nom au village éponyme. Il est affiné au minimum quatre mois et demi en cave et est enfin mature à huit mois. Il est également excellent à douze mois, en « fromage vieux ». Pour compléter le tableau des fromages populaire dans le canton, la tête-de-moine s'apprécie surtout lors de l'apéritif. On le mange en lamelles que l'on racle grâce à une girolle. La recette de ce fromage au lait cru de vache à la pâte mi-dure est sagement gardée depuis huit cents ans.

Le canton possède une production de charcuterie notable. On citera le saucisson vaudois, pur porc, qui possède une IGP, tout comme la saucisse au chou. Cette dernière est constituée de viande de porc à laquelle on a mélangé du chou et des épices. Enfin le boutefas est un gros intestin fourré de viande et de gras de porc hachés et épicés.

Les classiques de la cuisine vaudoise

Le papet vaudois est sans conteste le plat le plus typique du canton. Composé de poireaux et de pommes de terre, il est surtout garni d'une saucisse au chou. Le vert du poireau et le blanc des pommes de terre rappellent le drapeau vaudois. Parmi les autres plats de viande, évoquons la fricassée de caïon, un ragoût de viande et de foie de porc mijotés dans une sauce crémeuse au vin. La compote aux raves et choucroute est un type de choucroute garnie avec saucisse où une partie du chou blanc est remplacée par du chou-rave râpé fermenté. Dans le canton de Vaud, la fondue est préparée avec du gruyère de montagne, que l'on fait fondre dans du vin blanc et une pointe de kirsch. La « moitié-moitié » se compose d'un mélange de vacherin et de gruyère, alors que la « pure vacherin » est plus dense et plus roborative. Dans les restaurants de fondue de Lausanne, on vous en proposera de toute sorte, certaines contiennent des ingrédients assez inattendus comme des morilles, des olives ou de la tomate. La raclette est également très prisée. Autre recette nourrissante, la croûte au fromage se présente sous la forme d'une épaisse tranche de pain grillée, imbibée de vin blanc et recouverte de fromage gratiné, souvent accompagnée d'œuf, de jambon ou de champignons.

Dans le lac Léman, on pêche la féra, que l'on mange en poisson entier, en filets, fumé, sous forme de mousse ou encore de terrine. Sans oublier une traditionnelle soupe de poissons préparée avec de la perche, de la féra, de la truite et de l'omble chevalier parfumée de poireaux, de carottes et de vin blanc.

Vous ne pourrez pas rater les immanquables rösti, délicieuses galettes de pommes de terre râpées et d'oignons hachés. Ils peuvent être servis tels quels ou agrémentés de jambons, œufs et fromages. Autre plat de pomme de terre, le gratin vaudois est une sorte de gratin dauphinois mais parfumé avec des oignons et un trait de vin blanc. Idéale en hiver également, la soupe des brigands du Jorat est un potage de pois cassés et de pieds de porc. Enfin la salade de dents-de-lion se prépare avec des pousses de pissenlit, du lard, des œufs durs et des croûtons.

© PHILIPPE BELAZ - SHUTTERSTOCK.COM

Papet Vaudois.

Au rang des encas, citons le malakoff, un beignet au fromage pané, introduit dans le canton de Vaud à l'issue de la guerre de Crimée par un mercenaire suisse ayant contribué à faire tomber le fort de Malakov (1855). Le taillé aux greubons, quant à lui, est une sorte de pâte feuilletée garnie de petits morceaux de lard. Enfin le gâteau de Vully est une brioche plate confectionnée aussi bien salée que sucrée. Dans sa version salée il est garni de crème, de lard et de cumin.

Pâtisseries sucrées

Les Lausannois sont de grands consommateurs de chocolat au lait avec pas moins de 11 kg par an et par personne. Les bouchons vaudois sont d'ailleurs de petites confiseries fondantes, composées de praliné aux amandes dans une coquille chocolatée. Mais bien sûr on trouve aussi de nombreuses pâtisseries comme les bricelets, sucrés ou au cumin, qui ressemblent à des sortes de gaufres fines et croustillantes. Le gâteau de Vully dans sa version sucrée est couvert d'une fine couche de sucre. La raisinée est un jus de fruits – souvent de raisin – cuit et concentré. Une fois bien épaisse, elle garnit la fameuse tarte à la raisinée. Gourmandise encore, la taillaule, cette brioche aux raisins secs et au citron, est cuite dans un moule en forme de couronne et reconnaissable à ses entailles profondes qui lui ont donné son nom.

Poursuivons avec les beignets des brandons, des beignets en forme de disque, parfumés d'un trait de vin blanc. Le gâteau à la papette, quant à lui, est une tarte garnie d'une compotée de pruneaux et raisins secs, alors que la tarte à la papette ressemblerait à une sorte de brioche plate nappée de crème aux œufs. Enfin le biscôme est le nom donné à des biscuits en pain d'épice joliment décorés.

On savoure ces nombreuses pâtisseries avec une belle quantité de café, les Suisses étant les septièmes plus gros consommateurs au monde. Comme chez ses voisins, on aime les cafés riches, ainsi on trouve sans problème de délicieux espressos ou cafés-crèmes. On n'oubliera pas non plus d'excellents chocolats chauds.

L'eau, la bière et le vin

Si l'eau du robinet est d'excellente qualité en Suisse, il est commun dans les restaurants de ne pas proposer de carafe d'eau gratuitement. Sinon vous pourrez commander une autre boisson très appréciée dans toute la Suisse : le Rivella. Cette sorte de limonade à base de lactosérum se décline en différentes couleurs : rouge, bleue (sans sucre) et verte (aux extraits de thé vert). À moins que vous préfériez une bière. Tentez La Vaudoise, une bière blonde produite par la brasserie du Jorat depuis 2006.

Mais le vin est la véritable star du canton de Vaud (voir le dossier consacré aux vignes de Lavaux). Le principal cépage des vignes de Lavaux est le chasselas, qui s'accommode bien au sol et au climat pour donner des vins secs, fruités et robustes. Le plus grand cru de Lavaux est sans aucun doute le dézaley, qui est l'un des meilleurs vins blancs de Suisse. Les vignobles en terrasses de ce coin de Suisse, surplombant majestueusement le lac Léman, sont classés à l'Unesco depuis 2006.

AGENDA

Des événements prestigieux que sont le Montreux Comedy Festival, le marathon de Lausanne ou le Paléo Festival Nyon aux manifestations populaires et ancestrales qui animent un week-end par an un village, la Riviera suisse sait faire la fête. De Montreux à Lausanne en passant par Cully ou Morges, de multiples rendez-vous émaillent le calendrier... Le 1er août, le jour de la fête nationale, il y a floraison de drapeaux et de feux d'artifice dans tout le pays. Si vous êtes de passage le 21 juin, vous pourrez aussi profiter de la fête de la musique qui, à l'image de la fête de la musique en France, a lieu dans divers salles, rues et places de la ville. C'est l'occasion de d'écouter du cor des Alpes... Mi-septembre a lieu la nuit des musées de 17h à 2h. Et bien-sûr, le 2e week-end de septembre, c'est la journée du patrimoine ! Découvrez la fête de la tulipe à Morges, le Cully Jazz Festival ou la fête de l'Epesses nouveau. Un patchwork très coloré et animé !

ACRO SHOW

VILLENEUVE

www.acroshow.ch

3 jours fin août. Gratuit.

Le ciel pour scène de magnifiques spectacles, voilà ce que vous propose l'Acro Show. Danger ? Adrénaline ? Oui, il est sûr qu'en tant que spectateur on serre les dents en voyant les voiles des parapentes virevolter énergiquement sur le lac en tentant de se poser sur une plateforme flottante. C'est aussi le rendez-vous des adeptes de parapente et de deltaplane avec compétition de vol libre. Compétition internationale de parapente acrobatique, coupe du monde et battle. Démos de delta, parapente, avion et base jump. Un rendez-vous de haut vol !

CARNAVAL DE LAUSANNE

www.carnavalausanne.ch

Premier week-end de mai (trois jours).

Ne croyez pas qu'il n'y a que Venise ou Rio de Janeiro qui possèdent leur carnaval. Lausanne aussi vous propose une belle fête musicale et déguisée, avec le défilé de chars et un grand cortège carnavalesque gratuit. Durant trois jours, le centre-ville est animé par de nombreux Guggenmusiks, orchestres, manèges et cortèges où les enfants sont les rois. Lausanne vit au rythme des musiques carnavalesques et les déguisements débordent de créativité pour cette fête populaire et colorée. Le départ du cortège se fait place de la Riponne jusqu'à place de l'Europe.

BOURSE DE MINÉRAUX ET FOSSILES

33 avenue de Cour

www.svm.ch

Dernier week-end de mars.

La Société vaudoise de minéralogie est une association fondée en 1969, à l'origine de cette vénérable manifestation, et nous en sommes maintenant à la cinquante-troisième organisation. Au cours de cette manifestation, l'occasion vous est donnée de parler avec des gens passionnés et d'acheter quelques pierres originales. Plus de 50 exposants seront présents lors de ce salon pour vous proposer leurs plus belles merveilles du sol. Certains stands sont également consacrés à des activités, et vous pourrez assister à des conférences scientifiques.

CULLY JAZZ FESTIVAL

CH1096 Cully

✆ +41 21 799 99 00

www.cullyjazz.ch

Entre fin mars et courant avril.

Chaque année au printemps, les habitants ouvrent leurs portes, leurs caves et leurs caveaux pour accueillir des musiciens et permettre un partage et une convivialité inimitables. Le festival accueille des têtes d'affiche internationales de jazz sur trois scènes pendant neuf jours et organise de nombreux concerts gratuits dans les caveaux et « pintes » du joli bourg de Cully. Avec son cadre détendu, ses guinguettes, sa programmation de haut niveau, la vue sur le lac ou derrière son épaule vers les rangs de vigne, le Cully Jazz Festival connaît un succès grandissant.

FOIRE DES PLANCHES

Quartier des Planches
MONTREUX
Dernier week-end d'octobre.

Fête traditionnelle, dans les hauts de Montreux, avec marché/concours de bétail, bals et concerts. Juste avant la foire de Brent, la vieille ville accueille un événement typiquement montreusien : la foire des Planches. Depuis deux siècles, on fête ainsi, pendant un long week-end, la fin des travaux des champs et on vient présenter à la foire son plus beau bétail. De nos jours, cette vieille célébration s'accompagne également de diverses animations, de stands d'artisans, mais aussi de caveaux ouverts jusque tard dans la nuit… Un événement à ne pas manquer !

LAUSANNE À L'HEURE D'ÉTÉ

De mi-juin à mi-septembre.

La Ville de Lausanne propose gratuitement plus de 400 spectacles et activités culturelles lors de la saison estivale. Au programme des festivités : théâtre, projection de films, animations, spectacles enfants... Chaque année, la programmation se montre toujours plus généreuse. Pour davantage d'informations : Info Cité, place de la Palud et dans les Offices du tourisme, gare CFF et Ouchy. Vous pouvez également consulter le site Internet de la ville, qui vous fournira l'agenda complet en temps réel, avec toutes les *garden parties*.

LAUSANNE LUMIÈRES

✆ + 41 21 804 10 70
www.lausannelumieres.ch
Dans toute la ville, les soirs de 18h30 à minuit. De mi-novembre à fin décembre. Gratuit.

Depuis 2012, à l'approche des fêtes de fin d'année, en nocturne, la ville se transforme en œuvre d'art lumineuse. Plusieurs quartiers sont impliqués, avec des illuminations colorées, scintillantes, clignotantes, qui donnent à Lausanne un air de fête joyeux et original. Une douzaine de projets sont installés dans les lieux de vie du centre-ville. Ce festival se veut comme un cadeau à la population et à ses visiteurs. Il réunit les acteurs de la ville autour d'un même objectif : faire découvrir ou redécouvrir Lausanne sous une autre lumière !

LAUSANNE MARATHON

Avenue de Rhodanie 54
CH 1007
✆ + 41 21 806 30 16
www.lausanne-marathon.com
En octobre.

Le marathon de Lausanne est à la fois populaire et athlétique qui réunit de nombreux adeptes chaque année, avec comme toile de fond le magnifique lac Léman. Depuis sa première édition en 1993, le Lausanne Marathon comptabilise plus de 230 000 coureurs. On espère que l'événement sera maintenu malgré le contexte sanitaire actuel, tant il transcende la ville et offre une énergie unique à tous les participants. Possibilité de s'inscrire aussi pour un semi-marathon et un 10 km.

MARCHÉ DE NOËL

MONTREUX ✆ +41 21 965 24 12
www.montreuxnoel.com
De fin novembre jusqu'au 24 décembre, du lundi au jeudi de 11h à 20h, le vendredi de 11h à 22h, le samedi de 10h à 23h, le dimanche de 10h à 22h.

C'est le moment le plus magique du bord du lac en hiver ! Féerie, lumières scintillantes, odeur de chocolat, vin chaud et marrons glacés... Chaque année, le plus grand marché de Noël de Suisse aligne de ravissants petits chalets le long de la promenade de Montreux. Pendant un mois, Montreux vous invite aux pays des rêves avec des cabanes de bûcherons en rondins, des spectacles de rues, des shows d'illuminations 3D, des villages de lutins et le merveilleux exploit du Père Noël qui s'élance dans les airs avec son traîneau (et c'est un vrai Père Noël !). Plus de 160 exposants logés dans des petits chalets !

MONTREUX COMEDY FESTIVAL

MONTREUX
www.montreuxcomedy.com
5 jours début décembre.

Le Montreux Comedy Festival, anciennement le Festival du rire de Montreux, est sans doute le plus grand festival d'humour d'Europe. Fondé en 1989 sous l'impulsion de Grégoire Furrer, ce festival a gagné en visibilité au fil des années accueillant de plus en plus en plus d'artistes et de spectateurs. Aujourd'hui, en décembre Montreux reçoit plus de 80 comiques et 10 000 spectateurs. En 2019, Camille Lelouche, Arnaud Tsamère, François Rollin, Frédéric Fromet, Shirley Souagnon, en autres, sont montés sur les planches de Montreux.

MONTREUX JAZZ FESTIVAL ★★★

MONTREUX

✆ +41 21 966 44 44

www.montreuxjazz.com

De fin juin à mi-juillet. Certains concerts sont gratuits et d'autres peuvent aller jusqu'à 350 CHF l'entrée.

L'événement qui a fait connaître Montreux dans le monde entier ! La première édition du festival de jazz de Montreux, en 1967, n'avait duré que trois jours, mais comptait déjà de sacrées têtes d'affiche : Charles Lloyd Quartet avec Keith Jarrett, Cecil McBee et Jack DeJohnette, ainsi que douze autres groupes. Aujourd'hui, sa durée est de quinze jours et, sur ses différentes scènes (Auditorium Stravinski, Miles Davis Hall et casino), ont défilé tous les plus grands, de Miles Davis à Ray Charles, en passant par David Bowie ou Massive Attack. Créé par Claude Nobs, ce festival est devenu au fil des ans un point de ralliement incontournable pour les amateurs de musique, de Suisse comme de l'étranger. Si le jazz constitue sa source historique, le festival s'est très vite ouvert à d'autres musiques : blues, rock, pop, folk, reggae, R&B, hip-hop, techno, électro pop, etc. La plupart des concerts sont payants et fort chers, mais il y a également un festival off de qualité et des concerts gratuits le long des quais ou dans les bars. Certains artistes poursuivent même leur show gratuitement dans ces locaux après un concert plus formel ! LE bar où il faut aller : le Montreux Jazz Café, au Centre de congrès, le lieu gratuit et dansant du festival. Mais chaque bar en bord de lac a une ambiance propre et rien que la beauté des lieux devrait vous animer. Ce grand événement réunit chaque année à Montreux plus de 220 000 personnes. Si vous souhaitez y loger en cette période, il vous faudra réserver au moins six mois à l'avance.

PALÉO FESTIVAL NYON

NYON

✆ + 41 22 365 10 10

www.paleo.ch

En juillet. Billets dès 40 CHF.

Le Paléo Festival Nyon, généralement appelé Paléo pour les intimes, est le plus grand festival en plein air de Suisse à Nyon et fait partie des événements musicaux majeurs d'Europe. L'esprit est très simple, mais on ne peut plus efficace : sept jours, sept nuits et sept scènes pour plus de 200 artistes, entre découvertes et stars interplanétaires ! À côté de vous ou sur la grande scène, il y en a pour tous les goûts : rap, rock, pop, électro, chansons françaises… Attention, les billets s'arrachent vitesse grand V, alors ne traînez pas pour avoir le vôtre.

SWISS EXPO

10 avenue des Bergières

www.swiss-expo.com

4 jours mi-janvier. Salon de l'agriculture.

Depuis plus de vingt ans, le Swiss Expo est ce qui se rapproche le plus de notre salon de l'agriculture. Mais spécialisé sur les bovins, puisque c'est la troisième exposition bovine la plus importante au monde, ce salon professionnel d'agrotechnique met en relation des éleveurs (accompagnés de leurs bêtes), des exposants ainsi que de nombreux visiteurs. En plus de cela, depuis trois ans, le concours Showmanship permet de juger les jeunes éleveurs selon leur manière de présenter leur bovin ainsi que de présenter les avantages de leur animal.

BD-FIL

Quartier de la Riponne

✆ +41 21 312 78 10

www.bdfil.ch

Festival de la bande dessinée. Été 2022.

Festival international de bande dessinée avec expositions, programme cinéma, dédicaces et présentations d'auteurs. Ce festival riche en animations distrait chaque année plus d'adeptes. En 2022, l'invité d'honneur sera l'Italien Lorenzo Mattotti, connu pour être un magicien de la couleur au niveau de la bande dessinée. Les auteurs viennent de plusieurs pays pour l'occasion. Au programme de chaque édition : des tables rondes, des conférences, des ateliers, des expositions et bien sûr des rencontres avec des auteurs talentueux et prometteurs.

CAVES OUVERTES VAUDOISES

Septembre 2022. Forfait dégustation 15 CHF. Navettes gratuites.

Manifestation œnotouristique conviviale qui permet de découvrir les vignobles, les vins et les vignerons du canton. Produits du terroir à déguster et 300 caves à découvrir. C'est une excellente façon de découvrir le terroir suisse et les six régions viticoles du canton de Vaud : La Côte, Bonvillars, Côtes de l'Orbe, Lavaux, Vully et Chablais. Les récoltants vous parleront de leur savoir-faire et surtout vous apprendrez à différencier les différents cépages comme le chasselas, le pinot blanc et le cabernet sauvignon. Blancs et même rouges, les vins sont divins !

SE REPÉRER / SE DÉPLACER

Les transports publics à Lausanne ont la réputation d'être assez onéreux, mais simples d'utilisation et très complets. Surtout, on apprécie l'exactitude dans le respect des horaires. Quoi de plus normal, dans un pays réputé pour ses montres ? Sans vouloir renforcer ce cliché, ne soyez pas en retard pour ne pas rater vos transports. Les lignes de train, de métro, ou de bus parcourent presque tous les recoins de la région. Et si ce n'est pas assez, le bateau vient à votre rescousse. Le réseau est donc très efficace, et c'est bien heureux, parce que la ville de Lausanne étant extrêmement vallonnée, les cuisses peuvent vite chauffer même si les distances à parcourir sont faibles. Mais n'hésitez pas à monter dans un wagon et à vous installer, on est bien loin du stress des grandes métropoles dans les transports. Les Lausannois sont très respectueux et se feront un plaisir de laisser leur place aux personnes âgées.

Cité médiévale

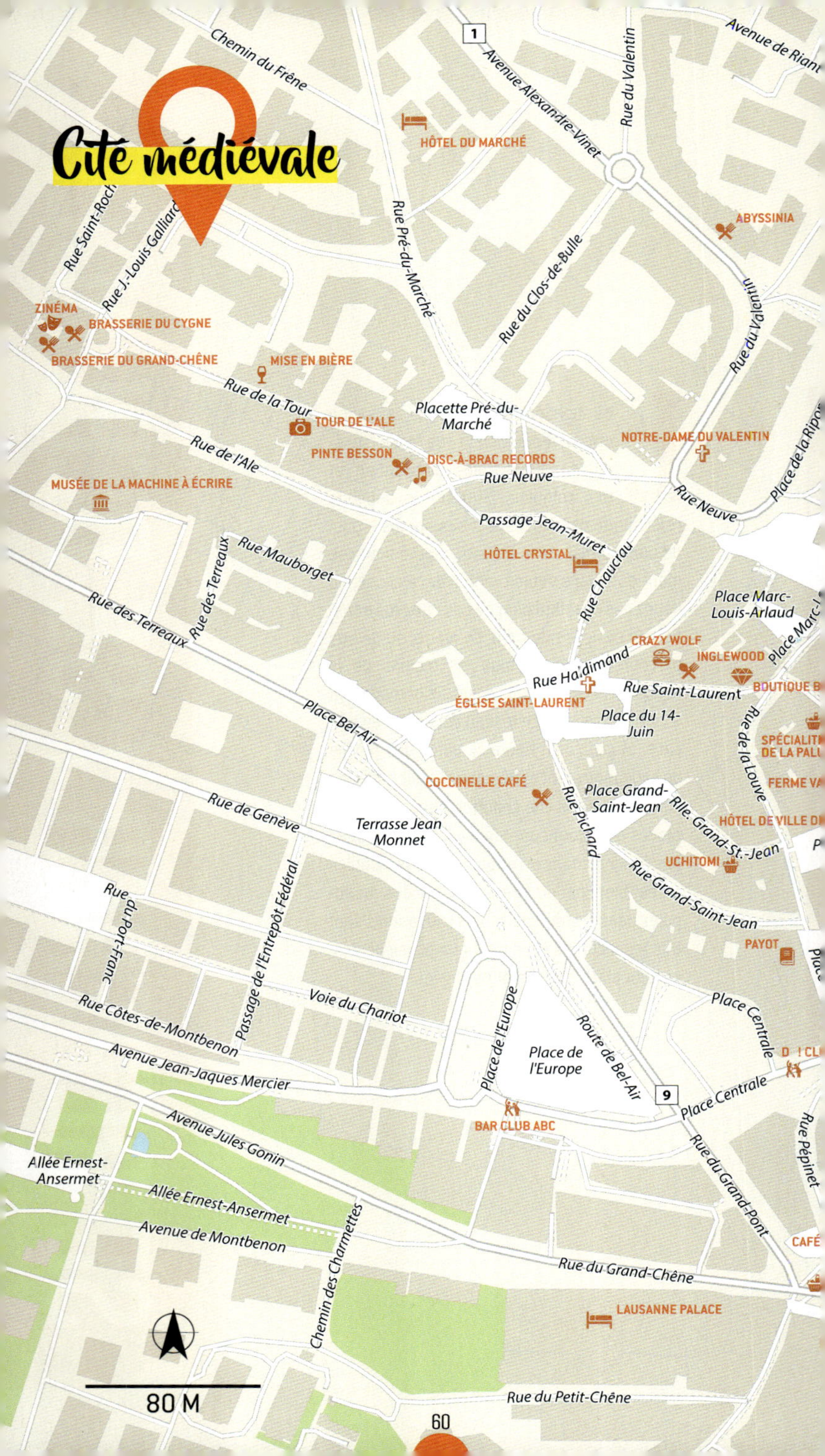

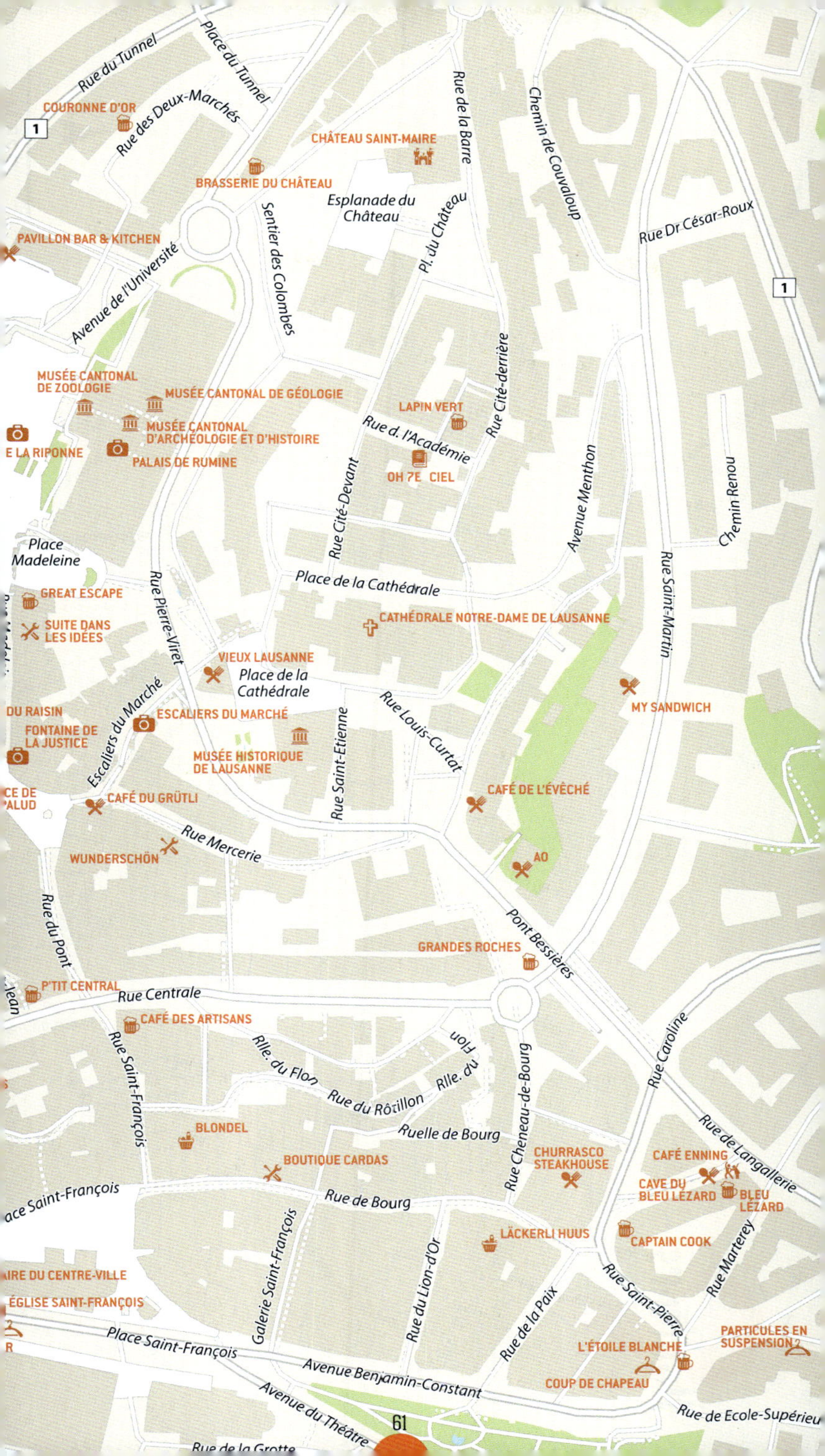

COURONNE D'OR
BRASSERIE DU CHÂTEAU
CHÂTEAU SAINT-MAIRE
PAVILLON BAR & KITCHEN
MUSÉE CANTONAL DE ZOOLOGIE
MUSÉE CANTONAL DE GÉOLOGIE
MUSÉE CANTONAL D'ARCHÉOLOGIE ET D'HISTOIRE
PALAIS DE RUMINE
LAPIN VERT
OH 7E CIEL
GREAT ESCAPE
SUITE DANS LES IDÉES
VIEUX LAUSANNE
CATHÉDRALE NOTRE-DAME DE LAUSANNE
ESCALIERS DU MARCHÉ
FONTAINE DE LA JUSTICE
MUSÉE HISTORIQUE DE LAUSANNE
MY SANDWICH
CAFÉ DU GRÜTLI
WUNDERSCHÖN
CAFÉ DE L'ÉVÊCHÉ
AO
GRANDES ROCHES
P'TIT CENTRAL
CAFÉ DES ARTISANS
BLONDEL
BOUTIQUE CARDAS
CHURRASCO STEAKHOUSE
CAFÉ ENNING
CAVE DU BLEU LÉZARD
BLEU LÉZARD
LÄCKERLI HUUS
CAPTAIN COOK
ÉGLISE SAINT-FRANÇOIS
PARTICULES EN SUSPENSION
L'ÉTOILE BLANCHE
COUP DE CHAPEAU
Rue du Tunnel
Place du Tunnel
Rue des Deux-Marchés
Esplanade du Château
Pl. du Château
Rue de la Barre
Chemin de Couvaloup
Rue Dr César-Roux
Sentier des Colombes
Avenue de l'Université
Rue d. l'Académie
Rue Cité-derrière
Rue Cité-Devant
Avenue Menthon
Chemin Renou
Rue Saint-Martin
Place Madeleine
Place de la Cathédrale
Rue Pierre-Viret
Rue Louis-Curtat
Rue Saint-Etienne
Escaliers du Marché
Rue Mercerie
Pont Bessières
Rue du Pont
Rue Centrale
Rue Saint-François
Rlle. du Flon
Rue du Rôtillon
Ruelle de Bourg
Rue Cheneau-de-Bourg
Rue Caroline
Rue de Langallerie
Rue de Bourg
Galerie Saint-François
Rue du Lion-d'Or
Rue de la Paix
Rue Saint-Pierre
Rue Marterey
Place Saint-François
Avenue Benjamin-Constant
Avenue du Théâtre
Rue de Ecole-Supérieu
Rue de la Grotte

Hauteurs
Vennes
AQUATIS HOTEL
AQUATIS
Parc aux Biches
Lac de Sauvabelin
PINTE DU LAC DE SAUVABELIN
TOUR DE SAUVABELIN
Bois de Sauvabelin
CHALET SUISSE
ESQUISSE
FONDATION DE L'HERMITAGE
Bois Mermet
ALLIÉS
COLLECTION DE L'ART BRUT
CANTINE POP UP
Clos Vernand
Place de la Sallaz
Chemin des Sauges
Chemin de Maillefer
Chemin de la Chocolatière
Chemin de Boissonnet
Chemin des Abeilles
Chemin Isabelle-de-Montoli
Route de Berne
Chemin de Bérée
Chemin Riant-Pré
Avenue de Valmont
Route de la Feuillère
Chem. de Chantemerle
Route d'Oron
Chemin de Champ-Rond
Chem. d. la Grangette
Chemin du Devin
Chemin des Mayoresses
Avenue du Temple
Chemin de Rovéréaz
Av. de la Sallaz
Rue du Vallon
Avenue de Beaumont
Chemin de Verdonnet
Rue Victor-Ruffy
Av. Pierre-Decker
Chemin des Falaises
Chemin de Montmeillan
Avenue Louis-Vulliemin
Route du Signal
Route du Pavement
Route Aloys-Fauquez
Avenue Parc-de-la-Rouvraie
Chemin d'entre-Bois
Chemin du Bois-Gentil
des Plaines-du-Loup
Chemin des Grandes-Roches
Av. du Vieux-Moulin
Rue de la Borde
Rue des Crêtes
Rue de la Pontaise
Rue du Valentin
Avenue Druey
Avenue Davel
Avenue du Mont-Blanc
Av. Bergières
Avenue Bergières
Avenue Collonges
1
325 M

Ouchy et les rives
200 M
CIMETIÈRE DU BOIS-DE-VAUX
ESPACE DES INVENTIONS
MUSÉE ROMAIN DE VIDY
PARC LOUIS BOURGET
CAMPING DE VIDY
Place du Granit
Route de Vidy
E23
Chemin du Couchant
Avenue de Montoie
Avenue de Cour
Chem. de Contigny
Avenue des Figuiers
Avenue du Mont-d'Or
HÔTEL BELLERIVE
Avenue Pierre-de-Coubertin
Plaines-de-Vidy
Chem. des Tennis
Chemin des Plaines
Avenue de Rhodanie
Av. Gustave-Doret
Avenue des Bains
Chem. du Languedoc
Avenue Marc-Dufour
Chem. du Mont-Tendre
Av. Marc-Dufour
Chemin de Villard
Avenue de Tivoli
Avenue Jules Gonin
Allée Ernest-Ansermet
Av. d. Save.
Avenue Louis-Ruchonnet
Chemin de Mornex
Place de l'Europe
Rue Centrale
Rue de Bourg
CHEMIN DU SPORT
Av. du Théâtre
Avenue Sainte-Luce
Rue Beau-Séjou
Av. de la Gare
Avenue de Milan
Rue du Simplon
Boulevard de Grancy
Avenue Tissot
BNBLAUSANNE.CH
Jardin Botanique de Lausanne
Avenue Dapples
Avenue de la Harpe
Avenue Floréal
Av. des Acacias
Avenue de Montchoisi
Av. de Cr.
Chemin de Bellerive
Av. Edouard-Rod
Avenue d'Ouchy
Av. du Servan
Avenue de l'Elysée
Av. Fantaisie
Chemin de Beau-Rivage
MUSÉE OLYMPIQUE
LOFT BERNALDO
CGN – COMPAGNIE GÉNÉRALE DE NAVIGATION
Chemin des Pêcheurs
SAVEURS D'AILLEURS
BEAU-RIVAGE PALACE
Espace Jacques Rogge
BRASSERIE DE LA RIVIERA
CRÊPERIE D'OUCHY
HÔTEL DU PORT
CHÂTEAU D'OUCHY
VIEIL OUCHY
Grande Digue
Quai des Savoyards
Place du Vieux-Port
Lac Léman

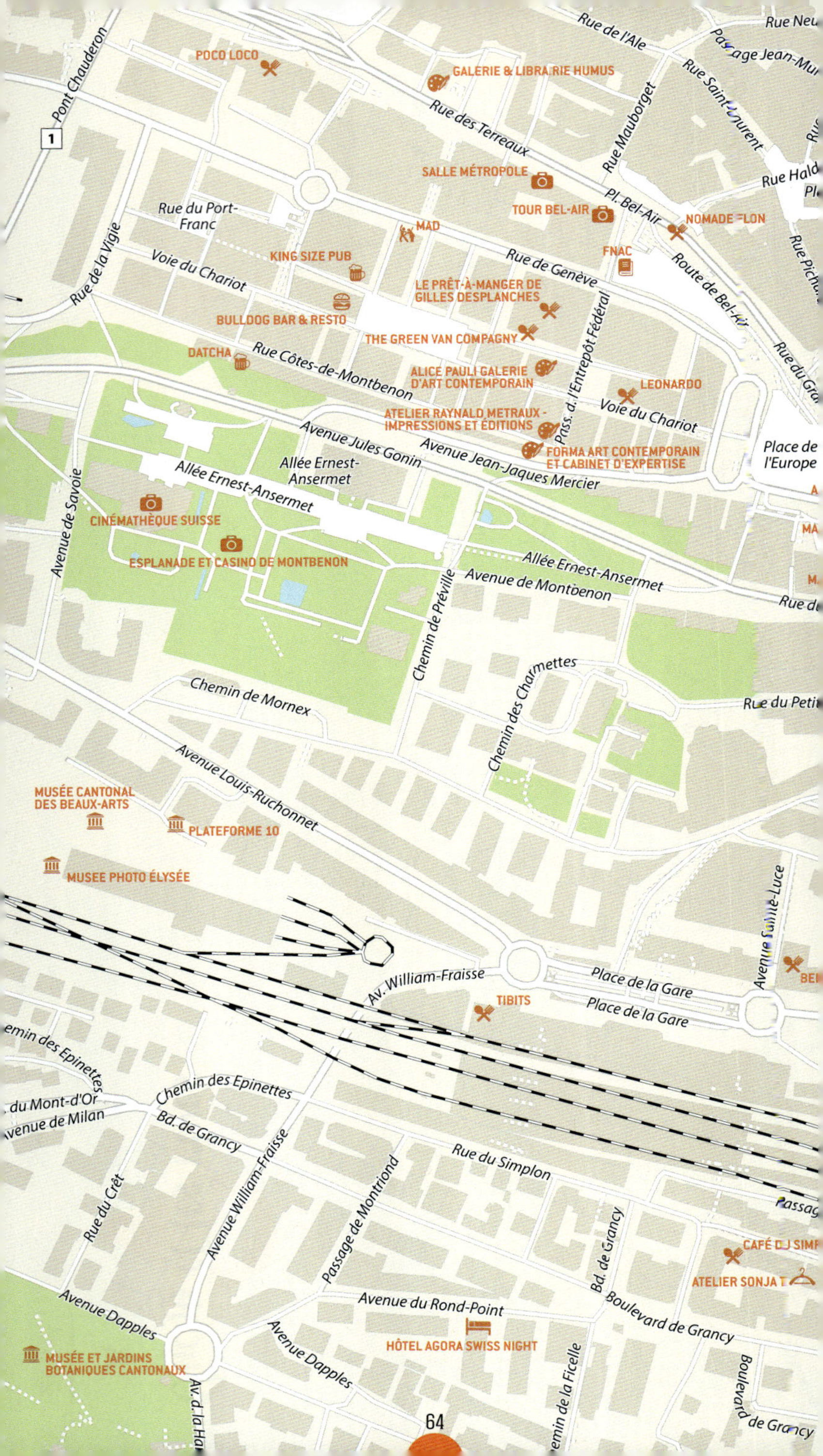

POCO LOCO
GALERIE & LIBRAIRIE HUMUS
SALLE MÉTROPOLE
TOUR BEL-AIR
NOMADE
MAD
FNAC
KING SIZE PUB
LE PRÊT-À-MANGER DE
GILLES DESPLANCHES
BULLDOG BAR & RESTO
THE GREEN VAN COMPAGNY
DATCHA
ALICE PAULI GALERIE
D'ART CONTEMPORAIN
LEONARDO
ATELIER RAYNALD METRAUX -
IMPRESSIONS ET ÉDITIONS
FORMA ART CONTEMPORAIN
ET CABINET D'EXPERTISE
CINÉMATHÈQUE SUISSE
ESPLANADE ET CASINO DE MONTBENON
MUSÉE CANTONAL
DES BEAUX-ARTS
PLATEFORME 10
MUSEE PHOTO ÉLYSÉE
TIBITS
ATELIER SONJA
HÔTEL AGORA SWISS NIGHT
MUSÉE ET JARDINS
BOTANIQUES CANTONAUX
1
Pont Chauderon
Rue de l'Ale
Rue des Terreaux
Rue Mauborget
Rue Saint-Laurent
Pl. Bel-Air
Route de Bel-Air
Rue du Port-
Franc
Rue de la Vigie
Voie du Chariot
Rue de Genève
Rue Côtes-de-Montbenon
Pass. d. l'Entrepôt Fédéral
Place de
l'Europe
Avenue Jules Gonin
Avenue Jean-Jaques Mercier
Allée Ernest-
Ansermet
Allée Ernest-Ansermet
Avenue de Savoie
Avenue de Montbenon
Chemin de Préville
Chemin des Charmettes
Chemin de Mornex
Avenue Louis-Ruchonnet
Av. William-Fraisse
Place de la Gare
Place de la Gare
Chemin des Epinettes
Avenue de Milan
Bd. de Grancy
Rue du Crêt
Avenue William-Fraisse
Passage de Montriond
Rue du Simplon
Bd. de Grancy
Avenue Dapples
Avenue du Rond-Point
Boulevard de Grancy
Avenue Dapples

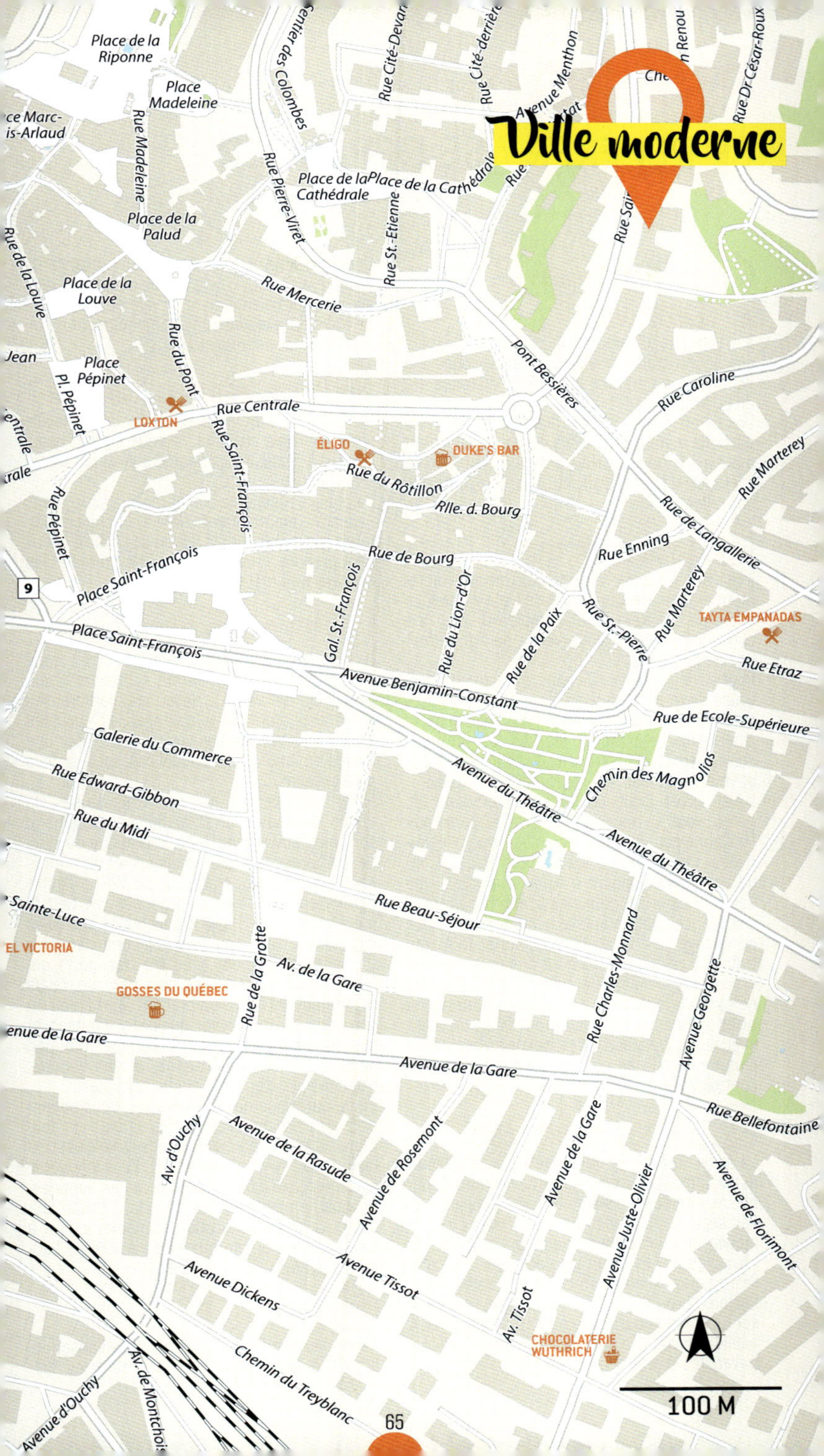

Ville moderne
Place de la Riponne
Place Madeleine
Rue Madeleine
Place de la Cathédrale
Place de la Cathédrale
Place de la Palud
Place de la Louve
Rue de la Louve
Place Pépinet
Pl. Pépinet
Rue Pépinet
Rue du Pont
Rue Centrale
LOXTON
ÉLIGO
DUKE'S BAR
Rue du Rôtillon
Rlle. d. Bourg
Rue de Bourg
Rue Saint-François
Place Saint-François
Place Saint-François
Gal. St-François
Rue du Lion-d'Or
Rue de la Paix
Rue St.-Pierre
Rue Pierre-Viret
Sentier des Colombes
Rue Cité-Devant
Rue Cité-derrière
Rue St.-Etienne
Rue Mercerie
Avenue Menthon
Rue Dr César-Roux
Pont Bessières
Rue Caroline
Rue Marterey
Rue Marterey
Rue de Langallerie
Rue Enning
TAYTA EMPANADAS
Rue Etraz
Rue de Ecole-Supérieure
Avenue Benjamin-Constant
Chemin des Magnolias
Avenue du Théâtre
Avenue du Théâtre
Galerie du Commerce
Rue Edward-Gibbon
Rue du Midi
Sainte-Luce
EL VICTORIA
GOSSES DU QUÉBEC
Rue Beau-Séjour
Rue de la Grotte
Av. de la Gare
Avenue de la Gare
Avenue de la Gare
Avenue de la Gare
Rue Charles-Monnard
Avenue Georgette
Rue Bellefontaine
Av. d'Ouchy
Avenue d'Ouchy
Avenue de la Rasude
Avenue de Rosemont
Avenue Juste-Olivier
Avenue de Florimont
Avenue Tissot
Av. Tissot
Avenue Dickens
Chemin du Treyblanc
Av. de Montchoisi
CHOCOLATERIE WUTHRICH
9
100 M

SE REPÉRER / SE DÉPLACER

DE L'AÉROPORT AU CENTRE-VILLE

Il n'y a pas d'aéroport à Lausanne. Le plus simple est d'atterrir à Genève et de louer une voiture ou de prendre le train, la distance est de 60 km.
Des compagnies low cost desservent Genève à partir de nombreuses villes de France, et il n'est pas rare de payer parfois plus cher son train de l'aéroport de Genève au centre de Lausanne que son billet d'avion.

ARRIVÉE EN TRAIN

Il est très facile de rejoindre Lausanne directement en train depuis la gare de Lyon à Paris. La durée du trajet est 3h40, compter 4h avec une correspondance. Si vous venez de Lyon, c'est encore plus simple.
Pour se déplacer dans le pays, il existe une multitude de trains en Suisse. Ils sont confortables et leurs horaires sont bien pensés (des départs à heure fixe) et plutôt précis. Les petits trains à crémaillère font aussi partie du charme du pays et vous serez bien servi du côté de Montreux.
Il est assez facile de vous repérer dans les gares. Vous y trouverez de grands panneaux (un jaune pour les départs, un blanc pour les arrivées) indiquant tous les horaires et le numéro de voie correspondant à votre train, ainsi que des panneaux électroniques à l'entrée des sous-voies. Sachez qu'en Suisse le numéro des voies ne change pas, donc si vous prenez le même train que celui que vous avez pris un autre jour, la voie sera la même. Cependant, tous les arrêts ne sont pas indiqués sur les panneaux, ni sur les titres de transport. Lorsque vous faites un trajet avec des correspondances, pensez à demander plus de détails au guichet ou directement au contrôleur.

ARRIVÉE EN BATEAU

La seule compagnie qui opère sur le lac Léman est la Compagnie générale de navigation (CGN). Elle assure des croisières ou, plus simplement, des services de liaison de ville à ville. C'est un moyen de déplacement idéal pour admirer les vignobles de Lavaux et les palaces sur la côte. Prenez, par exemple, un bateau de Lausanne à Chillon. Après avoir visité le château, remontez sur un bateau pour Vevey et, enfin, Lausanne. À moins que vous ne repartiez à pied ou en train à travers les chemins viticoles…
Depuis la France, des bateaux en partance de Thonon et surtout d'Évian (plus de trajets) desservent quotidiennement la ville de Lausanne. Le trajet dure environ une demi-heure, et la traversée du lac est magnifique.

TRANSPORTS EN COMMUN

Variés, fiables et nombreux, on les conseille vraiment. Mais attention, si vous bougez beaucoup et à plusieurs, ça peut vite devenir un véritable budget !
De plus, le réseau de bus est très efficace dans Lausanne même et entre Vevey et Chillon. Toutefois, pour parcourir la région de Lavaux, mieux vaut prendre le train, les bus étant rares et les horaires très mal indiqués.

VÉLO, TROTTINETTE & CO

Le respect de l'environnement étant très ancré dans les mœurs, on pourrait s'attendre à voir beaucoup de vélos… Mais les nombreuses côtes risqueront de décourager les cyclistes amateurs ! À moins que vous n'optiez pour une balade en bord de lac, auquel cas, ce sera de la pure détente.
Malgré les pentes parfois vertigineuses, la région de Lausanne et la Suisse en général sont bien aménagées pour la pratique du vélo. De nombreuses pistes balisées et des itinéraires entièrement tracés d'une ville à l'autre permettent de traverser pratiquement tout le pays sur plus de 3 300 km de pistes cyclables signalisées. Vous pouvez aussi combiner votre tour confortablement avec les transports publics, grâce aux horaires des parcours-relais recommandés. Ainsi, en prenant un train ou un car, vous pourrez éviter quelques montées et passages dangereux. Faites toutefois attention dans le centre de Lausanne, où les voitures n'ont que peu d'égards pour les cyclistes !
En ce qui concerne les itinéraires, vous obtiendrez des brochures dans les offices de tourisme, et le site Internet La Suisse à vélo est très bien conçu (www.veloland.ch). Vous trouverez également plusieurs guides dans les librairies. Si vous ne possédez pas de vélo, il existe plusieurs services de location et même de prêt à Lausanne sur le site officiel de la ville de Lausanne (www.lausanne.ch/velo).

EN VOITURE

Assez peu d'embouteillages à noter à Lausanne, la voiture n'est pas nécessaire tant les dis-

tances se font rapidement. Si vous voulez accéder à des coins reculés en montagne, elle pourra néanmoins vous être utile.
Si vous souhaitez rejoindre Lausanne en voiture depuis Paris, il vous faudra plus de 5 heures de route et 42 € de péage. Suivez l'A6 direction Lyon, puis bifurquez sur l'A40, direction Genève puis Lausanne.
Depuis le centre ou le sud de la France, direction Lyon puis Genève.
La voiture garantit, bien sûr, une grande liberté, mais attention, il n'est pas facile de trouver une place de stationnement à Lausanne !

Vignette autoroutière. Pour pouvoir circuler sur le réseau autoroutier et semi-autoroutier suisse, même sur quelques mètres, une vignette est obligatoire pour les voitures comme pour les motos. Elle coûte 40 CHF, est valable jusqu'au 31 janvier de l'année suivante et peut s'acheter aux postes de douanes suisses, dans la plupart des stations-service et dans les bureaux de poste. Si le montant vous paraît élevé, sachez qu'ensuite vous n'aurez plus aucun péage ! (Excepté pour certains tunnels routiers alpins, dont celui du Grand-Saint-Bernard.)

Règles de circulation. Les limitations de vitesse ne sont pas tout à fait les mêmes qu'en France et les radars sont nombreux, notamment entre Genève et Lausanne (un radar tous les 5 km) :
En ville : 50 km/h
Routes ordinaires hors agglomérations : 80 km/h
Autoroutes : 120 km/h
Les couleurs sont également différentes : du vert pour les autoroutes, du bleu pour les routes nationales.

Les documents nécessaires pour circuler en Suisse sont le permis de conduire national ou international et le certificat national d'immatriculation du véhicule (carte grise).

Sécurité. Les ceintures de sécurité sont obligatoires à l'avant comme à l'arrière et, attention, les enfants de moins de 12 ans (10 ans en France) doivent être assis à l'arrière. En cas de panne, le triangle de sécurité est obligatoire en complément des feux de détresse. Enfin, les piétons ont toujours la priorité et en Suisse, ce n'est pas une éventualité !

À noter que les prix des carburants sont inférieurs à la moyenne européenne.
Pour les véhicules circulant au gaz naturel, la liste des stations est sur le site www.vehiculeagaz.ch.

Site utile pour les informations routières : www.tourismetcs.ch

ACCESSIBILITÉ

Lausanne et la Riviera suisse sont un véritable modèle à suivre en matière de structures adaptées aux voyageurs handicapés. Depuis les transports en commun à l'accès aux musées, en passant par les restaurants et autres excursions, une personne handicapée pourra voyager dans des conditions confortables.
En voiture, les visiteurs handicapés étrangers peuvent stationner sur les places de parking réservées aux handicapés. Des véhicules spécialement adaptés aux besoins des personnes handicapées peuvent être loués auprès de différentes sociétés de location.
Pour les voyages en train, il suffit de téléphoner au Centre d'appel pour handicapés des CFF au 0800 007 102 (numéro gratuit) une heure avant le départ du train. Une aide à l'embarquement et/ou au débarquement sera assurée. Pour les voyages internationaux, prévenir trois jours ouvrables à l'avance. Ce service est gratuit pour tous les voyageurs en fauteuil roulant, personnes à mobilité réduite, aveugles ou malvoyantes ainsi que les handicapés mentaux.

LES QUARTIERS DE LAUSANNE

En 1845, dans un ouvrage intitulé *Le Rhin*, Victor Hugo décrivait ainsi la capitale vaudoise : « Lausanne est un bloc de maisons pittoresques, répandu sur deux ou trois collines, qui partent du même nœud central, et coiffé de la cathédrale comme d'une tiare. J'étais sur l'esplanade de l'église, devant le portail, et pour ainsi dire sur la tête de la ville. Je voyais le lac au-dessus des toits, les montagnes au-dessus du lac, les nuages au-dessus des montagnes, et les étoiles au-dessus des nuages. » En effet, la configuration de cette ville bâtie sur trois collines n'est pas simple à comprendre de prime abord, même à l'aide d'une carte (sauf si celle-ci est en relief !). Mais en localisant les principaux sites que sont la cathédrale, la place de la Riponne, la place de la Palud, Saint-François, Bel Air-Chauderon, la gare et Ouchy, ainsi que les trois ponts – le Grand-Pont, le pont Bessières et le pont Chauderon –, on sait rapidement dans quelle direction aller.

La cité médiévale

Habitée dès le IIIe siècle, la colline de la Cité constituait une place protégée. Lausanne s'est ainsi développée en partant du haut et en descendant petit à petit sur les pans de deux autres collines. Le centre de la capitale vaudoise est ainsi bâti sur les trois collines de la Cité, du bourg et de Saint-Laurent, reliées entre elles par le Grand-Pont, le pont Bessières et le pont Chauderon. Avec ses ruelles pavées et ses maisons traditionnelles, la cité médiévale a gardé beaucoup de son charme. On y retrouve inscrits les premiers moments de l'histoire locale, notamment en visitant la cathédrale, et on y fait du lèche-vitrines, la grande majorité des magasins s'étant installés ici et l'on sillonne agréablement les rues les jours de marché. On peut lui donner comme limites géographiques la place du Tunnel, au nord, le pont Chauderon, à l'ouest, le Grand-Pont et la gare, au sud, et le parc de Mon-Repos, à l'est.

La ville moderne

On entend par ville moderne tout l'espace qui s'est construit sous la gare, à partir de la deuxième moitié du XIXe siècle, ainsi qu'au Flon et à Sévelin, ce qui comprend habitations et entrepôts. Autrefois recouvert de vignes, cet espace avait été simplement aménagé en parcs en certains endroits, par de riches Lausannois qui y avaient fait également construire des résidences secondaires ; de cette époque datent les parcs de Mon-Repos, de Montbenon et de Milan. Le quartier situé sous la gare prend aujourd'hui un caractère bourgeois bohème.

Balade dans les rue de Lausanne.

Vue sur Lausanne depuis la cathédrale.

© PHILIPPE GUERSAN - AUTHOR'S IMAGE

Les rives de Vidy.

Tandis que le Flon, dont les entrepôts ont été tout d'abord investis par des artistes et des associations, est en pleine transition vers une existence plus clinquante : enseignes huppées, restaurants branchés, magasins de luxe et banques. Galeries d'art, magasins de seconde main et clubs mythiques, tels que le MAD et le Xoxo Club, existent encore, mais il semblerait que les nouveaux quartiers « alternatifs » se dirigent vers l'ouest : Sébeillon, Malley, voire Renens.

Zoom sur le novateur quartier du Flon. Nous sommes bien loin de l'ancienne vallée naturelle où coulait la rivière du Flon ! Entièrement remblayée lors de la création des tunnels entre Ouchy et Lausanne à la fin du XIXe siècle, la vallée se transforme en grande plateforme avec de nouveaux terrains aplanis. Ils accueillent des entrepôts et l'endroit deviendra la première gare de marchandises de Lausanne au XXe siècle. Le quartier fait peau neuve et entame une nouvelle réhabilitation dès 2009 avec une promenade urbaine. C'est aujourd'hui un lieu de vie, de travail et de création. Sur 55 000 m^2 on déambule sur la très belle esplanade de jour comme de nuit pour faire du shopping ou juste sortir dans pas moins de 28 restaurants et bars. Un quartier qui a su se réinventer en gardant les empreintes du passé comme la mise en valeur du cheminement du Flon.

Ouchy et les rives

Au-delà du centre-ville, on peut dire que, de manière générale, l'ouest de Lausanne a toujours été pauvre, alors que l'est, vers les vignes, a attiré davantage de richesse, ce dont témoignent ses belles constructions. Les quartiers situés entre Lausanne et Renens ont été ainsi longtemps délaissés et sont aujourd'hui réinvestis par les artistes principalement. Cette division est encore plus flagrante sur le port d'Ouchy : d'un côté ont poussé de magnifiques palaces, de l'autre, c'étaient et ce sont encore divers entrepôts. Le quartier du Flon a été complètement réhabilité pour devenir un lieu plein de vie, novateur et créatif aussi bien de jour que de nuit.On peut diviser Lausanne en quatre grandes zones : la vieille ville qu'on appellera la cité médiévale, la ville moderne, Ouchy et les rives, enfin les hauteurs. Petit port de pêcheurs à l'origine, plus modeste que celui de Morges, Ouchy s'est construit grâce au tourisme. Avec l'arrivée du chemin de fer et des premiers bateaux à vapeur en 1823 dont le fameux Guillaume Tell, on a aménagé des quais et construit de magnifiques palaces en direction de Montreux. Aujourd'hui, vous y flânez, à pied ou à vélo. Vous y attendez un bateau, mais vous n'y restez pas vraiment. Côté ouest, vous vous dirigez vers la piscine de Bellerive, puis les rives de Vidy pour un barbecue, ou les ruines romaines et le cimetière de Bois-de-Vaux. Côté est, vous pouvez admirer les trois magnifiques hôtels d'Angleterre, le Beau-rivage Palace et le château d'Ouchy ou découvrir le Musée olympique, la plage de Lutry et les vignobles de Lavaux.

Les hauteurs

Bien que ce quartier fasse intégralement partie de Lausanne, ici, on quitte véritablement la ville. C'est un coin où il fait bon se promener, dans le parc de l'Hermitage ou dans le bois de Sauvabelin, et même tout en haut de la tour en bois, où un panorama imprenable s'étend sur toute l'agglomération lausannoise. Sauvabelin constitue le premier espace arboré, avant les nombreux autres bois, notamment celui du Grand-Jorat, près de Chalet-à-Gobet, avant de passer dans le Gros-de-Vaud, dans les verts pâturages… Mais ce quartier est surtout fier aujourd'hui d'accueillir un nouvel outil culturel, scientifique et touristique avec Aquatis (aquarium et vivarium), l'Hôtel Aquatis (3 étoiles supérieur), le restaurant et un centre de conférences. Un espace ambitieux desservi par le métro Vennes, au 150 de la route de Berne.

GARE FERROVIAIRE

Centre-ville ✆ 0848 44 66 88
www.sbb.ch
Gare principale de Lausanne.

Le TGV reste la meilleure option pour gagner Lausanne, la gare étant située au centre-ville. Il est assez facile de s'y repérer. Vous y trouverez des panneaux (jaune pour les départs, blanc pour les arrivées) indiquant tous les horaires et le numéro de voie correspondant à votre train, ainsi que des panneaux électroniques à l'entrée des sous-voies. Cependant, tous les arrêts ne sont pas indiqués sur les panneaux, ni sur les titres de transport. Si votre trajet comporte des correspondances, pensez à demander plus de détails au guichet ou au contrôleur.

TPC (TRANSPORTS PUBLICS DU CHABLAIS)

38 Rue de la Gare
✆ +41 24 468 03 30
www.tpc.ch
Offres touristiques régulières, réservations en ligne, chiens et vélo acceptés avec supplément tarifaire.

Trait d'union entre deux cantons (Vaud et Valais), reliant 23 communes, les TPC offrent un réseau idéal pour découvrir le Chablais, cette région du bout du lac riche d'attraits. Au gré des reliefs, ils offrent des paysages et des panoramas impressionnants. L'occasion de partir à la découverte des vignobles, de la plaine du Rhône, des stations de ski des Alpes vaudoises et des Portes du Soleil, des sentiers de randonnées, ainsi que de la nature sauvage ou apprivoisée.

TL - TRANSPORTS LAUSANNOIS - BUS

www.t-l.ch
Billet unitaire : 3,7 CHF. Pour la journée : 9,3 CHF. Possibilité d'achat aux guichets ou via l'application.

Le réseau des bus est dense et la desserte est régulière. Le temps d'attente est indiqué sur des panneaux électroniques. Achetez les billets au distributeur avant de monter dans le bus (le conducteur n'en vend pas). Sélectionnez la zone (11 pour le centre-ville ; 11 et 12 pour aller jusqu'à Saint-Sulpice par exemple, etc.) et insérez les pièces ou le billet (le distributeur rend la monnaie). Pratique : vous pouvez également acheter les billets sur votre téléphone *via* l'application.

CGN - COMPAGNIE GÉNÉRALE DE NAVIGATION

17 avenue de Rhodanie ✆ +41 900 929 929
www.cgn.ch
Ouvert toute l'année. Tous les jours. Tarif variable selon les trajets. Aller-retour : 36 € (Lausanne-Évian).

La CGN propose de nombreuses croisières thématiques à faire sur le lac Léman, par exemple pour rejoindre le festival de jazz de Montreux. Et de nombreuses croisières durant la période estivale sur l'un des bateaux à vapeur « Belle Époque » de la flotte CGN. Vous pouvez également regagner la côte lausannoise en bateau à partir des ports français d'Évian (35 minutes) et de Thonon-les-Bains (50 minutes). L'occasion de faire une jolie balade et de profiter d'une vue magnifique.

PORT D'OUCHY

Place de la Navigation
✆ +41 21 315 32 35
Port de 745 places.

C'est presque l'idéal de venir en bateau à Lausanne ! Depuis de nombreuses villes alentour, il est possible de relier ce port. Différents commerces, bars et restaurants se trouvent aux alentours et vous donneront envie de flâner à Ouchy, que ce soit en attendant d'embarquer ou en venant à peine de débarquer. La grande esplanade face au lac accueille même différents événements les soirs et week-ends. Facile d'accès également depuis la terre, le métro ligne 2 relie le débarcadère du port d'Ouchy au centre médiéval et à l'aquarium Aquatis.

ALOC-BIKE

3 place de la Gare
✆ +41 21 312 12 58
www.aloc-bike.ch
A partir de 45 CHF le 50cc pour la location sur une journée. 520 CHF le mois.

Pour faire un petit tour à deux et en deux-roues, Aloc-Bike vous propose de louer un scooter à la journée, sur un week-end de deux ou trois jours, à la semaine ou même au mois. Au choix : 50 ou 125 cc. Idéal pour se déplacer en ville ou faire un tour plus lointain que ne le permettrait le vélo (même si on est moins écolo), dans tous les cas, ça reste une solution très intéressante et à petit prix pour prendre le grand air frais et sentir la liberté. Une bonne solution également pour essayer la formule avant de se décider pour l'achat d'un scooter.

MAISON DU VÉLO

1B Place de l'Europe

Du lundi au vendredi de 8h midi et de 13h à 17h.

La Maison du Vélo regroupe plusieurs acteurs du vélo lausannois (dont l'association Pro Vélo, qui s'engage à promouvoir les intérêts des cyclistes). Dans les locaux de la Maison du Vélo, vous trouverez donc un point d'information de PubliBike, pour les vélos en libre service, ainsi que des cargobikes en location. Mais surtout, ce qui pourra ravir ici est l'atelier en libre service gratuit, qui propose également un service de petites réparations assurées par des bénévoles, ou bien même des cours de mécanique (sur inscription).

PUBLIBIKE

✆ 058 453 50 50

www.publibike.ch/fr/publibike/

Vélos en libre-service. 30 premières minutes 2,9 CHF, ensuite 0,1 CHF par minute. Vélos électriques 4,90 CHF.

Facile à utiliser et facile à trouver. Les stations de vélos Publibike sont facilement reconnaissables et leur accès est disponible au prêt 24h/24 tous les jours. Que vous soyez en mode découverte avec un petit trajet à effectuer ou en mode exploration avec une grande balade en prévision, vous trouverez vélo à vos pieds, électrique ou normal. Sur Lausanne, 20 vélos en attente et d'autres villes Publibike vous attendent comme Lugano et Lucerne. Pour être sûr de ne pas rater la borne d'à côté, l'application mobile est téléchargeable gratuitement.

SERVICE PYJAMA

Tarif : titre de transport et supplément « pyjama » de 4 CHF.

Vous pensiez être coincé dans le centre alors que vous aviez raté le dernier métro ? Pas du tout ! Un service de transports publics au départ de la gare CFF ou du Flon dessert plus de 40 communes du canton de Vaud, les nuits du vendredi au samedi et du samedi au dimanche. On adore cette initiative nocturne proposée par les Transports publics de la région lausannoise ! Les six différentes lignes de bus partent vers leur destination respective au départ de Saint-François à la même heure : 1h30, 3h et 4h30. Cette fois-là, ne ratez pas votre bus !

TAXIBUS MATIN

✆ +41 800 805 805

Tarif : Titre de transport + 2 CHF (journée et soirée) ou 4 CHF (de minuit à 6h du matin).

Pour les lève-tôt, les Transports lausannois ont créé le service taxibus Matin et pour les voyageurs rentrant tardivement, le taxibus Nuit. Le Taxibus Matin vient vous chercher à l'arrêt de bus ou de métro de votre choix (zone 11 et 12) et vous dépose à l'un des arrêts de bus ou du métro TL du centre. Les heures de départ sont prévues à 4h45, 5h05, 5h25, et 5h45 tous les matins. Pour réserver votre course, téléphonez au moins 15 minutes à l'avance (vous pouvez le faire aussi la veille). La voiture qui vient vous chercher affiche un indicateur lumineux Taxibus.

TAXIBUS NUIT

✆ 0800 805 805

CHF 4.- par personne en plus d'un titre de transport. Téléphonez au moins 15 minutes à l'avance.

Le Taxibus Nuit permet de regagner votre domicile (dans les limites des zones 11 et 12) à partir des cinq principaux arrêts de bus du centre-ville : Chauderon, Bel-Air, Saint-François, Georgette ou Lausanne-CFF.

Heures de départ prévues à minuit, minuit 20, minuit 40, 1h et 1h20, toutes les nuits. Pour réserver, téléphonez au moins 30 minutes à l'avance et indiquez l'heure de départ et l'arrêt souhaité, ainsi que la destination et le nombre de personnes. Une voiture Taxibus viendra vous chercher. Simple et efficace, pour ne pas prendre froid en attendant le métro !

TL - TRANSPORTS LAUSANNOIS - MÉTRO

15 chemin du Closel ✆ +41 90 056 49 00

www.t-l.ch

Billet unitaire : 3,70 CHF. Pour la journée : 9,30 CHF. Possibilité d'achat aux guichets ou via l'application.

Concernant le métro, les transports de Lausanne proposent deux lignes : la M1 et la M2. La ligne M1 fonctionne à partir du Flon, pour aller en direction de la gare de Renens, en passant par l'Université de Lausanne et l'EPFL. La ligne M2, copie conforme de la ligne 14 à Paris pour son côté 100 % automatisé, traverse Lausanne du sud au nord, depuis le port d'Ouchy jusqu'à Épalinges. Si vous séjournez dans un hébergement partenaire, vous recevrez gratuitement un titre de transport.

À VOIR / À FAIRE

Lausanne est une ville douce et harmonieuse, où la transition vers la modernité s'est opérée dans une certaine douceur architecturale. Malgré tout, des quartiers très différents se côtoient. Le quartier central tout d'abord, véritable cœur historique bâti autour de la cathédrale, aux petites rues pavées et propices aux déambulations pédestres (malgré les nombreuses pentes à gravir !). Puis, les villas chics sur les hauteurs ou les plus gros immeubles aux abords du lac. Parmi tout cela, à l'ouest de la ville, on trouve le quartier étudiant ainsi que des grands entrepôts servant à l'expression du côté plus alternatif de la ville. Parce que oui, malgré la douceur généralisée de vivre qu'il y fait, Lausanne propose des ambiances très éclectiques. Les balades qu'on vous propose ici se feront donc dans tous les quartiers pour s'imprégner de toute cette diversité, ainsi que dans les villes alentour constituant la Riviera suisse.

HORAIRES

Rien d'inhabituel sur les horaires des musées suisses. Il n'y pas forcément de nocturnes et l'horaire de fermeture est généralement autour de 17h30 en semaine, ou 18h le week-end. Plus surprenant tout de même, certains musées ferment le dimanche, quand d'autres choisiront, d'une manière conventionnelle, d'opter pour le lundi.

BUDGET / BONS PLANS

Si vous prévoyez plusieurs visites de musées dans les alentours de Montreux, la Riviera Card permet d'accéder gratuitement à de nombreux transports, musées et parcs de loisirs. Elle vous sera remise gratuitement à votre arrivée à l'hôtel. Sinon, le prix pour la visite des musées est assez standard et pas beaucoup plus cher que chez nous. À noter qu'il y a presque toujours des prix étudiants ou enfants, et que la gratuité mensuelle s'opère le premier samedi du mois, à la différence du dimanche en France.

VISITES GUIDÉES

Pour visiter Lausanne dans ses coins et recoins et pouvoir répondre à toutes les questions que vous vous posez, nous vous conseillons de vous laisser porter par le savoir d'un guide local au travers d'une visite guidée. Les thèmes à aborder dans cette villes peuvent aussi bien être historiques qu'artistiques. Durant l'été, il est par exemple possible de parcourir la cité en cinq balades guidées à la découverte de l'art dissimulé en ville.

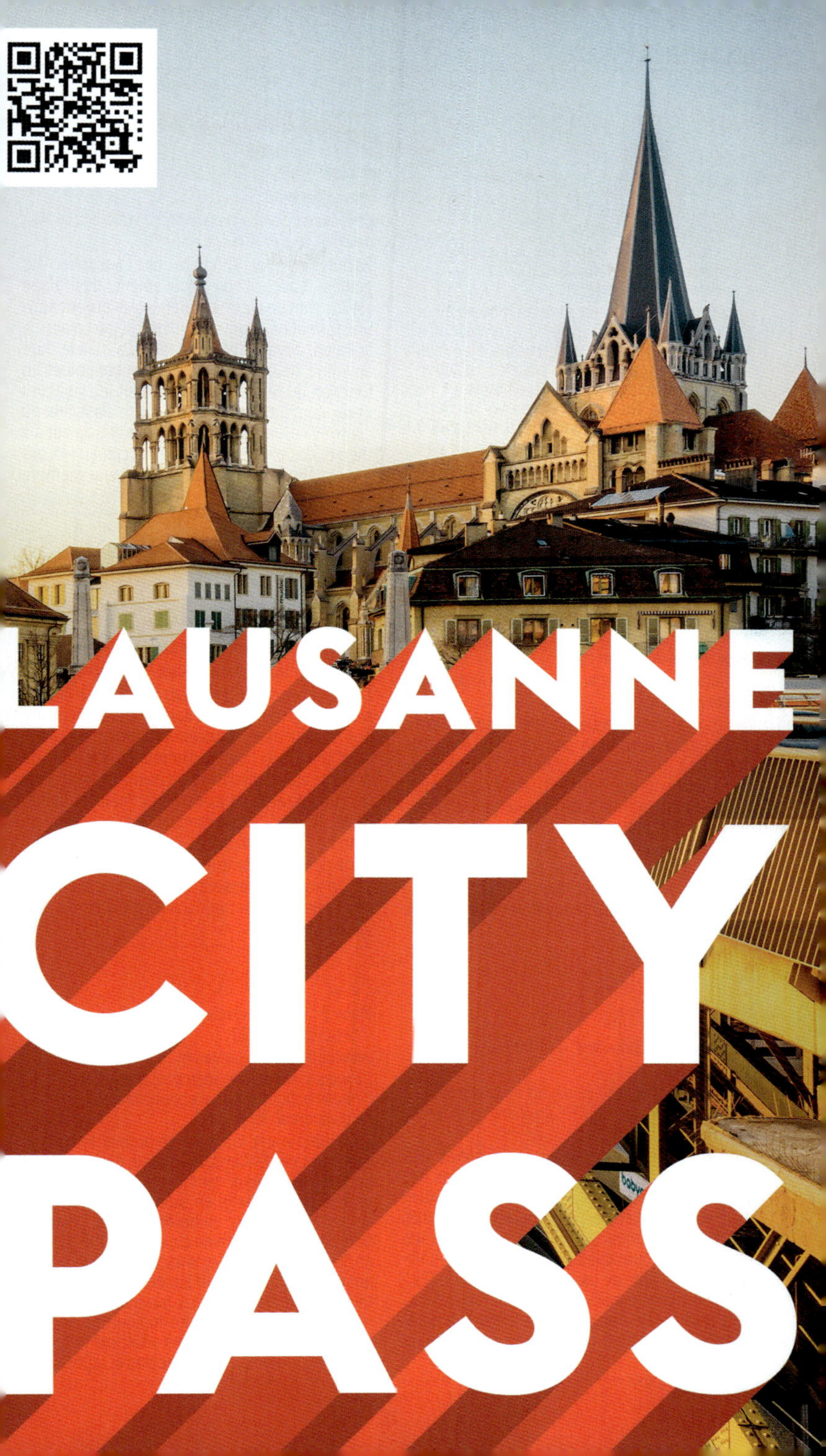
LAUSANNE
CITY
PASS

OFFICE DU TOURISME ET DES CONGRÈS DE LAUSANNE

✆ +41 21 613 73 73
www.lausanne-tourisme.ch
Renseignements touristiques du lundi au vendredi de 8h à midi et 13h à 17h. Le week-end de 9h à 17h non stop.

Très utile, le site Internet permet de planifier son séjour grâce à l'agenda complet des manifestations en cours, et donne de très bonnes suggestions de balades, d'activités, de sports à pratiquer, d'hôtels et de restaurants. Vous pouvez réserver un hôtel à partir du site. Sur place, n'hésitez pas à vous rendre dans l'un des bureaux de renseignements pour recevoir des conseils et de bonnes adresses locales.

OFFICE DE TOURISME CANTON DE VAUD

60 Avenue d'Ouchy
✆ +41 21 613 26 26
www.region-du-leman.ch/fr/
Site Internet assurant la promotion de la destination touristique.

Cet établissement joue un rôle essentiel dans le développement et la promotion du tourisme dans tout le canton de Vaud et la région du Léman. Sur le site Internet, vous découvrirez les destinations à ne pas manquer et toutes les découvertes naturelles ou culturelles, l'œnotourisme, les festivals… Alors même si nous faisons le maximum pour tout vous détailler dans ce guide, les conseillers du Point I à Ouchy pourront vous distiller leurs ultimes conseils de visite !

CGN - COMPAGNIE GÉNÉRALE DE NAVIGATION ★★★

17 avenue de Rhodanie ✆ +41 900 929 929
www.cgn.ch
Croisière du dimanche au départ de Lausanne avec petit déjeuner : 35 CHF. Croisière « fondue » : 49 CHF.

La CGN propose de nombreuses croisières tout au long de l'année avec visites touristiques à la clé. Individuels ou groupes peuvent alors naviguer sur le lac Léman pour apprécier la beauté des paysages, mais surtout pour découvrir les étapes incontournables du coin comme les villages du vignoble de Lavaux, le château de Chillon ou le village médiéval français d'Yvoire. Vous avez le choix des embarcations dans une flotte Belle Époque, option vapeur et roues à aube du plus bel effet.

GUIDES D'ACCUEIL DU MDA

Pl. de la Riponne 5
✆ +41 21 320 12 61
www.mda-vaud.ch
Ouverture des locaux du lundi au vendredi, de 8h à 12h et de 13h30 à 17h.

Passionnés par l'histoire de Lausanne, les guides d'accueil du Mouvement des aînés (MDA) sont des retraités bénévoles qui ont suivi une formation pour vous guider. Départ place de la Palud, devant l'hôtel de ville. La balade dure environ 2 heures et les visites sont orientées en fonction du temps dont disposent les visiteurs et de leurs intérêts. Outre la visite classique du centre-ville, les guides proposent des balades à thème, des excursions et des accès aux loisirs à prix négociés à condition de devenir membre de l'association.

LAUSANNE À PIED

✆ +41 21 320 12 62
www.lausanne-a-pied.ch
Visites guidées de la ville historique et visites à thème et sur demande. Dès 10 CHF par personne.

Découvrir intensément les étapes qui ont construit une ville grâce au savoir et à la passion d'un guide local est sans doute la meilleure des expériences. Plusieurs thèmes de visite sont proposés comme l'immanquable tour de la vieille ville à pied avec un cheminement dans les rues pavées, la place de la Palud, la cathédrale, l'église Saint-François, les escaliers du marché… Une manière détendue et anecdotique de rentrer dans le cœur battant d'une ville. Ces visites s'adressent bien sûr aux touristes, mais aussi aux entreprises et groupes de tous genres.

PETIT TRAIN DE VIDY

Place Emile-Henri-Jaques-Dalcroze
✆ +41 21 617 91 53
www.petittrainlausanne.ch
De mars à novembre : mercredi, samedi et dimanche. Durant les vacances scolaires : 7j/7 sauf vendredi. Tarif 3 CHF.

Ce minitrain est fait pour se promener dans le parc avec ses enfants, et il existe depuis 1964 ! Ce train électrique emmènera donc petits et grands sur ses rails en suivant un circuit sur les terrains de Vidy, en bordure du lac reliant le port de Vidy, la fontaine de cuivre et le théâtre de Vidy. Très agréable, la locomotive miniature emmène tranquillement les enfants qui visitent tout en s'amusant. Et les parents peuvent se reposer. C'est une manière ludique de se promener, les bambins adorent et crient « tchou-tchou » à tout-va… Peut-être pas si reposant !

CATHÉDRALE NOTRE-DAME DE LAUSANNE ★★

6 place de la Cathédrale ✆ +41 21 3167161
www.cathedrale-lausanne.ch/accueil
L'édifice est ouverte de 9h à 17h30 d'octobre à fin mars et jusqu'à 19h d'avril à fin septembre.

Inaugurée en 1275, en présence du pape Grégoire X et de l'empereur Rodolphe de Habsbourg, la cathédrale de style gothique est édifiée sur la colline de l'ancienne cité médiévale. Il s'agit à l'époque de la troisième église construite sur ce site. Les cloches sonnent les heures apportant une touche chaleureuse au quartier.

▶ **En vous dirigeant vers l'entrée** depuis le Café de l'Evêché, vous apercevez, juste après la vitre teintée, les traces d'une porte (arche en pierre) autour d'une fenêtre actuelle. Il s'agit d'un ancien passage car la cathédrale était alors ouverte et les voitures à cheval la traversaient.

▶ **Au début du XVIe siècle,** l'évêque Aymon de Montfalcon fait boucher ce passage et fait percer une nouvelle entrée. Celle que vous pouvez voir actuellement est une copie car, au fil du temps, les statues en molasse se sont abîmées (certaines sont exposées à l'intérieur et vous constaterez leur dégradation) et ont été remplacées par des personnages publics connus tels que l'architecte français Viollet-le-Duc, qui a participé à la restauration de la cathédrale et qui a fini par s'installer à Lausanne. A l'époque, cette entrée n'avait pas de porte et on pouvait apercevoir la statue de la Vierge, entourée du roi Salomon et de la reine de Saba, dont la tête a été coupée au moment de la Réforme.

▶ **En effet,** en 1536, avec l'arrivée des Bernois et l'adoption de la Réforme, la cathédrale est consacrée au culte protestant. Des statues disparaissent et les décors peints sont recouverts d'une peinture grise, ce qui a permis de conserver de très belles polychromies, mises au jour au début du XXe siècle et protégées par une vitre teintée depuis 2007.

▶ **Enfin, la rosace de 9 m de diamètre**, visible sur le pignon sud du transept, compte parmi les chefs-d'œuvre du patrimoine artistique européen. Les vitraux expriment la vision médiévale du monde en proposant autour de la figure du Dieu créateur les divers thèmes de la terre et de la mer, l'air et le feu, les saisons et les mois de l'année, les signes du zodiaque et des monstres aux confins de l'univers...

▶ **Les nouvelles orgues**, inaugurées en 2003, forment un instrument unique au monde par leur conception (grâce à la manufacture américaine Fisk et au designer italien Giugiaro), leurs caractéristiques musicales (styles classique et symphonique français, baroque et romantique allemands) et par leurs dimensions (près de 7 000 tuyaux, 40 tonnes, 150 000 heures de travail pour leur réalisation).

CHÂTEAU SAINT-MAIRE

4 place du Château
Visite fermée au public.

Le château Saint-Maire, véritable château fort, a été construit entre 1394 et 1430 sur la demande des évêques lausannois pour en faire leur nouvelle résidence, considérant que l'ancienne demeure, l'actuel Musée historique, n'était pas assez grande. Depuis 1803, cet édifice est le siège des autorités cantonales vaudoises et n'est donc pas ouvert au public. Il n'est donc malheureusement pas possible de le visiter de l'intérieur. Néanmoins, vous pouvez toujours passer devant lors de vos pérégrinations et il est possible d'effectuer une visite en ligne.

ÉGLISE SAINT-FRANÇOIS ★

Place Saint-François
✆ +41 21 331 56 38
www.sainf.ch
Ouvert du lundi au dimanche de 9h à 19h.

Aujourd'hui temple protestant, Saint-François est à l'origine un couvent. Bâti vers 1270 par des moines franciscains venus de Besançon, ce sont eux qui contribuent à l'étendue des vignobles de Lavaux. Les parties hautes remontent à 1370-1387 et le clocher, haut de 56 m, aux alentours de 1400. À l'intérieur, les bancs sont réversibles (ingénieux système de dossiers à bascule), pour écouter à la fois la messe et les magnifiques concerts d'orgue, en avril et novembre. Remarquez que les voûtes du chœur présentent un décor peint de faux joints, blanc sur fond beige.

ÉGLISE SAINT-LAURENT

Rue Saint-Laurent
✆ +41 21 331 57 28
saintlaurenteglise.eerv.ch
Chaque dimanche, le culte est précédé d'un petit-déjeuner dès 9h15 et suivi à 11h30 par un apéritif et un repas.

Construite au XIIIe siècle, sur les ruines d'une ancienne église datant de l'an mil, Saint-Laurent est le premier temple protestant fondé par les Bernois. Ayant difficilement survécu à travers les âges, notamment à cause de l'incendie de Lausanne et de certains actes de vandalisme, un nouveau temple est édifié entre les années 1716 et 1719, et la façade principale est encore renouvelée en 1762. Aujourd'hui, l'église réformée Saint-Laurent propose donc aux visiteurs d'observer sa belle façade de style baroque avec un clocher à horloge.

Cathédrale Notre-Dame de Lausanne.

ESCALIERS DU MARCHÉ ★★

Escaliers du Marché

Ces beaux escaliers en bois (177 marches) qui partent de la place de la Palud (en bas de la rue Mercerie) constituaient un passage couvert reliant la ville haute à la ville basse. Leur existence remonte au XIIIe siècle, mais ils ont été construits sous leur forme actuelle entre 1717 et 1719. Tout a été pensé de sorte que l'on puisse s'y croiser à deux, chargé de paniers, pour rejoindre les deux marchés : celui de la Palud et celui qui se tenait sur la petite place à mi-chemin des escaliers. Parallèlement, une jolie rue pavée borde les escaliers.

ESPACE ARLAUD

2 bis place de la Riponne

✆ +41 21 316 38 50

www.musees.vd.ch/espace-arlaud/accueil

Ouvert du mercredi au vendredi de midi à 18h et le week-end de 11h à 17h. Entrée 6 CHF.

Les musées cantonaux, à l'étroit dans le palais de Rumine, organisent dans cet espace des expositions temporaires. Le bâtiment néoclassique, inauguré en 1841, a été construit grâce au peintre vaudois Louis Arlaud pour y abriter une école de dessin et un musée d'art. En 1906, le musée s'est installé dans le palais de Rumine, tandis que l'école a occupé les lieux jusqu'en 1964, avant de déménager avenue de l'Élysée puis, à partir de 2007, à Renens. En 2021, l'exposition « Et les arbres de demain ? » invitera à nous émerveiller devant l'ingéniosité des arbres.

ESPACE CIRCUIT

9 avenue de Montchoisi

✆ +41 21 601 41 70

www.circuit.li

Ouvert du jeudi au samedi de 14h à 18h, ou sur rendez-vous.

Le centre d'art Circuit est une institution artistique créée et gérée par des artistes *via* l'association éponyme.

Cette galerie d'art contemporain a été fondée en 1998 par d'anciens étudiants de l'École cantonale d'art de Lausanne (ECAL) dont le but était de mettre en relation les jeunes artistes suisses et étrangers. Circuit est depuis devenu une sorte de minicentre d'art et d'édition indépendant dédié à l'art contemporain, avec un espace de rencontre et de dialogue ouvert aux diverses pratiques artistiques (peinture, sculpture, musique, performance, cinéma).

F'AR - FORUM D'ARCHITECTURES

4 avenue de Villamont

✆ +41 21 323 07 56

www.archi-far.ch

Ouvert du mercredi au vendredi de 12h à14h et de 16h à 19h. Samedi et dimanche de 11h à 18h Entrée libre.

Dans les anciens locaux du musée des Arts décoratifs, le Forum d'architectures Lausanne est géré par une association à but non lucratif, dont l'objectif est de présenter aux professionnels et au public des auteurs, des projets et des réalisations significatifs dans les domaines de l'expression visuelle et de la culture urbaine. À cette fin, elle organise des expositions, des conférences ou des débats liés au domaine de l'architecture au sens large, ouverts à tous.

FONDATION CLAUDE VERDAN - MUSÉE DE LA MAIN

21 rue du Bugnon

✆ +41 21 314 49 55

www.museedelamain.ch

Ouvert du mardi au vendredi de 12h à 18h et le week-end de 11h à 18h. Entrée 10 CHF.

Pour mieux rendre hommage à la main de l'homme et faire prendre conscience de son importance, le professeur Claude Verdan, éminent spécialiste de la chirurgie réparatrice de la main, a créé ce lieu qui lui est entièrement consacré. Le musée organise régulièrement des expositions et des débats-conférences, non seulement sur la main mais aussi en rapport avec la science et la médecine. Pour finir, Le Café de la Main pour un café ou un chocolat, un jus de fruits ou une pâtisserie bio.

MUSÉE CANTONAL DE GÉOLOGIE ★★

6 place de la Riponne

✆ +41 21 316 33 10

www.unil.ch/mcg/fr/home.html

Ouvert du mardi au jeudi de 11h à 18h et du vendredi au dimanche de 11h à 17h. Entrée libre.

Situé au niveau 3 du palais de Rumine, le musée de Géologie propose une exposition permanente déclinée sur trois thèmes : les fossiles, les cristaux et les dessous des Alpes. On y trouve deux expositions virtuelles, sur les origines du monde et Lausanne au temps des palmiers. La ville nous apparaît alors très différente ! Des expositions temporaires sont aussi à découvrir. Lors de notre visite, on avait adoré l'histoire du fameux mammouth découvert en 1969 dans la vallée de Joux.

FONTAINE DE LA JUSTICE ★

Place de la Palud

Monument historique.

© STEVE CUKROV - SHUTTERSTOCK.COM

Les fontaines pourvues d'une allégorie de la Justice connaissent un grand succès dans les cités réformées du XVIe siècle. À Lausanne, le bassin en pierre date de 1557 et la statue aurait été exécutée en 1584-1585. La copie actuelle date de 1930 (l'original, non peint, est exposé au Musée historique de Lausanne). Au-dessus de la fontaine, une horloge s'anime toutes les heures, de 9h à 19h. Accompagnée par une musique carillonnante, une voix d'homme raconte brièvement l'histoire du canton de Vaud, tandis qu'apparaissent de jolis personnages.

MUSÉE CANTONAL D'ARCHÉOLOGIE ET D'HISTOIRE ★★

6 place de la Riponne ✆ +41 21 316 34 30

www.mcah.ch

Ouvert du mardi au jeudi de 11h à 18h et du vendredi au dimanche de 11h à 17h. Entrée gratuite.

Ce sont 15 000 ans d'histoire vaudoise, des derniers chasseurs de la fin du paléolithique jusqu'aux temps modernes, qui sont réunis ici à travers divers objets découverts lors de fouilles. Les collections sont très variées et reflètent l'activité des archéologues dans le canton de Vaud depuis le XIXe siècle. Vous pouvez notamment y voir de nombreux objets provenant des habitats lacustres du lac Léman, premier lieu d'installation humaine avant la colline de la Cité, ainsi que de riches mobiliers funéraires des cimetières néolithiques, de l'âge de fer, du bronze et du haut Moyen Âge, avec l'arrivée des Burgondes. Reconstitutions, maquettes et supports audiovisuels contribuent également à une meilleure compréhension de l'histoire. Chaque salle définit une époque, celle de la préhistoire puis celle de l'histoire.

Les expositions temporaires présentent des facettes particulières de ces collections et permettent aussi de révéler des découvertes inédites provenant de fouilles récentes et dont les objets sont encore en cours d'étude. Le musée est très complet, très bien ficelé, et le bâtiment accueillant les expositions mérite vraiment le détour. Nul doute que pendant quelques heures de pluie, il devrait attirer votre attention et la retenir peut-être encore davantage ! En plus, on apprécie vraiment l'initiative de la ville de proposer certains de ses musées, notamment ceux du palais de Rumine, en entrée entièrement gratuite. Alors, n'hésitez plus !

MUSÉE CANTONAL DE ZOOLOGIE ★

6 place de la Riponne

✆ +41 21 316 34 60

www.zoologie.vd.ch

Ouvert du mardi au jeudi de 11h à 18h et du vendredi au dimanche de 11h à 17h. Entrée gratuite.

En 2018, ce musée a fêté ses deux cents ans. Plutôt destiné aux enfants, le musée de Zoologie nous fait découvrir 2 500 animaux de la faune régionale et, dans une moindre mesure, de la faune mondiale ainsi qu'une exceptionnelle section d'anatomie comparée. Ne ratez pas le spectacle impressionnant de rangées de bocaux, de squelettes et de monstres à deux têtes. Le musée dispose aussi du plus grand requin blanc taxidermisé au monde : 5,89 m ! Nombreuses expositions temporaires.

MUSÉE DE LA CHAUSSURE / SHOE MUSEUM

10 rue du Rôtillon

✆ +41 21 312 06 77

www.shoemuseum.ch

Ouvert le premier week-end du mois de 14h à 19h, ou sur rendez-vous. Entrée libre.

Ce drôle de musée retrace 5 000 ans d'histoire de la chaussure. Depuis 1993, la société Gentle Craft fait des recherches et la collection actuelle comprend des reproductions fidèles de chaussures de la Rome antique, du Moyen Age et d'époque préindustrielle, provenant de fouilles archéologiques ou de collections historiques. Chaque pièce est une réplique exacte à l'échelle de l'original. Particulièrement intéressant pour les enfants car on peut regarder avec les mains !

HÔTEL DE VILLE DE LAUSANNE

2 place de la Palud

Visite possible.

L'imposant édifice de l'hôtel de ville héberge, depuis 1675, les institutions municipales de la commune. Le bâtiment date du XVIIe siècle et était à l'époque entouré de deux rivières (le Flon et la Louve). Il a été élevé sur un premier édifice du XVe siècle. La façade est originale car les arches sont symétriques par rapport à la porte centrale (grandes – moyennes – petites – porte centrale – petites – moyennes – grandes). Les fenêtres au-dessus sont espacées selon le même modèle, ce qui donne une impression de largeur. Vous remarquerez également de jolies gargouilles du XVIIe siècle, qui ne sont heureusement plus opérationnelles, sinon on recevrait des trombes d'eau sur la tête ! À l'intérieur, une fresque murale raconte l'histoire du major Davel, symbole de la libération du canton. La salle du conseil municipal, où se réunissent les sept membres exécutifs, possède un joli poêle en carreaux de faïence bleus (manufacture de Nyon) et, sous les banquettes, des tiroirs à crachats pour ceux qui chiquaient ! Mozart a donné deux concerts à l'hôtel de ville, en 1766, à l'âge de 10 ans. Son père essayait de lui trouver une place à l'une des grandes cours d'Europe. Ce sera son seul passage en Suisse. Ouvert à la visite pour les curieux, on vous conseille lorsque vous irez de monter jusqu'au grenier pour admirer la charpente d'origine. Dominant la pittoresque place de la Palud de son beffroi, ne le ratez pas, c'est un des monuments vaudois du XVIIe siècle des plus remarquables.

© PHILIPPE GUERSAN - AUTHOR'S IMAGE

MUSÉE DE LA MACHINE À ÉCRIRE

18b Rue des Terreaux

www.machineaecrire.ch

Entrée libre et commentée, uniquement sur rendez-vous.

Ce musée-là, c'est l'histoire d'une passion transmise de père en fils. Plus de 400 machines « antiques » vieilles de plus d'un siècle aux machines à écrire avec des caractères chinois ou japonais, ce musée regroupe l'amusante collection de la famille Perrier, réparatrice de machines à écrire depuis 1937, les restaurant avec amour, fabriquant au besoin les pièces manquantes. C'est donc un musée entièrement privé que l'on découvre. La visite commentée est vivante et très instructive.

MUSÉE HISTORIQUE DE LAUSANNE

4 place de la Cathédrale

✆ +41 21 315 41 01

www.lausanne.ch/mhl

Du mardi au dimanche de 11h à 18h. Adulte : 12 CHF.

L'ancien évêché de Lausanne (XVe siècle), après avoir été successivement utilisé comme prison, tribunal et école, est devenu ce beau musée. Des objets, des costumes ainsi que des tableaux permettent de comprendre l'évolution de l'histoire de la ville. À voir : une maquette de Lausanne au XVIIe siècle, quand la ville était encore traversée de ruisseaux où tournaient des moulins. Entrez ensuite dans la petite salle du fond pour découvrir de vieilles et fascinantes photos de Lausanne.

NOTRE-DAME DU VALENTIN ★★

2 rue du Valentin

www.cath-vd.ch/paroisses/notre-dame

Ouvert tous les jours de 9h à 19h.

Le culte catholique, aboli en 1536 par les Bernois, est de nouveau célébré chez des particuliers dès 1798 puis, à partir de 1812, dans le nouveau temple de la Mercerie, avec d'autres confessions. Insatisfaits, les catholiques commencent d'autres constructions. En 1832, est bâtie l'église Notre-Dame du Valentin, qui est la première église catholique construite à Lausanne après la Réforme. En 1992, elle est élevée au rang de basilique par le pape Jean-Paul II. Vous y remarquerez la magnifique fresque de Gino Severini (1883-1966), peintre italien futuriste cubiste.

À VOIR / À FAIRE

PALAIS DE RUMINE ★★★

6 place de la Riponne
✆ +41 21 316 33 10
www.palaisderumine.ch/accueil
Horaires du bâtiment : lundi au vendredi de 7h à 22h, samedi de 7h à 17h, dimanche de 10h à 17h.

Construit sur concours entre 1892 et 1904, grâce à un legs de Gabriel de Rumine, fils de princes russes, cet édifice de style néo-Renaissance florentine rassemblait alors l'université, la bibliothèque ainsi que les musées des Beaux-Arts et des Sciences. Dans les années 1980, l'université a été déplacée sur le site actuel de Dorigny, pour abriter trois nouveaux musées (archéologie et histoire, géologie, zoologie) ainsi que la bibliothèque cantonale universitaire. S'y ajoute encore une annexe, l'Espace Arlaud, destinée à accueillir des expositions temporaires.

PLACE DE LA PALUD ★★

Lieu stratégique de la ville, la place de la Palud voyait autrefois se croiser les pèlerins qui montaient à la cathédrale et les commerçants qui vendaient leurs produits sur le marché. Située en zone piétonne, c'est encore l'un des lieux les plus pittoresques de Lausanne. L'étymologie du mot Palud viendrait du paludisme qui fait référence à cette partie de Lausanne très marécageuse à l'époque. Depuis là, on accède à l'hôtel de ville, la fontaine de la Justice, l'horloge et les escaliers du marché. N'oubliez pas de vous arrêter pour boire un chocolat au Barbare !

PLACE DE LA RIPONNE ★★

Place de la Riponne
Marché campagnard tous les mercredis et samedis.

Mis à part l'imposant palais de Rumine, cette place a longtemps été considérée comme l'échec de l'urbanisation de Lausanne. En voulant en faire un lieu de rencontre, les autorités avaient fait une surface bétonnée ceinturée d'affreux bâtiments et d'un parking, où seuls quelques toxicomanes se réunissaient. Mais depuis fin 2008, grâce à l'arrivée du métro M2 et avec quelques travaux d'aménagement, la place de la Riponne a repris vie. Des marchés s'y tiennent et un espace avec des camions de *street food* apportent désormais une touche vivante et conviviale.

RUE DE BOURG ★

Rue de Bourg
Rue avec intérêt de visite.

La rue de Bourg, qui descend du pont Bessières à Saint-François, était l'artère principale par laquelle passait tout le trafic jusqu'au début du XIXe siècle. Il y avait alors un relais de chevaux à Saint-François. Au XIXe siècle, on a ouvert la rue de Bourg sur le lac, avec des rues et des passages perpendiculaires, comme la galerie Saint-François, la seule en Europe construite en escaliers. Vous y apercevrez le plus ancien magasin de Lausanne : Blondel. Ses chocolats sont incontournables ! Aujourd'hui, la rue de Bourg est emblématique du shopping de luxe.

TOUR DE L'ALE ★

Rue de la Tour
Fermée au public.

Construite en 1340, cette ancienne tour de guet, haute de 21 m, est l'ultime vestige des remparts qui entouraient autrefois la ville. Ses dimensions, 21 m de hauteur et 8 de diamètre, en faisaient un des éléments les plus spectaculaires du bourg. L'épaisseur de ses murs atteint 1,75 m. La tour a été classée monument historique en 1900 et restaurée en 1903. Juste en dessous, la rue de l'Ale, en réalité rue de la Halle mais transformée par le parler populaire en rue de « l'Aile » puis de « l'Ale », mène à La Pinte Besson, le bistrot le plus ancien de Lausanne.

Place de la Palud.

ABSTRACT ART CONTEMPORAIN

19 route de Genève

www.abstract.li

Ouvert vendredi et samedi de 16h30 à 18h30 et sur rendez-vous.

Situé au cœur du Flon, l'Abstract expose des travaux d'artistes contemporains, mais aussi les nouvelles acquisitions de collectionneurs. On y trouve des installations, des peintures ou encore des photographies. L'espace est très sobre et abrite des expositions engagées, qui relèvent souvent d'une inspiration intime, voir intuitive. En plus de cela, il y a une boutique dans la galerie, où vous pourrez trouver par exemple le livre *Forever Young* commémorant les vingt ans d'Abstract.

ALICE PAULI GALERIE D'ART CONTEMPORAIN

9 rue du Port-Franc

✆ +41 21 3128762

www.galeriealicepauli.ch

Ouvert du mardi au vendredi de 9h à 12h30 et de 14h à 18h, le samedi jusqu'à 17h.

La galerie Alice Pauli est la plus ancienne et incontestablement la plus connue à Lausanne. Implantée au Flon dès 1962, Alice Pauli a exposé Bissier, Tobey, Dubuffet et Vieira da Silva, auxquels sont venus s'ajouter ces dernières années Soulages, Penone, Plensa ou Anne et Patrick Poirier, et les Suisses Jean Lecoultre, Yves Dana, Gaspard Delachaux, Catherine Bolle ou Fabienne Verdier. Les expositions de 2021 mettent l'accent sur les peintures et les sculptures.

ATELIER RAYNALD METRAUX - IMPRESSIONS ET ÉDITIONS

6 rue des Côtes-de-Montbenon

✆ +41 21 311 16 66

www.atelier-metraux.com

Ouvert le mardi et mercredi de 14h à 18h30, le samedi de 14h à 17h et sur rendez-vous.

L'imprimeur lithographe Raynald Métraux a installé son atelier, en 1991, dans une ancienne usine du Flon. Depuis, il a reçu de nombreuses distinctions en tant qu' « artisan d'art ». En plus de cela, il en a également fait une galerie où il présente des expositions temporaires, principalement des travaux sur papier, et où l'on peut découvrir en permanence des estampes, portfolios et livres d'artistes édités. Raynald Métraux propose aussi divers stages.

CINÉMATHÈQUE SUISSE ★★

3 allée Ernest-Ansermet ✆ +41 58 800 02 00

www.cinematheque.ch

Trois projections par jour en hiver. L'été à 18h30, 21h et 23h (le vendredi et le samedi). Entrée 8 et 10 CHF.

Construit en 1908, le casino de Montbenon abrite la Cinémathèque suisse, seul musée du cinéma dans tous le pays, riche de plus de 85 000 titres équivalant à 700 000 bobines. On y projette des films anciens et récents, des chefs-d'œuvre ou des bobines oubliées, des hommages à des réalisateurs, des acteurs ou des sélections autour d'un thème particulier. Il paraît que Jean-Luc Godard y est venu à plusieurs reprises ! Il y a également des projections de la Cinémathèque suisse au cinéma du Capitole. Chaque mois des rétrospectives sont organisées.

ECAL - ÉCOLE CANTONALE D'ART DE LAUSANNE

5 avenue du Temple

✆ +41 21 316 99 33

www.ecal.ch

Ouvert du mercredi au vendredi de 13h à 17h30.

L'Espace d'art contemporain lausannois a quitté le Flon pour les nouveaux locaux de l'École cantonale d'art de Lausanne (ECAL), à Renens. Dans un espace de 550 m², il accueille les créations des professeurs et d'invités. Mais aussi, par le biais d'éditions, de photographies, de typographies, de peintures, d'installations interactives, de films ou encore d'objets de design, il est également possible de découvrir des travaux issus des différents étudiants de l'école.

ESPLANADE ET CASINO DE MONTBENON ★★

3 allée Ernest-Ansermet

Belvédère aménagé au XVIIe siècle, Montbenon a servi de place d'armes jusqu'au XIXe. On y a ensuite construit un élégant bâtiment inspiré de la Renaissance italienne pour y abriter un casino (1908), de magnifiques jardins (1949) et une esplanade (1982). Depuis, c'est devenu un endroit très agréable pour une petite halte, sur un banc face à une magnifique vue sur le lac ou pour boire un verre au Grand Café aménagé dans la rotonde. Le site est un lieu d'animation sociale et culturelle.

Palais de Justice sur l'esplanade de Montbenon.

MUSÉE CANTONAL DES BEAUX-ARTS ★★★

Plateforme 10 - Place de la Gare 16
✆ +41 21 316 34 45
www.mcba.ch

Ouvert les mardi, mercredi, vendredi, samedi et dimanche de 10h à 18h, le jeudi jusqu'à 20h.

Fondé dans la première moitié du XIXe siècle, ce musée conserve près de 11 000 œuvres, dont la majorité date de la seconde moitié du XVIIIe siècle à aujourd'hui. Tout en offrant des comparaisons avec les courants internationaux, le patrimoine réuni donne la mesure de la création des artistes d'origine vaudoise et plus largement suisse romande, qu'ils aient poursuivi leur carrière dans leur pays ou à l'étranger. Quelques points forts se dégagent : le néoclassicisme, l'académisme, le réalisme, le symbolisme et le postimpressionnisme, la peinture abstraite en Europe et aux États-Unis, l'art vidéo suisse et international, la nouvelle figuration, l'abstraction géométrique et, toutes périodes confondues, les pratiques artistiques attestant d'un engagement politique et social. On citera encore d'importants fonds monographiques, parmi lesquels ceux de Charles Gleyre, Félix Vallotton, Louis Soutter, Pierre Soulages ou encore Giuseppe Penone. Le nouveau bâtiment du MCBA, à deux pas de la gare de Lausanne, a été inauguré en octobre 2019. Ses espaces généreux accueillent une programmation ambitieuse comptant dix expositions temporaires par an consacrées à l'art ancien, moderne et contemporain, ainsi que la présentation permanente de la collection. Pour associer culture et découverte ne manquez pas de visiter les autres musées de Plateforme 10.

FORMA ART CONTEMPORAIN ET CABINET D'EXPERTISE

3 rue Côtes-de-Montbenon
✆ +41 21 312 12 09
www.forma-art.ch/

Ouvert du mardi au samedi de 13h30 à 18h et sur rendez-vous.

Cette galerie est un nouvel espace dans le paysage artistique lausannois, rue Côtes-de-Montbenon 3, dédié à l'expression artistique contemporaine avec des artistes comme Fred Bott, Lucie Kohler, Camille Lichtenstern, Simon Rimaz et Paul Rousteau. La programmation est variée, avec de nombreuses expositions temporaires et des artistes invités. En parallèle de la galerie, un cabinet d'expertise guide les particuliers en matière d'acquisition d'œuvres d'art.

LE FLON ★★★

Le Flon

Actuellement très prisé par les différents milieux culturels lausannois et par les promoteurs immobiliers, le quartier des anciens entrepôts du Flon contraste fortement avec la cité médiévale.

Au XIXe siècle, les marchandises arrivaient du port d'Ouchy ou de la gare. En faisant creuser le métro, l'homme d'affaires Jean-Jacques Mercier a facilité le trafic. Les marchandises étaient déposées sur des rails et prenaient l'ascenseur Bel-Air (qui mène aujourd'hui à la Fnac) pour continuer vers l'ouest, jusqu'à la gare de Chauderon. Le trafic a cessé en 1974 et les anciens entrepôts ont été investis par la culture avant de devenir objets de convoitise pour de grands groupes. Aujourd'hui, parmi les bâtiments du Flon datant du XIXe siècle à avoir été conservés, figurent ceux du bar N20 et du magasin Butterfly. Pour la famille Mercier, constituée en LO Holding, le Flon a longtemps été un trou à valoriser. Dans plusieurs anciens entrepôts, les caves sont magnifiques et encore non mises en valeur. Entrez notamment dans l'ancien entrepôt des douanes, au n° 17 (en face de Maniak) : vous verrez d'abord une grande verrière et, au sous-sol, un vaste espace sous des arches mais qui sert simplement de réserve aux magasins du rez-de-chaussée.

Depuis le Flon, vous pouvez voir, juste au-dessus, le bâtiment du centre commercial Métropole Lausanne, récemment rénové, ainsi que la tour Bel-Air, le premier « gratte-ciel » suisse, qui apparaît ici beaucoup plus long que haut. Vous apercevez également la Maison du peuple, appelée parfois avec humour le « Kremlin ». Elle abrite les sièges du Parti socialiste et du Parti ouvrier populaire.

Aujourd'hui, outre les galeries d'art, le quartier du Flon abrite les discothèques très connues du MAD et de l'Atelier volant (ouvertes dans les années 1980), des bars branchés comme le Pur et le N20, des appartements et des studios de photographes et d'architectes aux loyers très élevés, une école de jazz, et de plus en plus de magasins.

Ainsi, le Flon a gagné ses lettres de noblesse et de nombreux Lausannois disent que le nouveau centre alternatif de leur ville se déplace désormais plus à l'ouest. Les artistes ont plutôt tendance à s'installer vers Sébeillon et Malley. La gare de Sévelin, désaffectée, a ainsi été transformée en école professionnelle et la culture a investi les anciens entrepôts : les Docks, l'école de danse Sévelin 36, le théâtre de l'Arsenic. Plus loin, à Malley, le théâtre Kléber Méleau est situé dans l'ancienne usine à gaz.

▶ **En hiver, une patinoire** gratuite est aménagée au Flon.

PARC MON REPOS ★

Parc Mon Repos

Ce parc à l'anglaise entoure une maison de maître construite pour le riche financier Vincent Perdonnet (1768-1850). Sur la façade arrière, vous pouvez encore lire la devise de la famille : *Toujours agité, jamais abattu !*

Les bourgeois qui habitaient la rue de Bourg possédaient souvent une résidence secondaire en dehors de Lausanne, du temps où la ville était encore ceinturée de fortifications et entourée de vignes (les vignes appartenaient à l'évêque puis ont été rachetées par des privés, dont la Ville de Lausanne). On appelait alors ces demeures des « maisons de maître », et le parc qui les entourait, la « campagne ». Ainsi, on parle également de la campagne du Désert et de la campagne de l'Hermitage. Le parc de Mon-Repos était à l'époque encore plus grand puisqu'il recouvrait aussi le terrain du Tribunal fédéral, actuellement au-dessus.

La maison et le parc appartiennent aujourd'hui à la Ville de Lausanne, qui y organise ses réceptions (parallèlement avec la maison de l'Élysée) et y reçoit ses hôtes les plus prestigieux. Devant la maison, les anneaux olympiques dessinés au sol rappellent que c'est ici que se trouvait à l'origine le siège du Comité olympique. Voltaire y avait également aménagé un petit théâtre, le pavillon Voltaire, aujourd'hui transformé en charmant salon de thé en été, la Folie Voltaire.

L'été, des concerts et des projections de films en plein air ont lieu dans ce cadre idyllique et hautement romantique, avec cascade, grotte, souterrain et volière aux centaines d'oiseaux multicolores.

© PHILIPPE GUERSAN - AUTHOR'S IMAGE

GALERIE & LIBRAIRIE HUMUS

18bis rue des Terreaux

✆ +41 21 323 12 23

mybiggeneva.com/librairie-humus

Ouvert du mardi au vendredi de 10h à 19h et le samedi de 10h à 18h.

Au premier étage de cette maison, la galerie Humus présente des œuvres figuratives non ordinaires, privilégiant l'humour, l'incongruité ou l'érotisme. Au rez-de-chaussée, la librairie fait la part belle à l'humour et au Japon. Des animations régulières sont proposées comme des lectures d'extraits. Si vous vous faufilez plus loin dans la boutique, vous tomberez sur quelque 4 000 ouvrages plus érotiques, mais aussi des gravures, dessins et bibelots.

MUDAC ★

Plateforme 10 - 17 place de la Gare

✆ +41 21 315 25 30 - www.mudac.ch

Mardi au dimanche de 11h à 18h ainsi que le lundi en juillet et août. Entrée plein tarif : 10 CHF. Fermé temporairement.

Succédant au musée des Arts décoratifs en 2000, le MUDAC se consacre à la création actuelle, en présentant de belles collections d'arts appliqués contemporains. Les expositions temporaires ont lieu au rez-de-chaussée et au premier étage. Au deuxième, on trouve notamment des œuvres de Chagall, Picasso, Arp et Salvador Dalí. Assez surprenant et fascinant, le sous-sol accueille la collection privée d'art égyptien et chinois de l'ancien conservateur du musée cantonal des Beaux-Arts. Le musée est actuellement fermé en attendant son emménagement dans la Plateforme 10.

MUSÉE PHOTO ÉLYSÉE ★★

Plateforme 10 - Place de la Gare 17

✆ +41 21 316 99 11

https://elysee.ch/

Réouverture en juin 2022.

Dans le quartier des Arts de Plateforme 10, un tout nouvel écrin a été réfléchi pour accueillir des collections uniques de plus de 1,2 million de phototypes. Des expositions de photographes renommés, tels que Robert Doisneau ou Irving Penn, et celles de jeunes talents seront mises en valeur tout au long de l'année dans la collection permanente et lors d'expositions temporaires. Diverses rencontres et conférences sont organisées tout au long de l'année. Le musée nouvelle génération partage son espace muséal avec le MUDAC, musée du Design.

PLATEFORME 10

Place de la Gare 16-17
✆ +41 26 316 25 55
www.plateforme10.ch
Plateforme (quartier) des arts avec la collaboration de plusieurs musées.

Plateforme 10 est le nouveau Quartier des Arts de la ville de Lausanne et du canton de Vaud. Ce lieu unique, d'une surface de plus de 25 000 m2, se trouve à deux pas de la Gare de Lausanne et sera inauguré le 18 juin 2022. Il réunit en un seul site le Musée cantonal des Beaux-Arts (MCBA), Photo Elysée (musée cantonal de la photographie), et le MUDAC (Musée cantonal de design et d'arts appliqués contemporains). Plateforme 10 offre un large programme complémentaire avec des événements, ainsi que plusieurs restaurants et espaces publics accessibles à toutes et tous.

ROLEX LEARNING CENTER ★

Ecublens
✆ +41 21 693 42 14
rolexlearningcenter.epfl.ch
Ouvert au public de 7h à minuit.

Œuvre monumentale et spectaculaire réalisée en 2010 par le bureau d'architecture japonais de renommée internationale SANAA, ce centre d'information lumineux qui « ondule » fait partie de l'EPFL et abrite, sur une surface continue de 20 000 m^2, une bibliothèque, des espaces sociaux, des lieux d'études, des restaurants et des cafés, face au lac Léman. Les concepteurs du Rolex Learning Center, les architectes Kazuyo Sejima et Ryue Nishizawa, ont reçu pour cette réalisation le prix Pritzker, la plus haute et la plus prestigieuse distinction en matière d'architecture.

TOUR BEL-AIR

1 place Bel-Air

Objet d'une vive polémique à l'époque de sa construction, le « gratte-ciel » de Lausanne a été conçu par l'architecte Alphonse Laverrière en 1932, soit un an après l'Empire State Building. Le promoteur immobilier se trouvait en effet à New York et souhaitait, lui aussi, un immeuble de grande envergure pour Lausanne. Construite à cheval sur la place Bel Air et le « trou » du Flon, cette tour impressionnante monte à 54 m depuis la place Bel Air et 68 m depuis la rue de Genève. Elle abrite notamment la salle Métropole, classée monument historique.

MUSÉE ET JARDINS BOTANIQUES CANTONAUX ★★

14 bis avenue de Cour
✆ +41 21 316 99 88
www.botanique.vd.ch
Jardin 7j/7 10h-17h (18h30 l'été). Musée ouvert pendant les expositions de 10h à 17h. Entrée libre.

© DS

Véritable musée vivant au pied de la colline de Montriond et à deux pas du parc de Milan et de ses aires de jeux, le Jardin botanique cultive plus de 6 000 espèces de végétaux du monde entier dans ses rocailles, ses pièces d'eau et ses plates-bandes. Ce petit coin de paradis déborde de couleurs et propose une visite sereine des plus agréables. Le musée et le jardin proposent des expositions botaniques et artistiques temporaires qui agrémentent la visite.

À VOIR / À FAIRE

MUSÉE OLYMPIQUE ★★★

1 quai d'Ouchy ✆ +41 21 621 65 11
https://olympics.com/museum/
De 9h à 18h toute l'année du mardi au dimanche. Adulte + 16 ans : 20 CHF, réduit 14 CHF. Enfant -16 ans : gratuit.

Vous trouverez ici le seul musée au monde consacré à l'olympisme. À noter qu'à chaque nouveaux Jeux olympiques des expositions inédites leur sont dédiées, et ce musée ne cesse donc de se renouveler. Pas étonnant alors qu'entre sa création en 1993 et 2013, il a été visité par 3 millions de personnes ! Ce musée emblématique a rouvert après deux ans de travaux et une complète restructuration de ses trois étages et de ses 3 000 m². En marge de son exposition permanente où l'on découvre l'univers des Jeux : le monde olympique, les Jeux olympiques, l'esprit olympique et toute l'histoire et la culture des JO, ce musée abrite des espaces pédagogiques et culturels. Sa muséographie est ultraconnectée et très ludique pour captiver le visiteur qui se laisse prendre au jeu. Très interactives, les animations font partie intégrante de la visite. Parmi les lieux à ne pas manquer, on optera pour l'espace dédié aux cinquante torches depuis la première créée en 1936. Il n'est ainsi pas rare d'y passer plusieurs heures, entre les nombreuses activités ludiques en intérieur ou les parcours dans le jardin extérieur. Bien évidemment, un café-brasserie, le TOM Café, permet de prolonger la détente en s'accordant un peu de repos avec une magnifique vue sur le lac.

- **Le musée en chiffres :** 3 000 m² dédiés aux expositions, 1 500 objets, 150 écrans.
- **Le parc :** 43 sculptures dédiées à la culture olympique dont celles de Niki de Saint Phalle, Botero, Tàpies, Calder. Piste d'athlétisme de 100 m pour se mesurer à Usain Bolt, peinture murale d'Antoni Tàpies.

ESPACE DES INVENTIONS

1 vallée de la Jeunesse ✆ +41 21 315 68 80
www.espace-des-inventions.ch
Ouvert du mardi au samedi de 14h à 18h, les dimanches et jours fériés de 10h à 18h. Entrée 10 CHF.

Logé dans un bâtiment à l'architecture cylindrique, on tourne autour d'un grand pylône à la découverte d'expériences mises en scène par l'équipe composée de scientifiques et graphistes. Destiné aux jeunes et moins jeunes, l'Espace des inventions est un lieu d'éveil à la science et à la technique, de découverte et d'expérimentation. Autour d'un thème scientifique choisi, un ensemble de jeux et d'expériences à manipuler est proposé aux mains curieuses, aux regards critiques et aux cerveaux agiles des visiteurs. Idéal pour les petits professeurs Tournesol en herbe !

BEAU-RIVAGE PALACE ★

17-19 Place du Port
✆ +41 21 613 33 39
www.brp.ch
Bâtiment d'intérêt architectural.

L'un des fleurons des bords du lac. Ouvert en 1861, ce mythique hôtel 5 étoiles lausannois a été décoré par les plus grands artisans de la Belle Époque. En 1857, alors que le tourisme est en plein développement, une société immobilière locale rachète de vastes terrains d'Ouchy à la famille anglaise Allott pour y faire construire un grand complexe hôtelier. Les travaux sont confiés à Achille de La Harpe et à Jean-Baptiste Bartholoni, lauréats du concours d'architecture, et l'hôtel Beau-Rivage est inauguré quatre ans plus tard. Des clients prestigieux y séjournent, notamment Albert Cohen, qui s'inspire du décor du Beau-Rivage pour son roman *Belle du Seigneur*, Mais aussi Victor Hugo, Camille Saint-Saëns, Charlie Chaplin, Coco Chanel, Gary Cooper, Sacha Guitry, l'empereur du Japon Hirohito, Nelson Mandela, le roi Hussein de Jordanie, Phil Collins… C'est aussi dans ces beaux salons en marbre et de velours rouge qu'a été signé le traité de Lausanne (dernier traité de la Première Guerre mondiale), en 1923.

Aujourd'hui, vous pouvez y aller bien évidemment pour séjourner à l'hôtel, mais aussi pour déguster de bons plats dans un des nombreux restaurants comblant toutes vos envies : restaurant gastronomique, brasserie de luxe, cuisine japonaise mais aussi italienne, avec lobby lounge et terrasse d'été. À noter en plus de cela que le Spa 5 Mondes propose de belles prestations de soins et de bien-être puisées sur les cinq continents. Bien évidemment, les petits curieux pourront simplement profiter de la beauté des lieux !

CIMETIÈRE DU BOIS-DE-VAUX

Chemin du Bois-de-Vaux
✆ +41 21 315 57 53
Ouvert 7j/7. D'avril à septembre de 06h30 à 20h, d'octobre à mars de 7h30 à 19h.

© PHILIPPE GUERSAN - AUTHOR'S IMAGE

Il s'agit d'un cimetière, mais l'architecte Alphonse Laverrière a décidé que l'endroit serait aussi un parc public. N'hésitez donc pas à vous balader le long de ses rangées d'arbres et au bord de l'un de ses bassins. Demandez à l'accueil la brochure « Quelques personnalités inhumées dans les cimetières lausannois », car c'est là que sont notamment enterrés Pierre de Coubertin, rénovateur des Jeux olympiques, et Coco Chanel, dont la tombe est ornée d'un parterre de pivoines blanches.

MUSÉE ROMAIN DE VIDY ★★

24 chemin du Bois-de-Vaux
✆ +41 21 315 41 85
www.lausanne.ch/mrv
Ouvert du mardi au dimanche de 11h à 18h. Entrée 8 CHF.

Voisin des ruines romaines, le Musée romain, ouvert en 1934 pour abriter les vestiges mis au jour lors de fouilles archéologiques, retrace l'histoire de la ville depuis ses origines romaines, du temps où elle s'appelait Lousonna. Les principaux moments de son histoire sont évoqués de manière ludique, sous forme d'articles de presse, où Jules César devient un *people* et où Lousonna fait partie des « pages locales ». Des expositions thématiques et des ateliers pour enfants explorent des thèmes particuliers du quotidien : cuisine, écriture, artisanats de l'Antiquité.

PARC DU DENANTOU

Le Denantou

Ce parc était à l'origine une « campagne » entourant la propriété du banquier William Haldimand, qui y a habité de 1828 à 1862. Il abrite deux curiosités. La tour Haldimand, située en bas du parc, est une tour néogothique qui aurait été édifiée vers 1830, à la suite d'un concours visant à construire la plus belle fausse ruine gothique. Le Pavillon thaïlandais, un petit édifice décoratif en bois peint situé dans le parc, surmonté d'une flèche et haut de 16 m, est un cadeau du roi Bhumibol de Thaïlande à la ville de Lausanne, où il a vécu et étudié.

PARC GALLO-ROMAIN DE VIDY ★

Chemin du Bois-de-Vaux
Ouvert en permanence.

Site archéologique de Lousonna situé à proximité du lac, l'accès aux ruines romaines est désormais beaucoup plus facile depuis le Musée romain de Lausanne grâce à un nouveau parcours fléché. La promenade est possible en permanence et comporte aussi des panneaux explicatifs. Vous pouvez y observer les fondations des maisons du bourg romain de Lousonna, remontant jusqu'à 15 av. J.-C. Au IVe siècle, ses habitants ont quitté le site pour la colline de la Cité, mieux protégée.

PARC LOUIS BOURGET

Route de Vidy
Parc. Entrée libre.

Proche du lac, le parc Bourget est le royaume des oiseaux et des promeneurs qui s'attardent près de l'étang romantique. C'est aussi le site historique des exécutions capitales, symbolisé par le monument du major Davel. L'ensemble du parc a été recensé dans la liste des jardins historiques. Un parcours de santé est aménagé dans ce parc boisé. Les soirs d'été et les week-ends, de nombreuses familles et des groupes d'amis viennent jouer au volley, se baigner dans le lac, pique-niquer ou préparer un barbecue sur des grils prévus par la Ville de Lausanne.

© PHILIPPE GUERSAN - AUTHOR'S IMAGE

CHÂTEAU D'OUCHY

2 place du Port
✆ +41 21 331 32 32
www.chateaudouchy.ch

Ancienne résidence des évêques, ce château du XIIe siècle n'a gardé de son passé que la tour du donjon. Vers la fin du XIXe siècle, Jean-Jacques Mercier a en effet demandé à l'architecte Francis Isoz d'y construire un hôtel de luxe, de style néogothique, très en vogue à l'époque. Il y a quelques années, il a été question d'en faire un casino, mais la Loterie romande, qui a racheté le château, n'a pas obtenu la licence. Elle loue donc le château au Lausanne Palace & Spa, qui gère le nouvel hôtel et sa merveilleuse terrasse donnant directement sur le lac.

AQUATIS

144 route de Berne
✆ + 41021 654 23 23
www.aquatis.ch
Ouvert 7j/7. Période hivernale : 10h-18h, et estivale : 9h-19h. Nocturnes le jeudi. Tarifs : adultes : 29 CHF.

En octobre 2017, sur les hauteurs de Lausanne, Aquatis a ouvert ses portes afin de vous proposer son concept novateur. Il s'agit du plus grand aquarium-vivarium d'eau douce d'Europe, rien de moins que ça ! En vous immergeant dans le voyage que vous propose Aquatis, vous pourrez à la fois découvrir les écosystèmes des cours d'eau suisses, ses habitants, mais aussi de nombreuses autres curiosités telles que le varan de Komodo. Au fil de la visite, Aquatis vous emmène à travers cinq continents en vous incitant à réfléchir sur les problématiques liées à l'eau douce (produits chimiques, usage ménager, etc.) tout en vous proposant une scénographie novatrice et ludique (maquettes, 3D, vidéos). Grâce à sa mise en scène, Aquatis fait de ses locataires le centre d'intérêt prioritaire et devient ainsi une découverte unique pour les grands et les petits. Aquatis est idéalement situé à Lausanne Vennes, relativement excentré pour pouvoir s'étendre confortablement, mais facile d'accès en métro ou en voiture. Vous y trouverez également une boutique de souvenirs, un hôtel et deux restaurants. Aquatis est accessible à tous et adapté aux personnes à mobilité réduite. A noter qu'en achetant vos billets à l'avance sur le site Internet, vous bénéficierez de réductions allant jusqu'à 30 %. Toujours bon à savoir, surtout pour les familles nombreuses !

- **Aquatis en chiffres :** 5 continents ; 2 millions de litres d'eau ; 46 aquariums, terrariums et aqua-terrariums ; 10 000 poissons et 100 reptiles ; 300 espèces végétales.

FONDATION DE L'HERMITAGE ★★

2 route du Signal ✆ +41 21 312 50 13
www.fondation-hermitage.ch
Ouvert du mardi au dimanche de 10h à 18h, le jeudi jusqu'à 21h. Entrée 19 CHF. Brunch « Art et Brunch » 65 CHF.

Lors de votre balade au cœur du parc de Sauvabelin, on vous conseille fortement de prendre le temps de vous y arrêter pour la visite ! Ce musée est installé dans la belle demeure de maître construite en 1850 par le banquier Charles-Juste Bugnion, au cœur d'un grand parc aux essences rares. Elle a accueilli la grande bourgeoisie de Lausanne à l'occasion des soirées mondaines. En 1976, la famille Bugnion a fait don de la maison de ses ancêtres et d'une partie du parc à la Ville de Lausanne. Deux à trois expositions très courues y sont organisées chaque année, consacrées aux beaux-arts, plus particulièrement à l'art occidental des XIXe-XXe siècles, et sont accompagnées d'interventions par des conférenciers de qualité. On a ainsi vu, ces dernières années, des œuvres de Monet, de Magritte et de Van Gogh. Par ailleurs, la collection de la Fondation de l'Hermitage comprend aujourd'hui plus de 600 œuvres de peintres impressionnistes et postimpressionnistes ainsi que des artistes vaudois. Une sélection de cet ensemble est présentée régulièrement au public parallèlement aux expositions temporaires.

- **Le parc de la Fondation :** des arbres aux essences rares s'épanouissent depuis des décennies dans ce parc magnifique. Cette beauté, on la doit à Jeanne-Marie Bugnion, l'épouse du premier propriétaire.
- **L'espace librairie** comporte de beaux livres d'art ; le restaurant L'Esquisse, situé en face du musée, est très agréable.
- **Animations :** dimanche « Art et Brunch », visites commentées pour les adultes et les enfants…

COLLECTION DE L'ART BRUT ★★★

11 avenue des Bergières
✆ +41 21 315 25 70
www.artbrut.ch
Ouvert du mardi au dimanche de 11h à 18h et le lundi en juillet-août. Entrée 10 CHF.

Intrigante, la collection réunit plus de 60 000 pièces (dessins, sculptures, lettres) réalisées par des créateurs amateurs qui, pour des raisons diverses, ont échappé au conditionnement culturel et au conformisme social. Autodidactes, souvent internés en hôpital psychiatrique, ils ont donné forme à des œuvres originales n'obéissant à aucune règle artistique et reflétant, de manière parfois crue, conflits et tourments de leur inconscient. Ce musée a vu le jour en 1976, grâce à la donation de Jean Dubuffet, profondément intéressé par ces créations marginales.

TOUR DE SAUVABELIN ★★

Bus 16, arrêt Signal ou Lac de Sauvabelin.
✆ +41 21 315 42 74
www.tour-de-sauvabelin-lausanne.ch
Entrée libre. En cas de mauvais temps (vent tempétueux, neige ou glace) la tour est fermée par sécurité.

Situé dans le bois de Sauvabelin, poumon vert de Lausanne, ce belvédère conique offre une vue imprenable sur le lac, la ville et le Jura, avec un panorama à 360 degrés. Construit en bois massif dans un esprit de respect de l'environnement, la tour fait 35 m de haut (équivalent d'un immeuble d'onze ou douze étages) et pèse près de 90 t. Au fur et à mesure que vous montez les 302 marches, la tour se met à trembler… ce n'est pas rassurant, mais c'est normal ! Il est tout aussi normal de croiser des sportifs faisant la course pour arriver le plus vite au sommet.

Tour de Sauvabelin.

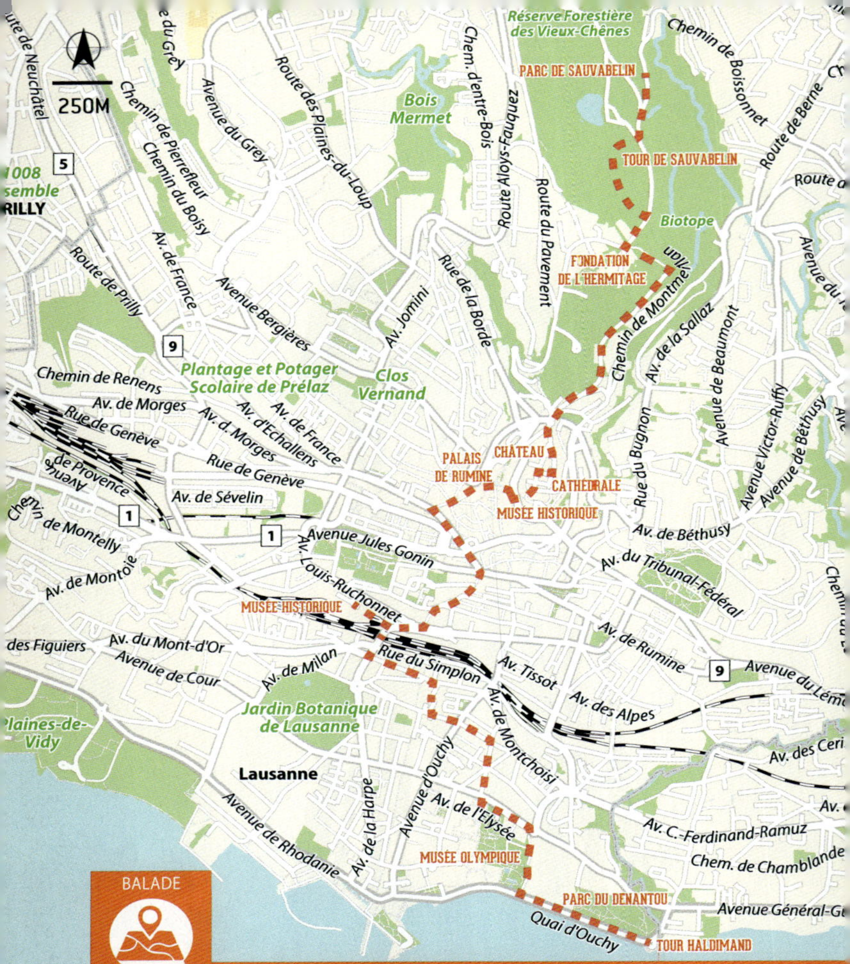

BALADE

LAUSANNE CULTURELLE... ET SPORTIVE !

Prévoyez les baskets, il y aura de belles montées ! Pour commencer, rien de tel que de prendre de la hauteur et s'émerveiller du panorama qu'offrent Lausanne et la Riviera. On vous propose donc une promenade matinale sur les bords du deuxième lac de Lausanne, dans le parc de Sauvabelin, avec une grimpée des 302 marches au sommet de la Tour de Sauvabelin haute de 35 m.

Continuez la journée en flânant en direction du parc de la Fondation de l'Hermitage pour faire un vœu sous le légendaire hêtre pleureur aux allures de contes de fées. Après ces enjambées bucoliques, visitez le musée de la collection Hermitage qui propose toujours de belles expositions temporaires.

De là, vous pouvez descendre vers la vieille ville où se trouvent le château et la cathédrale. Face à elle, l'esplanade offre un magnifique point de vue. Après avoir déjeuné dans le centre, vous pouvez garder une digestion active au Musée des Beaux-Arts, Musée historique de Lausanne ou au Palais de Rumine.

Enfin, pour découvrir la partie basse de la ville, descendez sur les quais d'Ouchy et flânez le long des quais jusqu'au Musée olympique. Pour un final sportif, continuez en direction de Pully, avec un arrêt au parc du Denantou où se trouve le pavillon thaïlandais et la tour Haldimand. Et reposez-vous dans ce havre de paix.

SE RÉGALER

À Lausanne, les spécialités fromagères cohabitent avec la nouvelle cuisine moléculaire ! Fondues, croûtes au fromage, papet vaudois et autres monts-d'or chauds sont toujours inscrits sur toutes les cartes des restaurants traditionnels, et sont toujours très consistants… Parfois trop même, surtout si vous optez pour des fondues à volonté (oui, ça existe dans certains restaurants !). Pour plus de finesse, les étoiles Michelin sont aussi présentes dans les palaces 5 étoiles. Mais les vraies pépites se cachent le plus souvent dans de charmants petits villages avec, en arrière-plan, le lac et les Alpes. Ces restaurants gastronomiques, aménagés de manière sympathique, permettent de goûter à des saveurs divines dans une ambiance qui n'est jamais guindée. Dernier point, mais pas des moindres pour les amateurs de poissons (et parce qu'il n'y a pas que le fromage suisse) : ne partez pas sans avoir goûté les filets de perches du lac.

SE RÉGALER

HORAIRES

Les horaires sont aléatoires. Certains restaurants du centre servent parfois en continu, mais les plus petites enseignes ont des horaires réduits, midi et soir, et jamais trop tard le soir. Des salons de thé sont aussi ouverts dans l'après-midi. À noter que le samedi, le centre-ville est bondé et les restaurants affichent vite complet, alors qu'il sera déserté le dimanche. Pensez donc à réserver votre établissement en conséquence selon votre lieu de visite.

BUDGET / BONS PLANS

Le budget nourriture est très vite important en Suisse. Difficile d'obtenir un plat pour moins de 20 CHF au restaurant, même le midi. Le soir, la note peut très vite s'alourdir. Heureusement, il existe de très bons établissements de snacking, pour manger sur le pouce le midi pendant ses visites… avant de se rattraper sur une fondue à partager le soir !

EN SUPPLÉMENT

Les prix incluent toujours le service, mais les Suisses laissent facilement 10 % de pourboire dans les restaurants, les taxis et les bars.

A ÉVITER

On le dit tout de suite pour ceux qui n'auraient pas l'habitude : ne buvez surtout pas d'eau pendant une fondue ! En effet, avec de l'eau froide, le fromage fondu aura tendance à se solidifier dans votre estomac et pourra vite devenir indigeste. Préférez le vin à température ambiante… ou le thé chaud, pour faciliter la digestion à la fin du repas. Dernier point sur le marchandage. La règle est claire : on ne marchande pas en Suisse !

ENFANTS

Les enfants sont presque toujours pris en considération dans les musées et autres lieux culturels ainsi qu'à bord des moyens de transport, à travers des réductions et autres petites attentions telles que des programmes de visites adaptés ou des coins jeux (notamment dans certains restaurants). Beaucoup de possibilités d'attractions et de visites en famille sur la Riviera.

FUMEURS

Rien de différent non plus avec la France. Depuis 2010, il n'est plus possible de tirer sur une cigarette dans un restaurant ou un bar. Des coins fumeurs existent, bien sûr.

À LA BOSSETTE €

4 place du Nord
✆ +41 21 320 15 85
www.bossette.ch
Du lundi au jeudi, 10h à 14h et 16h à minuit. Vendredi 10h à 2h, samedi 17h à 2h. Plats du jour à partir de 19 CHF.

Plus de cent ans que cette bâtisse accueille un petit bistrot. Très sympathique, il a la réputation d'accueillir les jeunes artistes. La cuisine est d'un très bon rapport qualité/prix, avec une excellente soupe thaïe et une fondue au fromage de chèvre tous les dimanches et lundis soir. À goûter : le paillasson du tsar (une galette de pommes de terre avec saumon fumé, œufs de lump et shot de vodka). Tableau d'excellence pour le personnel souriant, qui vous servira une carafe d'eau spontanément. Parmi les boissons : plus de 40 bières.

ABYSSINIA €

14 rue du Valentin
✆ +41 21 311 49 07
www.abyssinia.ch
Ouvert tous les jours de 11h à minuit. Comptez entre 17 et 28 CHF pour un plat.

Préparez-vous à une expérience unique dans une ambiance des plus chaleureuses en franchissant la porte de l'Abyssinia ! Ici, on sert des spécialités éthiopiennes à base de viande, ou bien des compositions pour les végétariens et végétaliens. La particularité : on mange tous dans le même plat, avec les doigts et aidé de galettes. On se régale avec les plats à volonté comprenant viande de bœuf hachée (*minchet alicha*), le tartare de bœuf chauffé (*kifto*)… Si vous ne savez pas quoi choisir, lancez-vous sur le plat de dégustation, c'est un régal !

L'AO €

3 pont Bessières
✆ +41 21 323 73 14
www.l-ao.ch
Du lundi au jeudi de 10h à minuit, le vendredi jusqu'à 1h et le samedi de 17h à 1h. Plats de 18 à 37 CHF.

Ce restaurant a un cachet contemporain et stylisé avec ses murs orange et ses tables en bois foncé. C'est un restaurant-bar lounge branché qui propose une cuisine plutôt méditerranéenne et créative, avec des touches de coriandre, de gingembre, de lait de coco ou une sauce curry. Belle composition de l'assiette avec produits de qualité : caille entière désossée façon pot-au-feu à la citronnelle. Le moelleux au chocolat de l'AO, servi avec une boule de glace à la vanille, est « à tomber par terre » ! Belle terrasse en été pour une ambiance « bon vivant ».

LA BAVARIA €

10 rue du Petit-Chêne
✆ +41 21 323 39 13
www.labavaria.ch
Du lundi au samedi de 11h à 23h. Cuisine de 11h45 à 14h & 18h à 21h30. Comptez 22 CHF pour le menu du jour.

Située dans la très pentue rue du Petit-Chêne, entre la gare et Saint-François, cette brasserie munichoise date de 1872 et fait véritablement partie de l'identité lausannoise. C'est une véritable institution à Lausanne. Dans un décor entièrement boisé, avec frises de scènes bavaroises sculptées, les serveurs portent de lourds plateaux de choucroute et des chopes de bière. À savoir : souvent bondé et, du coup, bruyant. L'été, petite terrasse en bois parfaite pour regarder les passants. Le chef Geoffrey prépare une cuisine de saison toute l'année.

BRASSERIE DU CYGNE €

2 rue du Maupas
✆ +41 21 312 21 80
www.lecygnebrasserie.ch
Le lundi de 10h à 14h30. Du mardi au Samedi de 10h à 23h30. Menu du jour 21,50 CHF.

Adresse idéale pour déguster des plats de brasserie et de terroir à des prix raisonnables. La carte vous emmène dans les quatre coins de l'établissement avec aussi bien fondues que mets cuits en cocotte, papet vaudois ou poisson du Léman. Ce restaurant existait déjà en 1912, il était à l'époque une étape pour les conducteurs de diligences en partance pour la France. Le décor, à peine changé, peut paraître aujourd'hui quelque peu démodé. Mais les murs, s'ils pouvaient parler, vous raconteraient de bien drôles d'histoires ! Atmosphère traditionnelle garantie.

BRASSERIE DU GRAND-CHÊNE €€

2 rue du Maupas
✆ +41 21 331 31 31
www.lausanne-palace.ch
Ouvert de 7h à 1h du lundi au vendredi, dès 11h le samedi et dimanche. Plat du jour 29 CHF, plats de 28 à 67 CHF.

C'est l'un des restaurants du Lausanne Palace, hôtel de luxe qui a fêté ses cent ans en 2015. Moins gastronomique que La Table d'Edgar, sa voisine, c'est une brasserie élégante de style parisien, avec banquettes en cuir vert et bois foncé. La carte, sous la forme originale d'une gazette années 1920, propose des plats traditionnels et un grand choix de vins. Salades, fruits de mer, tartare de bœuf, choucroute, filets de perche du lac, mais aussi des plats vaudois parfaitement cuisinés, tels que l'atriau au vin rouge de Lavaux. Belle terrasse pour l'été.

LES BRASSEURS €€

4 rue Centrale
✆ +41 21 351 14 24
www.les-brasseurs.ch/site/fr/
Ouvert du lundi au samedi dès 11h, le dimanche dès 16h. Flammekueche de 16,50 à 24,20 CHF. Plats du jour à 18,50 CHF.

Cette enseigne n'usurpe pas son nom : les bières sont brassées sur place : blondes, brunes, ambrées ! Incontournable pour de nombreux Lausannois, cette brasserie propose une cuisine très variée et de qualité. Elle a notamment construit sa réputation sur ses *flammekueches*, mais aussi avec ses choucroutes servies toute l'année, ses tartares et ses hamburgers. Chaque jour le plat du jour vous propose une surprise culinaire. L'ambiance chaleureuse de ce lieu de rencontre et de convivialité est à programmer lors d'une visite de Lausanne.

CAFÉ DU GRÜTLI €

4 rue de la Mercerie
✆ +41 21 312 94 93
www.cafedugruetli.ch
Du lundi au samedi de 10h à 14h30 et de 18h30 à 23h30. Plats de 20 à 40 CHF environ.

Restaurant traditionnel situé au-dessus de la place de la Palud, au rez-de-chaussée de l'une des plus vieilles maisons de Lausanne. Impossible de le rater tellement il s'en dégage une bonne odeur de fromage et de papet vaudois ! Dans un cadre rustique, fondues, croûtes au fromage et viandes sont à l'honneur. L'été, ravissante terrasse en bois, qui est remplacée l'hiver par des cabines de ski (des « œufs ») dans lesquelles il est possible de manger un menu spécial (réservation obligatoire dans ce cas-là). Personnel chaleureux et de bon conseil.

CAFÉ DE L'ÉVÊCHÉ €

4 rue Louis-Curtat
✆ +41 21 323 93 23
www.leveche.ch
Lundi au vendredi : de 7h à minuit. Samedi et dimanche : de 12h à minuit. Menu de la semaine de 18,5 à 25,50 CHF.

Située juste en dessous de la cathédrale, L'Évêché est une institution à Lausanne où l'on déguste une cuisine gourmande et traditionnelle au cœur de la vieille ville. La liste des fondues est longue : quatre fromages, aux champignons, à l'échalote, au curry ou même au piment. Des plats de brasserie et le menu de la semaine complètent le tout. En été, le petit jardin ombragé à l'arrière est particulièrement sympathique et bucolique, avec guirlande d'ampoules et petites tables en fer forgé. Une halte historique et gourmande au cœur de la ville.

CAFÉ ENNING €€

10 rue Enning
http://cafe-enning.ch
Le lundi de 11h à 17h, du mardi au vendredi de 11h à minuit, le samedi de 17h à 1h. Plats à partir de 20 CHF.

Des espace originaux, chaleureux, décontractés mais aussi gourmands. Ici on respecte les ingrédients et les clients. Bingo ! C'est gentil tout plein, plein de bonnes idées et de générosité. Autant de raisons d'aller se poser autour d'une des tables dans une ambiance vintage bistrot la touche écolo et intello (mais pas trop !) en prime. La garantie d'un très bon moment, qu'il s'agisse de prendre une simple pâtisserie maison ou le plat du jour à midi. C'est pas mal aussi au moment des tapas, et on peut largement prolonger sans se tromper. Coup de cœur !

CAFÉ DE L'HÔTEL DE VILLE €

10 place de la Palud
✆ +41 21 312 10 12
Fermé le dimanche et le lundi. Repas servis le soir uniquement du mercredi au vendredi. Plat du jour à 20 CHF.

Adorable café où il faut vous précipiter avant que les tables ne soient prises. Au menu, de grandes salades qui mêlent des céréales et des morceaux de fruits de saison ! Les légumes sont d'ailleurs achetés le matin même au marché. Si le restaurant offre principalement des plats végétariens, on peut désormais y manger des pizzas et des plats d'influence cuisine du monde. C'est aussi l'endroit idéal pour venir se délecter d'un jus maison comme le gingembre hibiscus. En hiver, la vente de marrons glacés devant le café embaume la rue d'une merveilleuse odeur !

CAFÉ ROMAND €

2 place Saint-François
✆ +41 21 3126375
www.caferomand.com
Pinte. Ouvert du lundi au samedi de 8h30 à 23h. Plat du jour à 19,50 CHF, comptez environ 25-30 CHF pour un plat.

Le Café Romand est l'héritier de l'âge d'or des grandes brasseries lausannoises, et l'une des dernières authentiques pintes vaudoises. Assis dans un décor boisé typique d'antan, vous dégusterez des plats traditionnels ainsi que des omelettes, des sandwichs et des potages. Le Café Romand, qui existe depuis 1951, est une institution à Lausanne. Le service pourrait être plus agréable, mais sa rudesse fait partie du décor ! Sa grande baie vitrée éclaire de mille feux cet ancien tableau pour y ajouter une agréable touche de modernité.

CAFÉ SAINT PIERRE €

1 place Benjamin-Constant
✆ +41 21 323 36 36
www.cafesaintpierre.ch
Ouvert du lundi au samedi de 8h à minuit, et le dimanche de 10h30 à 23h. Plats à partir de 20 CHF.

Quelques jours après son ouverture en 2009, l'établissement était déjà un franc succès. Il faut dire que la réputation de ses propriétaires, qui possèdent aussi le Café de Grancy, n'est plus à faire. L'endroit, branché sans être prétentieux, est vivant et accueillant. Le matin, on dévore des tartines et des jus de fruits frais. À midi, on savoure une cuisine de saison et le soir, on choisit des tapas et des antipasti parmi une carte aux titres humoristiques, installé sur de jolies chaises Eames, avant de s'attabler autour d'un bon brunch le week-end.

AU CHAT NOIR €€

27 rue Beau-Séjour
✆ +41 21 312 95 85
Ouvert du lundi au vendredi de 12h à 14h et de 19h à 22h. Comptez 50 CHF pour un plat.

Un Chat Noir dont on ne craint pas les superstitions ! Car derrière une façade sans prétention, se cache une brasserie Art déco où l'on concocte une cuisine très fine et inventive. Les assiettes du Chat Noir sont des œuvres d'art. On apprécie le grand chic dans une ambiance non guindée et les petites attentions comme les verrines en entrée et avant le dessert. Chocolats et serviettes estampillés de la silhouette du chat, c'est sûr qu'on l'adopterait bien pour toujours. Tout est délicieux, peut-être bruyant parfois, mais l'ambiance brasserie est très sympathique.

CHICK'N'MORE €

72 rue Marterey
✆ +41 21 312 16 01
www.chicknmore.com
Ouvert du lundi au samedi de 10h à 22h. Comptez entre 7 et 15 CHF pour un sandwich, 18 CHF pour un menu.

Le but de Chick'n'more est de réconcilier les amateurs de nourriture équilibrée avec le fast-food ! La devise de Bettina Klinger, c'est « pas trop de gras mais beaucoup de goût ! » Les burgers sont préparés au grill ou au four, avec du pain au maïs ou des galettes. Façon pain-pizza, les petits buns sont craquants et pleins de goût. Le plus original ? Le Jack Daniel's, à la sauce du même nom. Un régal ! Pour les amateurs de pâtes, les pasta-box se conjuguent avec quatre sortes de pâtes différentes (gnocchi, spaghetti, fusilli, penne).

CHURRASCO STEAKHOUSE €€

51 rue de Bourg
✆ +41 21 323 14 23
www.restaurant-churrasco-lausanne.ch
Service non-stop de 11h30 à minuit. Comptez de 30 à 60 CHF pour un plat.

Restaurant argentin, créé en 1979, qui ne propose que des viandes (en provenance d'Argentine), ce qui est évidemment relativement cher en Suisse. L'Amérique latine est dans votre assiette avec, en direct de la cuisine ouverte, l'odeur des grillades au feu de bois. Les serveurs vous apportent la viande sur de grandes brochettes et quantité rime avec qualité. Le menu comprend également une salade, de la polenta et des frites à volonté. On vient ici entre amis, et parfois même pour y croiser Yannick Noah. Terrasse sur les pavés l'été.

COCCINELLE CAFÉ €

18 rue Pichard
✆ +41 21 312 08 90
www.coccinelle-cafe.ch
Ouvert du lundi au vendredi de 7h à 19h et le samedi de 7h à 18h. Environ 20 CHF pour un plat.

La Coccinelle Café est un restaurant ou salon de thé spacieux et chaleureux, avec une dominante couleur soleil. La cuisine est simple et propose un peu de tout, avec un accent sur les produits frais : pâtes, burgers, tartines, grandes salades ou jacket potatoes. Pour le dessert, les tartes maison sont très bonnes, notamment celle aux pommes. En dehors des repas, on profite de la bonne ambiance des lieux et de la petite bibliothèque pour un instant de lecture accompagné d'un succulent chocolat chaud. L'été, on peut s'installer sur les quelques tables à l'extérieur.

CRAZY WOLF €

9 rue Haldimand
✆ +41 21 323 40 00
www.crazywolf-lausanne.com
7j/7 de 11h15 à 14h et de 17h30 à 22h. Menu burger à partir de 22 CHF. Brunch entre 22 et 28 CHF.

L'entrée est originale car nous sommes invités à suivre le chemin d'un endroit secret, caché de la rue piétonne… Notre curiosité est à son comble jusqu'au sommet des escaliers où l'on découvre une grande salle parée de bois avec d'accueillantes tables d'hôte et des bancs confortables. Notre appétit s'éveille à vitesse grand V, avec au menu des burgers au poulet, au bœuf, végétariens, et des menus grill avec les ribbs, les tandooris tikka, les chicken wings, l'entrecôte… Une décoration vintage et ranch, qui plaira pour sa singularité.

SE RÉGALER

EAT ME €€

3 rue Pépinet
✆ +41 21 311 76 59
www.eat-me.ch

Du mardi au samedi de 12h à 14h et de 17h30 à 23h. Formules de 22 à 34 CHF le midi. Uniquement à la carte le soir.

Un tour du monde culinaire mêlant souvenirs, épices et bons petits plats. Le principe : le monde sur de petites assiettes. Ici, place à la convivialité, au partage et au voyage. Que ce soit entrée, plat ou dessert, les portions sont de petite taille, façon tapas, dans le but de sélectionner plusieurs mets à partager entre convives. La qualité des produits et les senteurs du monde sont au rendez-vous. Asie, Italie, Afrique ou Amérique du Sud, il y en a pour tous les goûts ! Belle carte des vins et des cocktails pour accompagner vos petites assiettes.

HÔTEL DU RAISIN €€

19 place de la Palud
✆ +41 21 312 27 56
www.leraisin-lausanne.ch

Du lundi au Samedi de 7h à 23h30. Plat du jour 19,50 CHF en semaine.

Le Raisin est un établissement pluriel dans un bâtiment historique sur la belle place Palud, à deux pas de la statue de la Liberté. L'établissement offre sa terrasse, une salle de restaurant au rez-de-chaussée et une à l'étage. Au rez-de-chaussée, les plats sont à l'ardoise et associés avec des vins au verre. Ambiance branchée et gourmande, un rien hédoniste. Au menu ce jour-là : cuisse de canard à l'orange, galettes de rösti, légumes du jour. Également quelques chambres pour profiter pleinement de ce beau quartier du centre-ville.

INGLEWOOD €

14 Rue Saint-Laurent
✆ 021 323 63 88
inglewood.ch

Du lundi au samedi, midi et soir. Burger autour de 20 CHF. Terrasse.

Inglewood revendique le burger local… et peut-être même le meilleur de la ville ! Les burgers sont très copieux et les choix variés, avec de bonnes frites maison en accompagnement. À noter : possibilité de demander un steak de légumes pour les végétariens. L'ambiance en salle est agréable, avec une belle décoration tendance et colorée. Une petite terrasse peut vous accueillir, pour le dessert par exemple (quels délices, ces cheesecakes !). Pensez à réserver, l'enseigne affiche très souvent complet. On vous disait bien que c'était le meilleur burger de la ville !

MAURO TRAITEUR €

4 rue de l'Ancienne-Douane
✆ +41 21 323 16 67
www.maurotraiteur.com

Ouvert du lundi au vendredi de 8h à 18h et le samedi jusqu'à 16h. Part de pizza à partir de 4,50 CHF.

Traiteur et épicerie fine italienne proposant des pizzas et des foccacias à emporter que les lycéens des alentours connaissent bien. Si vous y allez à midi, prenez votre mal en patience car la file est parfois très longue. Il est d'ailleurs conseillé de réserver avant 11h30. Il faut dire que la cuisine est excellente et très bon marché. Mauro Bottazzi et son épouse préparent également du risotto, des aubergines frites, de délicieux gnocchi mascarpone et noix, et bien plus encore qu'on vous invite à découvrir. L'Italie dans toute sa splendeur gastronomique.

MY SANDWICH €

9 Rue Saint-Martin
✆ 021 312 02 32

Du lundi au samedi de 9h à 18h. Bò bún à 14 CHF. Sandwich à 8 CHF. À emporter. Livraison possible.

My Sandwich est une belle petite enseigne de spécialités vietnamiennes. Les produits sont de première qualité et vous allez sûrement craquer pour un bon bò bún au porc, au bœuf, aux crevettes ou végétarien : faites votre choix. D'autres spécialités vietnamiennes ou des plats du jour viennent compléter la carte. Sandwichs aussi, bien sûr ! Le rapport qualité/prix est imbattable, ce n'est pas pour rien si la clientèle est principalement asiatique. L'accent est mis sur la nourriture à emporter, mais quelques tables sont aussi disponibles pour déguster sur place.

PAVILLON BAR & KITCHEN €

10 Place de la Riponne
✆ 021 320 95 95
pavillonbar.ch

Ouvert du lundi au samedi de 9h à 1h (jusqu'à 2h vendredi et samedi). Terrasse. Menu du jour à partir de 21 CHF.

Située en plein cœur de Lausanne, la grande terrasse du Pavillon s'étale jusqu'à la place de la Riponne. Dans cet établissement, on vient à toute heure pour déguster un café au soleil (ou sous la terrasse couverte, selon le temps), ainsi que de très bons cocktails. La carte affiche également de bons petits plats pour accompagner vos verres. Les suggestions changent de manière hebdomadaire, mais les habitués apprécient également de déguster une bonne pizza, servie sur sa planche en bois. Accueil agréable et belle déco en salle.

PINTE BESSON €

4 rue de l'Ale
✆ +41 21 312 59 69
www.pinte-besson.com
Ouvert du lundi au samedi de 9h30 à 23h. Suggestions et spécialités 26 ou 30 CHF.

Lieu historique, inégalable… cet endroit bien sombre, avec ses fenêtres en cul de bouteille, est le plus ancien café de Lausanne, classé monument historique. C'est en 1780 qu'un commerçant en vins a décidé d'ouvrir cette pinte destinée à vendre sa production. Depuis, la Pinte Besson n'a jamais changé de nom. Ayant pu échapper à une modernisation éventuelle en 2000, elle a été reprise par Carlos Beiro, qui a décidé de la conserver telle quelle en proposant des plats traditionnels et une cuisine de saison. Petite terrasse en été, plus lumineuse que l'intérieur.

LE THÉÂTRE €€

12 avenue du Théâtre
✆ +41 21 351 51 15
www.restaurant-du-theatre.ch
Ouvert du lundi au samedi de 10h à 15h et de 18h30 à minuit. Et les dimanches d'opéra. Plats entre 36 à 52 CHF.

Cette adresse élégante, qui propose une cuisine française et italienne classique, est surtout appréciable en été, pour sa terrasse et son grand jardin agrémenté de fontaines et à l'abri du bruit. La cuisine propose de délicieux poisson et crustacés comme les queues de cigales de mer rôties façon bouillabaisse, mais aussi un bon choix de pizzas à des prix plus modestes. Les tarifs un peu excessifs sont compensés par le cadre exceptionnel. Les trois salons peuvent accueillir jusqu'à 200 personnes, si l'envie vous prend d'organiser un banquet.

TRIBECA €€

4 place de la Riponne
✆ +41 21 311 11 33
www.tribeca-lausanne.ch
Du lundi au vendredi de 9h à minuit et le samedi de 8h à minuit. Menu du jour formule dès 24 CHF.

Du nom d'un quartier « people » de New York, le Tribeca est un bar lounge restaurant au décor tendance : cuir crème, bois foncé et éclairage orangé derrière le comptoir. Côté lounge, fauteuils en cuir rouge et noir. Une adresse plutôt élégante et relaxante, qui propose une cuisine créative avec des produits nobles et des circuits courts. Que vous veniez pour partager quelques petits plats ou boire un verre, l'ambiance est agréable à toute heure de la journée. La terrasse est merveilleuse l'été ! Réservation conseillée en fin de semaine.

LE VAUDOIS €

1 place de la Riponne
✆ +41 21 331 22 22
Ouvert 7j/7 de 7h à minuit. Vendredi et samedi jusqu'à 1h, et dimanche à partir de 8h. Menu du midi environ 21 CHF.

Rien ne change à cette adresse chaleureuse, bien connue depuis 1993. Une salle rétro, une terrasse couverte pour une brasserie traditionnelle au décor un peu kitsch, mais qui nous fait voyager dans le temps grâce à de vieilles photos de Lausanne accrochées aux murs. Au sous-sol, un carnotzet permet de déguster les spécialités au fromage dans un cadre typique. Fondues, croûtes au fromage, röstis, viandes séchées, viandes sur ardoise, tartare coupé au couteau, côte de bœuf grillée, poissons du lac, plats de brasserie… le choix est large et délicieux !

LE VIEUX LAUSANNE €€

6 avenue Pierre-Viret
✆ +41 21 323 53 90
Du lundi au vendredi de 11h30 à 14h30 et de 18h30 à 23h. Samedi de 18h30 à minuit. Plats du midi à partir de 22 CHF.

Au pied de la cathédrale, cette jolie maison aux volets verts classée monument historique prépare une cuisine classique de type auberge, mais également des spécialités scandinaves. Deux cuisines, et deux ambiances au choix également (avec menu identique) : la brasserie, sympathique mais un peu bruyante, ou l'élégant couloir à l'atmosphère plus intime. Pour couronner le tout, l'accueil est sympathique et la terrasse très agréable en été. L'établissement abrite aussi le bar Giraf (boissons et cocktails dans une ambiance musicale années 1980).

ZOO BURGER €

23 rue Marterey
✆ +41 21 312 50 20
www.zooburger.ch
Ouvert du lundi au samedi de 11h30 à minuit. Comptez de 10 à 17 CHF pour un burger + 4 CHF pour les frites.

C'est dans un petit endroit chaleureux et composé d'objets vintage que David, le patron, et son équipe vous accueillent les bras ouverts afin de déguster des burgers de qualité, réalisés artisanalement et concoctés avec des produits de la région. Les pains sont cuits maison, la viande vient de Puidoux, les légumes du Mont-sur-Lausanne. Les sauces sont faites sur place par le soin des cuisiniers. Les desserts (muffins, brownies, cookies) sont, eux aussi, faits maison. Une quinzaine de bières sont disponibles. La petite terrasse est agréable en été.

ÄTA MANGER NORDIQUE €

22 Avenue de Rumine ✆ 021 312 09 09
www.atalausanne.ch

Du lundi au vendredi de 7h à 23h. Samedi de 9h à minuit et dimanche de 9h à 17h. Plat du jour 19 CHF. Livraison.

Äta signifie « manger » en suédois, et l'on comprend mieux l'ambiance boisée et scandinave qui règne dans ce tout nouvel établissement. La cuisine est intégralement d'inspiration nordique, à base de produits 100 % frais et locaux. On découvrira donc ce qu'est le ***smørrebrød*** (une tartine danoise), ou l'on se surprendra à oser le hareng aux épices. Les connaisseurs apprécieront les nombreuses déclinaisons de saumon gravlax. L'équipe est dynamique et a mis tout son cœur à l'ouvrage pour créer le seul restaurant nordique de la ville. On a adoré... Alors, « äta'ble » !

BRASSERIE DE MONTBENON €

3 allée Ernest-Ansermet
✆ +41 21 320 40 30
www.brasseriedemontbenon.ch

Ouvert 7j/7 de 9h à minuit (jusqu'à 1h de jeudi à samedi). Comptez entre 24 et 35 CHF pour un plat.

Ce café-restaurant est installé dans un cadre magnifique, dans l'ancien espace du casino, avec une grande terrasse donnant dans le parc de Montbenon et une vue sur le lac. On y sert une cuisine soignée et de saison, avec une carte de saison et un menu à thème, ou également des entrées à partager. Allez-y surtout en été pour prendre un verre au soleil, ou boire un café en hiver dans la très belle rotonde style baroque-moderne. À moins que vous préfériez le salon de thé avant d'aller regarder un bon film à la cinémathèque (dans le même bâtiment).

BULLDOG BAR & RESTO €

17 Rue du Port-Franc ✆ 021 311 99 33
bulldogbar.ch

Ouvert 7j/7 de 9h à minuit (vendredi et samedi jusqu'à 2h). Burgers à partir de 15 CHF. Plats à partager 20 CHF.

Avec plus d'une dizaine d'écrans géants disséminés à travers le bar, le Bulldog est l'endroit pour regarder tous vos événements sportifs : football, rugby, tennis, basket, sports mécaniques, hockey sur glace... Rien n'est oublié, et l'ambiance est toujours garantie ! Pour accompagner ces retransmissions, la carte affiche un large de choix de plats (en plus des bières ou des cocktails). Des pâtes ou des burgers, en passant par les pizzas, les tartines ou les plats à partager (pilons de poulet, nachos, calamars frits...), vous trouverez sûrement votre bonheur.

CAFÉ DU SIMPLON €

17 rue du Simplon ✆ +41 21 616 31 04
www.cafedusimplon.ch

Ouvert du lundi au vendredi de 7h à minuit et le samedi de 17h à minuit. Compter 22 CHF pour un plat. Terrasse.

Le Café du Simplon est en fait deux établissements en un. D'un côté, le restaurant de cuisine méditerranéenne branché, très épuré, avec murs immaculés et parquet en bois brut. Mais ce lieu n'en est pas moins convivial, surtout en été lorsque la terrasse donne un air de fête de village à ce quartier sous la gare. La carte propose aussi bien des plats de viande issue du boucher voisin que du poisson livré quotidiennement et des plats végétariens, avec des spécialités chères au propriétaire d'origine macédonienne. De l'autre, le bistrot pour prendre de bonnes bières.

AU CANARD PÉKINOIS €€

16 place Chauderon
✆ +41 21 329 03 23
au-canard-pekinois.ch

Ouvert du lundi au samedi de 12h à 14h30 et 19h à 22h30. Assiette du jour de 19,50 à 23 CHF.

Cuisine cantonaise de Hongkong pour ce restaurant haut de gamme situé sur la place Chauderon. Pour y accéder, vous passez sur une passerelle faisant également office d'aquarium. La cuisine est raffinée, notamment le canard pékinois autrefois réservé uniquement aux empereurs. Le thé occupe une place très importante avec des dégustations délicates comme le thé blanc peu fermenté, le thé rouge, le thé vert non fermenté et la jungfrau. D'ailleurs, le salon de thé est ouvert et accessible tout au long de la journée. Un service impeccable et très attentionné.

ÉLIGO €€€

8 rue du Flon
✆ +41 21 320 00 03
www.eligo-restaurant.ch

Ouvert du mardi au samedi de 12h à 14h et de 19h à minuit. A midi, l'assiette du jour est à environ 27 CHF.

Encore l'une de ces nouvelles tables branchées qui déplacent les Lausannois en quête d'ambiance différente et de plats inventifs. Éligo propose une gastronomie italienne raffinée, goûteuse et généreuse, basée sur des produits frais et de saison. Le chef Enrico Ferrari fait partie de la nouvelle génération de cuisiniers italiens qui se caractérisent par leur créativité et leur modernité. Ce n'est pas donné, souvent complet, mais ça vaut le coup d'essayer ! Pourquoi Éligo ? Cela veut dire « faire un choix ». Vous êtes prévenu, mais tout le plaisir est pour vous.

AUX FLEURS DE LA TERRE €

74 avenue de Cour ✆ 021 617 85 25
auxfleursdelaterre.ch

Ouvert 7j/7, midi et soir en semaine, et de 18h à 23h30 samedi et dimanche. Buffet du midi à 19,90 CHF.

Aux Fleurs de la Terre est un très bon établissement de gastronomie indienne, et plus particulièrement aux influences de la région du Kerala (sud de l'Inde). Le buffet du midi en semaine, avec ses diverses options (notamment végétariennes), ravira tous les goûts et même les grosses faims. En soirée, l'ambiance devient plus tamisée et intimiste. Mais qu'importe l'heure de la journée, l'accueil est toujours des plus agréables afin de vous conseiller les meilleures viandes sauce tandoori, tikka ou massala, accompagnées d'un délicieux dahl de lentilles.

LA FOLIE VOLTAIRE €

Parc de Mon-Repos

Ouvert du 1er mai à mi-octobre, tous les jours sauf le lundi, à partir de 11h en semaine et de 10h à 19h le week-end.

Ravissant restaurant salon de thé avec tables et chaises de jardin, au cœur du parc de Mon-Repos. On y sert des petits déjeuners, des salades et, dans l'après-midi, des tartes et d'excellentes glaces artisanales. Pas de possibilité de réservation, pensez à y aller tôt surtout si vous voulez bruncher le dimanche ! Dans ce cadre arboré et poétique, le Folie Voltaire co-organise les Digitales, festival de musiques électroniques, ou encore des projections de films en plein air. Le restaurant ferme alors plus tard. Un coup de cœur très original à découvrir.

HOLY COW ! €

10 rue des Terreaux
www.holycow.ch

Ouvert du lundi au dimanche de 11h à 23h. Burger à partir de 9,90 CHF. Menu étudiants à partir de 13,90 CHF.

Ce fast-food nature et *casual*, décoré de manière simple avec du bois clair, sert d'authentiques burgers 100 % suisses. La liste est longue : au bœuf, au poulet, végétarien, version enfant, au camembert, saveur indienne, mexicaine ou japonaise… le tout accompagné de bonnes frites. Petit bémol, il faut quand même s'armer de patience pour trouver une place aux heures de pointe. Mais telle est la rançon du succès ! Dans tous les cas, l'enseigne possède aussi d'autres locaux, au 17 rue Cheneau-De-Bourg et même sur le campus de l'EPFL, au niveau des arcades.

LEONARDO €

6 voie du Chariot
✆ +41 21 311 49 70
www.focacceria-leonardo.ch

Ouvert du lundi au samedi de 8h à 23h (vendredi et samedi jusqu'à 1h). Pizza à partir de 15 CHF.

En plein cœur du Flon, le Leonardo propose une cuisine italienne tournée vers le bien-être. En plus des traditionnelles pizzas, des légumes frais, des pâtes fraîches, des viandes et poissons à la plancha, il y surtout le produit phare : la focaccia, venue tout droit de Pane, Amore e Fantasia. Pour compléter cette cuisine de qualité, des plats sans gluten son également proposés. Vous dégustez le tout dans une atmosphère épurée et design (plats aussi à emporter). Petit plus pour la grande terrasse sur la place pavée les jours de beau temps.

LOXTON €

22 Rue du Pont
✆ 21 351 81 81
www.loxton.ch

Ouvert du lundi au vendredi de 11h30 à 23h. Samedi de 10h à 23h. Dimanche de 10h à 16h. Menu midi. Brunch.

Le Loxton est notre gros coup de cœur du centre-ville : un bar-restaurant cosy à l'ambiance branchée, où l'on se sent comme à la maison. On a plaisir à s'y arrêter à toutes les heures de la journée : pour un petit déjeuner copieux, un bon plat du midi ou des spécialités à partager entre amis le soir. Même le week-end, les brunchs donnent envie d'y retourner. L'atmosphère est des plus vibrantes et les plats sont délicieux. La décoration est soignée et il y a même un petit balcon. Que vous dire de plus, si ce n'est qu'il faut y aller sans tarder !

MA-JONG €

3 escaliers du Grand-Pont
✆ +41 21 329 05 25
majong.ch

Du lundi au samedi de 10h30 à 22h (vendredi et samedi jusqu'à 22h30) et le dimanche de 18h30 à 22h. Plats dès 18 CHF.

Le Ma-Jong est un fast-food asiatique qui nous sort des standards suisses avec boîtes de nouilles chinoises à emporter ou plats plus élaborés sur place. Excellent pad thaï et ramens très copieux ! L'endroit a ouvert un deuxième étage qui fait sushi-bar et karaoké (jeudi, vendredi et samedi). Le patron, ayant travaillé dix ans avec des Japonais, a décidé d'offrir des sushis dans la plus pure tradition et à des prix accessibles. À tester également : les bières asiatiques comme la Tsingtao. Une adresse bien connue des habitués.

NOMADE FLON €€

9 place de l'Europe ✆ +41 21 320 13 13
www.nomadeflon.ch

Bar, restaurant, vinothèque. Ouvert du lundi au samedi de 8h à 23h. Menu du midi : 22 CHF. Plats autour de 40 CHF.

Au début du Flon, le Nomade est un bar restaurant chic et tendance, connu pour son grand choix de vins de Suisse et du monde entier. Côté cuisine, vous savourez des recettes d'inspiration française et italienne revisitées et à la présentation soignée. Le menu établi à l'avance pour la semaine est différent d'un midi à l'autre. Le soir, on apprécie le Nomade pour son ambiance souvent considérée comme mondaine et branchée. C'est aussi un restaurant où les habitués commencent la soirée, avant de poursuivre au D ! ou au MAD. Terrasse très agréable en été.

POCO LOCO €

5 place Chauderon
✆ +41 21 329 11 11
pocoloco-movida.ch

Ouvert du lundi au vendredi de 11h30 à 14h et de 18h à minuit. Samedi de 18h à 2h. Burger dès 14,50 CHF.

Le Poco Loco est un restaurant de gastronomie mexicaine qui fait ses preuves depuis plus de vingt ans. L'ambiance est résolument tex-mex, avec chaises en bois peintes de couleurs vives, murs jaunes et colonnes turquoise. Ce bar-restaurant sert une cuisine mexicaine classique ainsi que des préparations plus originales à base de poulet sauté ou de crevettes. Les ingrédients sont frais et bien épicés. Le cadre est très agréable, allez-y surtout pour passer une soirée 100 % *latina* et danser la salsa après dans le bar Movida attenant !

TAYTA EMPANADAS €

2 Avenue du Tribunal-Fédéral
✆ 076 209 42 12
www.empanadas-tayta.com

Du lundi au vendredi de 11h30 à 15h et de 17h30 à 19h. Le samedi, de 12h à 16h. Empanadas à 5,90 CHF. À emporter.

Né de l'union entre le patron suisse et la cuisinière péruvienne, voilà un petit établissement basé sur *la* spécialité du Pérou : les empanadas ! Vous en trouverez à tous les goûts, des plus traditionnels d'Amérique du Sud aux nouveautés du mois dont l'inspiration sera plutôt européenne. En plus, des plats préparés sous forme de bowl complètent la carte : chili con carne ou aji de gallina (crème de piment au poulet). Même s'il y a quelques places assises, Tayta met plutôt en avant la vente à emporter. Alors pour un petit en-cas, pensez empanada !

THE GREEN VAN COMPAGNY €

8 Rue du Port-Franc
✆ +41 79 945 00 69
www.thegreenvan.ch

De dimanche à jeudi, de 11h à 23h. Vendredi et samedi : de 11h à minuit. Burgers entre 12,5 et 27 CHF.

La burger mania n'est pas prête de s'estomper avec des établissements comme celui-ci qui propose des burgers gourmets. Tout a commencé en 2014 avec leur premier Citroën HY transformé en cuisine sur roues. Depuis, ce sont food-trucks qui sillonnent les festivals de la vallée romande, et depuis 2017, un restaurant installé au Flon à Lausanne et même à Genève. Au L'équipe vous oriente vers des burgers à base de produits frais ou vers les recettes du mois. Frites craquantes et légumes goûteux composent votre assortiment créatif.

TIBITS €

11 Place de la Gare
✆ 032 531 38 88
www.tibits.ch/fr/home

Ouvert la semaine de 6h à 23h, le samedi de 7h à minuit et le dimanche de 8h à 23h. Service non stop. À emporter.

Vous souhaitez bien manger à n'importe quelle heure de la journée ? Tibits va vous ravir ! Ce buffet végétarien et végétalien fonctionne selon un principe simple : vous choisissez ce que vous voulez et vous pesez ensuite votre nourriture. Les plats sont variés et délicieux, on a envie de tout goûter… Mais gardez un peu de place pour le buffet de desserts ! Un sans faute culinaire, doublé d'un décor historique datant de 1916, entièrement revêtu de boiseries avec une grande hauteur sous plafond. Un de ces rares buffets de gare qui a su garder son âme.

LES TROIS ROIS €

7 rue du Simplon
✆ +41 21 616 38 22
www.brasserie-lestroisrois.ch

Ouvert du mardi au samedi de 11h à 23h30. Comptez 29 CHF en moyenne pour un plat.

Située dans la rue directement sous la gare et existant depuis plus de vingt ans, cette brasserie est une adresse à ne pas manquer si vous aimez les frites. Croustillantes, ce sont les meilleures de Lausanne. Pour les accompagner (et non l'inverse !), un délicieux steak tartare ou une entrecôte, d'un très bon rapport qualité/prix. Le cadre est typique de vieilles brasseries Art déco, on y retrouve même des bancs de gare. L'ambiance y est familiale, avec un accueil sans faille. Une large terrasse envahit le trottoir en été, pour profiter de ses frites au soleil.

L'ACCADEMIA €€

11 place du Port
✆ +41 21 613 34 34
Ouvert tous les jours de 12h à 14h et de 19h à 22h. Plat du jour 27 CHF.

L'Accademia est l'un des restaurants de l'hôtel Angleterre, magnifique bâtisse blanche aux volets gris clair, qui accueillait, en 1863, les débuts de l'École hôtelière de Lausanne. Ce restaurant propose une cuisine italienne raffinée et modernisée. Dans un cadre élégant et légèrement design aux tons beige, orangé et chocolat, on déguste des pâtes maison et de nombreux autres plats gastronomiques typiques de l'Italie. Une pléiade de vins italiens sont également proposés. La vaste terrasse, orientée vers le lac, est très confortable.

BOCCALINO €

76 avenue d'Ouchy
✆ +41 21 616 35 39
www.boccalino.ch
Ouvert tous les jours de 9h à minuit. Menu du jour 17 CHF. Pizza dès 20 CHF en moyenne.

Pizzeria spacieuse au décor moderne, la liste de la centaine de pizzas semble ne jamais finir avec leurs noms de sportifs, de *people*, d'hommes politiques… À titre d'exemple, la Emmanuel Macron est composée de merguez, oignons, champignons, basilic et piments. Pour ceux qui n'arriveraient pas malgré ce choix à trouver leur bonheur, il est toujours possible de demander la carte des burgers. Les jours de match, animation est garantie avec des écrans géants un peu partout. C'est également l'adresse des familles, avec un coin jeux vidéo destiné aux enfants.

BEAU-RIVAGE PALACE €€€

17-19 Place du Port
✆ +41 21 613 33 39
www.brp.ch
Ouvert du mardi au samedi. Déjeuners d'affaires du mardi au vendredi : 95 CHF. Menu Émotions : dès 210 CHF.

Anne-Sophie Pic, la célèbre cheffe française trois fois étoilée pour sa maison de Valence, orchestre avec le brio qui est le sien une table gastronomique dans ce palace. En commandant l'un des menus, vous savourerez une suite incroyable de plats aux saveurs exquises et aux textures étonnantes, et vous ne résisterez pas à l'impressionnant chariot de fromages. La carte change à chaque saison et dès les beaux jours, vous pourrez profiter de la terrasse en teck surplombant le parc et le lac. L'une des meilleures tables de Lausanne. Cocorico !

BRASSERIE DE LA RIVIERA €

8 place de la Navigation
✆ +41 21 616 53 09
www.brasserieriviera.com
Ouvert tous les jours de 9h à 23. Cuisine non stop les week-ends. Comptez de 20 à 30 CHF pour un plat.

Véritable pinte vaudoise, la Brasserie de la Riviera, ex-Café de la Gare à la fin du XIXe siècle, est le seul des restaurants d'Ouchy à avoir gardé son authenticité. Si depuis mars 2012, l'endroit a été rafraîchi, les habitués ont tenu à ce que l'on garde le mobilier qui donne cet esprit bistro ancien ! On y sert ainsi une cuisine de brasserie traditionnelle, qui n'est malheureusement pas toujours à la hauteur du cadre. L'accueil est également assez froid, peut-être parce que la clientèle est principalement touristique… Belle et grande terrasse pour l'été.

LES BERGES DE VIDY €

3 chemin du Camping
✆ +41 21 622 50 05
Ouvert d'avril à septembre, de 8h à 23h. Plats de 19 à 36 CHF (filet de perche), pizzas de 16 à 24 CHF.

Situé dans l'enceinte du camping de Vidy, ce restaurant propose un cadre sympathique et détendu. Avec sa grande terrasse entourée d'arbres au bord du lac, Les Berges de Vidy constituent une pause idéale pour un repas ou simplement pour une glace. Sous des parasols Orangina, vous pouvez déguster de délicieux filets de perche ou des choses plus simples comme des croûtes au fromage et des pizzas. La baraque à crêpes bretonnes propose également d'excellentes galettes de sarrasin. Ambiance tongs et pétanque garantie tout au long de la journée !

LE CARROUSEL DE VIDY €

8 allée du Bornan ✆ +41 21 601 40 30
www.restaurant-carrousel-vidy.ch
Ouvert du Mardi au dimanche de 11h à 18h. Vendredi et samedi jusqu'à minuit. Plat environ 25 CHF.

Situé sur la rive nord du lac Léman, près du port de Vidy, le restaurant est construit en forme circulaire et décoré de façon unique avec des chevaux en bois d'un carrousel d'époque. Son intérieur lumineux vous permet de passer un agréable moment pour vos repas. On y sert une bonne cuisine italienne que vous pourrez donc déguster dans la vaste demi-rotonde, parmi les chevaux en bois, ou bien sur la terrasse, prolongée d'une belle pelouse sur laquelle vous feriez volontiers une sieste. Les pizzas au feu de bois sont délicieuses et l'accueil toujours chaleureux.

CROISIÈRES GOURMANDES €€

Débarcadère d'Ouchy
✆ +41 84 881 18 48
www.cgn.ch
Croisière gourmande à partir de 35 CHF.

L'idéal pour vous embarquer sur un bateau Belle Époque de la CGN et, le temps d'un repas, admirer le château d'Ouchy et les vignobles de Lavaux. Plusieurs formules étant proposées, il est conseillé de vous renseigner directement à Ouchy. Au programme : les croisières gourmandes, avec un menu du jour, le festival de fondues et les gastronomiques en été, où les cuisines du Beau-Rivage Palace montent à bord. Entre les repas, vous pouvez vous promener sur le pont ou, au moment du dessert, vous installer sur un transat, tout en regardant le coucher de soleil.

SAVEURS D'AILLEURS €

67 avenue d'Ouchy ✆ +41 21 601 67 67
www.saveursdailleurs.ch
Mardi de 17h30 à 22h, du mercredi au vendredi de 10h30 à 14h30 et de 17h30 à 22h. Non stop le week-end de 11h à 22h.

Petite devanture qui ne paye pas de mine mais qui est très bien placée à proximité du lac et propose une gamme de plats à emporter de grande saveur et de grande fraîcheur. Quelques tables permettent de se restaurer sur place dans une ambiance *peps* aux couleurs vert pomme. Les bonnes odeurs d'épices et de condiments s'échappent de la cuisine et ici tout est fait maison. Les riverains ne s'y trompent pas, qui plébiscitent cette maison où la cuisine thaïe est à l'honneur. Curry délicieux, nouilles sautées au poulet, plats végétariens aussi goûteux qu'en Thaïlande.

LA CROIX D'OUCHY €€

43 avenue d'Ouchy
✆ +41 21 616 22 33
restaurant-croix-d-ouchy.ch
Ouvert 7j/7 de 12h à 14h et de 19h à minuit. Le samedi, uniquement de 19h à minuit. Plats entre 30 et 50 CHF.

La Croix d'Ouchy est une institution gourmande historique qui régale les Lausannois depuis plus de trente ans. Ce restaurant au charme d'antan, situé dans un immeuble datant de 1862, offre une cuisine aux accents méditerranéens. Poutres apparentes et tables élégamment dressées, c'est là une adresse chic dont la réputation n'est plus à faire. On y déguste une cuisine classique italienne et française des plus raffinées. Les plats étant préparés minute, l'attente peut être parfois longue. Belle terrasse pour l'été, ombragée par l'imposant marronnier.

TOM CAFÉ €€

1 quai d'Ouchy
✆ +41 21 621 67 08
www.olympic.org/museum/visit/tom-cafe
Ouvert tous les jours d'ouverture du musée de 9h à 18h. Plat du jour à partir de 18 CHF, brunch du week-end 43 CHF.

Au dernier étage du Musée Olympique ce café-restaurant est lumineux et design. Vous avez le choix entre une carte légère avec ses plats du jour, des mets plus raffinés, ou une simple consommation l'après-midi sur la grande terrasse panoramique. Vous avez aussi le choix des saveurs d'origine : potage des Grisons (Saint-Moritz), parmentier de joue de bœuf au foie gras (Paris), brochettes de wapiti au sirop d'érable et vinaigre de sureau, purée de panais (Vancouver)... Le brunch du samedi et du dimanche a également beaucoup de succès.

RESTAURANT LE LACUSTRE €

1 quai Jean-Pascal-Delamuraz
✆ +41 21 617 42 00
www.lelacustre.ch
Ouvert tous les jours, sauf le mardi en hiver (selon l'ensoleillement). Plat environ 25 CHF.

Situé directement face au lac, le restaurant Le Lacustre connaît un grand succès, surtout pour sa grande terrasse au bord de l'eau. Le bâtiment en béton et l'aménagement intérieur manquent en revanche un tout petit peu de charme, mais on lui pardonne tant on s'y sent bien. Côté menu, il y en a pour tous les goûts : salades, grillades, pizzas ou buguers. La variété des plats est à la hauteur de la superbe vue. On vous conseille d'y venir pour goûter le délicieux brunch, avant de, pourquoi pas ?, y retourner pour assister au coucher de soleil.

LE VIEIL OUCHY €

3 place du Vieux-Port
✆ +41 21 616 21 94
www.vieilouchy.ch
Ouvert tous les jours de 11h30 à 22h. Cuisine non stop. Formules à midi à partir de 18,50 CHF.

Dans sa charmante bâtisse ancienne du petit port d'Ouchy, ce restaurant attire forcément les touristes. Mais c'est aussi un rendez-vous de locaux. Depuis la reprise de l'établissement par Carine, d'origine italienne, l'adresse a beaucoup gagné en qualité, en authenticité et en chaleur. À l'ardoise : fondue, jambon à l'os, rösti, croûte au fromage, plats du jour bien mijotés dont le fameux pot-au-feu. Le tout savoureux, odorant et généreux. En été, terrasse agréable. Coup de cœur pour les fauteuils et les banquettes couverts d'imprimés vache, tigre ou panthère.

LES ALLIÉS €

48 rue de la Pontaise
✆ +41 21 648 69 40
www.lesallies.ch

Ouvert du lundi au vendredi de 11h à 14h30 et de 18h à minuit (cuisine jusqu'à 14h et 22h). Plat du jour 17 CHF.

C'est l'ancien bistrot de quartier où il est plaisant de venir partager les nouvelles. La décoration est faite d'objets de brocante, avec grand tableau noir et vieille balance. Une cuisine de marché, des plats de brasserie revisités et de grandes salades. Vous les dégusterez dans une atmosphère *cosy* l'hiver et dans l'adorable cour intérieure par beau temps, sur de grandes nappes à carreaux rouge et blanc et sous des guirlandes d'ampoules… Un petit coin de paradis ! À noter que la terrasse est convertie en jardin d'hiver pour fumeurs lors de la saison froide.

LE BERCEAU DES SENS €€

18 route de Cojonnex
✆ +41 21 785 12 21
www.berceau-des-sens.ch

Ouvert midi et soir du lundi au vendredi. Plats de 30 à 54 CHF. Réservation indispensable.

C'est le restaurant de la fameuse École hôtelière de Lausanne. Dans un cadre élégant, il offre une ambiance feutrée et chic, au milieu de la verdure. Encadrés par des professionnels, les étudiants s'initient à la cuisine, au service et à l'art de recevoir. La carte, imaginée par les étudiants, change régulièrement, les mets sont fins et la sélection des vins très bonne. Les repas sont semi-gastronomiques, avec plusieurs menus – comprenant aussi des plats végétariens – et une carte des mets qui change au gré des produits et des saisons.

LA CANTINE POP UP €

56 avenue de France
✆ +41 76 411 12 05
www.lacantinepopup.com

Cuisine participative, pops up et street art cuisine. Événements culinaires selon programmation sur la page Facebook.

Une cuisine un brin décalée et presque débridée qui rime avec créativité, rencontres, saveurs et changement ! La Cantine Pop Up pratique la cuisine participative, avec des restaurateurs qui investissent différents lieux pendant plusieurs semaines ou le temps d'un week-end. Un concept plus qu'original et qui profite à tout le monde. Pour les gourmands que nous sommes, c'est l'occasion d'une éternelle découverte et pour les restaurateurs le plaisir de se faire connaître ! C'est tout l'art du *street food* et de la cuisine *pop up*.

CHALET DES ENFANTS €

Route du Chalet-des-Enfants
✆ +41 21 784 44 80
www.chaletdesenfants.ch

Ouvert tous les jours. Plat du jour 17 CHF, comptez de 17 à 28 CHF pour un plat.

Cette jolie bâtisse du XVIIIe siècle, si chère aux Lausannois et dans laquelle Coco Chanel aimait à déguster une part de flan et un verre de lait, est une adresse phare de ce guide, qui a su conserver l'âme d'autrefois dans l'esprit maison de famille. Parce que c'est avant tout le restaurant des enfants, un grand tableau noir les invite à laisser libre cours à leur créativité. On y sert une cuisine du terroir, à base de produits frais… mais les habitués y viennent surtout pour les brunchs du week-end et des jours fériés, délicieux et servis à volonté !

LE CHALET SUISSE €

40 route du Signal
✆ +41 21 312 23 12
www.chaletsuisse.ch

Ouvert tous les jours de 11h30 à 14h et de 18h30 à 22h (non stop le week-end). Plats du jour le midi à 19,50 CHF.

Charmant chalet à l'orée du bois de Sauvabelin. Vous y viendrez pour une fondue, une raclette, de la savoureuse charcuterie ou encore pour les rösti au délice de la tomme de la Venoge. Dans un décor très *swississime* avec abat-jour en vichy rouge, cloches et autres clichés helvétiques, c'est évidemment le repaire des touristes. Tous les vendredi et samedi, la soirée est accompagnée d'un ou plusieurs artistes divers. À la fois typique et folklorique, la cuisine est bonne avec des produits du terroir et des vins locaux. En été, la terrasse est exceptionnelle.

ESQUISSE €€

2 route du Signal
✆ +41 21 320 50 07
www.lesquisse.ch

Ouvert du mardi au samedi 11h30 à 14h et 18h30 à 23h. Dimanche 10h30 à 15h30. Plats de 28 à 43 CHF. Terrasse ombragée.

Abritée dans une magnifique orangerie classique, L'Esquisse présente une décoration intérieure résolument moderne : parquet sombre, murs rouges, abat-jour design. Été comme hiver, tables et chaises de jardin sont installées sur la terrasse, dans une atmosphère paisible, loin de la circulation. Un cocon de nature et un espace préservé pour déguster une cuisine fine grâce à la fraîcheur et à la qualité des produits, et toujours joliment présentée. Idéal après la visite de l'Hermitage. Le week-end, le brunch remporte un franc succès dans ce cadre romantique.

PASSEPORT

FAIRE UNE PAUSE

Lausanne n'est pas la dernière ville pour trouver un endroit sympa où boire un verre ! Entre les bars étudiants, les bars à bières, les bars à vins ou les établissements plus chics, la diversité est de mise. Pour pimenter vos balades d'une petite pause sucrée, n'hésitez pas non plus à vous arrêter en terrasse pour déguster une glace, ou pour prendre un délicieux chocolat chaud. D'ailleurs, puisqu'on en parle, l'été, les terrasses sont littéralement envahies de monde, surtout si l'établissement offre une vue dégagée sur le lac et les montagnes. Le quartier du Flon a subi une grande métamorphose et tout a été pensé pour devenir un lieu de sortie branché et animé. Même l'hiver, vous risquez de trouver les Lausannois dehors : ils ne sont pas du genre à se laisser décourager par un petit coup de froid pour s'empêcher de trinquer entre amis ! L'ambiance est toujours bon enfant et décontractée, alors profitez-en !

FAIRE UNE PAUSE

HORAIRES

Les horaires sont extrêmement variables. Beaucoup de bars servent également des cafés ou des burgers en journée. Le soir, par contre, ils se remplissent de monde et de bières jusqu'à 2h du matin au maximum. Heureusement, il reste les boîtes qui restent ouvertes jusqu'au petit matin.

BUDGET / BONS PLANS

En bar, la pinte n'est pas excessive si l'on compare au prix des plats dans les restaurants. De là à dire qu'il vaut mieux boire que manger à Lausanne, il y a un pas que nous ne franchirons pas… Avec modération, il y en a donc pour tous les budgets ! L'entrée des boîtes étant généralement payante après minuit, l'option du bar d'ambiance peut être plus économique pour ceux qui ne souhaitent pas s'ambiancer toute la nuit.

A PARTIR DE QUEL ÂGE

N'oubliez surtout pas votre carte d'identité pour vos sorties nocturnes, on risquera très probablement de vous la demander, même si vous faites plus vieux que votre âge. En effet, ici on ne transige pas avec les règles et avant 18 ans, l'accès aux clubs est impossible, comme le dit la réglementation. Pour la consommation d'alcool, c'est la même chose. Singularité suisse : les supermarchés ne peuvent pas tous vendre de l'alcool (il faut disposer d'une licence de débit de boissons alcooliques, accordée par la police cantonale du commerce). C'est tout simplement interdit dans les stations-service. Enfin, la livraison et la vente à emporter de boissons alcooliques distillées ainsi que de la bière (cela ne s'applique pas pour le vin) sont interdites entre 21h et 6h le matin.

FUMEURS

Rien de différent non plus avec la France. Depuis 2010, il n'est plus possible de tirer sur une cigarette dans un bar. Des coins fumeurs existent, bien sûr.

À LA BOSSETTE

4 place du Nord
✆ +41 21 320 15 85
www.bossette.ch
Ouvert du lundi au mercredi de 10h à minuit, le jeudi et le vendredi jusqu'à 1h, le samedi de 17h à 2h.

Bonnes bières, bonne ambiance, bon manger, tel est le slogan de la maison... La Bossette s'est fait la spécialité de réunir les jeunes artistes et les amateurs de musiques alternatives pour des concerts réguliers. L'ambiance est toujours animée, l'esprit convivial et vous finirez par bien connaître vos voisins de table. Il est possible de vous y restaurer. Vous trouverez ici un grand choix de vins, mais surtout de bières (plus de 40) originaires des microbrasseries romandes et du monde entier, avec un petit descriptif pour chacune d'entre elles.

BLEU LÉZARD

10 rue Enning
✆ +41 21 321 38 30
www.bleu-lezard.ch
Ouvert du lundi au dimanche de 7h30 à minuit. Vendredi et samedi jusqu'à 1h. Plats à partir de 19,50 CHF. Brunch.

Lézarder dans ce charmant bistrot de quartier et bar branché est un passage presque obligé lorsqu'on est de passage à Lausanne. C'est une adresse bien connue des Lausannois avec lesquels vous pouvez converser, particulièrement en période estivale lorsque la terrasse est installée. On y vient pour déguster une cuisine classique et raffinée, mais aussi pour boire un verre avant de descendre à la cave écouter un concert, participer aux très courus blind tests, jam-sessions ou iPod battles, ou danser toute la nuit. Expositions et soirées privées.

BLONDEL

5 rue de Bourg
✆ +41 21 3234474
blondel.ch/fr
Ouvert le lundi de 11h à 18h30, du mardi au vendredi de 9h30 à 18h30 et le samedi de 9h30 à 18h.

Au pays du chocolat, les bonbons, pastilles, chocolats et pralinés de chez Blondel sont une référence. Implanté depuis 1895 dans la rue de Bourg, sa devanture vintage du plus bel effet rappelle que sa vitrine est celle de la plus ancienne chocolaterie de Lausanne. Celle-ci a vu passer des générations et des générations de gourmands. Les mélanges d'hiver pour chocolat chaud sont délicieux. Nous vous conseillons aussi de choisir parmi les nombreux chocolats au marteau. La file d'attente est longue durant les périodes de fête ! Mais de bon augure...

BRASSERIE DU CHÂTEAU

1 place du Tunnel
✆ +41 21 312 60 11
www.bierreduchateau.ch
Ouvert du lundi au jeudi de 11h à 1h, le vendredi et samedi de 11h à 2h, le dimanche de 16h à 1h. Wi-Fi gratuit.

L'un des bars préférés des Lausannois, pour ses six bières produites sur place, dans la microbrasserie, ainsi que pour ses très bonnes pizzas que vous pouvez déguster jusqu'à la fermeture. Construite sur deux niveaux, la Brasserie du Château dispose d'un rez-de-chaussée relativement calme, tandis que le premier étage est toujours bondé et animé. Si vous souhaitez une table, il vous faudra donc d'abord patienter avec une bière au bar : la Rousse remporte toujours un franc succès ! Quelques concerts sont organisés de temps à autre.

LES BRASSEURS

4 rue Centrale ✆ +41 21 351 14 24
www.les-brasseurs.ch/site/fr/
Ouvert du lundi au jeudi de 11h à 1h, le vendredi et samedi jusqu'à 2h et le dimanche de 16h à minuit.

Il existe plusieurs Brasseurs en Suisse et celui de Lausanne a vraiment du cachet. Cette ancienne banque transformée en 2000 propose un grand choix de bières artisanales, produites directement sur place. Spacieuse et construite sur plusieurs niveaux, la brasserie est toujours bondée le soir. L'ambiance est très *Irish pub*, avec parquet et murs revêtus de bois. Si vous êtes nombreux, commandez plutôt une colonne. Les Brasseurs sont également connus pour leurs flammekueches, surtout à 1h du matin. On apprécie que cet établissement soit ouvert tous les jours.

CAFÉ DES ARTISANS

12 rue Centrale
✆ +41 21 311 06 00
Ouvert du lundi au vendredi de 8h à minuit et le samedi de 10h à minuit.

Le Café des Artisans était devenu le Double Z, mais depuis mars 2012, celui-ci a retrouvé son nom d'antan. Repris par l'ancienne gérante du Byblos (une institution à Lausanne), Amaya Rodriguez a décidé de recréer l'ambiance de son ancien bar-restaurant. Style vintage et esprit jeune et sympathique pour boire une bière artisanale ou un cocktail aux noms décalés, comme le Pourquoi Pas ou le Kikou Lol. L'ambiance est simple et bon enfant, la terrasse très agréable l'été (surtout pour les brunchs), et la salle joliment décorée et colorée.

CAPTAIN COOK

2 rue Enning
✆ +41 21 323 00 55
Ouvert tous les jours de 16h à 1h, le vendredi et le samedi jusqu'à 2h.

Pour avoir la pêche et dynamiser votre semaine, ce pub sportif vieux de trente ans et bien connu des Lausannois est un bon remède. Drapeaux au plafond, nombreux écrans pour suivre les matchs, grand choix de bières anglaises et irlandaises, parquet bien collant, tout y est ! Vous y trouverez en général beaucoup de monde le soir et surtout pendant le week-end. Si vous tenez à avoir une place assise, il est fortement recommandé de venir une demi-heure avant le début d'un match. Si le pub est résolument rock, diverses soirées spéciales sont organisées.

LES GRANDES ROCHES

Pont Bessières
✆ + 41 21 312 34 18
lesgrandesroches.ch
Ouvert horaires d'été tous les jours de 14h à minuit, samedi de 11h à minuit.

L'ancien Bourg Plage s'émancipe et prend du large pour devenir la terrasse des Grandes Roches. Ouvert tout l'été, ce bar terrasse à l'esprit guinguette, situé sous l'arche ouest du pont Bessières, fait l'unanimité. Quelques palmiers, des guirlandes d'ampoules multicolores, un billard, un Baby-foot, un mobilier de jardin éclectique et le nouveau décor décontracté est planté. Vous regretterez seulement de devoir quitter les lieux à minuit, mais le vendredi et le samedi, un *aftershow* est proposé au café-théâtre, quelques mètres plus loin.

LA CHOCOLATIÈRE

14 avenue Mon-Repos
✆ +41 21 323 68 84
www.lachocolatiere.ch/fr
Ouvert du lundi au vendredi de 8h30 à 18h30 et le samedi de 9h à 18h.

Une valeur sûre du chocolat suisse. La maison existe depuis 1970. Ici vous dégustez l'un des meilleurs chocolats chauds du coin, et bien d'autres gourmandises. Aux commandes jusqu'en 2011, Jean-Claude Currat, le maître chocolatier fondateur de l'enseigne, a réussi à se forger une réputation grâce à sa maîtrise du chocolat et son talent. En 2012, après rénovation et modernisation, il a transmis son savoir et sa maison à une nouvelle équipe qui a repris les rênes tout en continuant à bénéficier des conseils éclairés du maître chocolatier. Pour votre bonheur !

THE GREAT ESCAPE

18 rue de la Madeleine
✆ +41 21 312 31 94
www.the-great.ch
7j/7 de 11h à 1h, le vendredi et samedi jusqu'à 2h. Happy hour de 18h30 à 19h. Burger à partir de 17 CHF. Terrasse.

Ce bar populaire de Lausanne est toujours très animé le soir, même le dimanche. Dans un décor de pub anglais typique, avec parquet, tonneaux, comptoir en bois et tabourets hauts de style Tonnet, il propose une bonne sélection de bières pression, et aussi de très bons hamburgers (ou plats du jour les midis). Et, surtout, des matchs de foot et de rugby en direct sur le grand écran, avec ambiance supporters garantie ! La terrasse fera votre bonheur dès les beaux jours, mais même l'hiver, on aime aussi y faire un tour lorsque l'intérieur est trop bondé.

LA COURONNE D'OR

13 rue des Deux-Marchés ✆ +41 21 311 38 17
www.couronnedor.ch
Ouvert le lundi de 16h à 23h, mardi à vendredi de 8h à 1h, samedi de 9h à 1h, dimanche de 11h à 22h.

Coup de cœur pour cette ancienne pinte datant de 1895, sauvée par deux journalistes et un diététicien fribourgeois. Ces trois anciens compagnons de voyage et amis de longue date l'ont entièrement restaurée avec du goût : le linoléum a fait place à un beau parquet, les néons ont été remplacés par des lampes suspendues plus chaleureuses. Sympathique pour un verre de bière artisanale le soir ou pour un quatre-heures (avec limonade, tartines et bonbons), dans un cadre accueillant et avec un service attentionné. Terrasse dans une rue très calme, bien agréable en été.

JAVA

36 rue Marterey ✆ +41 21 321 38 37
www.lejava.ch
Du lundi au mercredi de 7h à minuit, jeudi et vendredi jusqu'à 1h, samedi et dimanche de 9h30 à 1h. Brunch.

Le contraste est saisissant entre la façade sans charme de l'immeuble et l'atmosphère chaleureuse et décalée du Java. Ce café-bar-restaurant est décoré comme un duplex des années 1950, et on s'y sent chez soi. On resterait ainsi des heures, assis dans le coin bibliothèque en dégustant des plats aux noms empruntés aux titres de chansons de Serge Gainsbourg, omniprésent au Java. Jusqu'à pas d'heure, dans une ambiance décontractée, on boit des cocktails sur les canapés, tout en s'envoyant des billets doux lors des soirées messages (le vendredi dès 21h30).

L'ÉTOILE BLANCHE

Place Benjamin-Constant
✆ +41 21 351 24 60
www.etoileblanche.ch

Ouvert du lundi au jeudi de 7h à 1h, le vendredi jusqu'à 2h, le samedi de 9h à 2h et le dimanche de 10h à 1h.

Depuis son ouverture en juillet 2008, L'Étoile Blanche n'a cessé de voir sa clientèle augmenter, des étudiants aux trentenaires branchés en passant par les familles et les vrais Anglais, à l'image de George, le patron de ce pub restaurant. La journée, vous pouvez pianoter sur votre ordinateur connecté au Wifi gratuit. Les beaux jours, vous profitez de la terrasse. Le soir, vous vous attardez au comptoir avec un cocktail de L'Étoile ou une bière pression accompagnés du désormais célèbre burger. À partir du mercredi, DJ aux platines.

LE P'TIT CENTRAL

9 rue Centrale
✆ +41 21 312 80 75
www.leptitcentral.ch

Ouvert le lundi de 7h à 20h30, du mardi au samedi de 7h à minuit (jusqu'à 2h vendredi et samedi).

Vieux bistro de quartier authentique, l'intérieur du P'tit Central est chaleureux avec ses azulejos aux murs, représentant Lausanne en 1850. L'endroit fait le bonheur des trentenaires, et la terrasse est toujours remplie, été comme hiver. On aime y prendre son café croissant au petit matin, dans une ambiance calme et décontractée. Le P'tit Central propose aussi des plats du jours de saison à midi, et une petite carte le soir. Bien sûr, il possède également au menu de bons cocktails, apéritifs et différentes bières artisanales.

LÄCKERLI HUUS

28 rue de Bourg
✆ +41 21 351 61 25
www.laeckerli-huus.ch

Ouvert du lundi au vendredi de 9h à 18h30 et le samedi jusqu'à 18h.

Läckerli Huus est une confiserie bâloise dont la spécialité est le Basler Läckerli Original, un biscuit moelleux qui pourrait faire penser au pain d'épice et qui contient du miel, des amandes, des noisettes, de l'orangeat, du citronnat, des épices et du kirsch de Bâle-Campagne. La petit boutique propose aussi des chocolats, biscuits et bonbons. Jolies boîtes décoratives, idéales pour faire un joli petit cadeau. Si vous ratez l'établissement lors de votre visite en ville, vous pourrez toujours commander *via* sa boutique en ligne.

PERROQUET BAR Y COCINA

4 Ruelle du Flon
✆ 021 312 60 60

Du mardi au vendredi de 15h à 1h (jusqu'à 2h jeudi et vendredi). Samedi, de 10h30 à 2h. Tapas environ 16 CHF. Cocktails.

Au bout d'une ruelle pavée, le Perroquet est un très joli bar à l'ambiance latine. On s'y sent bien, avec une agréable musique d'ambiance aux sonorités espagnoles, de très bons cocktails (mention spéciale au pisco sour, fidèle à l'original et à tester pour ceux qui n'ont pas eu la chance de le découvrir au Pérou). Pour accompagner tout cela, divers tapas sont possibles : des empanadas, des patatas bravas et de nombreuses autres planches de fromages ou de charcuterie. Les serveurs sont aux petits oignons, tout est réuni pour vous faire passer une belle soirée.

LE LAPIN VERT

2 ruelle du Lapin-Vert ✆ +41 21 312 13 17
www.lapinvert.ch

Ouvert mardi et mercredi de 20h à 1h. Jeudi de 20h à 2h, vendredi et samedi de 20h à 3h. Baby-foot.

Bar musical rock ouvert en 1983, Le Lapin Vert ne désemplit pas. Niché en plein cœur du centre historique, c'est devenu une véritable institution à Lausanne. Sous les poutres apparentes, le long de l'immense bar ou sur les banquettes en bois, les chopes de bière s'entrechoquent. Pour des shots à partager, on vous conseille d'essayer les shakers, il y en a pour tous les goûts (mais attention, c'est assez traître !). Toutes générations confondues et dès 16 ans, on danse au rythme de musiques surtout rock, parfois pop, voire métal, toujours dans la bonne ambiance.

LE POINTU

2 Rue Neuve
✆ +41 21 351 14 14
www.le-pointu.ch

Ouvert du lundi au jeudi de 7h à minuit, jusqu'à 2h les vendredi et samedi. Dimanche, brunch de 10h à 15h. Terrasse.

Le Pointu est un bar branché à la déco joliment boisée. Ouvert presque à toute heure, vous pourrez donc y aller pour le petit déjeuner, le repas du midi ou le soir. On vous recommande aussi de tester le délicieux brunch dominical. Mais on aime surtout y prendre un bon verre entre amis. Véritable bar d'habitués, la bonne ambiance est communicative et on se surprendra vite à parler avec tout le monde. L'accueil des serveurs est très agréable et toujours avec le sourire. N'hésitez pas à aller voir la page Facebook pour connaître les événements à venir.

LES ARCHES !

Place de l'Europe
www.lesarches.ch
Ouvert dès le mois de mars, du lundi au dimanche de 11h à minuit (vendredi et samedi jusqu'à 2h). Petite restauration.

Dominant la place de l'Europe, niché sous les pierres majestueuses du Grand Pont, la terrasse Les Arches ! est l'un des meilleurs spots du cœur de Lausanne pour lézarder au soleil. Pause café le matin ou le week-end, apéro entre amis ou rendez-vous professionnel : quand vous y aurez goûté, vous ne les quitterez plus ! Cette adresse design et abordable, à l'architecture unique, vous propose un vaste choix de boissons et de cocktail adaptées à toutes les heures du jour comme du soir. À la nuit tombée, les éclairages rendent l'atmosphère plus festive.

DUKE'S BAR

12 rue du Flon
✆ + 41 21 311 38 60
www.dukes-bar.ch
Ouvert 7j/7 de 17h à minuit. Le samedi non-stop de 11h à minuit. Tapas. Scène ouverte.

Ici, rien de moins que de la bonne musique, de la couleur dans le verre et des planchettes garnies à picorer ou à partager entre amis ! Le Duke's est assurément un bar branché au cœur du quartier du Rôtillon, où le sens de l'épicurisme est respecté. Scène musicale très active et ouverte aux artistes locaux, que les habitués aiment découvrir. En prime, la carte des vins met à l'honneur les vignerons du pays, qui vous réservent le meilleur de leurs vins en dégustation. À consommer avec modération… mais à température ambiante !

CHOCOLATERIE WUTHRICH

11 avenue Juste-Olivier ✆ +41 21 312 58 88
www.wuthrich.ch
Ouvert du mardi au vendredi de 7h30 à 18h30, le samedi de 7h30 à 17h. Ouvert 7j/7 en décembre et durant les fêtes.

Cette chocolaterie est réputée pour ses giscards… Oui, vous avez bien lu ! À l'origine, ces petits chocolats recouverts d'une couche de caramel s'appelaient les rigolettos et Valéry Giscard d'Estaing les appréciait beaucoup. Mme Wüthrich lui en envoyait une boîte chaque année à Noël, puis a fini par les baptiser du nom de leur amateur. Le salon de thé en arc de cercle, à l'atmosphère très *British*, est le rendez-vous des dames respectables du quartier. On s'y fournit aussi en truffes, pralinés et gâteaux. Une pâtisserie animée par la passion des bons produits.

LES GOSSES DU QUÉBEC

22 avenue de la Gare
✆ +41 21 323 28 28
Ouvert du lundi au vendredi de 11h à 1h, samedi / dimanche de 15h à 2h. Menu midi en semaine à 19,50 CHF.

Un petit coin de Canada à Lausanne ! Bonne ambiance dans ce pub sympathique avec écrans géants, billards, fléchettes… On aime y aller à toute heure, que ce soit le midi en semaine pour profiter d'un menu copieux, ou bien en soirée pour plus d'animations, car l'apéro entre amis est très convivial et peut vite durer jusqu'à la fermeture. On a adoré l'accueil souriant permettant de découvrir des cocktails originaux (le Caribou, avec du sirop d'érable) ou bien de partager de belles assiettes, telles que la poutine ou d'autres spécialités canadiennes.

LA DATCHA

13 Côtes-de-Montbenon
✆ +41 21 311 51 94
la-datcha.ch/presentation/
Café culturel. Ouvert du jeudi de 20h à minuit, vendredi et samedi de 20h à 2h.

La Datcha est un café culturel, une agora bien urbaine pour échanger sur les courants artistiques. Bref, un lieu où les artistes se mêlent au public et vice-versa. Sous les toits dans le quartier du Flon, en plein cœur de la ville mais aussi en bordure de forêt, l'ambiance n'est jamais la même. Conférences, concerts, expositions s'enchaînent pour rythmer vos soirées et surtout les enrichir, dans ce lieu brut, à la décoration épurée mais à l'ambiance chaleureuse. Une proximité avec les artistes de tous univers qui augure surtout de belles rencontres.

KING SIZE PUB

16 rue du Port-Franc
✆ +41 21 340 69 77
www.kingsizepub.ch
Ouvert 7J/7 de 11h30 à minuit, vendredi et samedi jusqu'à 2h.

Avec sa façade de pub traditionnel britannique, le King Size contraste avec les autres établissements branchés du Flon. L'intérieur aborde résolument le côté *British* avec son grand bar central et sa décoration boisée. Tous les soirs, deux pianos à queue accueillent des chanteurs musiciens pour un concert *live* et, les jours de grands événements sportifs, les matchs sont retransmis en direct sur un écran géant. Avec un grand choix de bières et de sandwichs servis à toute heure, on a toujours une bonne raison de venir trinquer entre amis.

[SE] FAIRE PLAISIR

Lausanne n'est pas une grande ville, ce n'est peut-être pas non plus là où l'on penserait en tout premier lieu venir pour faire du shopping... Mais elle propose de belles adresses qualitatives ! À son avantage, sa petite taille permet de regrouper le shopping en plein cœur de la ville, où quelques rues sont spécialisées plutôt dans les petits boutiques chics et branchées, dans le quartier médiéval. Si vous êtes plutôt centres commerciaux et grandes boutiques, ce sera dans les alentours. Ainsi, entre les boutiques de luxe (mention spéciale aux marques horlogères, bien évidemment), les boutiques de vêtements ou d'accessoires griffés, il y en a pour toutes les envies. Il faut goûter aussi aux événements typiques que constituent les marchés sur la place de la Riponne ou dans les rues piétonnes, et particulièrement le marché de Noël avec ses espaces conviviaux. Profitez-en pour vous régaler chez les chocolatiers locaux.

(SE) FAIRE PLAISIR

HORAIRES

En semaine, la fréquentation du centre est normale, préférez ces jours-là pour faire du shopping. Les magasins sont généralement ouverts de 8h-9h à 18h30-19h, mais jusqu'à 18h seulement le samedi. Certaines boutiques ferment le lundi matin. Les jeudis, il est de tradition de faire les nocturnes et les boutiques ferment plus tard vers 20h et 21h. Les banques sont ouvertes de 9h à 17h (16h30 pour l'administration).

Le samedi, c'est jour de marché dans le centre de Lausanne, et les rues et magasins sont bondés de monde. Le dimanche, par contre, est un jour très calme. Les rues sont quasiment vides et la plupart des magasins sont fermés.

SOLDES

Contrairement à la France, il n'y a pas de cadre légal strict et donc pas de calendrier officiel de début et de fin de soldes en Suisse. Ainsi, les soldes d'hiver et d'été sont bien d'actualité et calquées sur notre modèle français, mais elles s'étalent désormais sur un plus grand nombre de semaines que dans l'Hexagone, le temps d'écouler les stocks. Sans grande surprise, comme chez nous, les meilleures affaires se font principalement durant les derniers jours des soldes… au risque de ne pas trouver sa taille !

C'EST TRÈS LOCAL

Chocolats en tout genre, appareils de fondue et couteaux suisses, bien sûr ! Vous trouverez également quelques magasins d'usine ou des friperies. Pour les montres et bijouteries de prestige, cela dépend vraiment de votre porte-monnaie, tant les prix peuvent vite devenir exorbitants !

LES ATTRAPE-TOURISTES

Pas vraiment d'attrape-touristes à noter ici, les commerçants sont toujours très respectueux de leurs clients. Mais vous allez trouver le drapeau suisse sur presque toutes les pièces dans toutes les boutiques de souvenir. Le pire, c'est que ça donne vraiment envie de se laisser aller à l'achat, alors on ne considère pas vraiment ça comme un attrape-touriste !

BAZAR D'OUCHY

76 avenue d'Ouchy
✆ +41 21 616 23 77
www.bazarouchy.com
Ouvert du lundi au samedi de 9h30 à 12h45 et de 14h15 à 18h45. Ouvert le dimanche en été seulement.

Le Bazar d'Ouchy, présent sur le port depuis 1902, regorge de produits locaux et autres souvenirs. On ne sait plus où donner de la tête ! Des *magnets* aux coucous en passant par les montres et les stylos, les tabliers et les mugs, vous trouvez à cette adresse de tout et avec le service en prime. À noter aussi un très important choix d'objets à l'effigie de la vache, que l'on pourrait considérer comme l'animal totem du pays. Lors de l'achat d'un couteau suisse, possibilité de le graver et d'emporter ainsi un souvenir des plus personnels !

LA BRICOTINE

26 boulevard de Grancy
✆ +41 21 616 24 44
www.labricotine.ch
Ouvert le lundi de 14h à 18h30, du mardi au vendredi de 9h30 à 12h30 et de 14h à 18h30, le samedi de 9h30 à 17h30.

La Bricotine est conçue comme un appartement, et vous déambulez dans cette boutique de la cuisine à la salle de bains avec en prime toutes sortes de produits à découvrir. À vous de voir la pièce qui vous plaira le plus ! Dans son espace située sous la gare, Danielle Borra règne sur une véritable réserve d'idées de cadeaux (peluches, savons, bougies...). Vous y trouverez toutes les marques les plus connues comme Maron Bouillie, Lamali, ainsi que d'innombrables objets originaux réalisés par des créateurs indépendants. Belle visite !

CARAMEL BEURRE SALÉ

12 rue du Flon
✆ +41 21 311 46 26
www.caramelbeurresaleconceptstore.ch
Concept store objets design, vêtements, coiffeur. Ouvert du lundi au vendredi de 10h à 19h et samedi de 10h à 18h.

On croquerait tout chez Caramel Beurre Salé. Le concept store, style loft, regorge d'objets inédits, de cosmétiques *made in Swiss*, une très belle gamme de vêtements grandes tailles (marque Zizzi), de produits d'épicerie fine, un espace carterie avec l'artiste lausannoise Mademoiselle Boss, bougies... C'est simple, 90 % du magasin est à vendre ! Et une part belle est réservée aux artisans locaux. Le petit plus, c'est le coiffeur niché dans la verrière au fond du magasin. Il s'occupe de vous de A à Z. Ici, vous ne passez que dans une seule main !

LA FERME VAUDOISE

5 place de la Palud
✆ +41 21 351 35 55
www.lafermevaudoise.ch
Lundi, mardi et jeudi de 9h à 13h et de 14h à 18h30, le mercredi et le vendredi de 9h à 18h30, le samedi de 7h30 à 17h.

À deux pas de la mairie, cette boutique sera très facile à trouver : il y a une vache devant ! À l'intérieur, tout un programme : charcuteries, fromages, vins, épicerie fine, confitures, paniers garnis, toutes les spécialités vaudoises fournies par plus de 80 producteurs des environs. Vous l'avez compris, c'est une bonne adresse pour rapporter des produits régionaux chez soi, tels qu'un petit sachet de bricelets, par exemple. En plus de cela, il y a possibilité d'emballer les fromages sous vide. Parce qu'un fromage, c'est peut-être le meilleur souvenir suisse !

MARCHÉ ALIMENTAIRE DU CENTRE-VILLE

Centre-ville
Le mercredi et le samedi de 6h à 14h30.

Un grand marché coloré envahit gaiement les rues piétonnes du centre-ville deux matins par semaine. Fleurs, fruits et légumes s'exposent ainsi devant les boutiques les plus élégantes de la rue de Bourg. Sur la place de la Riponne, vous trouverez des produits de boulangerie, boucherie, des volailles, champignons et d'excellents fromages, avec un coin brocante également. Seul bémol : les prix des fruits et légumes sont plus chers qu'en grand magasin.

LA MISE EN BIÈRE

14 rue de la Tour
✆ +41 78 739 39 23
www.lamiseenbiere.ch
Ouvert du mardi au vendredi de 13h30 à 19h et le samedi de 10h à 18h.

Datant de l'époque où les bières artisanales étaient difficiles à trouver dans les rues de Lausanne, ce petit magasin a gagné en épaisseur pour proposer maintenant plus de 300 bières, avec pour priorité les bières locales. On y trouve bien sûr des bières belges, mais aussi d'une dizaine d'autres pays. Le choix des spécialités au catalogue est le fruit d'une équipe de passionnés. Daniel, le patron, commercialise d'ailleurs sa propre bière, La Lausannoise, une blonde légère qu'il faut absolument goûter. Quand même, on est à Lausanne !

AUX SPÉCIALITÉS DE LA PALUD

9 place de la Palud
✆ +41 21 312 64 51
www.mixfood.ch
Ouvert du lundi au vendredi de 9h à 19h et le samedi de 8h à 18h.

Ce magasin d'alimentation est une épicerie fine ouverte en 1932 et qui importe, depuis de nombreuses années, des produits du monde entier : du chorizo d'Espagne, des épices à couscous du Moyen-Orient, de la pâte d'abricots de Syrie, des farines d'Erythrée, des pommes de terre déshydratées du Pérou ou encore du sirop d'érable du Canada. Vous l'aurez compris, on ne se limite pas aux spécialités de la Palud, mais on s'ouvre à celles du monde entier.

UCHITOMI

5 ruelle Grand-Saint-Jean
✆ +41 21 312 40 01
www.uchitomi.ch
Ouvert du mardi au vendredi de 10h à 19h et le samedi de 9h à 17h.

Uchitomi est un petit supermarché japonais qui vend aussi bien des barquettes de sushis que des raviolis surgelés, des nouilles que de nombreux objets pour la maison (tasses, théières...), sans oublier du riz japonais en gros conditionnement, une collection de sakés, des huiles de sésame, du konjac sous toutes ses formes, des algues, du thé vert sencha et bien d'autres délices nippons pour inviter le pays du Soleil-Levant à votre table. Si la faim vous gagne, il y a également un restaurant japonais à la porte voisine. Même nom, même patron.

WILLEN

marché de la place de la Riponne
✆ +41 21 652 61 58
Camion de fromages présent les jours de marché, soit les mercredis et samedis matins.

Fromager bien connu dans la région, Christian Willen est présent au marché de la Riponne le mercredi et le samedi. Sous l'auvent rayé bleu et blanc, vous trouverez des spécialités de gruyère, de l'etivaz, des fromages de brebis ainsi que quelques classiques français. La tomme du Tessin est excellente. Voisin de Willen sur la place, Jacques Duttweiler, l'un des fromagers les plus courtisés des chefs cuisiniers, propose un gruyère caramel qui ne laisse pas indifférent ! L'un comme l'autre devraient vous faire succomber aux fromages suisses.

ANNE LONDEZ VERRE [ATELIER - BOUTIQUE]

7 rue de la Barre
✆ +4178 776 80 61
annedesigns.netfirms.com
Le mardi de 14h à 18h, mercredi à vendredi de 13h à 17h30. Démonstrations-visites guidées sur réservation.

Situé en face de la fontaine de la Barre, Anne Londez vous accueille dans son atelier-boutique où elle travaille le verre de Murano au chalumeau, selon les techniques de filage du verre. Ce sont surtout des bijoux qu'Anne propose et vend, des bijoux interchangeables où les bagues peuvent devenir collier et inversement. Cet espace est aussi un lieu de travail et d'exposition d'œuvres figuratives et abstraites. Un univers coloré et poétique à découvrir.

ATELIER SONJA T

Rue du Simplon 9
✆ +41 21 601 48 85
www.ateliersonjat.ch
Ouvert du mardi au vendredi de 9h30 à 12h30 et de 13h30 à 18h30 (mercredi le matin et dès 14h), et sur rendez-vous.

Dans son atelier situé sous la gare, Sonja Traschle manie avec habileté ciseaux, colle et dé à coudre pour fabriquer des sacs en tissu ou en papier, des trousses de toilette, des porte-monnaie et des porte-clés inédits. On peut aussi lui commander un sac et superviser son exécution. Chaque pièce étant unique, la vitrine change constamment. Sonja vend également des objets fabriqués dans des centres d'insertion ou par des personnes handicapées. On aime la collection de cabas Marsala Zoo, entièrement fabriquée en Suisse et faite de bâches récupérées.

BON GÉNIE GRIEDER

Place Saint-François
✆ +41 22 818 19 99
www.bongenie-grieder.ch
Ouvert du lundi au vendredi de 9h30 à 18h45, le samedi de 9h à 18h.

Le Bon Génie Grieder est un grand magasin chic spécialisé dans le domaine de la mode et des accessoires, qui propose les marques les plus connues de prêt-à-porter. Pour femmes et hommes, tout le monde y trouvera son bonheur. Déployé sur plusieurs étages et 3 000 m², nul doute que vous dénicherez une idée brillante ou une tenue scintillante. Le BG possède également un café situé au troisième étage du magasin et ouvert tout au long de la journée, avec son restaurant qui vous propose de bons petits plats légers le midi et de quoi grignoter à toute heure.

BOUTIQUE BASIL

8 rue Saint-Laurent
✆ +41 21 312 72 80
www.basil-boutique.ch
Ouvert le lundi au vendredi de 10h à 13h et de 14h à 18h30, et le samedi de 10h à 17h.

Derrière une grande vitrine, la boutique Basil propose de jolies idées de cadeaux avec notamment toute la collection de la marque Alessi, très bien mise en valeur sur un fond noir, ainsi que les bagues Charlotte : à la base, un simple anneau qui se modifie en y ajoutant divers accessoires. Il y a également de nombreuses autres marques avec un choix qui se renouvelle régulièrement, et de beaux objets coup de cœur rapportés des plus beaux voyages, à découvrir sans tarder. Pour les voyageurs dans le coin, une autre boutique se trouve aussi à Montreux.

COUP DE CHAPEAU

1 place Benjamin Constant
✆ +41 21 311 54 05
www.chapeaux.ch
Ouvert le lundi de 14h à 18h30, du mardi au vendredi de 9h30 à midi et de 13h30 à 18h30, le samedi de 9h30 à 17h.

La boutique Coup de Chapeau est un commerce authentique comme il en existe peu aujourd'hui avec son décor, son accueil et surtout sa spécialité : la chapellerie-ganterie et le commerce d'accessoires tels que bretelles, cannes, parapluies ou boutons de manchettes. Mais surtout, vous trouverez ici le vrai panama d'Équateur, accessoire indispensable en été ! Certains chapeaux peuvent être faits sur mesure. Il y a aussi une gamme de gants en coton, cuir, pécari, doux et agréables à porter. Des articles indémodables, de bonne finition et de qualité.

PARTICULES EN SUSPENSION

2 rue Etraz
✆ +41 21 312 62 22
www.particules.ch
Ouvert du lundi au vendredi de 10h30 à 19h et le samedi de 10h30 à 18h.

Depuis mai 2011, la petite boutique de la rue Marterey a déménagé dans un espace plus grand, sur deux étages, rue Etraz. Forte de son succès, celle-ci offre désormais une gamme plus étoffée, avec encore plus d'accessoires, d'objets design, de petit mobilier et surtout de tee-shirts branchés de créations régionales. Parce que oui, les idées locales sont mises en avant ici, avec toujours un esprit déjanté qui nous a bien fait rire. Le top pour trouver une idée de cadeau originale ! À noter que la boutique existe aussi sur Internet.

ART SUISSE

1 place du Port

✆ +41 21 320 81 80

Ouvert du mardi au samedi de 12h30 à 18h. D'avril à septembre, ouvert aussi le dimanche.

Ce ravissant magasin situé sur le port d'Ouchy propose de nombreuses créations d'artisans suisses : bijoux, vaisselle, tabliers brodés, adorables pochettes antimites, etc., mais surtout une très belle collection de découpages traditionnels joliment encadrés. Liliane Guinard tient ce magasin depuis plus de vingt ans et ses conseils sont avisés. Alors si vous voulez rapporter à vos proches un souvenir bien typique sans tomber dans l'attrape-touriste, on vous conseille d'aller y faire un tour… pour découvrir l'authentique Art Suisse.

BOUTIQUE CARDAS

10 rue de Bourg

✆ +41 21 312 55 60

www.cardas.ch

Ouvert le lundi de 13h à 18h30, du mardi au vendredi de 9h à 18h30 et le samedi jusqu'à 18h.

Cette boutique existe depuis 1961. Pas de vitrine sur la rue, mais un joli passage mène à ce petit espace au sol pavé de galets, avec fontaines, encens, foulards en soie, bougies… et de nombreux objets en provenance des cinq continents. Ambiance zen en plein centre-ville. Poétique : les lanternes volantes. On a subitement l'impression d'être sur un autre continent tellement l'évasion est partout, qu'il s'agisse des produits ou de l'agencement de la boutique. Possibilité de découvrir des expositions temporaires avec des collections uniques d'art.

MEYLAN FLEURS

Avenue de Villamont 1

✆ +41 21 323 43 40

www.meylanfleurs.com

Ouvert du lundi au vendredi de 7h30 à 19h, le samedi jusqu'à 18h et le dimanche de 9h30 à 12h30.

Situé à l'angle de Villamont et Rumine, Meylan vous accueille dans son magasin de fleurs et son atelier. Les fleuristes passionnés seront ravis de vous y accueillir au gré des saisons et des occasions, pour vous présenter l'étendue de leurs compositions, parmi un grand choix de fleurs fraîches et d'objets de décoration. Les parfums embaument jusque sur le trottoir ! À noter que Meylan propose également de livrer ses fleurs ou ses compositions à domicile, pensez-y donc si vous souhaitez faire plaisir à quelqu'un dans la région.

DE LA SUITE DANS LES IDÉES

14 rue de la Madeleine

✆ +41 21 312 34 59

www.delasuitedanslesidees.ch

Ouvert du lundi au vendredi de 10h30 a 18h30/19h (selon l'affluence) et le samedi jusqu'à 18h.

Dans cet espace coloré, Murielle et Sara ont décidé de recréer une petite maison. En effet, on y retrouve l'espace cuisine, le salon, ou encore la salle de bains avec huiles, vinaigres, savons, coussins, sacs, et bien d'autres idées déco cadeaux, de marques connues ou de petits créateurs. Dans tous les cas, vous ne sortirez pas d'ici les mains vides ! Car si vous pensez être à court d'idées cadeau, vous l'avez bien compris, les créatrices s'occuperont de la suite.

UNIQUEMENT VÔTRE

54 avenue de Sévelin

✆ +41 21 626 06 06

www.uniquementvotre.ch

Ouvert du lundi au vendredi de 10h à midi et de 13h30 à 18h30, et le samedi de 10h à 17h.

Uniquement Vôtre est un vaste espace industriel de 800 m², anciennement occupé par des grossistes en vin, investi par quatre trentenaires pour y exposer des meubles design, divers objets de décoration et de nombreuses idées de cadeaux. Cet espace unique consacré à la déco propose également un coin newsroom des plus ravissants. Mais surtout, ceux qui aiment le vintage doivent se rendre dans cette caverne d'Ali Baba. Vous l'avez compris, il y en a finalement pour tous les goûts et c'est vraiment ce qu'on apprécie ici chez Uniquement Vôtre.

WUNDERSCHÖN

16 rue Mercerie

✆ +41 21 312 47 04

www.wunderschoen.ch

Ouvert du mardi au vendredi de midi à 18h30 et le samedi de 10h à 17h.

Patricia Schmid travaille en tant qu'architecte d'intérieur et propose dans son atelier-boutique, un joli espace clair, de la vente de mobilier et d'objets liés à l'aménagement d'intérieur. Elle a pour fil conducteur les designers suisses, mais propose aussi des objets européens. Spécialiste en agencement d'objets d'art, meubles anciens et modernes, vous y trouverez donc tout ce qu'il vous faut pour la décoration d'intérieur. Plutôt destiné aux locaux qu'aux touristes, il peut néanmoins être très intéressant de passer pour s'inspirer des réalisations.

BELPHÉGOR

10 boulevard de Grancy
✆ +41 21 616 95 93
www.bdbelphegor.ch
Le lundi, mardi, jeudi vendredi de 10h à 12h15 et de 14h à 19h, le mercredi de 15h à 19h, et le samedi de 10h à 17h.

Voilà plus de vingt ans, depuis décembre 1995 même, que cette librairie partage sa passion des bandes dessinées dans la villa de Lausanne. Il y en pour tous les goûts, des petits budgets aux collectionneurs. L'équipe se met en quatre pour trouver la BD qu'il vous faut et vous conseiller avec passion et dynamisme parmi tous les ouvrages présents. En vous frayant un passage dans les rayons, vers le fond, vous trouverez des BD *collectors*, des BD neuves et d'occasion. Vous y verrez les figurines des héros de BD en vente également.

LIBRAIRIE UNIVERS

5 rue Centrale
✆ +41 21 312 85 42
librairieunivers.ch
Ouvert lundi de 12h à 18h30, de mardi à vendredi de 9h30 à 18h30, samedi de 9h à 17h.

Dans un immeuble ancien du centre-ville, cette bonne adresse est spécialisée dans la vente de livres anciens et rares. Au catalogue : des ouvrages du XVe au XXe siècle, des livres illustrés modernes et des livres d'art. À noter également un beau choix de Bibles anciennes, de livres de voyage, de classiques reliés d'époque. Ajoutons des gravures, des estampes, des atlas anciens et des cartes de géographie. Vous avez 12 000 ouvrages en consultation au rez-de-chaussée et à l'étage, une galerie d'art qui montre livres précieux, tableaux, gravures et sculptures.

DISC-À-BRAC RECORDS

2 rue de l'Ale
✆ +41 21 323 23 51
www.disc-a-brac.ch
Ouvert du mardi au vendredi de 11h à 18h30 et le samedi de 10h à 18h.

Le Disc-à-Brac est un *record store*, soit un magasin de musique. Les habitués disent d'ailleurs le Dab. Le choix des disques est orienté vers des créateurs indépendants, pour satisfaire les adeptes de nouveautés musicales en tout genre. On y vend des disques neufs et d'occasion, CD ou vinyles, mais surtout des nouveautés vinyles, qui reviennent en force pour proposer les tendances actuelles avec de belles *covers* colorées. Si vous cherchez de l'aide, pas de souci de ce point de vue-là, les vendeurs s'y connaissent parfaitement !

OH 7[E] CIEL

4 rue de l'Académie
✆ +41 21 329 09 06
www.oh7eciel.ch
Ouvert du mardi au vendredi de 14h à 18h30, le samedi de 10h à 12h et de 14h à 17h ainsi que sur rendez-vous.

« Livres rares, p'tites graines de folie et brouillon de culture », tel est l'esprit de cette librairie. Oh 7e Ciel, on ne vous promet pas d'y monter, mais les libraires feront de leur mieux pour vous conseiller à travers leur catalogue varié. Pour découvrir des auteurs suisses, des livres d'art, des photographies, des collections gastronomiques ou d'œnologie, ou même pour le plaisir des yeux, il y aura de quoi vous combler. Après tout cela, rien ne vaut un petit café pour se détendre sur la terrasse ouverte en été. Un moment hors du temps.

FNAC

6 rue de Genève
✆ +41 21 213 85 85
www.fnac.ch
Ouvert du lundi au vendredi de 9h à 19h, et le samedi jusqu'à 18h.

Présente dans plusieurs villes de Suisse et donc à Lausanne, la Fnac vend des livres, des disques, des DVD, des jeux, des produits technologiques et dispose d'une billetterie de spectacle. Sur deux niveaux, la librairie vous comblera grâce à un environnement calme et lumineux et une offre de plus de 80 000 références. En fonction de l'agenda culturel, vous pourrez assister à une rencontre avec un auteur, un dessinateur de BD, une exposition photographique, ainsi qu'à des débats dans le forum. Le programme complet est aussi sur le site Internet.

PAYOT

4 place Pépinet
✆ +41 21 341 33 31
www.payot.ch
Ouvert du lundi au vendredi de 9h à 19h, le samedi de 9h à 18h.

Ouverte en 1875, cette librairie familiale était tout d'abord installée rue de Bourg avant de descendre sur la place Pépinet. Au début des années 1900, la librairie s'est doublée de la fameuse maison d'édition et, en 1986, elle a été revendue au groupe Edipresse. Avec un espace jeunesse de 400 m², Payot-Lausanne est la plus grande librairie de Suisse romande et une référence pour les francophones. Ici, les libraires prennent le temps de vous conseiller gentiment et avec compétence selon leur rayon. Sinon, vous pouvez flâner entre les livres…

POUR LES ENFANTS

Lausanne est une ville avec un fort dénivelé qui peut être dissuasif pour une promenade avec des enfants. Pourtant, de nombreuses balades sont accessibles aux tout-petits et aux poussettes. Il y a bien sûr les bords du Léman, mais il existe des balades thématiques : chasses au trésor, découvertes de héros, de l'architecture, de l'histoire… Ces balades sont disponibles sous forme de guides vendus en librairie sur Lausanne et à commander en ligne. Des idées thématiques et des guides pour promenades :

- www.baladefamille.ch
- www.jetrottinedansmaville.ch
- www.jexploremaville.ch

JOUETS DAVIDSON

20 rue Grand-Saint-Jean
✆ +41 21 323 25 22
www.jouetsdavidson.ch
Ouvert du lundi au vendredi de 9h à 18h30, le samedi de 9h à 17h.

Ce magasin sur trois étages est souvent appelé la caverne d'Ali Baba… et vous comprendrez vite pourquoi, car quand on y descend, on se retrouve face à tous les jouets imaginables. Jouets en bois, hélicoptères télécommandés, jeux de société, landaus, trottinettes, etc. Il y en a pour tous les âges et tous les goûts. La diversité des jouets proposés risque fort probablement de vous faire perdre la tête, à tel point que vous ne reconnaîtrez plus personne, à Jouets Davidson (pardon, mais on était obligé de la faire, celle-là !).

LA MARELLE

5 rue Mercerie
✆ +41 21 312 07 10
www.marelle-lausanne.ch
Ouvert du lundi au vendredi de 10h à 18h30, le samedi de 10h à 18h.

Charmante boutique située dans une rue pavée, La Marelle propose depuis plus de vingt ans une belle sélection de jouets en bois de qualité et souvent de fabrication artisanale. Les collectionneurs d'ours en peluche Steiff y trouveront leur bonheur. Le patron, Samuel Saffore, est une mémoire vivante du quartier et du commerce lausannois. Véritable gardien, il vous conseillera avec passion et patience, de la plus « simple » toupie au jouet de collectionneur, il saura vous dénicher la perle rare pour que vous puissiez trouver votre bonheur.

NEW BEADBOX

6 rue Haldimand
✆ +41 21 323 61 80
newbeadbox.ch
Magasin de perles. Ouvert lundi à vendredi de 10h à 18h30 et samedi de 9h à 18h. Cours privé : durée 1h30, prix 60 CHF.

Une boutique à se rendre maboule de perles ! Plus de 15 000 perles des plus classiques au plus uniques pour le bonheur de créer son propre bijoux. Hautes en couleur, les perles sont organisées par couleur et matière. Le magasin est très bien agencé et l'esprit créatif règne dans l'atmosphère. L'étage accueille des ateliers pour laisser exprimer votre créativité en étant guidé par des passionnés. Des cours techniques vous permettront d'essayer des créations selon vos envies, de colliers, bracelets, boucles d'oreilles, porte-clés… en groupe ou privé.

Si vous avez été en reste jusqu'à présent (ce qu'on n'espère pas !), c'est clairement là où vous allez pouvoir trouver votre compte, tant la ville rime avec les grands espaces verts, blancs (pour les montagnes enneigées) ou bleus (pour le lac). Car on ne cessera de le répéter, mais la variété des paysages est vraiment à couper le souffle. Les plus sportifs auront plaisir à faire un footing au bord du lac pour finir une journée en beauté, tandis que les autres, qui aiment simplement se détendre, profiteront des plages du lac pour observer le coucher de soleil. Mais à tous, on conseille vraiment de prendre une journée pour s'évader en pleine montagne. Le grand air est revigorant et les transports peuvent même permettre d'accéder à quelques sommets par le train ou le funiculaire. Tout est fait pour se détendre en communion avec la nature. Lausanne est une capitale olympique, le sport est omniprésent.

BUDGET / BONS PLANS

Il existe un certain nombre de bons spots pour courir à Lausanne ou faire d'autres activités sportives. De bonnes pistes de course ou de vélo se trouvent le long du lac Léman, à partir d'Ouchy et vers Pully ou dans l'autre direction, vers le campus de l'EPFL. C'est d'ailleurs près de cette école que se trouve une base nautique. Au tennis club de la ville, il est possible de louer des courts de tennis ou de padel même sans être membre.

C'EST TRÈS LOCAL

Le stand-up paddle sur le lac, ne partez pas sans faire ça ! Ou les randonnées en pleine nature.

VOS PAPIERS SVP

Le permis français est accepté partout. Nul besoin donc de prévoir un permis international si vous envisagez des locations motorisées.

LES ÉVÉNEMENTS

Le marathon de Lausanne a lieu tous les ans au moins d'octobre. Diverses autres trails, de jour comme de nuit, ont lieu dans les environs tant la région est propice aux runs au milieu des forêts et des collines.

ANCIENNE ACADÉMIE - GYMNASE DE LA CITÉ

3, 5, 7 rue Cité-Devant

Actuellement gymnase cantonal, le bâtiment abritait autrefois une académie pour les pasteurs qui venaient s'y former. Il s'agit de la première école de théologie protestante en langue française ; fondée en 1579, elle a fonctionné jusqu'en 1837. Construction imposante, elle fait partie des monuments qui caractérise le patrimoine historique de la ville. En prime, ce quartier situé entre la cathédrale et le château, appelé la colline de la Cité, est un quartier médiévale paisible.

LE BOWL DE VIDY

9 avenue Pierre-de-Coubertin

✆ +41 21 315 49 20

Ouvert tous les jours de 8h à 22h. Entrée libre.

Pour les néophytes, le *bowl,* c'est une sorte de grand skatepark dans lequel les pratiquants vont chercher à carver, c'est-à-dire se promener dans les courbes sans jamais perdre de vitesse tout en s'amusant avec les obstacles, les copings et les transitions. Ici, il a été dessiné par le même architecte qui a conçu le *bowl* de Lugano, construit avec les conseils d'un sportif chevronné pour obtenir les incurvations idéales et testé par de jeunes skaters avant sa réalisation. Le Bowl de Vidy est le plus grand ouvrage du genre en Suisse.

AQUASPLASH

36 avenue du Censuy

✆ +41 21 632 50 60

www.aquasplash.ch

De juillet à mi-septembre. Tarifs : 8 CHF adultes et 4 CHF jusqu'à 18 ans.

Dans ce complexe aquatique de Renens, vous attendent : 5 bassins d'eau chauffée, 2 toboggans de type familial, 5 toboggans géants, un plongeoir de 10 m, des terrains de sport (beach-volley, badminton), des tables de ping-pong, 3 trampolines... de quoi s'amuser en famille ou entre amis ! Et des attractions nouvelles sont proposées : mur de grimpe sur la fosse de plonge, rivière à contre-courant et bassin à vagues. Animations toute la journée, ainsi qu'une salle de remise en forme, une salle de massage et un *bubbler* dans la fosse aux plongeons.

CENTRE NAUTIQUE UNIVERSITAIRE

Sentier de la Roselière

✆ +41 21 692 21 50

Ouvert tous les jours de 12h15 à 20h de début avril jusqu'à mi-novembre.

Le centre nautique de l'UNIL et de l'EPFL propose bien évidemment des activités réservées aux étudiants du campus, mais aussi un grand nombre d'activités ouvertes à tous. Situé à côté du parc du Bourget, ce centre nautique possède des planches à voile, des dériveurs, des catamarans qu'il met à disposition du public extérieur pour des tarifs légèrement plus élevés que pour les étudiants. On peut aussi pratiquer l'aviron, le kayak et la plongée. L'allée qui y mène est magnifique !

BELLERIVE-PLAGE

23 avenue de Rhodanie

✆ +41 21 3154860

Ouvert de mi-mai à début septembre, de 9h30 à 20h30.

À proximité directe du lac, dans un écrin naturel à couper le souffle, le site de Bellerive-Plage propose des infrastructures de qualité pour petits et grands, depuis 1937. L'endroit est idéal pour vous prélasser au soleil, allongé sur les grandes pelouses parfaitement tondues. En plus des deux piscines en plein air et de plusieurs plongeoirs, il y a également la possibilité de vous baigner aussi dans le lac à partir de ses pelouses privées. Bellerive possède aussi une buvette, des tables de ping-pong, filets de beach-volley et paniers de basket.

CHEMIN DU SPORT

Bus 2, arrêt Théâtre de Vidy. Situé à 20 minutes à pied d'Ouchy en longeant le lac. En voiture, autoroute A1, sortie Lausanne Sud, au rond-point, suivez direction Ouchy sur 400 m, puis tournez à droite sur l'avenue Pierre de Coubertin. Stationnement à proximité. ✆ +41 21 613 73 73

Promenade didactique en plein air. Circuit gratuit.

À Lausanne, le sport se pratique aussi et surtout en plein air. Avec cette boucle de 4 km, le Chemin du sport est une promenade didactique balisée par 22 stations symbolisées par les dates des Jeux olympiques, qui permettent d'avoir un bon panorama des différentes disciplines sportives. Au fil de l'itinéraire, vous croisez le siège du CIO, les stades Pierre de Coubertin et Juan Antonio Samaranch, la Maison du sport international, un minigolf, la piscine olympique de Bellerive et le port de plaisance de Vidy. Balade d'environ 1h30, sur du plat.

ÉCOLE DE VOILE DE VIDY

Port de Vidy
✆ +41 79 205 00 30
www.ecoledevoile.ch
Ouvert d'avril à octobre.

L'école de voile de Vidy vous propose ses trente-cinq années d'expérience pour réaliser diverses activités nautiques : permis à voile pour les lacs et la mer, permis bateau à moteur ou cours de perfectionnement, et entretien et hivernage de bateau. Possibilités également de sorties et cours de wakeboard et de ski nautique. En plus, l'entreprise organise des croisières sur le lac et dans les Caraïbes, la Polynésie et autres mers chaudes, et permet même d'effectuer des sorties sur le lac Léman pour les entreprises et les grands groupes.

MANÈGE DU CHALET-A-GOBET

304 route de Berne
✆ +41 21 784 14 34
www.manege-chalet-a-gobet.ch
Cours d'équitation en groupe : à partir de 36 CHF/h. Pension à partir de 1034 CHF/mois.

Cela fait plus de vingt ans que la famille Johner s'est installée sur le magnifique site du Chalet-à-Gobet. Au fil des années, l'environnement a évolué et les installations se sont agrandies et modernisées, afin de pouvoir accueillir le public dans ce lieu entièrement consacré au cheval sous toutes ses facettes. Pour les cavaliers, le site propose une école d'équitation avec stages durant les périodes scolaires et examens. Manège couvert et en plein air. Pour les propriétaires, sont également proposées différentes pensions pour le bien-être de votre cheval.

GOLF CLUB DE LAUSANNE

3 route du Golf ✆ +41 21 784 84 84
golflausanne.ch
Ouvert de mi-mars à début décembre. En semaine : Greenfee 18 trous dès 170 CHF. Réservation obligatoire.

Situé sur les hauteurs, le golf de Lausanne, créé en 1921, offre une vue panoramique sur les Alpes et le Jura, tout en bénéficiant d'un environnement arboré. En 1996, l'architecte britannique Jeremy Pern a appliqué pour le golf de Lausanne une cure de rajeunissement en dotant le parcours de nouveaux greens surélevés, permettant à ce vénérable golf de figurer parmi les plus beaux parcours de Suisse. Parcours 18-trous. Si le golf est privé, les visiteurs sont les bienvenus du lundi au vendredi et doivent présenter un certificat de handicap de 26 maximum.

MINIGOLF BELLERIVE

Avenue Gustave-Doret
✆ +41 21 616 17 64
www.minigolflausanne.ch
Ouvert de mars à octobre, la fermeture dépendant de la météo.

Venu des États-Unis le minigolf est né un peu par hasard. Cousin du grand golf, ce loisir est plus apparenté au billard pour les joueurs licenciés. Parce que oui, il faut savoir que ce loisir n'est pas qu'une distraction familiale, c'est également un sport dont la Suisse est une digne représentante : elle est au top mondial de la discipline. Voilà donc au moins une bonne raison d'aller découvrir ce parcours avec obstacles, situé au bord du lac. Une option parcours et boisson est même disponible pour les parents qui emmènent plusieurs enfants.

GOLF DE PRA ROMAN

8 chemin du Chalet Pra Roman
✆ +41 21 784 38 25
www.golfpraroman.ch
Golf Practice & Parcours 3 trous : 30 CHF. Balles de practice (entrée et 2 jetons) : 30 CHF.

Le golf de Pra Roman propose un parcours 3-trous, un putting green, deux aires de pitch et sortie de bunker, des places de drivings couverts et extérieurs.Comme souvent en Suisse, l'environnement est très verdoyant et l'avantage de ce golf est de proposer un prix relativement accessible, avec même des possibilités d'abonnement à l'année ou des packs famille. Tous les dimanches et mercredis, il propose même un footgolf, une sorte de golf où vous devez mettre un ballon dans un trou en le frappant avec votre pied. Rien que par son originalité, ça vaut le détour !

PEDALINO

13 chemin du Camping
✆ +41 79 733 34 34
www.pedalino.ch
Ski nautique/wakeboard : 50 CHF pour 1/4 d'heure. Paddle ou kayak gonflable : 25 CHF/h.

Situé au bord du Lac Léman, Pedalino propose de nombreuses activités et sports nautiques pour petits et grands. Les chiens sont même les bienvenus ! Ici, c'est donc la convivialité qui règne et c'est surtout le paradis des sports sur l'eau : location de pédalos, bateaux à moteur, bouées, ski nautique, wakeboard... Mais on vous conseille surtout de pratiquer ici le stand up paddle, un sport né à Hawaï et qui prend toute sa pleine expression sur le lac Léman. Le dimanche matin, il est même possible de faire du toutou paddle, en cours avec une éducatrice canine !

PISCINE DE MON-REPOS

4 avenue du Tribunal-Fédéral
✆ +41 21 3154888
www.lausanne.ch/mon-repos
Ouvert toute l'année, sauf en juillet-août. Tarif adulte 6 CHF. Vente cadenas 8 CHF.

Située tout en haut du parc éponyme, la piscine couverte de Mon-Repos propose un bassin de 25 m (à la température de 27 °C), une fosse de plongeon (28 °C) avec deux plongeoirs de 1 m et un plongeoir de 3 m, un bassin non-nageurs (28 °C) et une petite pataugeoire (28 °C). Le bassin de 25 m est consacré uniquement aux longueurs ; pour la détente, optez plutôt à la petite pataugeoire ou sur la pelouse au soleil, lors des belle journées de printemps. Pensez à apporter votre propre cadenas, sinon il faudra obligatoirement en acheter un sur place.

ROUTE GOURMANDE

Chailly
✆ +41 848 868 484
www.routegourmande.ch
Un samedi en septembre. Adulte : 75 CHF.

La Route gourmande a lieu une fois par an, et c'est un doux mélange de balade bucolique et de gourmandise régionale d'environ 5 km à travers les plus beaux vignobles de Vevey-Montreux. Le décor est somptueux, rehaussé par des plats servis par des artisans réputés de la région et des crus issus des vignes parcourues. On aime ces accords mets/vins de la région et surtout ces belles rencontres avec les vignerons. En 2020, la Route gourmande devait avoir lieu le deuxième samedi de septembre mais a été annulé à cause de la pandémie. Consultez le site pour connaître la prochaine date.

SKATEPARK HS36

36 avenue de Sévelin
✆ +41 21 626 37 93
www.fievre.ch
Ouvert du mardi au vendredi dès 15h30, samedi et dimanche dès 12h. 7j/7 durant les vacances. Entrée 10 CHF.

Depuis 1993, le Skatepark HS36 s'est créé dans un hangar désaffecté transformé en « temple du bonheur à roulettes » par les mordus bénévoles de l'association La Fièvre. Ils ont fait un vrai travail pour en faire l'une des premières salles indoor d'Europe, véritable temple du sport à roulettes. L'association La Fièvre propose même la location de son parc de roller et de skateboard, encadrée par ses animateurs qui mettent à disposition leurs meilleurs conseils ainsi que tout le matériel nécessaire pour passer un agréable moment à plusieurs.

SQUASH CLUB LAUSANNE

36 chemin de Boissonnet
✆ +41 21 634 10 00
www.squashlausanne.ch
Ouvert 7j/7 de 10h à 14h, le soir à partir de 16h45. De 12 à 18 CHF par personne selon la période (creuse ou pleine).

Le squash de Lausanne propose un grand complexe avec six terrains de squash, et la possibilité de louer ou d'acheter le matériel sur place. De nombreuses activités sont proposées durant l'année, telles que mini-ligues, interclubs, tournois, entraînements collectifs et cours privés. Pour les cours privés justement, il est possible d'en avoir de manière individuelle ou en groupe avec un coach. Des ministages sont même possibles pour ceux qui veulent progresser encore plus vite, et des tournois ont aussi lieu en session nocturne.

VALLÉE DE LA JEUNESSE

1 vallée de la Jeunesse

La Vallée de la Jeunesse est un lieu d'éveil à la culture et à la créativité, offrant des activités ludiques et variées pour les petits et les grands. On y trouve plusieurs places de jeux, des chemins, une pièce d'eau, une roseraie et diverses autres activités. Les plantes y sont présentées en gradins. Un chemin mène à un bâtiment abritant l'espace des Inventions, une halte de jeux et une ancienne garderie fondée par Nestlé. C'est un souvenir de l'Expo 64. Le chemin prolonge son parcours jusqu'à la plaine de Vidy, sur les rives du lac Léman.

VAUDOISE ARENA

14 chemin du Viaduc
✆ +41 21 315 55 00
vaudoisearena.ch
Ouvert tous les jours de mi-octobre à mi-mars. Entrée 8 CHF.

La patinoire de Malley, anciennement appelée centre intercommunal de glace de Malley et depuis 2015 la Vaudoise Arena, est un grand complexe avec patinoires intérieure et extérieure. Reconstruite afin d'entrer dans le cadre de la candidature de Lausanne et du canton aux Jeux olympiques de la jeunesse d'hiver 2020, la nouvelle patinoire devra être opérationnelle en 2021. Ouverture de la piscine en 2022. On y pratique le hockey sur glace, le patinage de vitesse sur piste courte et le patinage artistique. Il y a parfois également des spectacles.

HOLMES PLACE

12 rue de la Mercerie
✆ +41 21 310 47 70
http://holmesplace.ch/lausanne.c/fr
Ouvert du lundi au jeudi de 6h45 à 22h, le vendredi jusqu'à 21h, le week-end de 9h à 20h.

Holmes Place est un club de sport haut de gamme, avec coach personnalisé et accès VIP, pouvant vous accueillir sur 2 000 m² dédiés à votre bien-être ! Situé au quatrième étage du magasin Globus, ce club de remise en forme comprend non seulement des salles de sport classiques, avec machines et cours collectifs, mais aussi un sauna, un hammam, un bain bouillonnant à l'éclairage changeant et une salle de repos. De quoi prendre soin de soi et de sa santé une journée entière. On apprécie la lumière naturelle et la climatisation en été.

INSTITUT DE BEAUTÉ INTEMPORELLE

17 Rue Caroline
✆ +41 21 312 31 32
https://www.intemporelle-lausanne.ch/
Lundi au samedi de 8h à 19h. Sur rdv uniquement, les contacter pour les tarifs.

L'Institut de beauté intemporelle, implanté au cœur de Lausanne depuis 2003, est un établissement de bien-être visage et corps, qui vous propose des soins esthétiques, des soins détoxiquant, minceur. Tout est là pour prendre soin de soi en profondeur : épilation, masque du visage hydratant et nourrissant, massage du corps.... Pour la minceur, l'établissement possède une des seules machines LPG de la ville, pour des lipomassages et endermolifts. Harmonie et beauté dans le même espace !

JATUJAK MASSAGE TRADITIONNEL THAÏ

15 boulevard de Grancy
✆ +41 21 601 17 17
Ouvert du mardi au samedi de 10h à 18h30. Massage des pieds à partir de 40 CHF.

A Jatujak, Nancy Droz et ses quatre masseuses diplômées du temple Wat Pho à Bangkok, vous enlèvent stress, courbatures et tensions, grâce à des massages traditionnels thaïs. Après une journée de balade dans la ville, on vous conseille un bon massage des pieds, pour repartir de plus belle une fois la nuit tombée. Atmosphère des plus reposantes avec fond de musique douce. Un thé vous sera offert à la fin pour terminer sur une note agréable. Vous en ressortirez totalement zen !

K MASSAGE & THÉRAPIE

21 avenue glayre
✆ +41 79 546 79 56
www.ktherapie.ch
Lundi, mardi, jeudi de 8h à 15h. Mercredi de 9h à 18h. Sur rendez-vous uniquement. À partir de 80 CHF pour 45 minutes.

Cet établissement vous propose des massages médicaux à Lausanne. Le but est d'effectuer des soins apaisants, de la prévention, de la thérapie et de la réhabilitation, dans une prise en charge globale et avec plusieurs outils : massage classique (but thérapeutique), drainage lymphatique manuel et TCO, réflexothérapie, massage du tissu conjonctif, ainsi que conseil en électrothérapie et hydrothermothérapie, pour tout âge et tout problème. Santé par le toucher : de 45 à 90 minutes de massage sont possibles, en fonction de vos envies et de votre budget.

SPA CINQ MONDES

12 place du Port
✆ +41 21 613 33 67
www.brp.ch/spa-cinq-mondes/le-spa/
Ouvert tous les jours de 6h30 à 22h. Massages de 9h à 20h sur réservation. À partir de 90 CHF pour 20 minutes.

Une parenthèse de luxe et de bien-être absolu sur 1 500 m² en bord de lac. Dans l'un des palaces les plus chics du monde, le Spa Cinq Mondes tient à votre disposition un centre de fitness, deux piscines (intérieure et extérieure) entourées d'un beau jardin avec vue sur le lac, un hammam et un sauna privés ou collectifs, un bain à remous et deux courts de tennis... Bien entendu, les soins sont effectués avec les inimitables produits Cinq mondes. Ils ne sont pas réservés aux seuls clients du palace, alors n'hésitez pas à venir y passer un agréable moment.

YOOKOSO HAIR DESIGN

74 Rue Marterey
✆ +41 21 312 73 40
yookoso.agenda.ch
Ouvert mardi, mercredi, vendredi et samedi de 9h à 19h.

Un salon de coiffure et de manucure absolument branché dans une mode vintage pour respecter la tendance. Chez Yookoso, René vous accueille avec le scurire et s'occupera de tout le monde, homme, femme ou enfant, pour un *hair design* dont il a le secret. Des simples brushings aux cellophane brushings, il s'occupe de toutes les longueurs de cheveux, et propose même des créations artistiques pour tous vos événements (mariage ou shooting photo, par exemple). Pour la prise de rendez-vous, il est possible de réserver directement sur le site Internet.

SORTIR

Les nuits lausannoises sont pleines de vie et réputées à travers toute la Suisse. Le week-end, les riverains, les frontaliers et les voisins affluent vers le centre-ville de Lausanne pour faire la fête. Ils viennent de Strasbourg, d'Annecy, de Genève et de tout le canton pour profiter de l'ambiance branchée et décontractée de la capitale vaudoise. Un véritable brassage cosmopolite s'opère donc lorsque le soleil se couche.

Moins « snob » que Genève, Lausanne affirme son attractivité. C'est une des villes phares en Suisse pour les sorties nocturnes. Club, bars branchés, soirées à thème et insolites remplissent votre planning ! Les soirées gays sont d'une grande diversité dans la capitale olympique. De nouveaux bars remplacent les enseignes vieillissantes, ou s'installent à côté des adresses bien ancrées dans la ville. La liste qui suit n'étant pas exhaustive, nous vous encourageons à faire aussi vos propres découvertes !

HORAIRES

Les soirées suisses peuvent commencer tard, très tard, même si les clubs proposent souvent la gratuité avant minuit pour vous attirer avant l'heure. Mais l'influence étudiante étant fièrement ancrée dans la ville, c'est à la fermeture des bars, vers 2h ou 3h, que les boîtes se remplissent vraiment. Il n'est pas rare que les soirées se prolongent jusqu'à 6h ou plus selon les établissements.

TRANSPORTS NOCTURNES

Si vous avez raté le dernier bus ou le dernier métro, ou que vous n'êtes pas en état de rentrer en voiture, plusieurs services vous permettent d'éviter les frais d'un taxi : Service Pyjama et Taxibus.

A PARTIR DE QUEL ÂGE

Sans grande surprise, la législation liée à l'âge pour rentrer en boîte de nuit ne diffère pas de ce que l'on connaît. Même si vous êtes majeur depuis longtemps, pensez bien à prendre vos papiers d'identité, on pourrait vous les demander à l'entrée.

C'EST TRÈS LOCAL

Pour mettre un peu d'originalité dans ses soirées, Lausanne privilégie depuis longtemps la culture et offre ainsi des spectacles variés et de belle qualité, allant du café-théâtre aux représentations de la compagnie de danse Béjart Ballet Lausanne, en passant par des soirées de musique vivante dans les caves ou des beaux spectacles pour enfants.

LE 13E SIÈCLE

10 rue Cité-Devant
✆ +4121 312 40 64
www.letreize.ch
Ouvert 7j/7 de 16h à 1h (vendredi et samedi jusqu'à 2h). Entrée gratuite (sauf soirée spéciale).

Situé entre la cathédrale et le château, ce bar d'ambiance a été ouvert en 1971 par un groupe d'étudiants de l'université de Lausanne. Passé la lourde porte en bois massif, vous pourrez rester dans le Grand Bar, ou emprunter les escaliers qui mènent à La Cueva, une magnifique cave voûtée et bien sombre, décorée dans un style médiéval. L'ambiance, plutôt estudiantine, est accueillante et la musique résonne dans les différentes salles. Les soirées à thème sont complètement déjantées ! Pour les beaux jours, la terrasse permet une vue sur toute la cathédrale.

D ! CLUB

Place Centrale
✆ +41 21 351 51 40
www.dclub.ch
Ouvert du jeudi au samedi à partir de 23h ou selon la programmation les mercredis ou dimanches. Entrée de 10 à 25 CHF.

Ancien théâtre converti en cinéma puis en club, le D ! Club est incontestablement, et ce depuis bientôt vingt ans, l'un des clubs les plus réputés de Suisse. Il attire une clientèle de toute la Suisse romande et même parfois des pays voisins grâce à une programmation très alléchante (Stev Aoki, Kavinsky, Crookers et bien d'autres). Le dancefloor est spacieux et peut être fusionné avec l'ABC Bar lors de grosses soirées ou de concerts, devenant l'ABCD !, et permettant un confort optimal tant au niveau du son que de la vision de la scène.

BAR CLUB ABC

Passerelle du Grand-Pont
✆ +41 021 351 51 40
www.barclub-abc.ch
Ouvert de 23h à 6h de jeudi à samedi. Les autres jours selon soirée.

Des avions de manège au plafond reproduisant une scène décalée de Star Wars. Des projecteurs imposants dénichés dans un chantier naval du Havre. Des tables rescapées de l'ancien cabaret lausannois La Belle Époque, ainsi que son enseigne géante qui donnait sur le Rôtillon. L'ambiance est résolument rock-chic dans ce nouveau bar-club qui propose chaque week-end des soirées décalées pour une clientèle plus âgée qui souhaite se retrouver pour boire un verre ou pour danser dès 23h. Programmation funk, disco, électro, hip hop et R'n'B.

DARLING

Galeries St-François A
✆ +41 78 747 83 09
Ouvert du jeudi au samedi de 23h à 5h. Boissons à prix pub toute la nuit.

Le Darling, c'est un pub de nuit qui fait aussi club. Installé dans un écrin de choix au premier étage de la galerie Saint-François et relooké en 2018, l'ensemble tourne toujours autour du bar central et de ses pompes à bière. La clientèle habituée ne sera pas trop dépaysée : les écrans subsistent pour suivre le sport en début de soirée et la piste de danse permet de prolonger l'apéro jusqu'au bout de la nuit. Les murs sont habillés par différents peintres ou par des bisous dans l'entrée, des roses par-ci, des thèmes graphiques par-là…

CAVE DU BLEU LÉZARD

10 rue Enning
✆ +41 21 321 38 30
www.bleu-lezard.ch
Ouvert le lundi, mercredi, jeudi de 7h30 à minuit et mardi, vendredi, samedi jusqu'à 1h. Entrée libre.

Sous le restaurant-bar, un escalier en colimaçon mène à cette ancienne cave qui servait jadis à entreposer les skis des propriétaires. Depuis qu'elle a été transformée en club et salle de concert, la Cave du Bleu Lézard n'a plus cessé d'inviter des musiciens et d'organiser des soirées à thème tout au long de la semaine, alternant concerts et soirées interactives ludiques comme les *blind tests* ou les iPod *battles*. Les soirs de week-end sont consacrés à la danse et aux DJ lausannois, avec des hits pop, rock, funk, balkan beats, R'n'B, house et latino.

HYPE CLUB

20 côte-de-Montbenon
✆ +41 21 311 15 27
hypeclub.ch
Du jeudi au samedi de 23h à 6h. Musique clubbing et DJ Set. Sur deux étages.

Anciennement connu comme le Xoxo, le Hype est une nouvelle adresse du clubbing helvète. Dans cet établissement d'architecture moderne, c'est ombres et lumières sur 850 m² répartis sur deux étage, et c'est la fête jusqu'au bout de la nuit, branchée et dynamique. Au premier étage espace VIP et programmation de concerts. Au second : la discothèque. Pour attirer toujours plus de monde, le club peut compter sur des soirée spéciales, recevant des DJ ou des chanteurs connus pour mettre l'ambiance, telle Aya Nakamura en 2020 venue pour sa seule date suisse.

JAGGER'S

1 rue Etraz
✆ +41 76 339 89 92
Ouvert tous les jours de 23h à 5h. Entrée libre.

Situé tout près du Bleu Lézard et du Buzz, le Jagger's est une discothèque bar très prisée par les amateurs de rock. D'ailleurs, vous aurez deviné que son nom est en l'honneur de Mick, le fameux chanteur des Rolling Stones. Malgré cette référence d'un autre temps, le Jagger's est bien connu pour avoir une ambiance décontractée, jeune et surchauffée, surtout le week-end. La piste de danse est assez petite, mais vous pourrez tout aussi bien danser près du bar et discuter avec les serveurs qui ne sont pas les derniers à faire la fête.

LE MAD

23 route de Genève
✆ +41 21 340 69 69
www.mad.club
Ouvert du jeudi au dimanche à partir de 23h. Entrée de 15 à 25 CHF.

Le MAD a ouvert ses portes dans les années 1980, alors que le Flon était considéré comme le quartier malfamé de Lausanne et que l'établissement n'était qu'un hangar. Depuis, ce club est devenu le temple de la musique électronique, avec cinq niveaux dont trois pistes de danse aux ambiances différentes qui s'offrent aux *night-clubbers*. Pour les petites faims, il y a même un restaurant. Le club accueille les meilleurs DJ de la planète et organise régulièrement des soirées à thème, ou même carrément plus déjantées, en cherchant constamment à se renouveler.

LE PUNK BAR

9 place de l'Europe
✆ +41 21 312 77 12
www.punkbar.ch
Ouvert le jeudi jusqu'à 1h, le vendredi et le samedi jusqu'à 2h.

Ce bar situé en sous-sol est tout sauf punk ! L'endroit de style baroque, riche en lustres, canapés de cuir noir et textiles de couleur pourpre offre une ambiance plutôt lounge. Celle-ci se prête ainsi à la détente autour d'un alcool fort le soir, après le travail. Mais dès 22h, Le Punk se métamorphose en véritable lieu de clubbing ! Jam-sessions et autres concerts live sont organisés régulièrement. Devenu au fil des ans un lieu mythique et incontournable, il a très régulièrement été nommé comme l'un des meilleurs bars de Suisse.

ARSENIC

57 rue de Genève
✆ +41 21 625 11 36
www.arsenic.ch
Plein tarif : 15CHF. Abonnement 100 CHF. Réservations sur le site.

Un incontournable de la nouvelle culture vaudoise. Situé sous le pont Chauderon, en contrebas de la rue de Genève, le Centre d'art scénique contemporain propose des créations mêlant théâtre, musique, danse, installations et performances. Le lieu fait la part belle à la découverte. Les affiches sont toujours très originales, la programmation complète et variée. Beaucoup mieux qu'un poison, L'Arsenic est un calmant naturel pour les malades de culture ! Profitez également du bar sympathique où les repas des soirs de première sont offerts !

CINÉMATHÈQUE SUISSE

3 allée Ernest-Ansermet ✆ +41 58 800 02 00
www.cinematheque.ch
Horaires des séances : 15h, 18h30, 21h.
Entrée 10 CHF, 8 CHF tarif réduit. Abonnements possibles.

La Cinémathèque a investi le Capitole en 2010. Construit en 1928, le Capitole est la plus grande salle de Suisse (867 sièges) et la plus ancienne salle de cinéma de Lausanne. Tenue de 1949 à 2010 par Lucienne Schnegg, celle-ci a d'ailleurs eu droit à un moyen métrage en 2005, *La Petite Dame du Capitole*. Reconnue comme l'une des dix plus importantes cinémathèques du monde de par l'étendue, la diversité et la qualité de ses collections, vous trouverez ici plus de 85 000 titres possibles. Avec trois séances par jour, vous avez de quoi vous occuper un petit moment !

LE BOURG

51 rue de Bourg
✆ +41 21 6250707
www.le-bourg.ch
Places de 5 à 25 CHF ou entrée libre.

Dans le cadre feutré et confortable d'une ancienne salle de cinéma, Le Bourg propose une programmation éclectique : des concerts de chanson française, musique électronique, jazz, des projections de films, des lectures, de l'humour, de la danse... Les soirées Bourgllywood (doublage improvisé hilarant) et Avracavabrac (impro) sont un « must-see ». S'y prendre à l'avance pour être sûr d'avoir une place ! En été, le café-théâtre prend ses transats, chaises et bancs de jardin et déménage sous l'arche ouest du pont Bessières et devient Les Grandes Roches.

CIRQUE KNIE

Place Bellerive
www.knie.ch
Prix d'entrée : entre 20 et 85 CHF.

Fondé il y a plus de deux cents ans par Friedrich Knie, en 1803 pour être exact, le cirque national suisse est un des plus vieux d'Europe. Il plante chaque année son chapiteau place Bellerive, avec son lot d'acrobates, d'animaux, de clowns et de comiques. C'est sans doute le plus beau cirque de Suisse qui évolue chaque année dans ses spectacles. Les numéros sont pensés pour surprendre le public en termes d'innovation et d'action. Pour se renouveler, le cirque n'hésite pas à faire de belles collaborations ainsi qu'à proposer des tournées dans toute la Suisse.

CHORUS

3 avenue de Mon-Repos
✆ +41 21 323 22 33
www.chorus.ch
Ouvert les soirs de concert dès 19h (jeudi, vendredi, samedi). De gratuit à 35 CHF.

Besoin d'une ambiance jazzy ? Situé sous le parc de Mon-Repos, ce club de jazz est une adresse très conviviale où défilent les plus grands musiciens comme des groupes moins connus. On entre d'abord dans une première salle où se trouvent le bar et quelques tables pour se restaurer avant le début du concert. Souvent installés à la table d'à côté, les musiciens montent ensuite sur la scène, tandis que les spectateurs descendent quelques marches et prennent place autour des tables en commandant un verre de vin. L'idéal pour profiter d'un bon concert !

CONCERTS DE SAINT-FRANÇOIS

Place Saint-François
✆ +41 21 331 56 38
www.sainf.ch/musique
Programmation des concerts sur Internet. Entrée libre, collecte, et pour certains concerts entrée avec billets.

L'église Saint-François est devenue un des centres musicaux de la ville, et ce n'est pas près de s'arrêter. Depuis l'été 2020, le projet de réunir quatre orgues dans un même lieu s'est concrétisé, en faisant un des hauts lieux de l'orgue en Europe. Assister à un concert dans cet endroit vaut le détour, d'autant que la programmation est très variée. En plus de la musique classique que l'on s'attend à trouver ici, vous pourrez aussi profiter de concerts jazz ou même de musiques du monde.

LES DOCKS

34 avenue de Sévelin
✆ +41 21 623 44 44
www.lesdocks.ch
Guichet ouvert de 9h30 à 12h et de 13h30 à 18h, ainsi que les soirs de concerts. Billets entre 25 et 65 CHF.

C'est un des endroits les plus branchés de Lausanne où l'on met l'accent sur la promotion de la scène locale. Les Docks attirent un public toujours plus nombreux, avec des artistes connus ou plus alternatifs. Située dans le quartier de Sévelin, proche du Flon, et plus précisément à côté du théâtre Sévelin 36, la salle des Docks ouvre sa scène aux musiques actuelles : rock, pop, chanson française, *songwriters*, hip-hop et *urban beats*. La salle est modulable pour accueillir de 200 à 1 000 personnes, avec également un café et une galerie d'exposition.

LA GRANGE DE DORIGNY

Université de Lausanne
✆ +41 21 692 21 24
wp.unil.ch/grangededorigny
Ouvert mardi, jeudi, samedi dès 19h, mercredi et vendredi dès 20h30, dimanche dès 17h. Entrée 20 CHF.

La Grange de Dorigny est le théâtre de l'Université de Lausanne, un lieu où l'art rencontre l'académie, un terrain d'échange pour les publics du site universitaire et de la cité. Une dizaine de spectacles de théâtre professionnel y sont présentés chaque saison, ainsi qu'un festival étudiant pluridisciplinaire. La programmation se veut innovante et variée. étudiants se produisent aussi en concert et l'on trouve au foyer un bar et des salles d'exposition (ouverts une heure avant et après les représentations), le tout dans cadre aéré très agréable.

LES GOÛTS RÉUNIS

13 avenue de Villamont
✆ +41 21 311 00 48
www.lesgoutsreunis.com
Ouvert de janvier à juin, les samedis à 18h30. Programmation des concerts sur Internet. Billets de 15 à 30 CHF.

Spécialisée dans la musique ancienne, l'association des Goûts réunis organise des concerts dans l'église de Villamont (avenue de Villamont 13) dont l'orgue favorise le répertoire baroque, instrumental et vocal allemand ; mais aussi dans l'église Saint-Laurent, qui se prête bien à l'écoute des œuvres à double chœur ; ainsi que dans le salon du musée historique de Lausanne, pour une atmosphère plus intime. La saison des concerts a lieu de janvier à juin, n'hésitez pas à aller sur le site pour voir les concerts qui vous sont proposés.

OBLÒ

9 avenue de France
www.oblo.ch
Entrée libre ou billets de 8 à 10 CHF. Programmation sur Internet.

Ouvert en novembre 2003 et géré par un petit comité d'une dizaine de membres, le cinéma Oblò, situé au dernier sous-sol du bâtiment, a pour but de présenter, sur la base de principes politiques et éthiques, des films sortant du circuit commercial habituel : documentaires, courts-métrages, films d'animation, films expérimentaux, films à petit budget. Il entend par ailleurs donner une place particulière aux films suisses, dont la diffusion rencontre souvent des difficultés. La programmation est variée et ouverte à toute forme d'expression artistique.

LES GRANDES ORGUES

Place de la Cathédrale
✆ +41 21 316 71 61
www.grandesorgues.ch
Entrée libre ou 20 CHF selon les concerts.

Depuis 2003, la cathédrale abrite de grandes orgues de 7 000 tuyaux et de 40 tonnes. Cet instrument imposant permet d'interpréter plusieurs siècles de musique... et d'apercevoir enfin l'organiste, Jean-Christophe Geiser. Tout au long de l'année, vous pourrez donc entrer dans ce lieu chargé d'histoire et de symboles afin de profiter de l'acoustique merveilleuse le temps d'un concert. La variété proposée devrait vous permettre de trouver l'influence musicale qui vous convient. Pour les plus curieux, une visite de l'orgue est même possible.

OPÉRA DE LAUSANNE

12 avenue du Théâtre
✆ + 41 21 315 40 40
www.opera-lausanne.ch
Réservations en ligne sur le site Internet, sur place du lundi au vendredi de midi à 18h. Places de 20 à 170 CHF.

Implanté au cœur de la ville depuis 1871, l'Opéra participe à son rayonnement culturel. Après une rénovation complète et un agrandissement, l'Opéra de Lausanne, et sa nouvelle façade tout en facettes, a rouvert en 2012. Cette salle de grande qualité assure une programmation de concerts et de ballets prestigieux. La diversité artistique s'étend des spectacles lyriques aux concerts uniques, en passant par les ballets, et parcourt un répertoire entre les XVIIe et XXIe siècles. Tout cela comblera le public et contribue à sa renommée.

ORCHESTRE DE CHAMBRE DE LAUSANNE

19 rue Saint-Laurent
✆ +41 21 345 00 25
www.ocl.ch
Billetterie ouverte du lundi au vendredi de 9h à 13h. Places de 26 à 70 CHF.

L'OCL, fondé en 1942, donne plus de 100 concerts par an, en Suisse et à l'étranger, dont 10 concerts d'abonnement le lundi et le mardi soir, à la salle Métropole, résidence de l'orchestre, 8 concerts du dimanche à 11h15 et 3 concerts à l'attention des jeunes spectateurs le mercredi à 17h. En outre, 8 concerts Entractes du mardi sont à 12h30. Formé d'une quarantaine de musiciens, il aborde un très riche répertoire couvrant près de quatre siècles de musique, du baroque au contemporain.

SALLE MÉTROPOLE

1 place Bel-Air
✆ +41 21 345 00 29
www.sallemetropole.ch
Horaires des spectacles et billets en vente sur le site Internet.

Salle construite quasiment en même temps que le « gratte-ciel » qui l'héberge, en 1931, et par le même architecte, Alphonse Laverrière, son histoire est ponctuée d'ouvertures et de fermetures. Rénovée en 1995, la salle a pu de nouveau programmer de grands orchestres. Actuellement, elle accueille les concerts de l'Orchestre de Chambre de Lausanne, des artistes pop, rock, rap et de chanson française, des one-man shows, des ballets classiques et contemporains et le Metropop Festival. Le programme est disponible sur le site Internet ou directement au guichet.

SALLE PADEREWSKI DU CASINO DE MONTBENON

3 allée Ernest-Ansermet
✆ +41 21 315 21 50
Horaires et billets en ligne sur smeetz.com et monbillet.ch

Située au milieu de magnifiques jardins, la salle Paderewski du casino de Montbenon, construite en 1908 et rénovée en 1981, est réputée pour son acoustique. C'est aujourd'hui un lieu polyvalent qui accueille aussi bien des concerts de musique actuelle, du jazz (notamment le festival Jazz Onze plus), que des récitals grâce à ses équipements complets. On assiste même parfois à des conférences, des congrès ou des projections de cinéma, selon les événements proposés.

SATELLITE, BAR DE L'EPFL

Bâtiment Centre Midi (CM)
✆ +41 21 6933276
satellite.bar
Ouvert du lundi au mercredi de 7h30 à 21h, jeudi et vendredi jusqu'à 22h, fermeture plus tardive les soirs de spectacle.

Destinée initialement à proposer des animations diverses aux étudiants et aux jeunes chercheurs de l'EPFL (École polytechnique fédérale de Lausanne), l'association Satellite, créée en 1984, organise dans son bar des spectacles ouverts à tous : concerts de jazz et de rock, cafés-théâtres, jam-sessions, slams, soirées ludiques... Le vendredi soir, rares sont ceux qui, avant de sortir en ville, ne viennent pas boire une bière dans cette ambiance conviviale où le prix est imbattable pour la ville, confortablement assis dans des canapés défoncés.

SINFONIETTA

11bis avenue du Grammont
✆ +41 21 616 71 35
www.sinfonietta.ch
Billet à partir de 10 CHF (réduit). Plein tarif 35 CHF.

Orchestre de jeunes professionnels, le Sinfonietta de Lausanne se produit principalement à la salle Métropole et à la salle Paderewski (casino de Montbenon). Il s'est spécialisé dans les concerts à thème, très appréciés des enfants. Au total, il produit chaque année une quinzaine de programmes (musique de chambre, symphonies pour grand orchestre, opéras, musiques de film, accompagnement de musiques actuelles et même spectacles comiques), présentés au cours de 30 à 40 concerts. En été, il propose des concerts gratuits en plein air, dans le parc Mon Repos.

THÉÂTRE 2.21

10 rue de l'Industrie
✆ +41 21 311 65 40
www.theatre221.ch
Réservation par internet ou téléphone. Spectacle à partir de 15 CHF.

2.21 correspond au numéro attribué à un ancien atelier de réparation de camions sur les plans de construction et d'affectation des anciens magasins de la Ville de Lausanne. C'est aussi, depuis 1994, un théâtre ouvert à divers genres : théâtre, théâtre musical, concert, lecture, improvisation… Pour cela, il dispose de deux salles : l'une propose les créations de jeunes compagnies professionnelles de la région lausannoise ; l'autre, une programmation plus musicale et éclectique (humour, cabaret, danse). Ici, on démocratise le théâtre.

THÉÂTRE BOULIMIE

1 place Arlaud
✆ +41 21 312 97 00
www.theatreboulimie.com
Du mardi au jeudi à 19h30, vendredi et samedi à 20h30. Billets de 10 à 30 CHF.

Depuis 1970, Martine Jeanneret et Lova Golovtchiner programment des spectacles d'humour de grande qualité. De nombreux artistes suisses et étrangers s'y sont produit, tels que Thierry Romanens, Jean-Luc Bideau ou les Mummenschanz. En plus cinquante ans d'existence, le théâtre Boulimie a toujours su rester fidèle à sa vocation première : l'illustration et la défense de l'humour sous toutes ses formes. Pendant la période difficile du coronavirus, le théâtre en a profité pour une délicate restauration et a rouvert ses portes en janvier 2021.

THÉÂTRE DES LUTINS

1A rue Petit-Saint-Jean
✆ +41 21 323 34 43
www.theatre-des-lutins.ch
Ouvert le mercredi à 15h et le samedi à 11h et 16h. Entrée 10 CHF.

Joli théâtre lilliputien de 35 sièges multicolores, qui propose aux enfants dès 4 ans (accompagnés d'un adulte au moins) des spectacles de marionnettes féeriques et poétiques. En plus de chercher à créer un univers féerique saupoudré de pointes d'humour, de peur ou de suspense, les pièces abordent des thèmes éducatifs sérieux et touchant directement les enfants, comme la confiance en soi, le respect ou encore les questions environnementales… Un très bon moment pour des spectacles de marionnettes hauts en couleur et à valeur pédagogique vivante.

THÉÂTRE KLÉBER-MÉLEAU

9 chemin de l'Usine-à-Gaz
✆ +41 21 625 84 29
www.tkm.ch
Plein tarif 45 CHF. Billetterie en ligne ou dans divers points de vente en ville.

L'un des premiers lieux à Lausanne où la culture a remplacé l'industrie, en 1979, où des hommes de théâtre réunis autour de Philippe Mentha fondent le Théâtre Kléber-Méleau, qu'ils construisent de leurs mains dans le bâtiment d'une ancienne usine à gaz, dans la zone industrielle de Renens. Défenseur et promoteur de l'art dramatique, le KTM a su programmer au fil du temps des pièces classiques qui attirent un public croissant. Il propose également au fil de ses saisons une programmation musicale classique et de musique du monde.

THÉÂTRE SÉVELIN 36

36 avenue de Sévelin
✆ +41 21 620 00 10
www.theatresevelin36.ch
Billet 15 CHF.

En 1995, le chorégraphe Philippe Saire inaugure le nouveau lieu de résidence de sa compagnie à Lausanne, le Théâtre Sévelin 36. Cet espace accueille chaque année différents événements consacrés exclusivement à la danse contemporaine, dont le Festival international de danse de Lausanne et le festival Les Printemps de Sévelin. Il y a également des espaces à louer pour des événements ou des utilisations privées. Tous les premiers lundis du mois, les danseurs en formation et les danseurs urbains sont invités à échanger, improviser et danser au théâtre.

THÉÂTRE VIDY-LAUSANNE

5 avenue Jaques-Dalcroze ✆ +41 21 619 45 45
www.vidy.ch
Billetterie ouverte du mardi au samedi de 10h à 19h et le dimanche, une heure avant la représentation.

Une scène incontournable de la culture à Lausanne, le théâtre Vidy-Lausanne est un centre de création théâtrale et chorégraphique suisse situé sur les rives du lac Léman et créé pour l'exposition nationale de 1964. Il dispose de trois salles et d'un chapiteau extérieur dans lesquels sont programmés des spectacles classiques ou contemporains. Après la représentation, il propose de nombreux dispositifs d'accompagnement autour des œuvres et les comédiens se mêlent parfois au public dans le café (petite restauration) ou sur la terrasse, très agréable en été.

ZINÉMA

4 rue du Maupas ✆ +41 21 311 29 30
www.zinema.ch
Ouvert tous les jours de 15h30 à minuit. Projections à 16h, 18h, 20h et 22h. Billet 14 CHF. Brunch à partir de 18 CHF.

Petit cinéma d'art et d'essai géré par une association qui propose une programmation variée faite de courts et de longs-métrages, fictions et documentaires inédits. Chaque été, Zinéma organise des projections en plein air dans le parc de Mon-Repos, 10 Toiles sous les Étoiles, et gratuitement ! On aime aussi beaucoup cette adresse pour le brunch proposé le dimanche de 10h à 14h qui permet de voyager autour du monde et surfer sur les nouvelles tendances culinaires grâce aux savoir-faire des restaurateurs invités. Un lieu incontournable pour bon nombre d'occasions !

LA RIVIERA SUISSE

Riviera suisse ? Est-ce abuser ? Mais non, effectivement, ici le lac Léman prend des allures méditerranéennes. Climat doux, activités aquatiques et balades sur les quais, paysage grandiose et luxueux palaces... Les environs directs de Lausanne sont notamment composés des deux villes de Saint-Sulpice et Morges qui peuvent, le cas échéant, servir de lieu de villégiature aux visiteurs qui préféreront se reposer au calme tout en profitant de la proximité immédiate de Lausanne et du lac, bien sûr ! Le côté « paillettes » de la Riviera vaudoise est surtout affirmé entre Vevey et Montreux. Du côté de Lavaux, autre ambiance, autre décor, ce sont les vignobles en terrasse et les villages de vignerons qui séduisent. Alors, partez sur les traces de Charlie Chaplin, Freddie Mercury, Hemingway, Nabokov, Sissi et bien d'autres qui avant vous se sont laissés séduire par cette région.

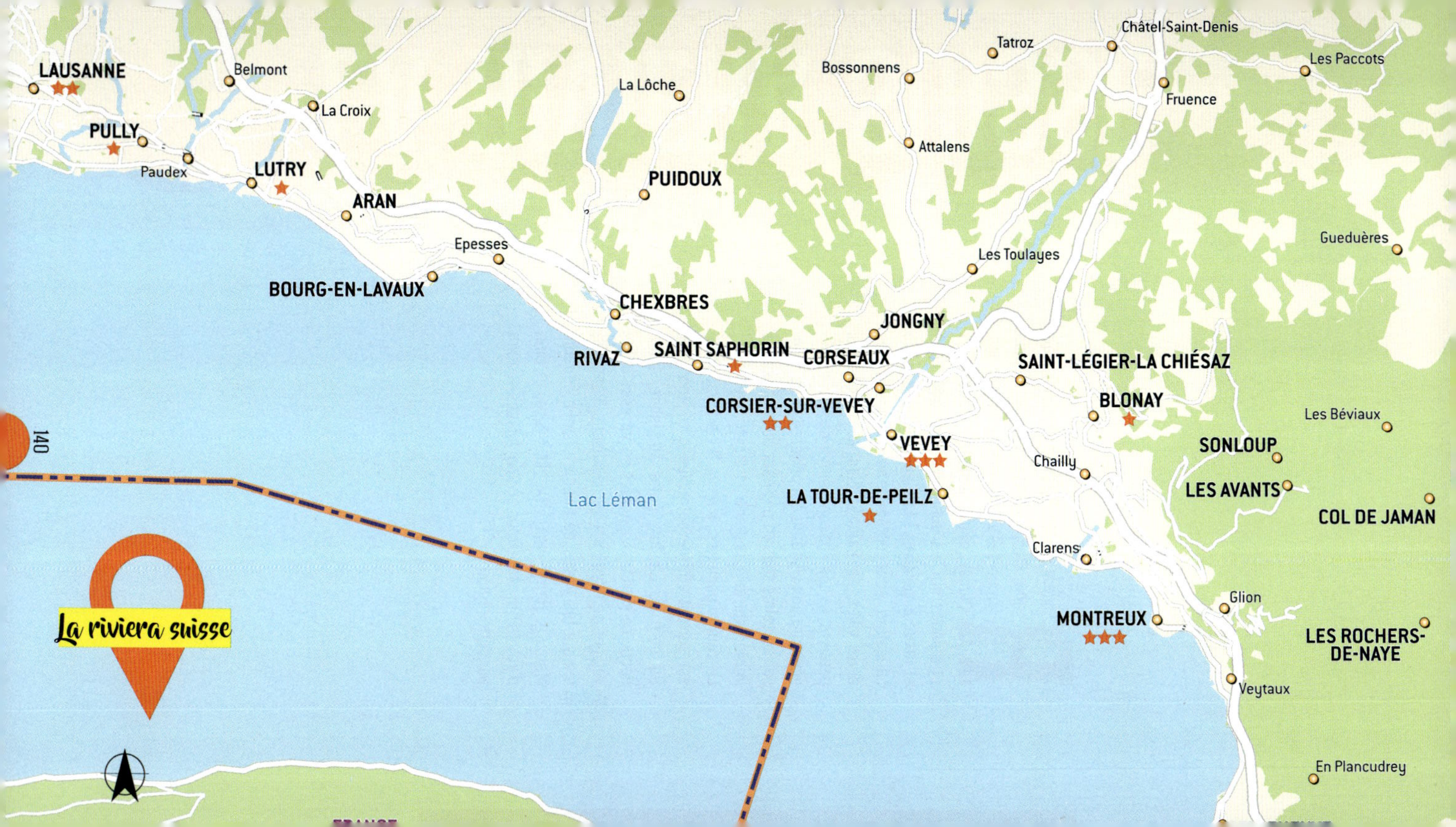
La riviera suisse
LAUSANNE
Belmont
La Croix
PULLY
Paudex
LUTRY
ARAN
Epesses
BOURG-EN-LAVAUX
La Lôche
PUIDOUX
CHEXBRES
RIVAZ
SAINT SAPHORIN
Bossonnens
Tatroz
Attalens
Châtel-Saint-Denis
Fruence
Les Paccots
Guedùeres
Les Toulayes
JONGNY
CORSEAUX
CORSIER-SUR-VEVEY
VEVEY
LA TOUR-DE-PEILZ
Lac Léman
SAINT-LÉGIER-LA CHIÉSAZ
BLONAY
Chailly
Clarens
MONTREUX
Les Béviaux
SONLOUP
LES AVANTS
COL DE JAMAN
Glion
LES ROCHERS-DE-NAYE
Veytaux
En Plancudrey

PAGES

Les environs directs de Lausanne sont notamment composés des deux petites villes de Saint-Sulpice et Morges, qui peuvent, le cas échéant, servir de lieu de villégiature aux visiteurs qui préfèreront se reposer au calme tout en profitant de la proximité immédiate de Lausanne... et du lac bien sûr !

Le district du Lavaux-Oron est un de nos grands coups de cœur pour cette région. Un endroit magnifique, presque unique au monde par son calme, sa beauté, sa diversité des paysages et sa gastronomie. C'est d'ailleurs pour cela qu'on y a consacré un dossier entier, au début de ce guide. On vous invite d'ailleurs à le parcourir pour tout savoir sur ce sublime district... Mais ne manquez pas d'y aller pour vous faire votre propre avis, car comme le disait Confucius, une image vaut bien mieux que mille mots ! Vous pouvez vous déplacer sans difficulté dans Lavaux, en train, à pied ou à vélo. Le territoire est jalonné de gares CFF (Grandvaux, Lutry, Villette, Cully, Rivaz, Saint-Saphorin, Chexbres-Village). Les gares elles-mêmes sont souvent des départs de randonnées. Les bus, moins réguliers, sont une autre option. En voiture, il est parfois difficile de vous garer mais vous pourrez visiter davantage de villages.

En plus d'être la plus vaste commune de la région de Lavaux, Puidoux possède une autre singularité plus amusante : on appelle les habitants de Puidoux *lé z'Amouérâo*, ce qui signifie en patois vaudois les « Amoureux ». Allez donc y faire un tour pour profiter de cet amour !

C'est un bourg essentiellement viticole avec 17 exploitations viticoles qui s'étendent sur les aires d'appellation et de cru saint-saphorin et dézaley, renommées pour leurs grands vins. La commune elle-même possède 1,15 ha de vignes, dont la récolte est vendue aux enchères avant les vendanges, et 24 ha de forêts situées sur le territoire de Puidoux.

PAGES

Un cadre enchanteur qui est bien plus qu'une rivière de diamants, mais un lac de précieuses découvertes ! La Riviera vaudoise est l'appellation touristique comprenant la zone géographique entre Vevey et Montreux, jusqu'à Villeneuve. Si la Côte d'Azur est la version été, la Riviera vaudoise est la version hiver ! Et pourtant, que le climat est doux de ce côté du Léman ! Les palmiers et autres lauriers roses font de l'ombre aux promeneurs qui longent les rives du Léman. Cette portion intègre 15 km de rives invitant à la flânerie, avec des montagnes enneigées, des hôtels évoquant le charme de la Belle Époque et un lac où naviguent encore des bateaux à vapeur. Un cadre de vie magnifique où résident de nombreuses vedettes internationales, dont Barbara Hendricks. Le climat et la vie y sont très doux, surtout à Montreux, qui bénéficie de la protection des montagnes au-dessus, et où palmiers et bananiers se croisent en ville. Montreux, à juste titre surnommée « Perle de la Riviera vaudoise », jouit d'un microclimat. En hiver, l'automobiliste qui quitte la cité ne soupçonne pas qu'il va essuyer une tempête de neige, quelques kilomètres plus loin en direction de Lausanne ! Sachez aussi que cette région est mondialement connue pour son intense agitation culturelle mêlant tout au long de l'année expositions et concerts avec, en point d'orgue, le festival de jazz de Montreux. À noter qu'après les pentes abruptes de Lausanne et Lavaux, voici du plat !

La commune de Chardonne prend place, une fois n'est pas coutume, dans un cadre magnifique, au bord du lac Léman. Elle comprend la localité de Mont-Pèlerin et englobe également le sommet du mont Pèlerin, où les forêts et les champs sont propices à de belles balades. Les vignes sont aussi omniprésentes dans cette commune qui se situe juste à côté de Lavaux.

Nichée entre le lac et l'autoroute, à l'ouest de Vevey, Corseaux, avec ses 108 ha, figure parmi les vingt plus petites communes du canton de Vaud. Corseaux s'étend jusqu'au bord du lac Léman, limitée au nord par les vignes du village de Chardonne. C'est un village essentiellement résidentiel.

À Vevey, Victor Hugo disait y apprécier « la propreté, le climat et l'église ». Les visiteurs actuels y apprécient aussi le charme des maisons d'antan, les jolis magasins et les espaces culturels. Mais ce qu'on adore, c'est surtout la beauté du cadre naturel environnant, des quais du lac au sommet des Pléiades…

On surnomme Montreux la « Perle de la Riviera » en raison de son microclimat… et peut-être aussi de sa beauté ! C'est une ville emplie de charme, où règnent l'élégance et le jazz, avec un patrimoine médiéval encore bien présent, au-dessus de la gare.

PAGES

© CANADASTOCK - SHUTTERSTOCK.COM

Vue sur Vevey et le lac Leman.

205 **LES AVANTS**

207 **SONLOUP**

COL DE JAMAN

207 Situé à 1 526 m d'altitude, le col de Jaman possède une vue imprenable sur le lac et les Alpes. Ce col est resté longtemps le point de passage principal des marchandises entre la Gruyère et le pays de Vaud. Au-dessus, la Dent de Jaman culmine à 1 875 m. Le profil, vue depuis le lac, fait penser à une canine géante.

208 **ROCHERS-DE-NAYE ★**

VILLENEUVE ★

211 Petit bourg paisible de près de 5 000 âmes, Villeneuve est implanté à l'extrémité est de la Riviera vaudoise, au bord du lac Léman ainsi que du lac de l'Hongrin, un lac artificiel situé en zone militaire. Après cette ville, vous entrez dans le canton suisse du Valais… ou vous retournez en France !

SAINT-SULPICE ★

Voici une halte agréable dans votre périple touristique, où vous rencontrerez aussi de nombreux locaux. En effet, les Lausannois viennent à Saint-Sulpice pour sa plage, car l'eau y est réputée de très bonne qualité. Pour vous y rendre depuis Lausanne, prenez le bus 2 jusqu'à l'arrêt Bourdonnette, puis le bus 30 jusqu'à l'arrêt Saint-Sulpice. Ou prenez le métro M1, station EPFL, et descendez quelques mètres en direction du lac. Il y a encore la possibilité d'y accéder en bateau (à vapeur, à moteur ou solaire) ou à pied en empruntant le ravissant sentier qui longe le lac. De très belles maisons et des chalets bordent le chemin.

ÉGLISE ROMANE ★★

Située à côté du débarcadère de St-Sulpice.

© MIHAI-BOGDAN LAZAR - SHUTTERSTOCK.COM

Fondée au XIe siècle par des moines rattachés à l'abbaye de Cluny (en Bourgogne), cette belle église romane, étape du chemin de Compostelle, a été achevée au XIIe siècle. Au XVe siècle, une vaste nef s'est effondrée, faute d'entretien, et n'a jamais été reconstruite. Malgré l'absence de la nef, cette église est l'un des plus beaux édifices romans de Suisse, classé monument historique. Les fresques datent du XIVe siècle et n'ont été découvertes qu'à partir de 1897, car elles ont longtemps été recouvertes d'un badigeon gris posé par les Bernois protestants.

PLAGE DU PÉLICAN ★

Non loin des Pierrettes.

La plage est ouverte toute l'année de 7h00 à 22h00 (le parc et la plage sont interdits d'accès de 22h à 07h).

Cette petite plage, véritable îlot de paix à quelques kilomètres à peine du centre de Lausanne, a l'avantage d'offrir une eau parfaitement propre pour la baignade. Autre point positif, vous trouverez une douche pour vous rincer. La plage est faite de gravier, mais une belle pelouse d'herber verte et grasse vous attendra sur la rive, pour vous prélasser au soleil ou sous des arbres, juste après la baignade. A côté de la plage, il y a également le parc du Pélican (et sa statut d'oiseau) ainsi que des toilettes publiques à proximité.

RÉSERVE NATURELLE L'ÎLE AUX OISEAUX DE PRÉVERENGES ★

Vers l'embouchure de la Venoge

✆ 021 963 19 55

De nombreux oiseaux migrateurs se déplacent dans la région (plus de 230 espèces identifiées à ce jour). Une île artificielle a été élaborée pour eux, pour qu'ils puissent jouir d'une certaine tranquillité tout en dévoilant de leur superbe aux curieux et amoureux de la nature. Vous aurez donc la possibilité de les observer dans d'excellentes conditions et de vous renseigner grâce à des panneaux d'informations. N'oubliez pas vos lunettes d'approche !

LE SKIPPER €

43 rue du Centre

✆ +41 21 691 97 15

www.leskipper.ch

Du lundi au samedi de 6h30 à 23h30. Comptez entre 25 et 31 CHF pour un plat, 20 CHF pour une pizza

Si ce restaurant ne possède pas d'accès direct au Léman, il bénéficie d'une terrasse et d'un jardin avec vue sur le lac très agréables en été. L'accueil est chaleureux et les prix sont plutôt doux, pour une qualité des plats irréprochable. Entre les filets de perche meunières et autres mets traditionnels suisses, Le Skipper propose aussi des spécialités portugaises, comme le fameux arroz de polvo (riz au poulpe) ou encore le polvo a lagareiro (poulpe à l'ail et huile d'olive). Comme si ce n'était pas assez, la carte a également de bonnes pizzas.

L'EMPIRE DU DRAGON €€

3 bis route de Vallaire
✆ +41 21 691 62 42
www.empiredragon.ch
Ouvert tous les jours de 10h à 14h et de 19h à 22h. Menu de 62 à 108 CHF. Plat en moyenne 30 CHF.

Situé au bord de la route cantonale, L'Empire du Dragon est un café-restaurant de famille fondé par Wong Man-sum, tout d'abord situé à Genève, puis installé à Saint-Sulpice en 1997. L'établissement offre une cuisine chinoise gastronomique. Dans la plus pure et traditionnelle culture chinoise, vous dégustez le canard à la sauce piquante ou le canard aux pousses de mungo, la peau de canard pékinoise avec crêpes, et bien d'autres spécialités encore. C'est un véritable régal que nous offre cette famille passionnée par l'art culinaire.

AU PETIT PORT €€

11 chemin du Petit Port
✆ +41 21 691 95 05
www.petitport.ch
Ouvert de mi-septembre à juin : du mardi au samedi de 9h à 23h. Le dimanche de 9h à 16h. Plats 35 CHF en moyenne.

Sa charmante terrasse donne sur le lac et le port des Pierrettes. La salle est accueillante façon bistrot chaleureux. Le grand tableau noir nous indique les suggestions et menus du jour. On y sert toujours du poisson de lac et en particulier de bons filets de perche, de féra ou de boya. En boisson, des vins vaudois ou valaisans son parfaits pour accompagner les poissons. Mais d'autres plats du terroir viennent compléter la carte, tel l'émincé de cerf aux bolets ou des fondues de viandes, cette fois-ci, pour changer de celles au fromage.

MUSIQUE À SAINT-SULPICE

www.sddsaintsulpice.ch/musique.html
Entrée libre, collecte à la sortie.

La Société de développement de Saint-Sulpice a la chance de disposer de deux sites particulièrement bien adaptés aux concerts : l'église romane, un site unique qui dispose d'une acoustique très bien adaptée à la musique classique, mais aussi le foyer paroissial des Pâquis, une salle de spectacle qui peut recevoir des concerts avec une audience plus importante. Cinq dimanches par an, l'église romane Saint-Sulpice accueille des concerts de musique de chambre. C'est l'occasion de découvrir de jeunes musiciens, et de profiter d'une balade dans le coin.

MORGES ★

Jusqu'au XIIIe siècle, Morges n'était qu'un petit village. En 1286, le comte Louis de Savoie y fait construire un château afin d'empêcher l'évêque de Lausanne d'étendre ses territoires, et la ville se développe alors. Le port prend vite de l'importance et ne sera concurrencé par celui d'Ouchy, à Lausanne, qu'au XIXe siècle. Morges a gardé beaucoup de son cachet médiéval. En plus de ce côté historique, sachez qu'en mai-juin, Morges accueille un festival d'humour, Morges-sous-Rire, assez prisé, et, en avril-mai, une fête de la Tulipe qui transforme la ville en cité des fleurs.

Balade

Pour mieux vous repérer dans la ville, il existe un itinéraire culturel fléché, accompagné d'un dépliant disponible gratuitement à l'office de tourisme. Les habitations débordent de charme. La promenade, qui longe le lac, est délicieuse et les visiteurs ayant bon pied bon œil peuvent rejoindre Lausanne en 3h.

Transports

Le train est le moyen de transport le plus simple pour aller à Morges. Six trains par heure, pour un trajet de 8 à 14 minutes. Vous pouvez aussi prendre le métro M1 jusqu'à l'EPFL puis le bus 701 qui passe par Saint-Sulpice et Préverenges, si vous désirez vous arrêter à la plage entre deux. Il est aussi possible de se rendre en bateau (renseignez-vous avant, les horaires sont changeants).

CHÂTEAU DE MORGES & SES MUSÉES

Rue du Château 1
✆ +41 21 316 09 90
www.chateau-morges.ch
Ouvert du mardi au dimanche. Entrée 10 CHF, étudiants et groupes 8 CHF, enfants dès 6 ans 3 CHF.

Forteresse savoyarde édifiée à la fin du XIIIe siècle, le château de Morges est devenu un musée d'histoire militaire en 1925. Le site abrite aujourd'hui plusieurs musées : le musée de la Figurine historique, le plus grand musée suisse de ce type (plus de 40 000 figurines), le musée de la Gendarmerie, la salle sur le service à l'étranger et le musée Paderewski. Le musée militaire a été divisé en deux : le musée de l'Artillerie et le musée de l'Histoire militaire vaudoise.

Morges.

MUSÉE DU BOIS DE L'ARBORETUM

92 chemin de Plan ✆ +4121 808 51 83
www.arboretum.ch
Le Musée du Bois est ouvert d'avril à octobre, de 14h à 17h30, les mercredi et dimanche. Entrée libre.

Une promenade en pleine nature ! Unique en Suisse, l'Arboretum est un vaste parc où sont présentées 4 000 espèces et variétés d'arbres et d'arbustes de tous les continents pouvant être acclimatées dans cette belle région. En plein cœur de ce parc, le musée du Bois rassemble une collection d'outils pour le travail du bois. Les outils du charpentier, du vanneur, du luthier ou du sabotier figurent parmi les 1 500 objets exposés, sur les 6 000 que compte la collection.

PLAGE DE PRÉVERENGES

Préverenges

Il a fallu 17 500 m^3 de sable pour reconstituer une plage ici… et ça valait bien le coup ! La bande de sable de 25 m de large attire la foule dès que le soleil pointe le bout de son nez. Une glace à la main, à bronzer sur un linge, on se croirait presque au bord de la mer ! D'autant plus qu'à côté de la plage, des *surf shops* pourront vous louer du matériel nautique (plutôt stand-up paddle que surf ici, précisons tout de même), et des buvettes vous permettront de grignoter ou de boire un verre. Un bel endroit pour passer un bon moment.

PETIT TRAIN TOURISTIQUE

Quai du Mont-Blanc
✆ +41 21 801 32 33
www.morges-tourisme.ch
Tous les jours en juillet-août. Le reste de l'année, se renseigner sur le site ou auprès de l'office du tourisme.

À la belle saison, le petit train rouge et blanc de Morges vous emmène dans la ville et à travers les vignobles. Tranquillement installé vous découvrez les quais, le parc de l'Indépendance, la vieille ville et sa Grand-Rue piétonne. Vous pouvez aussi en trajet court relier les diverses attractions touristiques que propose la ville. Quant au parcours dans le vignoble, il permet de découvrir les vignes et la campagne morgienne, sans oublier le majestueux château de Vufflens, avec possibilité de dégustation. Écolo : le train de Morges roule au gaz naturel.

VISITES GUIDÉES À PIED

✆ +41 21 801 32 33
Visite guidée gratuite de la vieille-ville du 10 juillet au 3 octobre.

Durant la belle saison, ces guides bénévoles de Morges vous invitent à une promenade culturelle gratuite, à travers ou à l'extérieur de la ville médiévale, pour vous faire découvrir quelques-unes de ses curiosités et vous livrer avec passion l'histoire la cité historique et ses anecdotes. Durant le reste de l'année, des guides de Morges, retraités passionnés de leur ville, vous proposent des visites guidées à thème sur réservation : Morges culturelle, architecture, les grands hommes, le Léman, les églises, Morges vue d'en haut…

TRAIN BIÈRE-APPLES-MORGES

✆ +41 21 811 43 43
www.mbc.ch

Le moyen de transport idéal pour vous rendre dans les petits villages de la campagne vaudoise. Confort et ponctualité assurés, vous voyagerez dans ce joli train vert, tout en admirant les beautés du paysage. Goûtez également au Brunch des champs où les plaisirs de la gastronomie se lient avec le charme d'un train rétro. Les voies du BAM vous emmènent entre lac et montagne avec un ensemble de partenaires pour découvrir la nature, l'artisanat et les produits du terroir.

HOSTELLERIE LE PETIT MANOIR €€

8 avenue Ignace Paderewski
✆ +41 21 804 12 00
www.lepetitmanoir.ch
25 chambres. Double à partir de 162 CHF. Petit déjeuner 23 CHF.

Raffinement et sérénité pour ce Petit Manoir. Véritable écrin de charme, l'établissement comprend 11 chambres élégamment décorées dans un style mêlant à la fois cachet de l'ancien et esprit contemporain. Un parc arboré, une piscine couverte, un espace fitness et bien-être rendent cet endroit propice à la relaxation. Située à une centaine de mètres du lac, cette demeure du XVIIIe siècle saura vous apporter calme et confort. C'est aussi une excellente halte gastronomique.

LA PINTE AU XXE SIÈCLE €

Passage de la Couronne 5

✆ +41 21 801 27 00

www.xxemesiecle.com

Ouvert du mardi au samedi de 9h à 22h. Menu du jour à midi : 20 CHF. Fondue moitié-moitié : 26 CHF.

Une pinte comme on n'en fait plus ! Cet établissement existe depuis 1850, le plus vieux de Morges. Après quelques rénovations très réussies, le restaurant garde son charme d'antan et flirte délicatement avec le modernisme. On adore son ambiance de bistrot rétro vivant et chaleureux. Vieilles photos de Morges sur les murs, mobilier de bois noirci par les ans, clientèle variée. Dans l'assiette, c'est bon et généreux, et surtout, du vin coule à flot avec plus de quarante vins de productions locales. Ici, vous serez bien reçus et vous passerez un excellent moment.

LE METROPOLIS €€

20 rue Louis-de-Savoie

✆ +41 21 803 23 33

Ouvert tous les jours de 7h à minuit (dimanche à partir de 9h). Plat du jour 17 CHF, le soir, plat en moyenne 35 CHF.

Cet établissement est devenu au fil des ans le restaurant le plus branché de Morges, et il le mérite bien. Il dispose d'une grande terrasse en été, avec petite fontaine, palmiers et fauteuils. L'intérieur est design et agréable. La cuisine, inventive, mêle des classiques européens et des mets asiatiques, et la carte, tout comme les plats, est bien fournie. Ici, on aime être original et épicé ! La carte change tous les trois mois. Pour prolonger le dîner, le restaurant ferme plus tard les week-ends et propose de bons cocktails.

RESTAURANT LE CASINO €€

4 place du casino

✆ +41 21 802 62 15

www.casinomorges.ch

Ouvert tous les jours en été. Plats de 38 à 47 CHF.

Au bord du lac, le long des magnifiques quais, cet établissement vous accueille dans un bâtiment prestigieux, qui fait partie des monuments importants de l'arc lémanique. Joliment aménagé en différentes ambiances, le restaurant du Casino dispose d'une véranda et d'une terrasse avec une superbe vue sur le lac et les Alpes. Cuisine du marché avec des produits du terroir et du lac avec le filet d'omble, panais, coulis de carottes au cumin ou les filets de perche. L'endroit idéal pour des repas de famille, d'entreprise, des réceptions de mariage…

LA FLEUR DE SEL €€€

Rue du temple 10

✆ +41 21 861 26 08

https://www.lafleurdesel.ch/

Fermé du dimanche au mardi midi. Plats autour de 40 CHF.

Au cœur du magnifique vieux bourg de Cossonay-Ville, La Fleur de Sel fait suite depuis 2019 au restaurant gastronomique Le Cerf, qui était tenu par Carlo Crisci depuis plus de trente ans. Pari gagné pour cet établissement, qui a su garder son écrin médiéval mettant en valeur une cuisine très créative tout en finesse et renversante. L'art du geste se concrétise par une présentation sublime et un cadre très agréable, notamment sur la grande terrasse. Un cadre chaleureux et une équipe d'un professionnalisme irréprochable. Ici, on aime aussi transmettre et apprendre.

RESTAURANT DE L'HÔTEL DE VILLE CRISSIER €€€

1 rue d'Yverdon

✆ +41 21 634 05 05

www.restaurantcrissier.com

Ouvert du mardi au samedi de 09h30 à 23h30. Plat à partir de 70 CHF.

L'une des plus grandes tables du pays. En 2012, le chef Benoît Violier a repris les commandes sans démériter. Après son décès brutal en février 2016, sa veuve Brigitte Violier a décidé de garder les rênes de l'entreprise et a confirmé Franck Giovannini comme chef de brigade de cuisine. Cette pérennité dans la haute cuisine est un hommage au grand chef très regretté. C'est une table très raffinée où les produits s'associent pour devenir une œuvre d'art.

L'ARLEQUIN - FORNEROD

58 grand-Rue

✆ +41 21 801 21 24

www.fornerod.ch

Spécialité de chocolat au lait d'ânesse. Ouvert du mardi au vendredi de 7h à 18h30, samedi et dimanche de 7h à 18h.

Au beau milieu de la Grand-Rue, Gérard Fornerod, confiseur-chocolatier-pâtissier de père en fils depuis 50 ans, vous propose : truffes et pralinés, pâtisseries fines, grand choix de sandwichs et de pains, fabriqué dans la plus pure tradition artisanale. Sa spécialité ? Le chocolat au lait d'ânesse. Sous la marque « Le Quartier des Ânes », il vous fait découvrir toute la délicatesse et subtilité de ce lait riche en oméga 3 et 6. En prolongement du magasin, magnifique salon de thé qui vous accueille dans une ambiance classe et feutrée.

LINPASSE BAR À VIN

55 rue des Fossés
✆ +41 79 235 06 58
www.linpasse.ch
Ouvert le lundi de 16h à 21h, du mardi au samedi de 10h à 21h (vendredi jusqu'à 22h).

Dans un espace résolument design avec ses fauteuils zébrés, Jonas a choisi de vous faire partager sa passion du vin. Chaque semaine ou presque, il vous proposera donc sa sélection, dans un cadre vraiment très agréable. Ici, on vous servira donc principalement des vins de la région (très bons si vous en doutiez) que vous pourrez déguster avec une planchette ou une tomme proposées par les charcutiers et les fromagers de la région, évidemment ! Agréable terrasse avec coussins de couleur pour un apéro entre amis dès les beaux jours.

L'ATELIER MERCERIE

14 grand-Rue
✆ +41 21 801 81 82
ateliermercerie.com
Ouvert du mardi au vendredi de 9h30 à midi et de 13h30 à 18h30, le samedi de 9h30 à 17h.

Anciennement connu sous le nom des Perles et Petites Choses, cet Atelier Mercerie a repris le concept en l'étoffant de nombreux articles, tout en se fendant d'un joli jeu de mots : Les Toiles Fileuses ! La boutique organise également des ateliers couture sur place pour les 9 à 13 ans ou d'autres pour les adultes. Elle propose aussi des patrons pochettes, des kits de couture, et bien évidemment des machines à coudre. En exclusivité, on y trouve le Liberty Tana Lawn, lisse, doux et légèrement soyeux, un des tissus en coton les plus agréables à porter.

LA BOÎTE À THÉ

97 grand-Rue
✆ +41 21 801 12 86
www.laboiteathe.ch
Ouvert du lundi au vendredi de 9h à 18h30, le samedi de 9h à 17h.

Il existe plus de 200 sortes de thés dans ce magasin tout cosy, adorable et chaleureux. Une grande variété de thés (thés noirs neutres, thés noirs parfumés, thés verts neutres, thés bleus, thés blancs) sont proposés... Et ici on privilégie l'accueil du client ! L'endroit fait aussi petit salon de thé où vous pouvez déguster une boisson chaude ou des sirops artisanaux, accompagné de petits biscuits délicieux. La Boite à Thé propose aussi des *Afternoon Tea*, des soirées découvertes et des soirées littérature. Petit salon de thé.

CITY GOLF

✆ +41 21 801 32 33
Adultes 8 CHF, enfants 5 CHF, famille 20 CHF.

Une sortie sportive unique et pleine de découvertes au cœur de la ville : le City Golf est une activité sympathique à pratiquer entre amis ou en famille. À mi-chemin entre le minigolf et le swingolf, vous arpentez le parcours sur les pavés, les parcs et les quais de la ville de Morges jusqu'à Préverenges. Une déambulation citadine fort originale. Points de vente : office de tourisme de Morges, Confiserie Fornerod et Surf Shop Préverenges. Des points de retour du matériel vous seront indiqués si vous devez le rendre en dehors des heures d'ouverture.

SURF SHOP

1 Avenue Plage ✆ +41 21 8021616
www.surfshop.ch
D'avril à octobre. Horaires différents selon la saison, voir sur le site. En été, ouvert tous les jours de 9h à 21h.

Non, vous ne rêvez pas, il y a bien un Surf Shop à Morges. Ou plutôt devrait-on dire une école (avec cours dès 3 ans) et un magasin consacrés uniquement à la planche à voile. On y retrouve également la possibilité de louer des pédalos, des bateaux motorisés et, bien évidemment, des stand up paddles (oui, je suis vraiment fan du stand up paddle sur le lac !). Des cours sont aussi proposés pour la pratique du wakeboard, du wakesurf et du ski nautique. Le Surf Shop met aussi en place des excursions sur le lac et vous accueille sur sa jolie terrasse pour des snacks.

THÉÂTRE DE BEAUSOBRE

2 avenue de Vertou
✆ +41 21 804 15 90
www.beausobre.ch
Achat de billets au guichet de l'Hôtel de Ville ou sur Internet.

Le Théâtre de Beausobre propose un programme étoffé de spectacles variés : théâtre, humour, magie, théâtre musical, chanson, musique du monde, opéra, gospel... La programmation est variée (on vous invite à aller parcourir son site Internet pour découvrir ce qu'il y aura lors de votre passage), et les artistes connus autant que ceux prometteurs s'y retrouvent sur le devant de la scène. En mai-juin, la ville accueille un festival d'humour international, Morges-sous-Rire, très prisé. C'est bien évidemment dans ce beau théâtre que ça se passe !

SAINT-CERGUE ★

Saint-Cergue constitue l'étape sportive à votre parcours : été comme hiver, on y trouve de nombreuses activités. On fait du ski sur le vaste domaine desservi par 19 remontées mécaniques ou, plus curieux et original, on se promène en attelages de chiens de traîneau. Les enfants trouvent des pistes à leur niveau, et les plus grands iront sur les Jouvencelles, dans le massif de la Dôle, vers les Rousses. Également de très beaux parcours pour le ski de fond et les randonnées en raquettes, suivis de fondue ou de raclette… Le petit train orange peut également vous y conduire ; tous les renseignements sont disponibles à l'office de tourisme de Saint-Cergue.

© BILDAGENTUR ZOONAR GMBH - SHUTTERSTOCK.COM

Saint-Cergue.

RESTAURANT D'ALPAGE BASSERUCHE

Route de Basse-Ruche
✆ +41 22 360 18 88
www.basseruche.ch
Ouvert du mercredi au dimanche de 11h à 19h.

Cet espace de loisirs propose des activités de plein air en toute saison. L'été, ce sera pour une tyrolienne, un footgolf ou une trottinherbe, l'hiver, pour des balades en raquettes ou des cours de ski. Mais ce qui nous intéresse, c'est surtout l'après-ski ! Le restaurant est logé dans une ancienne écurie et sert des fondues à déguster au coin de la cheminée. L'endroit est purement authentique, avec une décoration très boisée et riche : ambiance chalet de montagne garantie.

HÔTEL RESTAURANT DE LA POSTE €€

5 route de Nyon
✆ +41 22 360 12 12
7 chambres. Chambre simple à partir de 80 CHF, chambre double 120 CHF. Petit déjeuner compris.

Cet établissement traditionnel est situé à 5 minutes à pied de l'école de ski et des remontées mécaniques. Confort simple, mais on apprécie que chaque chambre dispose d'un coin salon avec télévision, Wifi et d'une salle de bains privée. Vous avez accès à un jardin, une terrasse et au local à skis et à vélos. Une pizzéria se trouve au rez-de-chaussée, et propose de grandes pizzas qui devraient vous rassasier. Les patrons peuvent vous aider à organiser vos activités.

REFUGE & RESTAURANT LA TRÉLASSE €

Carroz d'Amont
✆ + 41 22 360 12 89
latrelasse.ch
Ouvert le week-end de 10h30 à 17h et dès 19h, mercredi de 12h à 16h30.

Refuge au milieu des pistes ou des verts pâturages en été. Authentique, typique et animé, c'est le bon endroit pour festoyer (pas de voisinage) après une balade en raquettes. Le fromage est l'allié du cuisinier qui le sert en fondue (dont la fameuse trilogie de fondues), en croûte, en raclette, en boîte (vacherin mont-d'or)… J'arrête, j'en ai l'eau à la bouche ! Mais vous l'avez compris, à La Trélasse, vous passerez un moment joyeux, d'évasion et de détente.

ESPACE DÔLE

Équipé d'un nouveau télésiège de 4 places et d'autres montées mécaniques, l'Espace Dôle offre un bon domaine skiable. Il propose 23 km de pistes, desservis par 4 télésièges et 8 téléskis au total. Son altitude se situe entre 1 235 et 1 663 m. On est donc plutôt sur une petite station familiale, qui propose des cours de ski alpin, de ski de fond, de snowboard, etc. Il est même possible de pratiquer du ski pendant la nuit (grâce à des éclairages), sur les deux pistes Corps de Garde et du Bois de Saint-Cergue du mardi au samedi de 18h à 21h30.

PULLY ★

Pully n'est qu'à 3 km d'Ouchy, port de Lausanne. Vous vous y rendrez facilement et agréablement à pied par les quais. Il est également très facile de rejoindre Pully en bus ou en train. Pully, ancien village de vignerons, est devenu très attrayant pour son climat et certains avantages liés à la fiscalité suisse. C'est ainsi qu'entre les années 1950-1970, il s'est transformé en une ville de près de 18 000 habitants. Parmi les personnalités qui y ont séjourné, on peut citer le poète et écrivain Charles Ferdinand Ramuz, l'auteur dramatique Jean Anouilh, le cinéaste Henri Verneuil, le peintre Marius Borgeaud et le général Guisan.

Faune et Flore

▸ Attention aux « puces de canard » ! Si une fois sorti du lac, quelques dizaines de minutes après votre baignade, vous ressentez des démangeaisons, c'est tout à fait normal ! La puce du canard, ou dermatite du baigneur, apparaissent dans des eaux peu profondes, riches en végétation et dont la température dépasse 20 °C. Soit donc la description du lac Léman en été. Cette affection dermatologique est provoquée par les larves d'un parasite du canard qui pénètrent sous la peau et génèrent de fortes démangeaisons, heureusement sans gravité. Mais pour l'éviter, mieux vaut donc vous doucher directement après le bain !

ARCHÉOLAB

2 avenue Samson-Reymondin
✆ +41 21 728 33 04
www.archeolab.ch/fr/accueil
Ouvert mercredi, samedi et dimanche de 14h à 18h. Tarifs : adultes 7 CHF, gratuit pour les moins de 16 ans.

Il y a près de 2 000 ans, s'élevait sur la colline du Prieuré une splendide villa romaine. Salons ouverts, jardins verdoyants, bassin et fontaines : ses habitants profitaient de la douceur de vivre à la romaine au nord des Alpes. Grâce au travail des archéologues, ce palais spectaculaire a été restitué et les découvertes mises en valeur au cœur du musée de la Villa romaine de Pully. Vous pouvez admirer son salon en hémicycle et ses superbes peintures murales. Dans ces vestiges, se trouve l'ArchéoLab, un espace de découverte de l'archéologie pour petits et grands.

CENTRE GÉNÉRAL GUISAN

117 avenue Général Guisan
www.generalguisan.ch
Ouvert sur rendez-vous. Attention aux fermetures annuelles. Entrée libre.

Lieu historique situé dans un parc d'un hectare au bord du lac Léman, le Centre général Guisan est un espace privilégié de rencontres, d'études et de mémoire. La propriété, alors appelée *Verte Rive*, a été la demeure, jusqu'à son décès en 1960, du général Guisan, commandant en chef de l'Armée suisse pendant la Seconde Guerre mondiale. De nos jours, l'espace propose différentes salles à la location, et organise également de nombreux événements tout au long de l'année. La bibliothèque militaire et le parc sont aussi ouverts au public.

MUSÉE D'ART DE PULLY

2 chemin Davel
✆ +41 21 721 38 00
www.museedartdepully.ch/fr/accueil
Ouvert du mercredi au dimanche de 14h à 18h. Entrée 10 CHF, étudiants 8 CHF, gratuit le premier samedi du mois.

Jouxtant *La Muette*, maison familiale de C. F. Ramuz, le musée est situé au cœur du village. Cette bâtisse bourgeoise de la fin du XVIIIe siècle, entourée d'un jardin aux arbres rares, a été léguée à la ville en 1941 par la famille Luhrs-Patterson, qui a émis le vœu de la voir devenir lieu public. Les collections relatives à la région alternent avec celles consacrées à l'art contemporain ainsi qu'avec des expositions mettant en valeur un artiste donné ou un thème, destinées au grand public. Une salle thématique permanente est consacrée à Charles-Ferdinand Ramuz.

CAFÉ DES ALPES €

20 avenue des Alpes
✆ +41 21 728 33 11
cafe-alpes.ch
Ouvert du lundi au vendredi de 8h30 à minuit, le week-end à partir de 9h. Comptez entre 20 et 35 CHF pour un plat.

Situé en face de la gare de Pully-Nord, le Café des Alpes vous propose une cuisine suisse mâtinée de touches orientales. Aux commandes, Camille et Shaik savent vous accueillir et vous mettre à l'aise dans ce bel espace. Le grand salon authentique est très agréable. Les plats sont toujours goûteux et très bien présentés. Une bonne adresse pour manger entre amis et en toute décontraction de la cuisine à l'inspiration indienne. Profitez de la terrasse où se trouvent un jardin de plantes aromatiques et une mare aux carpes du Japon !

LA PINTE VAUDOISE €

42 avenue Général-Guisan
✆ +41 21 721 07 28
www.pinte-vaudoise.ch
Ouvert du lundi au vendredi de 7h à 17h. Plats autour de 20 CHF.

GastroVaud et le Conseil d'État (représenté par Jacqueline Maurer-Mayor) ont permis la réalisation de ce restaurant d'application visant à la réinsertion des chômeurs et l'accompagnement à la formation. Aidés de professionnels et motivés pour montrer le meilleur, vos hôtes vous accueillent chaleureusement pour partager un repas équilibré. Au menu, une cuisine du monde comme la minute de poulet tandoori, ou plus traditionnelle avec la joue de bœuf cuisinée en cocotte, vous attendent. À tester pour la beauté du concept autant que celle des plats !

CHEZ PITCH €

1 chemin des Bains
✆ +41 21 728 27 43
www.chezpitch.ch
Ouvert du mercredi au dimanche de 10h à 15h et de 18h à minuit. Plats entre 40 et 55 CHF.

Si vous êtes à la recherche de poissons du lac et surtout du Léman, Chez Pitch vous serez bien servi avec des arrivages de la pêche du jour ! Les filets de perche font la renommée du lieu depuis plus de cinquante ans, mais également l'ambiance qui ressemble à un chalet ou cabane de pêcheur version restaurant sur le bord du lac, face au port de plaisance. L'été, c'est un régal d'attendre le coucher du soleil en savourant les délices d'eau douce. Pour accompagner vos plats, Nino et son équipe vous conseilleront les meilleurs vins !

LA STELLA €

22 grand-Rue
✆ +41 21 728 06 60
www.restaurantlastella.ch
Ouvert du mardi au samedi de 11h30 à 14h et 18h à 22h. Plat du jour de 18 CHF à 24 CHF.

La Stella est un restaurant de spécialités italiennes, qui sert de bonnes pizzas et une cuisine de saison variée comme l'artichaut cru à l'italienne, écailles de parmesan, sauté de *vongole veraci* et gambas rouges, ou encore les tentacules de poulpe grillés, servis sur un risotto safrané au citron. Vous l'avez donc compris, les plats sont travaillés et se révèleront délicieux. L'accueil est plutôt distingué et agréable, le service efficace et la terrasse ombragée merveilleuse en été. L'établissement propose également la livraison à domicile.

PORT DE PULLY €€

7 route du Port
✆ +41 21 728 78 78
www.pullyport.ch
Ouvert du mardi au samedi de 9h à minuit et le dimanche jusqu'à 18h. Plat du jour 20/22 CHF, plats de 25 CHF à 37 CHF.

Idéalement situé face au lac, le restaurant du Port de Pully propose une cuisine méditerranéenne variée ainsi que toutes les spécialités de saison. Les accents du Sud rythment les plats inspirés : paccheri aux aubergines et ricotta salée de Sicile, filet de dorade royale aux parfums de Sicile, parillada de poissons frais du marché, Costa Smeralda… La légèreté des mets est très appréciée en été et réchauffe les cœurs en hiver ! À noter aussi une vaste terrasse avec chaises en teck et nappes saumon. Service un peu débordé en cas d'affluence.

PISCINE DE PULLY-PLAGE

Chemin des Bains
✆ +41 21 728 33 20
www.pully.ch
Les horaires varient selon les jours (se renseigner sur le site de la ville). Entrée 6 CHF, enfant 3 CHF.

Cette piscine est une très belle installation directement au bord du lac avec un bassin olympique, un grand bassin pour les non-nageurs, et une pataugeoire pour les enfants. Tout autour, des tables de ping-pong et des terrains de beach-volley occuperont les sportifs. Sinon, le repos est assuré sur les chaises longues tournées vers les rochers de Mémise ou sur les grandes étendues d'herbe. Une buvette vous accueille avec terrasse panoramique. La ville de Pully possède également une seconde piscine, couverte et chauffée, pour l'hiver.

L'OCTOGONE THÉÂTRE

41 avenue de Lavaux
✆ +41 21 721 36 20
www.theatre-octogone.ch
Billetterie théâtre : 11h à 17h30 du lundi au vendredi (le soir des représentations une heure et demie avant le début).

L'Octogone théâtre de Pully propose 25 spectacles différents par an, des concerts et pièces de théâtre essentiellement parisiennes mais il s'agit surtout d'une des premières institutions de Suisse romande à avoir réservé une place de choix à la danse contemporaine. Depuis plus de 15 ans, elle peut se targuer d'accueillir les plus grands chorégraphes internationaux tels que Carolyn Carlson ou encore William Forsythe. Elle contribue également à promouvoir les créations locales et offre à la compagnie Linga une résidence en ses murs.

LUTRY ★

À l'origine de Lutry, il y avait un couvent bénédictin, fondé au XIe siècle. Ce couvent, dépendant de l'abbaye de Savigny-en-Lyonnais, en France, possédait de vastes propriétés, dont des vignobles dans le pays de Vaud. La conquête bernoise et la Réforme mettront fin à cette situation en 1536 et les vignes des monastères seront sécularisées, vendues ou offertes à diverses institutions ou à des particuliers.

Histoire

Pourquoi appelle-t-on les habitants de Lutry les « singes » ? Ce surnom trouverait son origine au XVIe siècle, chez un certain Bodmer, tailleur de pierre descendant d'une famille d'artisans de Val Sesia, en Italie du Nord. En effet, entre 1556 et 1562, celui-ci appartient à l'importante corporation Zum Affen (« Au singe ») de Berne, regroupant les métiers de la pierre. Lors de la reconstruction de l'église de Lutry, entre 1569 et 1571, Bodmer dirige les travaux et c'est lui qui taille les singes enchaînés dans la grande fenêtre ouest. Les petits singes du château de Lutry, visibles sur le linteau d'une porte datée de 1573, sont quant à eux attribués à son frère. Une autre légende raconte que Berthe au Grand Pied, l'épouse de Pépin le Bref, avait reçu en hommage un singe. Alors qu'elle visite la Suisse, elle s'arrête à Lutry et remercie les habitants de leur hospitalité, en leur offrant un singe.

ALIGNEMENT DES MENHIRS DE LA POSSESSION ★

Rue des Terreaux

Centre-ville de Lutry, au bord du parking de la Possession.

Voici une découverte bien insolite faite dans cette vile. En 1984, lors de la construction du parking, vingt-trois menhirs, alignés côte à côte sur une vingtaine de mètres et disposés sur deux rangées, ont été découverts. Ils dateraient de 4500 à 4000 ans av. J.-C. et le plus gros pèserait 13 tonnes. Une découverte exceptionnelle et un alignement unique au monde dont on cherche encore la signification. La visite est rapide mais mérite vraiment le coup d'œil !

CHÂTEAU DE LUTRY ★★

Château de Lutry

À l'angle de la route de Lavaux (route nationale) et de la rue de Bourg.

Les premiers bâtiments dateraient du XIVe siècle, mais l'allure actuelle du château correspond aux travaux d'agrandissement entrepris au XVIe siècle et à la rénovation des façades en 1729. La tour d'escalier monumentale et le grand portail de la cour occidentale (1573-1576) sont marqués de l'empreinte des frères Bodmer, artisans valsésiens (en Italie du Nord). Légué à la ville de Lutry, en 1854, par Juste-Charles-Antoine de Crousaz, descendant de la famille propriétaire depuis 1640, le château abrite, depuis 1942, l'administration communale. Visites possibles.

PAROISSE ET COUVENT ★★

Place du Temple

Après avoir franchi l'imposant portail de l'édifice, vous pourrez admirer à l'intérieur une voûte ornée d'une belle fresque. Sur le mur adjacent de l'église, vous pouvez lire l'histoire de la paroisse (église et couvent de Lutry). L'origine de Lutry est attestée par quelques notes mentionnant l'existence d'un *castrum* et d'un village de pêcheurs (*lustriacum*). Cependant, la ville a pris son essor au XIe siècle, grâce à l'établissement du couvent bénédictin. Très modeste à l'origine, celui-ci se limitait à un simple *claustrum* situé au sud de l'église ; ses bâtiments se sont développés aux XIIIe et XIVe siècles pour former un vaste complexe monastique. En 1577, les voûtes de la nef et du chœur de l'église ont été entièrement couvertes de peintures maniéristes, œuvre du peintre flamand Humbert Mareschet. Elles représentent en Suisse l'une des plus riches décorations du XVIe siècle. Une rareté en Suisse, surtout après la Réforme qui interdisait et même démolissait ce genre de peintures. On raconte qu'elles ont été en fait offertes à la paroisse par les autorités en échange de l'acceptation de la Réforme par les paroissiens. Le peintre évite toutefois toute figure religieuse et biblique, proscrite par la Réforme, et les remplace par des personnages zoomorphes : atlantes, satyres, faunes, chimères. Un « décor à grotesques » avec lacis de rinceaux et animaux gracieux, des coqs, lapins et grues, ainsi qu'un *putto* (amour) au masque face à un dindon. Métaphore possible de la vanité de ceux qui dissimulent leur personnalité.

PLACE DES HALLES ★

Place des Halles

Belle place ouverte sur le lac, qui se transforme souvent en terrain de football l'été. Au début du XIIIe siècle, la place des Halles correspondait à l'espace séparant le vieux bourg du bourg neuf. L'évêque de Lausanne y avait alors sa tour (érigée entre 1221 et 1229), sa maison et ses fours à pains. Au début du XVe siècle, la domination épiscopale s'est effacée peu à peu au profit des villageois, qui ont construit les halles au sud de la tour. Le bâtiment des halles était alors destiné à l'entreposage de marchandises, et sans doute à accueillir un marché couvert.

HÔTEL LE RIVAGE €€

Rue du Rivage

✆ +41 21 796 72 72

www.rivagelutry.ch

Chambre de 125 à 300 CHF pour une personne selon la chambre.

Adossé au bourg médiéval de Lutry, Le Rivage est une halte poétique sur les rives du Léman. Cet hôtel de charme dispose de 32 chambres, entièrement rénovées, la plupart avec vue sur le lac et le vignoble de Lavaux. Avec son restaurant de qualité et inventif, son bar, sa grande terrasse et son espace lounge, tout invite à la détente et au bien-être. De nombreux événements culturels et culinaires sont organisés à la belle saison. Une étape romantique et intimiste sur les bords du lac, face au petit port, que l'on vous conseille sans hésiter.

RESTAURANT LE RIVAGE €€

Rue du Rivage

✆ +41 21 796 72 72

rivagelutry.ch

Ouvert tous les jours de mai à fin septembre, en basse saison, fermé le mardi et le dimanche soir.

Au bord du lac Léman, devant le port de Lutry, le Rivage sert une bonne cuisine du marché et du terroir avec, bien sûr, des filets de perche et beaucoup de poissons d'eau douce et d'ailleurs. La délicieuse fondue aux poissons est définitivement à goûter car originale et savoureuse. L'hiver, le parquet et le feu dans la cheminée rendent l'intérieur élégant et chaleureux. L'été, la terrasse ombragée donne directement sur le quai et il sera difficile de résister à ses larges fauteuils aux coussins moelleux... Au menu : moules, huîtres, plats de poisson, salades, etc.

AUBERGE DE LAVAUX €€€

97 route du Landar

✆ +41 21 791 29 09

www.auberge-de-lavaux.ch

Gastronomique. Fermé le dimanche et le lundi. Menu d'affaires 75 CHF, du mardi au vendredi à midi. Menu folie : 160 CHF.

L'auberge de Lavaux est un très bon restaurant à la Conversion, au-dessus de Lutry, récompensé par un guide gastronomique, et servant une cuisine classique du marché agrémentée de touches de modernité, préparée par Christophe Rod. Verrière panoramique et l'été, belle terrasse à l'ombre des cyprès. Pour vous donner l'eau à la bouche : filet de veau sauce moutarde à l'ancienne et cremolata à la noisette, fine lasagne de foie gras châtaigne et poire Conférence, l'effilochée de tourteau à la pomme verte sur son délice à la courge provençale...

CAVEAU DES VIGNERONS

23 grand-Rue

✆ +41 78 661 26 25

caveau-lutry.ch

Ouvert toute l'année du mardi au samedi de 17h à 21h, et du jeudi au dimanche de 11h à 14h.

Après une balade dans le village médiéval, l'heure est venue de passer à la dégustation. On vous conseille donc de faire une halte viticole au Caveau des Vignerons. Ici, les propriétaires ont choisi de façonner un lieu de rencontre, pour regrouper les petits producteurs des alentours avec les touristes de passage dans le coin. Alors allez-y sans hésiter et dégustez ! Derrière la lourde porte, l'ambiance est généralement animée et vous ne regretterez pas votre passage. On dit que le vin de Lutry a une petite note rappelant le pamplemousse. Original !

L'ESPRIT FRAPPEUR

20 avenue du Grand-Pont

✆ +41 21 793 12 01

www.espritfrappeur.ch

Ouvert la semaine à 20h30, ouverture des portes 1h avant le concert, le dimanche à 17h. Entrée 30 CHF, enfant 10 CHF.

Café-théâtre convivial et réputé qui accueille de nombreux artistes, surtout des musiciens. Une place importante est réservée aux jeunes artistes ainsi qu'à ceux plus confirmés. Pour bien finir la journée de balade touristique dans le bourg, ce joli théâtre est le lieu idéal. En plus, L'Esprit Frappeur soutient les artistes locaux ainsi que de Suisse romande en leur offrant une captation multicaméras qui est diffusée ensuite sur notre chaîne YouTube. Une direction artistique résolument moderne qui vous permettra donc de revoir la pièce une fois à la maison !

Les villages de Lutry et Pully.
© PHILIPPE GUERSAN - AUTHOR'S IMAGE

ARAN

Ravissant hameau situé à 100 m au-dessus du lac, dont il possède 1,2 km de rives. Sa superficie de 131 ha comprend les domaines viticoles de Châtagny et de Montagny. C'est également le siège administratif de Villette, le bourg d'à côté. Chaque année, fin novembre, les huîtres s'invitent à Aran-Villette pour accompagner la délicatesse des crus de Villette dans une ambiance conviviale. Ne ratez donc pas cette manifestation : Des huîtres et du Villette ! Pour y accéder, en train, c'est par la gare de Villette, et comptez un petit quart d'heure pour monter à Aran. En voiture, le village se trouve sur la route de la Petite Corniche.

BOURG-EN-LAVAUX

Bourg-en-Lavaux, 5 000 habitants, est né le 1er juillet 2011, suite à la fusion des communes de Cully, Epesses, Grandvaux, Riex et Villette. La commune se déploie dans un site inscrit au patrimoine mondial de l'Unesco depuis 2007. Sur un terroir aux reliefs uniques au monde, elle produit sur 270 ha de vignobles en terrasses, vieux de plus de douze cents ans, des nectars d'exception. Cette région viticole se distingue également par quelques manifestations culturelles devenues incontournables dont Cully Jazz, Cully Classique ou Cully Bazar, et des infrastructures de qualité : établissements hôteliers, restaurants, salles de spectacle et d'exposition…

LE GUILLAUME TELL €€€

5 route de la Petite-Corniche
✆ +41 21 799 11 84
leguillaumetell.ch
Fermé le dimanche et le lundi. Lunch avec entrée, plat, dessert 66 CHF. Plats 55/57 CHF.

Le Guillaume Tell est un restaurant élégant logé dans une jolie maison vigneronne d'Aran-Villette. Son chef Denis Velen prépare une cuisine d'exception, avec toujours autant de passion depuis 1989. Une grande recherche est faite sur les saveurs, le métissage des produits et la surprise du goût. Les jours de beau temps, vue splendide à partir de la terrasse. En réservant la veille, l'établissement vous propose de découvrir avec le chef de 19h à 19h30 une recette en cuisine, avec un verre de chasselas et en toute décontraction !

CAVEAU VILLETTE

2 rue du Village
✆ +41 77 488 23 27
www.caveau-villette.ch
Ouvert d'avril à octobre, du vendredi au dimanche de 17h à 21h.

Comme souvent dans le coin, voici un autre caveau de dégustation, pour profiter du bon vin et des produits régionaux. En plus de cela, ici, diverses fêtes locales s'y déroulent : la Saint-Vincent de Villette le dernier samedi de janvier, et Des huîtres et du Villette, le dernier samedi de novembre. Le reste du temps, c'est un établissement très sympathique où l'on a plaisir à prendre un verre. Le cadre mêle une décoration moderne et colorée à l'architecture typique de la cave voûtée du caveau. Idéal pour une soirée entre amis amateurs de vins !

DOMAINE WANNAZ

CHENAUX
✆ +41 21 799 21 40
www.wannaz.ch
Sur rendez-vous. Dégustation au domaine, chaque jeudi de 17h à 21h. Repas à 18 CHF lundi et vendredi midi.

Gilles Wannaz, du domaine du même nom travaillé en biodynamie, est tout à la fois vigneron et œnologue, poète et metteur en scène culinaire, mais aussi créateur de produits issus de la vigne, un homme de terroir et de terrain qui vous propose de partager un moment hors du commun. Ici, il y a un pays et son histoire à découvrir, à boire, à manger (selon les formules choisies). Bien plus qu'une simple visite au caveau. En nouveauté, l'équipe du domaine invite désormais les gourmands à partager sa table tous les lundis soir et vendredis midi.

LA TOUR DE GOURZE ★

Route de la Tour de Gourze
✆ +41 21 78 114 74
www.gourze.ch
Ouvert du mardi au samedi de 10h à 23h. Dimanche de 10h à 21h.

La tour de Gourze est le vestige d'une tour de guet médiévale située sur le mont de Gourze. De forme cubique, elle fait environ 9 m de haut et domine le bassin lémanique. Elle offre un panorama exceptionnel sur les Alpes. Ses origines n'ont jamais été clairement déterminées : la reine Berthe l'aurait construite au IXe siècle pour protéger Lavaux des invasions sarrasines ; on évoque également l'action des évêques de Lausanne au XIe siècle. Aujourd'hui, on trouve à ses pieds un café-restaurant qui vous propose de prendre le temps de profiter du panorama.

LA RIVIERA SUISSE

Village d'Epesses.

LAVAUX EXPRESS

✆ +41 848 848 791
www.lavauxexpress.ch
D'avril à octobre. Tarif adulte 16 CHF (25 CHF pour le « Train du caveau » avec dégustation de vins). Enfants : 6 CHF.

Le petit train des vignes sillonne les pentes et les coteaux de cette région viticole forgée par des générations de viticulteurs. À l'image des crus de Lavaux, ce décor enchanteur ne manquera pas de vous séduire. Pour ceux qui ne veulent ou ne peuvent pas faire de longues marches, le Lavaux Express est une solution très sympathique. Ce petit train propose deux itinéraires au départ de Lutry ou de Cully, d'environ une heure chacun. De mai à septembre, les soirs de week-end la course « Train du caveau » inclut même une virée dans un caveau avec dégustation de vins.

AUBERGE DE LA GARE €€

1 rue de la Gare
✆ +41 21 799 26 86
www.aubergegrandvaux.ch
Chambre simple dès 150 CHF, chambre double dès 210 CHF. Restaurant ouvert du mardi au samedi de 7h à 23h.

Dans cette belle maison, Philippe et Raymonde Delessert vous accueillent avec le sourire. Ancienne maison datant de 1862, l'hôtel a été totalement rénovée et les chambres sont lumineuses avec une décoration champêtre. Il ne dispose que de 5 chambres, mais décorées avec charme et modernité. Le restaurant de l'auberge (13 points Gault et Millau) vaut le détour ! On y trouve des plats du jour et une cuisine du terroir, avec en spécialité les filets de perche. La magnifique terrasse offre une vue imprenable sur le lac et les Alpes.

AUBERGE DU RAISIN €€

1 place de l'Hôtel-de-Ville
✆ +41 21 799 21 31
www.aubergeduraisin.ch
Chambre simple de 145 CHF, chambre double de 165 CHF. Petit déjeuner inclus. Parking 15 CHF par jour.

Dans le joli village de Cully, une maison de caractère tenue par Brice et ouverte par son grand-père au siècle dernier (il y a plus de soixante ans !), comprenant 10 chambres de style : lits à baldaquin aux rideaux fleuris et baignoires à pieds dorés. Cette auberge familiale respire le calme. La vieille bâtisse est pleine de charme, de coins et de recoins, chargée d'histoire et chaleureuse. Le restaurant gastronomique est très réputé. Après l'accueil au coin du feu, on vous conseille donc d'aller y découvrir les recettes traditionnelles et novatrices.

HÔTEL LAVAUX €€

Route Cantonale
✆ +41 21 799 93 93
www.hotellavaux.ch
Chambre simple de 120 à 180 CHF, chambre double de 160 à 380 CHF, chambre familiale de 245 à 420 CHF.

L'hôtel Lavaux dispose de 64 chambres, confortables et modernes déclinées en huit catégories (chambre simple, double, junior suite, appartement…). Une terrasse sur le toit offre une vue panoramique sur le lac et le vignoble. Idéalement situé entre Lausanne et Vevey/Montreux, à 1 min à pied de la gare d'Epesses, l'Hôtel Lavaux est un nid douillet pour vos excursions dans les terrasses viticoles de Lavaux. Une perle au bord du lac pour se ressourcer et apprécier les beautés de cette région. Le restaurant L'Atelier propose une cuisine italienne.

Village d'Epesses.

LA GARE CULLY €

2 place de la Gare
+41 21 799 21 24
www.lagarecully.ch
Ouvert du mardi au vendredi de 8h à minuit, et le samedi de 19h à 24h. Plat entre 20 et 50 CHF.

Si le restaurant est très réputé, l'établissement comprend également un café typique et une merveilleuse terrasse ombragée. La carte, complète et très alléchante, annonce aussi bien tomme panée sur salade, filet de perche meunière ou pâtes fraîches, que bavette de bœuf à l'échalote, le tout complété par des burgers ou des plats végétariens. En plus de cela, on vous propose aussi des assiettes du jour qui changent selon l'inspiration du chef. Pendant le festival de jazz de Cully, c'est l'endroit où aller ! Même sans le festival, d'ailleurs !

RESTAURANT DE LA TOUR DE GOURZE €

Au Sommet
+41 21 781 14 74
www.gourze.ch
Ouvert du mardi 10h au samedi jusqu'à 23h et le dimanche de 10h jusqu'à 21h. Comptez 25 CHF pour un plat.

Petit havre de paix entre vaches et panorama à couper le souffle, le café restaurant de la tour de Gourze est un joli chalet doté d'une grande terrasse. On y sert des plats traditionnels roboratifs : fondue, croûte au fromage ou saucisse au chou et rösti ; et en dessert, des meringues à la double-crème de gruyère ! Ce lieu haut perché vous fera donc l'étalage de toute la gastronomie vaudoise. Des spécialités fromagères à consommer sans modération !

AUBERGE DU RAISIN €€

1 place de l'Hôtel-de-Ville
+41 21 799 21 31
www.aubergeduraisin.ch
Ouvert du lundi au samedi de midi à 13h30 et de 19h à 21h30. Comptez de 36 à 74 CHF pour un plat.

Maison de caractère dans le joli village de Cully, l'Auberge du Raisin est une adresse toute en élégance. Sous le plafond marqueté d'une salle fin XIVe début XVe, décorée de natures mortes, on déguste une cuisine gastronomique, des bonnes viandes à la broche comme la côte de bœuf « boucherie Nardi », beurre crémeux à l'estragon, ou encore le coquelet suisse rôti entier à la broche, sauce à la moutarde de Meaux. Les mets au poisson sont finement cuisinés. Plusieurs espaces, bar, caveau, brasserie, restaurant, salon de lecture et hôtel.

DOMAINE CROIX DUPLEX ★

2 route de Chenaux
+41 021 799 15 31
www.croix-duplex.ch
Vente et dégustation. Ouvert du lundi au vendredi de 10 à 18h, samedi de 10 à 15h, toute l'année.

Pour une dégustation avec vue panoramique sur le lac ! Le domaine est géré par Maude et Simon Vogel, frère et sœur, héritiers d'une grande famille vigneronne. Ces viticulteurs passionnés se mettent en quatre pour trouver les nectars qui vous correspondent. Vous risquerez d'ailleurs de repartir avec quelques bonnes bouteilles pour retrouver le goût de Lavaux chez vous. Le domaine propose aussi des forfaits dégustation sans alcool. Idéal pour les enfants et les chauffeurs, avec jus de fruits produits par un artisan local 100 % naturel. Un délice !

© DS

© DS

LA RIVIERA SUISSE

AUBERGE DU VIGNERON €€

Route de la Corniche
✆ +41 21 799 14 19
www.aubergeduvigneron.ch

Ouvert du mardi au dimanche en été et du mardi au samedi en hiver. Comptez de 26 à 44 CHF pour un plat.

Cette belle auberge traditionnelle avec terrasse face au lac bénéficiait d'un emplacement magnifique, mais la cuisine et le tenancier avaient très mauvaise réputation. Ce détail d'importance a fort heureusement changé grâce à l'arrivée des nouveaux propriétaires. Tenu donc à présent par une belle équipe et dans une ambiance familiale, le restaurant propose des plats du terroir et d'ailleurs. D'autres plats sont plus raffinés et orignaux, par exemple les cailles farcies. Désormais, il n'y a pas que la vue qui en vaut la peine !

CAFE DE RIEX €€

24 route de la Corniche
✆ +41 21 799 13 06

Ouvert du mardi au samedi inclus, et dimanche midi. Menu du café 60 CHF. Menu du marché 80 CHF. Plat à partir de 24 CHF.

Un petit bistrot vaudois de village avec boiseries et bibelots *vintage*. Cet établissement typique, longtemps tenu par la famille Magnin, a été repris en 2013 par le chef Peter Hasler, un voisin, ancien cuisinier du restaurant du Raisin. Depuis, l'établissement a été rénové et la cuisine locale a pris des lettres de noblesse : la pintade s'accommode d'épices nouvelles, le saucisson vaudois de lentilles moutardées, le dessert au chocolat d'une glace à la sarriette… Menus de saison et cuisine élaborée, carte alléchante, quelques suggestions du jour à l'ardoise.

L'ATELIER €€€

Route cantonale
✆ 021 799 10 88
www.atelier-restaurant.ch

Fermeture le dimanche. Plats autour de 30-60 CHF. Menus à partir de 80 CHF.

C'est le restaurant de l'hôtel Lavaux, à Cully, au bord du Léman, doté d'une salle à la décoration design chic et confortable et d'une terrasse panoramique. L'atelier propose une cuisine de saison autour des spécialités italiennes avec des produits de la région lémanique, dans des déclinaisons créatives et colorées. Les vins du Lavaux accompagnent ces saveurs raffinées. Pâtes fraîches, risottos, burgers et tartares sont un incontournable de la maison, mais bien d'autres assiettes élégantes et savoureuses méritent d'être testées !

LE VERRE GOURMAND

29 route de la Corniche
✆ +41 21 799 34 31
www.le-verre-gourmand.ch

Du jeudi au dimanche de 17h à 21h. Formule : une bouteille de vin d'Epesses et planchette de charcuterie 50 CHF.

Rouge pour un viticulteur cela ne s'invente pas ! Au cœur d'Epesses, la famille Rouge, enracinée dans ce terroir d'exception, vous propose ce nouvel espace, ouvert en 2015. Au programme : une halte gourmande dans un magnifique bar pour un café, un verre de vin ou alors une petite faim (également à l'emporter), un camp de base idéal pour profiter du magnifique vignoble au cœur du Lavaux. Eté comme hiver c'est un rendez-vous sympathique où l'on se régale de charcuterie (Martin à Puidoux) que l'on marie à merveille avec l'un des crus de Lavaux.

CAVEAU CORTO ★

Chemin du Four ✆ +41 21 799 28 96
www.caveaucorto.ch

Ouvert tous les week-ends d'avril à novembre : le vendredi de 17h à 21h, les samedi et dimanche de 16h à 21 h.

Hommage à Corto Maltèse, le héros d'Hugo Pratt, célèbre habitant de Grandvaux jusqu'à sa mort en 1995, pour ce caveau contemporain. La décoration est faite avec goût et de manière design, avec une terrasse sublime qui surplombe tout Lavaux. Les dix vignerons représentés ici cultivent tous leurs vignes dans le village de Grandvaux, et se relaient à tour de rôle pour assurer les dégustations dans une ambiance conviviale. L'endroit est donc propice pour aller à leur rencontre et leur poser toutes vos questions sur leur métier-passion, accompagnées de mets froids.

CAVEAU DES VIGNERONS D'EPESSES

Sur la route de la Corniche. 10 min à pied depuis la gare d'Epesses. ✆ +41 79 378 42 49
www.caveau-epesses.ch

De mai à novembre, ouvert du jeudi au dimanche de 16h à 20h. En basse saison, horaires variables.

Belle et authentique cave voûtée où vous dégustez les vins du domaine, dont les appellations épesses, calamin et dézaley. On dit que les vins d'Epesses sont robustes et dotés d'une forte personnalité qui s'affirme par des arômes fruités et épicés rappelant l'ananas, le poivre ou encore la truffe noire. Les Grands Crus de Calamin sont quant à eux racés et virils, avec un terroir en puissance qui imprègne les vins d'une légère amertume et de saveurs séveuses. Une halte qui rafraîchit !

AU CAVEAU DES VIGNERONS DE CULLY

16 place d'Armes
✆ +41 79 767 72 66
www.caveau-cully.ch
Ouvert de 17h à 21h du jeudi au dimanche, d'avril à octobre, ou sur demande.

Encore une belle dégustation à faire dans le coin, avec une magnifique vue sur le vignoble ! Situé au bord du lac, à l'ombre de la place d'Armes, la vue est imprenable sur le vignoble. Entièrement voué à la dégustation, le Caveau des Vignerons est un lieu chaleureux pour la découverte des vins de Lavaux. En été, les Apéro Lac font un carton avec à votre disposition une chaise et un panier garni de bons produits : une bouteille de vin et de la tomme vaudoise.

AU CLOS DE LA REPUBLIQUE - PATRICK FONJALLAZ ★

Ruelle du Petit-Crêt
✆ +41 21 799 14 44
closdelarepublique.ch
Dégustation et vente directe du mardi au vendredi de 9h à midi et de 14h à 17h, le samedi de 9h30 à 12h30.

Le domaine de Patrick Fonjallaz constitue peut-être l'une des plus belles caves à visiter. L'activité des Fonjallaz dans le vignoble de Lavaux remonte au XVIe siècle et en fait ainsi l'entreprise familiale la plus ancienne de Suisse. Le domaine représente 35 ha qui sont vinifiés à la propriété et bénéficie en outre d'une incroyable terrasse. En plus des dégustations, on vous y accueille pour différents types d'événements, notamment des mariages.

HEGG ET FILS VIGNERON - ENCAVEURS

La Mottaz
✆ +41 21 799 14 51
www.hegg-fils.ch
Ouvert le samedi de 10h à 13h ou sur rendez-vous.

Cette petite exploitation familiale au tempérament joyeux vous propose des cépages Chasselas avec le vin Epesses « La Boursière », AOC Lavaux, un Dézaley « La Gruyre », AOC Grand Cru, un Calamin AOC grand cru. Du cépage Merlot avec un Merlot grand cru. Des arômes tantôt doux ou minéraux, doux ou fruités. En dégustation tous les samedis en été et sur rendez-vous hors saison. La famille Hegg attache beaucoup d'importance à l'authenticité des produits.

PUIDOUX

D'une superficie de 3 800 ha, la commune de Puidoux est la plus vaste du district de Lavaux. Elle se déploie ainsi d'espaces de vignobles du côté de Treytorrens et Dézaley, en campagne du côté de Cremières et des flancs du Mont-Pèlerin. Puidoux est aussi le seul village vaudois de plaine à posséder un lac dans sa totalité : le lac de Bret. Sa chapelle et la tour de Marsens (construite par l'évêque de Lausanne aux alentours du XIIe siècle et qui aurait servi de refuge pour les moines qui défrichaient les alentours) sont des monuments historiques, alors que Crêt-Bérard et son petit cloître, transformés en salles de conférence, datent seulement de 1953.

© MONSIEURBOULE - SHUTTERSTOCK.COM

Puidoux.

GOLF DE LAVAUX

Sortie Puidoux-Chexbres, numéro 13, traverser Puidoux-Gare, passer sous la voie ferrée. Rejoindre le lac de Brêt. Environ 2,5 km depuis l'autoroute. ✆ +41 21 946 14 14
www.golflavaux.ch
Ouvert de mi-février à mi-décembre. Restaurant ouvert du mardi au dimanche de 8h30 à 21h.

Pour changer de tous les caveaux alentour, vous trouverez ici un magnifique parcours 18-trous, dans un paysage de rêve : 62 ha légèrement vallonnés avec une vue magnifique sur les Alpes ! Pour les plus novices, il y a également un 6 trous ainsi qu'un putting et un driving. Alors, ne manquez surtout pas l'occasion d'y aller, vous ne serez pas déçus par ce décor vraiment imprenable. Sur place, le restaurant propose une cuisine traditionnelle, renouvelée tous les jours. Bien évidemment, un bon vin du coin accompagnera tous vos plats !

CHEXBRES

Surnommé « le balcon du Léman », le village de Chexbres offre un magnifique panorama sur le lac et les Alpes. C'est un camp de base idéal pour parcourir les vignobles. Avant d'y aller, attention tout de même à la manière dont vous allez prononcer son nom : le x et le b sont muets, ça se dit donc comme la chèvre ! Pourtant vous n'y verrez pas d'animaux, mais c'est bien des vignes qui s'étendent à perte de vue. Pour y accéder, rien de plus simple : en voiture, c'est proche de la sortie d'autoroute et en train direction Palézieux, et descendez à Puidoux-Chexbres. C'est une halte qui restera mémorable lors de votre passage dans le Lavaux.

CHÂTEAU DE CROUSAZ ★

En train, gare de Chexbres-Village.

Crousaz, l'un des trois hameaux à la base de la commune de Chexbres, était jadis un bourg fortifié. Dominant le lac, le château se situe sur un promontoire qui permet à Chexbres de se présenter comme « le balcon du Léman ». Malgré cela, le château a été plusieurs fois incendié, et l'édifice a été reconstruit de 1603 à 1607. Il abritait alors une salle de justice. Aujourd'hui, le château est devenu propriété privée. Depuis 1999, il est le siège d'un réseau universitaire international regroupant des chercheurs spécialisés en management de la qualité.

MAISON WYTTENBACH ★

Route de la Corniche

Siège du Conseil communal et de la Municipalité depuis 1915, cette bâtisse du XVIIIe siècle était autrefois l'Auberge du Cœur d'Or. Au XIXe siècle, c'est devenu la propriété d'une famille patricienne bernoise, les Wyttenbach, qui lui donna donc son nom actuel aux origines plus germaniques. C'est l'une des plus belles et des plus anciennes bâtisses du bourg. Son architecture est harmonieuse et elle est toujours bien entretenue. Aujourd'hui, en plus d'appartenir à la commune de Chexbres, elle abrite également d'autres manifestations.

LE BARON TAVERNIER €€

Route de la Corniche
✆ +41 21 926 60 00
www.barontavernier.ch

26 chambres. Chambre simple de 150 à 200 CHF, chambre double de 190 à 390 CHF.

Une adresse de charme. Un écrin au milieu des vignes, Le Baron Tavernier est suffisamment en hauteur pour bénéficier d'un des plus beaux panoramas sur le lac et les Alpes. Ouvert en novembre 2005, il n'a gardé que les murs de l'ancien hôtel Bellevue pour en faire une maison chaleureuse, avec un petit côté demeure seigneuriale. Au total, 26 chambres et suites (la plupart possèdent un balcon) réparties entre deux bâtiments. Parfait pour les voyageurs aimant le calme et les beaux paysages, Le Baron Tavernier est doté d'un spa et d'un restaurant panoramique (Le Deck).

HÔTEL PRÉALPINA €€

35 route de Chardonne
✆ +41 21 946 09 09
www.prealpina.ch

Chambre simple à partir de 90 CHF, chambre double à partir de 110 CHF.

Ancien Grand Hôtel de Chexbres au début du XXe siècle, le Préalpina a d'abord été transformé en institut pour jeunes filles avant de devenir un bel hôtel avec 55 chambres modernes, entièrement rénovées en 2014, dont certaines avec balcon et vue sur le lac, le vignoble et les Alpes. Il offre donc tout le confort moderne, dont par exemple le Wifi et le parking gratuits, mais aussi de grandes baies vitrées sur le lac. Car là est bien sa singularité : la magnifique vue sur le lac depuis votre lit ! Une belle halte sur le chemin des dégustations des vins vaudois.

LE BON SAUVAGE €

Route de la Corniche
✆ +41 21 926 60 00
www.barontavernier.ch

Ouvert tous les jours de 7h à 23h (service bar), pour les repas ouvert du lundi au samedi de 12h à 14h et de 19h à 21h.

Quand terroir et traditions sont l'âme d'un lieu, cela donne Le Bon Sauvage : un *wine tasting bar*. Cet établissement est en fait la pinte vaudoise de l'hôtel du Baron Tavernier, véritable auberge des temps modernes, qui se veut le lieu de rassemblement populaire par excellence, puisqu'on y vient aussi bien pour discuter le bout de gras devant un verre de vin que pour y manger. On y valorise les produits régionaux et la noblesse des plats traditionnels ; un endroit convivial où la cuisine fait la part belle aux richesses du terroir Vaudois.

RESTAURANT PIZZERIA DU NORD €

4 place du Nord
✆ +41 21 946 10 26
www.restaurantdunordchexbres.ch
Ouvert 7j/7 de 9h à minuit. Comptez 40 CHF pour des viandes, environ 20 CHF pour des pâtes et pizzas dès 16,50 CHF.

Au centre du village, c'est l'adresse pour une bonne pizza à la pâte fine ! Un changement de propriétaire en 2017 mais une équipe qui reste la même. C'est une adresse conviviale où les habitués viennent facilement en semaine pour un repas familial ou en tête à tête. Les produits frais apportent de belles couleurs dans l'assiette. Les murs des deux salles, eux aussi colorés, servent de galerie et d'exposition permanente aux peintures à l'huile de Jeanine Girardet.

LES FILS ROGIVUE

6 rue du Cotterd
✆ +41 21 946 17 39
www.rogivue.ch
Domaine viticole.

Ici c'est une famille de vignerons-encaveurs qui vous accueille. Vous pouvez découvrir les vins récompensé comme la Tour de la Paleyre, Saint-Saphorin ou encore le grand cru AOC Les Embleyres Dézaley. La boutique Saveurs de vignes vous offre tous les bons produits de la région. La passion et l'amour de la terre, le goût de transmettre les valeurs paysannes font de ce domaine un lieu de prédilection pour découvrir tous les arômes subtils des vins du Lavaux. La visite de caves s'impose pour saisir toutes les étapes de la vinification.

LE DECK

Route de la Corniche ✆ +41 21 926 60 00
www.barontavernier.ch
7j/7 11h-23h d'avril à fin novembre. Plat du jour à 19,90 CHF le midi. Le soir menu 98 CHF. Vue panoramique. Lounge bar.

Surplombant les vignes et le lac, la terrasse lounge du Deck (un établissement du Baron Tavernier) offre l'un des plus beaux panoramas de la région. Sous de grandes toiles blanches, les confortables canapés donnent à cette longue terrasse en teck une touche élégante et branchée. Le panorama unique que nous offre le Léman et ses montagnes est d'une rare beauté. Laissez-vous surprendre par les créations du chef et sa cuisine raffinée mêlant saveurs du monde et cuisine française. Nous conseillons également d'y aller pour profiter d'un verre dans ce cadre idyllique.

ASSOCIATION LAVAUX-PANORAMIC

Rue du Théâtre 5 ✆ +41 21 946 23 50
www.lavaux-panoramic.ch
De mi-avril à fin octobre. Durée des parcours : de 60 à 120 minutes selon les circuits. Prix adulte entre 10 ou 16 CHF.

Le train Lavaux-Panoramic propose deux itinéraires au départ de Chexbres :

- **À la découverte de Saint-Saphorin :** Chexbres – Saint-Saphorin – Rivaz – Puidoux – Chexbres (durée 50 minutes).
- **Le Chemin des vignes :** Chexbres – Chardonne (durée 35 minutes).

L'un comme l'autre empruntera des chemins pittoresques et, surtout, vous permettra toujours une petite dégustation chez un vigneron. D'autres courses à thème et privées sont également possibles sur réservation.

MOUTARLIER, LES ARTISANS DU GOÛT

Grand-Rue
✆ +41 21 946 18 15
www.moutarlier.ch
Ouvert le lundi de 7h à 17h30, du mardi au vendredi de 7h à 18h30 et le week-end de 7h30 à 17h.

Pâtissier, confiseur et traiteur, Moutarlier est installé à Chexbres depuis plus de vingt ans. L'endroit fait également restaurant et salon de thé. En plus de la trentaine de places assises à l'intérieur, il y a également une terrasse. C'est un passage gourmand après une balade dans les vignes. Vous craquerez sans doute pour la finesse de ses chocolats ou la créativité de ses pâtisseries comme avec le mille-feuille Mont-Blanc à base de crème de marrons.

CAVEAU DU COEUR D'OR

22 rue du Bourg
✆ +41 79 708 21 86
www.coeurdor.ch
Ouvert seulement les jours d'événements, ouverture des portes 1h avant. Entrée libre, chapeau pour les artistes.

Le Caveau du Cœur d'Or, c'est un lieu de rencontres musicales et culturelles fondé en 2010. Depuis 2012, il est géré par l'association l'Accroch'Cœur. Scène intimiste, mais ambiance très chaleureuses, pouvant accueillir jusqu'à 70 personnes assises et 100 personnes debout. S'agissant d'un très beau caveau voûté, l'apéro est bien évidemment au rendez-vous ! Le lieu est ouvert uniquement lors des jours d'événements programmés, généralement entre le jeudi et le dimanche, en soirée. Nous fonctionnons au chapeau et quelques événements sont payants.

LA RIVIERA SUISSE

RIVAZ

Avec ses 32 ha, Rivaz est la plus petite commune du canton de Vaud... mais elle possède tout de même 1,15 ha de vignes ! Le premier témoignage sur Rivaz remonte à 1199, sous le nom de Ripa, mot latin signifiant rive, rivage. Il semblerait qu'une cité riveraine, Ripa ou Riva, située près de l'actuel château de Glérolles, ait été emportée par une vague gigantesque en 563, à la suite d'un éboulement, conséquence de l'écroulement du mont Tauretunum, l'un des contreforts des Dents du Midi. Cette cité aurait été reconstruite plus haut dans les vignes et aurait gardé son nom, qui n'est plus du tout adapté à la situation géographique actuelle du village !

AUBERGE DE RIVAZ €€

Route du Simplon

✆ +41 21 946 10 55

www.aubergederivaz.ch

Comptez 19 CHF pour une pizza, entre 25 et 48 CHF pour un plat.

Si l'Auberge de Rivaz propose une cuisine méditerranéenne, aux saveurs italiennes, la spécialité est sans aucun doute le « menu pâtes », avec ses trois sortes de pâtes (tagliatelle morilles, tortelloni épinards ricotta et papardelles scampi sauce safran). Le reste est plus traditionnel. Comme toute bonne auberge qui se respecte, en plus d'offrir le couvert, vous pouvez bien évidemment y rester pour le gîte. L'hôtel est bien décoré. Jolie terrasse fleurie avec vue sur le lac, malheureusement séparée par la route qui peut être bruyante.

LAVAUX VINORAMA

2 route du Lac ✆ +41 21 946 31 31

www.lavaux-vinorama.ch

De juin à octobre : ouvert tous les jours de 10h30 à 20h, sauf dimanche jusqu'à 19h. Divers forfaits de dégustation.

Situé en plein cœur de Lavaux, Vinorama est un lieu unique, véritable centre de découverte des vins, qui réunit des vins de l'ensemble des 290 vins d'appellations de la région. Plusieurs centaines de vins sont proposés à la dégustation comme à la vente. Un spectacle audiovisuel explique le rythme de la vigne, dévoile les mystères de l'œnologie et présente les caractéristiques uniques du vignoble en terrasses de Lavaux.

▸ **Balade culturelle et sensorielle :** à pied avec un guide, dès 15 personnes. Dégustation incluse et visionnage du film *Une année vigneronne*.

BACCHUS VINOBAR

4 en Bons-Voisins

✆ +41 21 946 21 74

www.rivaz.ch

Ouvert le jeudi et le vendredi de 17h à 20h, le samedi et le dimanche de 11h à 13h et de 16h à 20h (19h le dimanche).

Voici un caveau de vignerons très sympathique, version design avec un comptoir en zinc. En été, vous passez derrière pour vous installer sur la terrasse (qui n'est rien d'autre que la cour de récréation de l'école pendant la journée), idéalement placée face au lac. Un vrai bonheur à l'heure de l'apéritif, surtout pour déguster différents crus au verre des appellations saint-saphorin et dézaley. Ce centre de dégustation propose également une vente à emporter, pour que vous puissiez rentrer chez vous avec les vins qui vous plaisent.

Le charmant village de Rivaz.

SAINT-SAPHORIN ★

C'est dans ce très bel endroit que le chansonnier Jean Villard Gilles s'est installé après avoir vécu de nombreuses années à Paris. Mais Saint-Saphorin est également connu pour son plongeoir installé sur un rocher, qui fera aussi bien le bonheur des baigneurs en quête de grands sauts que des photographes en herbe. Et puis ici, on parle aussi bien évidemment de vin ! On dit que le vin de Saint-Saphorin est corsé mais fin, avec des arômes de cerise, soutenus par un mélange de parfums subtils qui rappellent une eau-de-vie fraîchement distillée. Son caractère est à la fois riche et racé. Mais pour en savoir plus, allez en déguster un verre au caveau !

CAVEAU DES VIGNERONS

route Cantonale
✆ +41 21 921 13 05
www.caveauba:.ch/vignerons/
Ouvert du 14 avril au 29 octobre, du vendredi au dimanche, de 16h à 19h.

Un véritable lieu d'échange où les vignerons associés parlent de leur travail, de leurs vignes et de leur savoir-faire. Les vignerons de Saint-Saphorin vous accueillent chacun leur tour et prennent le temps de vous initier aux particularités de leur terroir. Sur le site Internet, vous découvrez quel sera le domaine exposant lors de votre visite. Le caveau permet de faire la connaissance de récoltants et surtout d'avoir une vision plus large des cépages cultivés dans le Lavaux. De belles rencontres et dégustations en perspective.

CHÂTEAU DE GLÉROLLES

Cave du Château de Glérolles
✆ +41 21 946 25 30
www.glerolles.ch
Ouvert du mardi au vendredi de 9h à midi et de 14h à 18h, le samedi de 10h à 13h et sur rendez-vous.

Posé sur un rocher du lac Léman, le château de Glérolles est situé un peu plus à l'ouest de Saint-Saphorin, près de Rivaz. Depuis 1802, qui marque la révolution vaudoise, le château est une propriété privée, mais qui reste ouverte au public pour les dégustations de vins du domaine. On raconte que Rousseau s'y était rendu en marchant depuis Vevey et que, fatigué, il avait demandé à boire. On lui avait alors servi de la piquette mais, à partir du moment où le philosophe s'était mis à parler, on était vite allé lui chercher une bonne bouteille !

DOMAINE DES FAVERGES

Route cantonale
✆ +41 26 305 22 65
www.vignoblesdeletat.ch
Ouvert le samedi de 10h à midi et sur réservation. Visites : 20 CHF.

Offrant une magnifique vue sur le lac et les Alpes, le Domaine des Faverges (15,4 ha) était propriété de l'abbaye d'Hauterive pendant près de sept cents ans avant d'appartenir à l'État de Fribourg. Possibilité de visiter le bâtiment historique et la cave, dégustation des traditionnels grands crus du Lavaux comme les vins certifiés bio Domaine des Faverges, chasselas Saint-Saphorin grand cru, AOC Lavaux ou des innovations comme L'Évidence, pinot noir, ou certifiés bio suisse également. Un très beau domaine avec une vue inégalable sur les vignes et le Léman.

CAFÉ DU RAISIN €€

1 Ruelle Romaine
✆ +41 21 921 13 27
www.leraisin-st-saphorin.ch
Ouvert du jeudi au lundi : l'été de 9h30 à 23h et l'hiver, de 10h à 15h puis de 17h30 à 23h. Entre 25 et 40 CHF le plat.

Une escale de choix dans le ravissant village de Saint-Saphorin et au bord de la route cantonale. Le Café du Raisin propose un large choix de poissons : omble chevalier, féra, filets de perche (du lac, selon arrivage) et soupe de poisson, mais aussi d'autres mets tels qu'un tournedos au pinot noir ou une entrecôte au poivre vert. En automne/hiver, la carte affiche également de beaux plats à base de gibier. L'accueil est charmant et l'ambiance familiale. Agréable terrasse en hauteur pour une halte café dans l'après-midi avec vue sur le lac.

LES FOUS DU ROI : VINS D'ICI ET D'AILLEURS

chemin du Chapon
✆ +41 21 921 54 78
www.lesfousduroi.ch
Boutique de vin.

Créée en 2008, cette cave à vin est aujourd'hui dirigée par quatre amis passionnés, compétents et talentueux – un vigneron, un caviste œnologue, un ingénieur œnologue et un imprimeur. Le soin rigoureux apporté au travail de la vigne et à la vinification leur a permis d'élaborer une gamme de vins d'ici novatrice et variée. La boutique des Fous du Roi propose aussi une belle sélection de vins découverts à travers toute l'Europe. Commandes en ligne possibles. Animations régulières.

Village de Saint-Saphorin.

CHARDONNE

Les premières traces de Chardonne remontent à l'an mil avec le nom de « Cardona » puis, au XIIe siècle, apparaît le nom Chardonna. Chardonne sera la propriété de plusieurs abbayes, dont Saint-Maurice, avant de faire partie du patrimoine de l'évêché de Lausanne jusqu'à la Réforme. La commune, sous sa forme actuelle, a été constituée dans les années 1820. Elle possède en son sein un beau château médiéval, mais qui est une propriété privée. Pour y accéder, en voiture, vous emprunterez la sortie autoroute Chexbres, puis traversez Chexbres pour venir jusqu'à Chardonne. Vous pouvez aussi prendre le funiculaire Vevey-Chardonne-Mont-Pèlerin.

Balade

Situé au-dessus de Chardonne, le mont Pèlerin offre un panorama magnifique sur la région. Dès la construction du funiculaire Vevey-Chardonne-Mont-Pèlerin, en 1900, cette colline comptait quatre hôtels, une clinique des pensions et des pintes. En 1911, elle s'est dotée également d'une chapelle anglicane. Le développement de la station est ensuite freiné par la Première Guerre mondiale, puis par la crise des années 1930. Au cours de la Seconde Guerre mondiale, le Grand Hôtel est converti en centre d'accueil pour les réfugiés. Dans un autre, on aménage un foyer pour enfants étrangers. Un troisième est démoli. Malgré les difficultés, l'accueil persiste et vous trouverez aujourd'hui un hôtel de luxe (le Mirador resort et spa), deux restaurants et une buvette près du sommet du mont Pèlerin.

CENTRE DES HAUTES ÉTUDES TIBÉTAINES

2 chemin du Dérochoz
✆ +41 21 921 36 00
www.rabten.at

Ouvert au public. Visites du monastère sur rdv. Repas et hébergements possibles.

Le centre Rabten Choeling est également appelé le centre des hautes études tibétaines. Perché à 820 m d'altitude, ce centre tibétain de 55 moines, fondé en 1977, ouvre son espace de méditation au public. Les prières quotidiennes sont récitées le matin à 7h et le soir à 18h, du lundi au vendredi. D'autres prières plus élaborées ont également lieu selon les événements, et les visiteurs sont les bienvenus pour chaque célébration. Il est également possible d'y séjourner.

LE MIRADOR RESORT & SPA €€€

5 chemin de l'Hôtel du Mirador ✆ +41 21 925 11 11
www.mirador.ch

Junior suites de 490 à 950 CHF, suites à partir de 950 CHF, petit déjeuner compris.

C'est l'une des adresses les plus luxueuses de Suisse et l'une des plus belles vues au sommet du mont Pèlerin. Entièrement rénovées avec goût et souci écologique, les 67 suites et junior suites ont toutes une vue sur le lac. Le Mirador, construit en 1904, était à l'origine un grand centre de convalescence, avec court de tennis et jeu de croquet. Le compositeur Maurice Ravel y aurait séjourné en 1934. Libre accès aux extraordinaires fitness, sauna, hammam…, et formules spéciales pour le spa Givenchy, le centre médical, le piano-bar et le restaurant Le Patio.

ASCENSEUR PLEIN CIEL

En voiture, suivre les panneaux « Plein Ciel ».
30 min de marche depuis le parking. Funiculaire Vevey-Chardonne-Mont-Pèlerin.

Ouvert d'avril à octobre de 9h à 18h. En juillet et août, ouvert jusqu'à 20h. Tarif 5 CHF, 3 CHF pour les enfants.

L'ascenseur nous emporte en haut de la tour qui sert de relais à la télévision suisse et aux communications téléphoniques entre Zurich, Lausanne et Sion. Perché à 1 100 m d'altitude, vous bénéficiez d'une vue à 360 degrés, du Jura jusqu'aux Alpes. Depuis la station d'arrivée du funiculaire Vevey-Mont-Pèlerin, comptez 1h de marche. Pour le retour, vous pouvez redescendre à pied, à travers la forêt, en passant par Chalet-Volet et le mont de Chardonne. Puis vous terminez la balade à travers les vignes en poussant jusqu'à Vevey. Comptez environ 3h de marche.

CAFÉ AU BON VIN €

4 rue du Village
✆ +41 21 921 27 04

Fermé le dimanche d'octobre à mars, le samedi et dimanche d'avril à septembre. Assiette du jour 16 CHF, menu 37 CHF.

Une authentique pinte vaudoise réputée, qui affiche souvent complet. Le patron, Thierry Sax, fait lui-même la cuisine et propose à peu près tous les plats traditionnels suisses : saucisse au chou, papet vaudois, rösti, etc., mais aussi des plats du terroir, comme la cochonnaille maison ou les tripes, la tête de veau, ou encore les pieds de porc… et de succulents malakoffs (beignets au fromage). L'été, goûtez au saumon sur paillasson ! Le tout accompagné d'un verre de chardon (évidemment !), dans une ambiance conviviale et bon enfant.

LA RIVIERA SUISSE

LÀ-HAUT €€€

21 rue du Village
+41 21 921 29 30
restaurant-la-haut.ch

Restaurant gastronomique. Fermé le dimanche et lundi. Entrées dès 28 CHF, plats dès 51 CHF.

Perché sur les hauteurs du Léman, le restaurant du chef Mathieu Bruno nous réserve une cuisine qui atteint des sommets ! Là-haut, c'est la garantie de s'élever au-dessus de la cuisine traditionnelle. Une cuisine inventive, subtile, créative, qui suggère une dégustation délicate. Les menus, aux noms évocateurs de montagnes, vous invitent à gravir la plus haute cime de la gourmandise. Cromesquis de joues de cochon aux noisettes, filet de bœuf rassis au poivre rouge de Madagascar, lieu jaune de ligne en croûte de pistaches promettent de faire danser vos papilles !

CAVEAU DES VIGNERONS

18 rue du Village
+41 21 921 49 24

Du lundi au dimanche de 9h à 18h en haute saison. Sur réservation pour les groupes.

La vigne est un élément essentiel de la vie de la commune, qui fait vivre une quinzaine de familles. Le Caveau des vignerons de Chardonne propose ainsi à la dégustation toutes les subtilités du terroir de cette jolie bourgade. Il ouvre ses portes pour des événements. Par exemple, pour les soirées jazz quelques samedis en été, les caves sont ouvertes en novembre. Chaque fin de semaine, de mai à septembre, le Caveau des Vignerons permet aux hôtes et œnophiles avertis de déguster, dans un cadre chaleureux, tous les vins de l'appellation Chardonne.

LIQUEURS MELLIORET

38 rue du Village
+41 21 921 29 08
www.liqueurs-mellioret.ch

Ouverture du magasin sur demande. Organisation de sorties découvertes.

Le café-restaurant de cette vieille maison est fermé depuis quelque temps, mais la boutique est bel et bien ouverte ! Christian Mellioret y vend ainsi ses liqueurs *Mellioret*, élaborées à base de fruits et de plantes sauvages, 100% naturels et récoltés par leurs propres soins. On y trouve d'autres produits, tels que des eaux-de-vie, des confitures de fabrication artisanale, du miel suisse, de la teinture de propolis… Tout est naturel, sans artifice pour les bienfaits de la santé et le plaisir de la dégustation… Avec modération, tout de même !

MAURICE NEYROUD

2 promenade du Château
+41 21 921 75 81
www.neyroud-vins.ch

Ouvert tous les samedis matin et les jeudis de 16h30 à 19 heures de mai à septembre. Tous les autres jours sur rdv.

Au cas où le caveau serait fermé, voici l'adresse d'un vigneron qui met au point des vins intéressants. Beaucoup d'innovation, comme par exemple un gamay Xtrême, issu d'un cuvage prolongé de plus de 100 jours, alors qu'il se fait normalement en 10 jours ! Maurice Neyroud se fait un plaisir de vous accueillir sur son domaine, et quoi de mieux que de commencer par une une visite qui vous permettra de faire connaissance et de découvrir ses vins dans un moment de partage et d'amitié. Il est possible également d'organiser des dégustations en groupe.

CORSEAUX

Charmant village, la petite plage de la Crottaz (suivez le panneau Camping) permet de vous baigner facilement. Ce cadre privilégié a attiré plusieurs personnalités connues, dont le journaliste et écrivain Graham Greene. Ce dernier n'aura vécu ici qu'une année, avant d'aller mourir près de sa fille, en 1991, à Vevey. Un « banc parlant », au bout du chemin du Grand-Pin, lui rend hommage. Sa tombe se trouve dans le cimetière du village. Plusieurs bus font régulièrement la liaison Vevey-Corseaux. Pour vous rendre dans le centre, en hauteur, vous pouvez aussi emprunter le funiculaire Vevey-Mont-Pèlerin (station Corseaux).

PLAGE DE LA GROTTE (PLAGE DE CROTTAZ)

Rue de la Paix

Bus, arrêt Corseaux Cerisiers ; ou train, arrêt Corseaux-Cornalles. Parking à 100m.

La plage de Crottaz, également appelée plage de la Grotte, est une petit zone de détente en plein air, où vous trouverez une plage de gravier dans un emplacement pittoresque, avec un plongeoir de 3 m ainsi que des vestiaires, des toilettes et des douches. On gagne cette belle petite plage par un chemin goudronné entre deux propriétés (attention à ne pas le rater !). La plage de galets est abritée du vent et ombragée par endroit lors des grandes chaleurs d'été.

PLAGE DES GONELLES

Rue de la Paix

En contrebas des vignobles, la petite plage des Gonelles à Corseaux est très agréable pour plonger une tête dans le lac ! Pour y accéder, suivez les panneaux indiquant le camping, la petite plage se trouve juste à côté, vous ne pourrez pas la rater ! C'est une plage de gravier, avec une pelouse grasse aux alentours. Attention toutefois, la soleil est votre ami mais il y a vraiment très peu d'ombre sur place. Les jours d'été, ça peut donc vite taper, alors prévoyez chapeau ou casquette… avant de succomber à l'eau fraîche du lac !

LE CAMPING DE LA PICHETTE €

37 chemin de la Paix

✆ +41 21 921 09 97

Ouvert d'avril à fin septembre. 6,50 CHF par personne, 6 CHF pour une tente 2 places.

Parce qu'il n'y a pas que les établissements luxueux, le camping est aussi une façon d'apprécier simplement cette belle région. Situé en bordure du Léman, celui de la Pichette bénéficie d'un cadre idyllique. Le terrain est plat, l'herbe fraîche et le tout est entouré d'arbres. Rien de mieux que de sortir de votre tente et d'aller piquer une tête dans le lac ! La Pichette possède également une buvette idéalement placée pour boire un verre ou manger dans un jardin les pieds dans l'eau.

PISCINE DE VEVEY - CORSEAUX PLAGE

19 route de Lavaux

✆ +41 21 921 23 68

Bassin couvert ouvert 7j/7 sauf juillet août. Bassin extérieur ouvert tous les jours de 9h à 20h à partir de mi-mai.

La piscine de Vevey-Corseaux plage est une belle installation dans un cadre somptueux pour toutes les saisons ! Une piscine olympique en plein air très agréable en été, avec accès au lac. Un bassin couvert pour le reste de l'année. Attenant à la piscine, le restaurant La Trattoria offre les saveurs de l'Italie sur la plage. Au menu : pâtes, pizzas, risotto, viandes et poissons du lac, très bien préparés. Plat du jour autour de 20 CHF, plats de 20 à 40 CHF. Ouvert toute l'année.

CORSIER-SUR-VEVEY ★★

Commune résidentielle située sur les hauteurs de Vevey, Corsier est surtout connue pour avoir accueilli Charlie Chaplin. Eh oui, c'est bien ici, ne vous y trompez pas ! Car même si une statue de celui-ci vous regarde à Vevey d'un air attendri, une rose serrée contre son cœur et sa fameuse canne dans l'autre main, c'est en réalité à Corsier qu'il a vécu avec sa famille durant les vingt-cinq dernières années de sa vie, au manoir de Ban. Cette belle demeure fait l'objet d'un musée qu'il ne faut absolument pas manquer. Pour y accéder, les bus 211 et 212 s'arrêtent à Corsier-Village. Sinon comptez une petite demi-heure à pied depuis Vevey.

Histoire

Charlie Chaplin a été à Corsier-sur-Vevey. Au sommet de sa carrière, Charles Spencer Chaplin épouse, en 1943, Oona, fille d'Eugene O'Neill, auteur dramatique américain. À l'époque du maccarthysme, il décide de s'exiler en Europe. En 1953, il s'installe avec sa famille au manoir de Ban, à Corsier. On raconte qu'il assistait chaque année au spectacle du cirque Knie. Sa carrière fut d'une belle longévité : plus de soixante-cinq ans, du music-hall en Angleterre jusqu'à sa mort en Suisse. Quant aux chefs-d'œuvre de ce maître, doit-on encore les nommer ? De *La Ruée vers l'or* aux *Temps modernes*, *Le Dictateur*, la liste est longue ! Décédé en 1977, il repose au cimetière de Corsier. Le musée offre un beau parcours sur sa vie et ses œuvres.

ÉGLISE PAROISSIALE

Route de Corseaux

www.corsiercorseaux.eerv.ch

Culte les dimanches matins à 9h.

Un charme architectural encore intact pour cet édifice religieux constitué d'une nef et de chapelles datant des XIIIe, XIVe et XVe siècles. Elle faisait partie de la paroisse Saint-Martin de Vevey. Comme beaucoup d'églises, elle a subi des transformations lors de l'adoption de la Réforme en 1536. Les peintures polychrome sont alors camouflées comme tous les signes ostentatoires du catholicisme. On redécouvrira qu'en 1924 les témoins d'une construction passée avec une authentique clé de voûte d'une ancienne chapelle et des tombes dans le chœur.

CHAPLIN'S WORLD ★★★

2 route de Fenil ✆ +41 842 422 422
www.chaplinsworld.com
Ouvert 7j/7. Basse saison : de 10h à 17h. Haute saison : de 9h à 18h. Tarif adulte 27 CHF. Durée des visites : 2h30.

Le monde de Chaplin ! L'ouverture de cette structure très attendue a eu lieu le 17 avril 2016. Un espace grandiose dédié à un artiste génial, sa vie et son œuvre... Monsieur Charles Chaplin : il est vrai que c'est un homme hors du commun, un très grand Monsieur, à la fois compositeur, danseur, réalisateur et producteur. C'est simple, il excelle incroyablement au niveau professionnel. On lui doit l'art d'avoir intégré la pantomime dans le cinéma muet. Ce grand voyageur, épris d'humanisme et ouvert sur le monde, se dévoile intimement au fil de la visite.

Le nouveau musée est tout à la fois un lieu de divertissement culturel et un incroyable voyage dans le temps sur les traces de Charlot et de son « inventeur ». Vous allez entrer dans l'intimité familiale du cinéaste, déambuler dans un studio de cinéma hollywoodien et profiter en vous promenant dans le parc de cet écrin de verdure, joyau entre montagne et lac, qui avait séduit Charlie Chaplin. Un grand moment d'émotion et de plaisir à partager en famille. Rendez-vous à la cabane de « La ruée vers l'or » ou devant les rouages des machines des « Temps modernes ». Le décor est planté !

Le site se déploie sur 5 hectares et autour de trois espaces phares :

- **Les 500 m² du Manoir de Ban,** édifice néo-classique construit en 1840, où vivait la famille Chaplin.
- **Les 1 350 m² du studio,** nouveau bâtiment d'exposition dédié à l'œuvre de Charlie Chaplin.
- **Les 4 hectares du parc** intégrés au parcours de visite. Sans compter la billetterie-boutique et le café-restaurant.

7ÈME ART - MAISON D'HÔTES €€

12 rue Centrale
✆ +41 21 921 24 05
www.bnb-7art.ch
Chambre simple de 130 à 170 CHF, chambre double de 150 à 190 CHF, petit déjeuner compris.

The Kid, *Les Temps modernes*, *Les Lumières de la ville*... les trois chambres rendent hommage à Charlie Chaplin, tout comme le loft nommé *La Ruée vers l'or*. Anne-Sylvie et André Goy vous accueille dans cette charmante maison d'hôtes, ancienne maison villageoise typique datant du XVIIIe siècle. Originaires de la région, ils seront ravis de vous fournir des conseils. Tout a été rénové pour une ambiance 7e art garantie. Parfait pour faire votre cinéma !

CAFÉ DU SOLEIL €€

5, chemin du Château
✆ +41 22 751 11 59
www.cafedusoleilcorsier.ch
Ouvert du mardi au dimanche de 9h à minuit. Plat du jour du lundi au vendredi : 19 CHF. Carte : 55 CHF.

Sur la route commerçante du Col du Simplon, le Soleil était une halte pour les voyageurs. C'est toujours une ambiance bistrot, une bonne adresse pour manger la spécialité, des filets de perches frais du lac Léman servis sur plat ou sur assiette. Bien d'autres plats sur la carte, comme les grillades, la fondue au fromage, la fondue bourguignonne ou la potence dont il faut passer commande à l'avance. Carte des desserts bien fournie, notamment en tartes et coupes glacées. En été, petite terrasse extérieure. Souvent complet, pensez à réserver. Parking à proximité.

CAFÉ HÔTEL DE LA PLACE, CHEZ FRANCINE €€

15, place du Temple ✆ +41 21 921 12 87
www.chezfrancine.ch
Cuisine française. Fermé le samedi à midi et le dimanche toute la journée. Comptez 25 CHF pour un plat.

Située sur la place de l'église, cette magnifique et grande maison bernoise de 1592 a un côté bistrot de village. En hiver, vous dégustez un papet vaudois au coin du feu et sous les poutres apparentes. En été, vous sortez sur la terrasse et vous y restez le soir, sous la vigne et les guirlandes d'ampoules. Les spécialités : la Désossée du lac, l'entrecôte maison, le tartare de bœuf et les perches du lac. Le Café de la Place dispose également de quelques chambres rénovées et agréables.

RESTAURANT LA PINTE DU CHÂTELARD €€

1 sentier des Corsets
✆ +41 21 566 19 20
Brasserie gastronomique. Du mardi au samedi de 11h à 23h. Suggestions dès 29 CHF.

Logé dans une bâtisse datant de 1793, ce restaurant à un charme d'antan. La cuisine axe sur les produits du terroir et les spécialités comme le pavé de bœuf du Châtelard mijoté, le papet vaudois et sa saucisse aux choux et ose l'originalité avec la caille farcie aux fruits de l'Hérault. L'accueil est convivial et le service professionnel. Très bons vins également. Sur demande et dès 15 personnes, il est possible de privatiser le samedi soir ou d'ouvrir le dimanche.

VILLA « LE LAC » LE CORBUSIER ★★

Bus VMCV 201, arrêt Bergère, à 5 min à pied. Au bord de la route de Lavaux, entre Corseaux-Plage et les Gonelles.

www.villalelac.ch

Adultes 12 CHF, étudiants 10 CHF, enfants 6 CHF.

Cet archétype de la maison minimale (64 m²) est une contribution exceptionnelle au Mouvement Moderne. Elle est inscrite sur la liste du patrimoine mondial de l'Unesco. La fenêtre de 11 m de longueur permet de baigner toutes les pièces de lumière. Les meubles dessinés par Le Corbusier dans ses années de jeunesse y sont toujours visibles. Selon le vœu de Le Corbusier la villa est aujourd'hui un musée qui présente des expositions d'artistes et d'architectes de renommée internationale.

VEVEY ★★★

Située directement sur le lac, Vevey bénéficie d'un cadre enchanteur. Quel plaisir de se promener sur les quais, en croisant poussettes et joggers ! Il est possible de se baigner à partir du Centre balnéaire, légèrement bétonné toutefois. Jean-Jacques Rousseau lui-même, dans *Les Confessions*, en 1782, signifia tout son amour pour Vevey : « Je pris pour cette ville un amour qui m'a suivi dans tous mes voyages. » De Vevey, vous accédez facilement à Lavaux, mais aussi au sommet des Pléiades d'où le panorama est exceptionnel. Charmante petite ville (20 000 habitants). Elle conjugue modernité et créativité tout en demeurant attachée à son passé.

Balade

▶ La visite commence sur la place du Marché, où vous pourrez observer la Grenette, cet ancien grenier à grain aux allures de temple grec. En vous tournant côté lac, vous jetterez un coup d'œil sur le lugubre château de l'Aile et sur la dalle des fêtes des vignerons. Puis vous vous dirigerez vers le théâtre sur la gauche, dans la rue du Théâtre. En passant derrière la Grenette, vous irez voir le restaurant de la Clef où a logé Rousseau. Vous remontez ensuite la rue du Théâtre et vous arrivez sur la place Étienne Ronjat, anciennement place au Beurre, où l'on vendait crèmes, fromages, etc. Étienne Ronjat était médecin français à la cour d'Angleterre. Lors d'un voyage dans ces parages, il s'est étonné du nombre d'enfants traînant dans la rue et il a fait un don à la ville pour que ces enfants soient scolarisés.

▶ Vous traversez ensuite la rue du Simplon, pour emprunter le chemin sous l'immeuble moderne en face. Dans la cour, les deux piliers visibles près d'un palmier sont des restes de remparts de la vieille ville. Vous sortez de l'autre côté et vous tournez à droite dans l'avenue de la Gare en continuant jusqu'au musée Jenisch. Sur le mur, une plaque commémorative rend hommage à l'écrivain polonais Henryk Sienkiewicz (1846-1916), auteur de *Quo Vadis ?*. L'écrivain est mort à Vevey, mais sa dépouille ne pouvant être rapatriée à Cracovie, on l'a cachée dans l'église Notre-Dame puis ses cendres ont été envoyées en Pologne.

▶ Après avoir contourné le musée sur la droite, vous prenez la rue des Communaux et vous admirez l'église orthodoxe russe. D'ici, vous apercevez l'église Saint-Martin, en hauteur. Vous redescendez ensuite vers la vieille ville, vers la rue des Deux-Marchés et la fontaine Saint-Martin. Avant de vous diriger vers l'hôtel de ville, en prenant la rue du Centre puis la rue du Lac à gauche, où sont regroupés tous les antiquaires.

Vous ne sauriez omettre une petite incursion vers l'est très chic de Vevey. Ceux que cela intéresse peuvent demander la permission d'entrer dans le hall des Trois Couronnes.

Enfin, vous tournerez à droite dans la rue du Château pour visiter le Musée historique et celui de la Confrérie des vignerons, logés dans le « château », l'ancienne maison des baillis bernois.

Histoire

Point idéal pour le commerce et le transit, Vevey attire très tôt les Romains, qui développent cette bourgade, fort bien située au bord du Léman, à la jonction des routes d'Avenches et de Lausanne conduisant à Martigny et, de là, en Italie. Viviscus, à l'époque romaine, est essentiellement un lieu de passage, une étape routière et, sans doute, un port de transit.

C'est au Moyen Âge que Vevey devient une véritable agglomération, constituée de plusieurs bourgs fortifiés. À cette époque, le cœur de la ville se développe face aux coteaux, loin de la proximité du lac. La ville connaît diverses juridictions : ainsi, en 1157, l'évêque de Lausanne, Amédée de Hauterive, cède ses droits sur Vevey à Amédée Ier, comte du Genevois. Ce dernier confie la régie de sa nouvelle possession à deux de ses vassaux : les sires de Blonay et d'Oron. Dès lors, ces deux seigneurs, puis leurs héritiers, seront les principaux maîtres de la ville.

En 1250, nouveau changement, Vevey passe sous la protection de la maison de Savoie et, bien que jouissant de nombreuses franchises, le reste jusqu'en 1536, date de la conquête du pays de Vaud par les Bernois. Devenue protestante sous le régime bernois, Vevey accueille de nombreux réfugiés, surtout après la révocation de l'édit de Nantes, en 1685. L'afflux de protestants français contribue à la prospérité de la ville, qui se développe considérablement au XVIIIe siècle. En 1798, alors que la Révolution française résonne en Europe, Vevey participe à la Révolution vaudoise et se libère de la domination de Leurs Excellences de Berne. Elle devient dès lors un centre urbain important du nouveau canton de Vaud, fondé en 1803.

Au XIXe siècle, grâce à sa situation géographique et à son climat doux, la ville développe son hôtellerie pour accueillir un tourisme florissant. Grâce à son agriculture et la richesse de ses vignobles, elle entretient sa vocation commerçante et connaît une forte industrialisation. Elle se tourne naturellement vers l'agroalimentaire grâce entre autres à ses célèbres chocolatiers, ses fabriques de cigares et ses entreprises d'arts graphiques. Elle mêle culture, agriculture, technologie avec harmonie. Au début du XXe siècle, Vevey est ainsi la première ville ouvrière du canton.

Sortir

- La fête des Vignerons : À l'origine, la fête des vignerons (ou la Févi, pour les intimes) rassemble un cortège de propriétaires de vignes, les Confrères, et leurs vignerons tâcherons. Ils vérifient si tous les travaux de la vigne ont été faits correctement et fêtent ensuite le travail des ouvriers à travers les rues de la ville. Sous la domination bernoise, les spectacles sont rares et les populations attendent donc avec impatience ces défilés. C'est vers la fin du XVIIIe siècle que cette fête prend de l'ampleur. Les Confrères souhaitent en effet encourager leurs vignerons et valoriser davantage leur travail. Ils décident ainsi de couronner les meilleurs et distribuent médailles et primes. La première véritable fête des Vignerons a lieu en 1797, sur la place du Marché. Une manifestation qui perdure jusqu'à nos jours, mais seulement tous les vingt ou vingt-cinq ans environ, et donc très attendue par les Veveysans. Sa préparation exige toute une mise en scène. Des figurants bénévoles chantent et dansent pour fêter la vie, leur patrie et leurs racines, et les vignerons sont placés au centre du spectacle, avec notamment l'un d'entre eux qui doit jouer le roi Bacchus. Le couronnement est un grand moment de la cérémonie. La dernière fête a eu lieu en été 2019, et celle d'avant en 1999. La prochaine n'est pas encore planifiée.

Tourisme

La très précieuse Riviera Card : à votre arrivée dans un hôtel ou une guest house, vous aurez le plaisir de vous voir remettre une Riviera Card à votre nom valable durant la durée de votre séjour. Un précieux sésame qui peut vous faire économiser beaucoup d'argent ! Vous avez, en effet, droit à la gratuité pour les transports en commun sur la Riviera suisse et l'équivalent de plus de 500 CHF d'avantages sur les trains, les bateaux, les musées, les attractions, le château de Chillon, le casino. La Riviera Card vous permet de parfaitement visiter la région tout en économisant votre budget :

- Gratuité sur le réseau de transports publics (Mobilis) de la Riviera (zones 70, 72, 73, 74, 75, 76, 77 et 78). 50 % de réduction sur les billets de train suivants : Montreux – Rochers-de-Naye (gratuit jusqu'à Haut-de-Caux, ensuite 50 %). Vevey – Les Pléiades (gratuit jusqu'aux Chevalleyres, ensuite 50 %). Funiculaire Les Avants – Sonloup.
- 50 % de réduction sur les croisières en bateaux CGN, au départ et à destination de : Vevey, Clarens, Montreux, Territet, château de Chillon, Villeneuve, Le Bouveret ou encore Saint-Gingolph.
- 50 % de réduction sur les entrées des musées suivants : musée Jenisch de Vevey. Musée suisse de l'Appareil photographique de Vevey. Musée de l'Alimentation (Alimentarium) de Vevey. Musée historique de Vevey. Musée de la Confrérie des vignerons. Musée suisse du Jeu de La Tour-de-Peilz. Musée du Chemin de fer Blonay-Chamby. Musée de Montreux. Château de Chillon. Chaplin's World. Nest, musée Henri Nestlé.
- 50 % de réduction sur les entrées des parcs d'attraction suivants : Aquaparc, Le Bouveret. Swiss Vapeur Parc, Le Bouveret. Mines de sel de Bex.
- 20 % de réduction pour un aller-retour Les Diablerets et Glacier 3000.

La ville aujourd'hui

Connue pour abriter le siège de Nestlé, elle ne manque pas de séduire les visiteurs avec sa vieille ville aux ruelles pavées, bordées de magasins et d'une variété de restaurants sympathiques. À ne pas manquer : le marché du samedi matin, très animé, sur la Grand-Place. Vevey, c'est aussi une concentration importante de musées thématiques et prestigieux. Culture et saveur font bon ménage dans la petite ville vaudoise qui ajoute des charmes à son charme. La ville est très dynamique mais reste dans l'esprit de « grand village ». Le petit plus est d'arriver par le lac avec les bateaux à vapeur.

LA RIVIERA SUISSE

© PHILIPPE GUERSAN - AUTHOR'S IMAGE

Sculpture d'Édouard-Marcel Sandoz représentant des femmes chevauchant des hippocampes, Vevey.

Statue de Charlie Chaplin sur le quai Perdonnet.

ALIMENTARIUM ★★★

25 quai Perdonnet
✆ +41 21 924 41 11
www.alimentarium.ch
Ouvert du mardi au samedi de 10h à 17h en basse saison, de 10h à 18h en haute saison. Entrée adultes 13 CHF.

Incontournable, gourmand et passionnant, voilà comment qualifier cet Alimentarium ! Le musée de l'alimentation de Nestlé existe depuis 1985, sur le front de lac, en face de la fourchette géante plantée dans l'eau en 1995 pour ses dix ans. Il occupe un bâtiment historique remarquable construit entre 1918 et 1920 pour abriter le siège administratif de Nestlé. L'Alimentarium s'articule autour d'une observation scientifique et ethnologique de l'alimentation à travers des programmes dynamiques et ludiques. Ce que nous apprécions : une scénographie, un parcours et des ateliers interactifs et ludiques, une terrasse, un espace de vente dans le jardin, un restaurant. Trois thèmes sont développés : l'aliment et sa production, l'aliment et la société (autres cultures, tabous, rites), l'aliment et la santé. Dans le jardin les plantes sont comestibles. Pour que la visite ne s'arrête pas après le passage au musée, visitez le site Internet pour faire le plein de gourmandises et de choses à apprendre : le tour du monde des saveurs, des recettes, des photos du potager à l'assiette.

- **Menus Découvertes,** inspirés par la thématique des expositions et des saisons, à savourer au café-restaurant du musée, de midi à 14h.
- **Ateliers culinaires :** tout au long de l'année, l'équipe de l'Alimentarium vous accueille aussi pour des ateliers afin de partager savoir-faire, bons produits et bonne humeur. Au programme : friandises chocolatées, fève, roi et frangipane, départ imminent pour un paris-brest, Pâques et les délices en chocolat.

CHÂTEAU DE L'AILE ★

Grand-Place
Privatisation et hébergement possible.

Édifié par deux architectes, Philippe Franel et Jacques-Louis Brocher, entre 1840 et 1846, ce château tout tarabiscoté témoigne du style troubadour en vogue à cette époque, lequel n'a eu toutefois que très peu d'influence en Suisse. On peut dire aussi que son architecture est néogothique. Il a été vendu, en 2007, pour 1 CHF symbolique, à un Allemand, qui a entrepris une rénovation titanesque (30 millions de francs suisses pendant près de dix ans avec plus de quatre-vingt-dix intervenants) dans le respect du patrimoine et pour abriter des appartements de luxe.

LA CLEF

1 rue du Théâtre
Ouvert du lundi au vendredi de 5h30 à 23h et le samedi jusqu'à 15h. Comptez 30 CHF en moyenne pour un plat.

Adresse mythique de Vevey, c'est à cette auberge que Jean-Jacques Rousseau loge en 1732. Une plaque cite un passage très poétique des *Confessions* : « J'allai à Vevey, dit-il, loger à La Clef. Je pris pour cette ville un amour qui m'a suivi dans tous mes voyages. » Rousseau est d'abord venu à Lausanne, à 18 ans, préparer un concours de musique. Ayant opté finalement pour l'écriture, il rédigera en Suisse *Julie ou la Nouvelle Héloïse*, en prenant Clarens pour décor de l'ouvrage. On dit que de sa fenêtre, il pouvait voir la maison de Mme de Warens.

ÉGLISE ORTHODOXE RUSSE ★★

12 rue des Communaux
www.orthodoxie.ch
Ouverte au public le mardi de 14h à 17h et à tous lors des services religieux. Visite de groupe sur rendez vous.

© OLGA GANOVICHEVA - SHUTTERSTOCK.COM

Il s'agit de la deuxième église russe de Suisse, avec celle de Genève. Au XIXe siècle, beaucoup de familles de l'aristocratie russe viennent passer l'hiver à Vevey. La famille Shouvalov a deux filles dont Barbara, morte en couches à Vevey, en 1872. Sa famille a alors fait un don à la Ville, pour qu'on y construise une église en son honneur. Typique de l'architecture slave, elle est conçue par Ippolito Antonovitch Monighetti entre 1875 et 1878 et menée à son terme par l'architecte de la ville Samuel Késer. Cette église est classée monument historique en 1979.

ÉGLISE RÉFORMÉE SAINT-MARTIN

Boulevard Saint-Martin

Situé en hauteur (au-dessus de l'église russe), ce site était peut-être une nécropole romaine (on y a découvert des tombes de cette époque). En 1497, une tour et quatre tourelles ont été ajoutées à la première église. Une architecture qui a beaucoup plu à Victor Hugo, venu plusieurs fois à Vevey. Au point qu'il en aurait fait un croquis pour en faire faire une réplique dans les Pays de la Loire. Au fond de l'église, un vitrail représente saint Martin partageant son manteau en deux.

FONTAINE SAINT-MARTIN

Cette fontaine de 1633 représente saint Martin, le patron de Vevey, qui appartenait à l'armée romaine. Il aurait rencontré un mendiant aux portes d'Amiens. Voyant le misérable état de ce dernier, Martin aurait coupé son manteau en deux pour lui en donner la moitié. En effet, dans l'armée romaine, seule la moitié du manteau appartenait au soldat.

Correspondant à la fin des travaux des champs, à la mi-novembre, la Saint-Martin est une grande fête traditionnelle. On prépare alors de nombreux plats à base de porc et c'est l'occasion de déguster des produits du terroir.

ESPACE IMAGES ★★

3 place de la Gare

✆ + 41 21 922 48 54

www.images.ch

Entrée libre. Ouvert jeudi et vendredi 17h à 19h, samedi et dimanche de 14h à 18h ou sur rendez-vous.

L'Espace images de Vevey est la vitrine permanente des activités d'Images Vevey, consacrée à la présentation de photographes contemporains. Ouvert en 2010, l'espace Images est le fruit d'une étroite collaboration entre le Service culturel de la ville de Vevey et le Festival des Arts Visuels. Des expositions sont proposées et les photographes sont uniquement choisis parmi les participants au Grand Prix International de photographie de Vevey. Cela permet de mettre durablement en valeur l'incroyable patrimoine visuel qui arrive tous les deux ans à Vevey.

FRESQUES CHARLIE CHAPLIN ★

Tours de Gilamont

En 2011, des fresques monumentales en noir et blanc représentant des scènes de films de Charlie Chaplin ont été inaugurées sur les deux tours de Gilamont, en présence de Jamel Debbouze, Pascal Légitimus, Michel Leeb ou encore Eugène Chaplin. Ces fresques (les plus grandes de Suisse, à 40 mètres de haut) ont été réalisées par le peintre-performer Frank Bourroullec. Au total, ce sont 1 720 m² de coups de pinceaux nécessaires pour réhabiliter ces tours en tableau d'art. Le projet a été mis en place pour valoriser le quartier où vivent 400 personnes.

FERRARI ART GALLERY

22 quai Perdonnet

✆ +41 21 921 73 77

www.ferrariartgallery.ch

Ouvert du mercredi au vendredi de 14h à 18h. Samedi de 13h à 17h.

Anciennement nommée O Quai des Arts, la Ferrari Art Gallery est en endroit lumineux, avec de hautes fenêtres ouvrant sur le lac. Sur un fond de musique douce, vous y découvrez des œuvres résolument contemporaines joliment mises en scène. Au programme peintures, sculptures, photos... De nombreux artistes sont présentés (vous pourrez retrouver toute la programmation en ligne). Il est également possible d'acheter des œuvres. La galerie peut enfin être louée pour organiser un événement à part dans ce très beau lieu pouvant accueillir jusqu'à 200 personnes.

LA GRENETTE ★

Place du Marché, ou Grand-Place

Marché couvert le samedi matin.

Le mot « grenette » signifie grenier à grain. Ainsi, cette halle, construite en 1608 dans un style de temple grec, était déjà à l'époque le lieu de rassemblement des marchands. En dehors des jours de marché et de festivités, la Grand-Place est un parking. Les autorités locales ont bien essayé de construire un parking souterrain, mais le lac monte jusqu'en dessous. D'une superficie de plus de 10 000 m², c'est la plus grande place d'Europe. Suffisamment grande pour qu'en 1800, Napoléon Bonaparte y réunisse ses troupes pour la campagne d'Italie.

HÔTEL DE VILLE ★★

2 rue du Lac

L'hôtel de ville de Vevey est un bâtiment de style français, avec beffroi et perron, qui était en 1327 un hôpital. Plus tard, en 1702, il a été tenu par des religieuses, d'où une chapelle dont il reste la tour Saint-Jean, derrière l'édifice (on devine encore la porte de l'église à travers les deux arceaux entourés de fleurs). Vous pouvez entrer dans le bâtiment par le côté et monter à l'étage vers le panneau indiquant « bâtiment historique ». Vous y trouverez de belles pièces entièrement en boiseries et des éléments historiques.

HÔTEL DES TROIS COURONNES ★

49 rue d'Italie ✆ +41 21 923 32 00

www.hoteltroiscouronnes.ch

71 Chambres et 21 suites. Tarifs de 450 à 700 CHF, suite de 600 à 6 000 CHF. Petit déjeuner buffet 40 CHF.

Ce somptueux hôtel construit en 1842 abrite des colonnes en faux marbre (qui aurait coûté plus cher que du vrai !), cheminées et fontaines. Bon nombre de personnalités sont descendues ici : Gounod, Sacha Guitry, Edouard VII quand il était prince de Galles pour y fêter ses 20 ans…

L'Hôtel des Trois Couronnes fait partie des monuments de Vevey à « visiter » pour gravir les marches de l'escalier de l'entrée et lever les yeux sur les cours et balcons intérieurs. Dans la salle à manger, les peintures aux murs ont été restaurées et, sur l'un d'eux, vous pouvez encore voir un minuscule carré de la peinture de l'époque : à vous de le trouver (en allant y boire un café par exemple) !

On retrouve l'élégance chargée d'histoire dans les 71 chambres, richement décorées, qui allient un style classique à un mobilier plus contemporain. La terrasse, surélevée par rapport à la promenade du lac, offre une vue magnifique sur le lac et les montagnes. Pour vivre un moment majestueux dans ce lieu de prestige, le restaurant gastronomique des Trois Couronnes est ouvert le soir, du mardi au samedi, et le restaurant Le 3C ouvre tous les jours midi et soir pour une cuisine plus légère.

- **Le brunch du dimanche** est servi au restaurant des Trois Couronnes avec un buffet de hors-d'œuvre et de plats variés et de qualité.
- **Puressens Spa.** Piscine couverte avec lumière tamisée, musique subaquatique et voilages permettant de voir le lac, hammam, salle de fitness et soins au sein du plus bel hôtel de Vevey.

MAISON MADAME DE WARENS ★★

2 place du Marché

Aujourd'hui conservatoire de musique et école de jazz, cette maison du XVIIIe siècle appartenait à celle qui se faisait appeler Mme de Warens. De son vrai nom Louise de La Tour, née à Vevey en 1699 et mariée à quatorze ans à Sébastien de Loys, seigneur de Vuarrens, elle aurait ruiné son mari en bonnes œuvres en faveur des marginaux et se serait ensuite enfuie à Évian (1726) pour éviter le fisc bernois. C'est là qu'elle aurait rencontré Rousseau. On dit à Vevey que le philosophe était tellement amoureux d'elle qu'il embrassait chaque carreau où elle posait un pied.

MUSÉE DE L'APPAREIL PHOTOGRAPHIQUE ★

99 Grand-Place

✆ +41 21 925 34 80

www.cameramuseum.ch

Ouvert du mardi au dimanche et les lundis fériés de 11h à 17h30. Entrée 9 CHF.

L'entrée étroite du musée débouche sur un espace de 500 m² où se trouve retracée toute l'histoire de la photographie, depuis les lanternes magiques jusqu'à l'ère numérique. La collection d'appareils photo est impressionnante et les explications sont détaillées, notamment en ce qui concerne toute une série d'inventions étonnantes comme la canne photographique, en 1902, qui permettait de prendre des photos en toute discrétion ! Un parcours spécial a été prévu pour les plus jeunes.

MUSÉE DE LA CONFRÉRIE DES VIGNERONS ★★

2 rue du Château

✆ +41 21 923 87 05

www.fetedesvignerons.ch

Ouvert du mardi au dimanche de 11h à 17h. Entrée libre.

Le premier étage du château (où se trouve le musée historique) est consacré à tous les souvenirs des fêtes des vignerons passées : costumes, maquettes, drapeaux, archives, films, gravures, photographies…, tout pour se plonger dans cette tradition originale de la vie veveysanne. C'est également ici que le conseil de la confrérie se réunit pour préparer les fêtes à venir, notamment la fameuse fête des vignerons, qui a lieu environ une fois tous les vingt-cinq ans.

MUSÉE HISTORIQUE DE VEVEY ★

2 rue du Château ✆ +41021 925 51 64
www.museehistoriquevevey.ch
Ouvert du mardi au dimanche de 11h à 17h. Entrée 5 CHF, réduit 4 CHF.

Après la guerre, cette demeure du XVIe siècle, menacée de démolition, est sauvée par une banque et accueille le musée historique de Vevey ainsi que la confrérie des Vignerons, laquelle en devient propriétaire en 1986. Elle restaure le bâtiment et notamment le grenier, où l'on découvre à cette occasion des valises et autres objets ayant appartenu aux différents pensionnaires.

Le restaurant gastronomique (cuisine moléculaire) de Denis Martin est au rez-de-chaussée du château.

MUSÉE JENISH VEVEY ★

2 avenue de la Gare
✆ +41 21 925 35 20
www.museejenisch.ch
Ouvert du mardi au dimanche de 11h à 18h, le jeudi jusqu'à 20h. Entrée adultes 12 CHF.

Installé dans un bâtiment de style néoclassique, le musée doit son nom à Fanny Jenisch, mécène qui permit sa création en 1897. Siège du Cabinet cantonal des estampes et de la Fondation Oskar Kokoschka, le musée fait la part belle aux œuvres sur papier, qui constituent plus de 95 % de ses fonds (35 000 gravures, 9 500 dessins, 1 000 peintures). Les dessins et estampes vont de la Renaissance à nos jours et sont présentés en alternance sous forme d'accrochages – Balthus, Bonnard, Hodler. Ingres, Giacometti, Picasso, Rembrandt, Tiepolo, Vallotton.

NESTLÉ - SIÈGE SOCIAL

55 avenue Nestlé
www.nestle.ch

C'est à Vevey qu'Henri Nestlé a mis au point la recette qui a fait le succès du groupe et la joie des mères pour nourrir leur enfant : le lait en poudre. La renommée de Nestlé a atteint très vite des sommets et a contribué au développement de la ville. En 1950, l'entreprise a décidé d'y bâtir son siège administratif et a chargé l'architecte suisse Jean Tschumi d'en dessiner les plans. Influencés par Le Corbusier, sa forme générale en *Y*, son rez-de-chaussée monté sur pilotis et sa façade de verre en font un bel exemple du style international en Suisse.

PIERRE DE PRESSOIR

Au milieu de la place du Marché, vous pouvez voir une grande dalle carrée, autrefois une pierre de pressoir, sur laquelle sont gravées les dates des fêtes des vignerons depuis 1797, avec pour devise *Ora et Labora*, soit « Priez et travaillez » ! Pour rappel, la fête des Vignerons est un événement ne pouvant avoir lieu au maximum que cinq fois par siècle. La dernière en date ayant eu lieu en 2019, vous avez donc un peu de temps devant vous afin de préparer la prochaine ! La place accueille également de grands concerts, comme celui d'Elton John fin 2007.

QUARTIER DE LA VALSAINTE ★★

Rue du Collège

Dans la rue du Collège, les n° 8 à 14 constituent un joli ensemble, en forme d'*U*, de petits immeubles charmants, avec portes peintes en rouge, vert et bleu, et tables et chaises de jardin. Les habitants de ce quartier se sont réunis en association de défense de la Valsainte et offrent, depuis 1990, des spectacles et manifestations culturelles dans la cour. Le n° 4 est une ancienne prison dont il reste la tour, adossée aux anciens remparts (qu'il faut imaginer). C'était la maison du chapitre, dépendant de la cathédrale de Lausanne.

THÉÂTRE LE REFLET

4 rue du Théâtre
www.theatredevevey.ch
Horaires de la billetterie : du mardi au vendredi de 9h à 12h30 et de 13h30 à 15h30.

Il fut un temps où les Veveysans allaient plutôt au théâtre à Lausanne. Mais dans les années 1950, Nestlé a fait un don pour la rénovation du théâtre et surtout pour son agrandissement. Grâce à une grande véranda moderne qui sert de hall d'entrée (mais qui cache la belle façade d'origine, datant de 1878), on a pu avancer la scène et atteindre le chiffre de 600-650 places. Désormais, ce sont les Lausannois qui viennent à Vevey. Chaque année, s'y déroule le concours de piano Clara Haskil, du nom de la pianiste roumaine accueillie à Vevey (1895-1960).

VEVEY PLAGE

Place du Marché
www.veveyplage.ch
Plage publique

En mars 2012, les autorités veveysannes ont décidé de ne plus mettre à disposition le bas de la place du Marché pour l'animation Vevey Plage. Celle-ci permettait de se détendre sur une chaise-longue, et de siroter un cocktail les pieds enfoncés dans le sable, ou de faire une partie de beach-volley et de la pétanque.

En lieu et place, les autorités proposent d'installer une plage avec sable et parasols, avec diverses animations (beach-volley et boulodrome), mais sans débit de boisson. Le lac s'apprécie pour les baignades d'été.

VEVEY HOUSE €

5 Grand Place
✆ +41 21 922 35 32 - www.veveyhouse.com
22 chambres. À partir de 90 CHF la chambre double. Buffet petit déjeuner 10 CHF.

Une belle demeure historique du XIXe siècle idéalement placée à 50 m du lac Léman. Le bâtiment accueille les familles, les groupes, les entreprises, les backpackers, dans des chambres privatives doubles avec des salles de bains à chaque étage. Les chambres ont été fraichement décorées dans des tons sobres et modernes. L'ambiance semble intemporelle, à la fois empreinte de modernité et rehaussée de touches du passé. De la terrasse sur le toit, vous apercevrez les vignobles et le lac. À disposition, une télévision, une cuisine très bien équipée et une buanderie.

LIGNE VEVEY-LES PLÉIADES

Gare de Blonay
✆ +41 21 989 81 90
mob.ch/line/ligne-vevey-les-pleiades
Tarif aller-retour : 37,20 CHF 2e classe, CHF 65,2 CHF 1re classe.

Un trajet de 40 minutes… à un prix qui pourrait en rebuter plus d'un ! Pourtant, au bout d'un très bel itinéraire, le Train des Étoiles nous dépose aux Pléiades, à 1 360 m d'altitude. De là, vous surplombez tout le lac Léman. Les Pléiades constituent un point de départ idéal de randonnées. Parmi les nombreux circuits pédestres, vous trouverez celui de la Digestion (30 minutes) ou celui des Poussettes (1h30). Alors, êtes-vous prêt à embarquer dans ce qui n'est rien de moins qu'une des portions de train les plus chères du monde ?

GRAND HÔTEL DU LAC €€€

1 rue d'Italie ✆ +41 21 925 06 06
www.ghdl.ch
Relais et châteaux. Chambre simple de 279 à 425 CHF, chambre double de 425 à 525 CHF. Petit déjeuner 39 CHF.

Devant cet hôtel ouvert en 1867, on ressent toute l'atmosphère des premières escapades touristiques du XIXe siècle. Le Grand Hôtel du Lac offre un accueil très personnalisé et digne des palaces : pas de comptoir classique mais un bureau. Axé prioritairement sur le confort et un décor contemporain chic, chaque chambre est personnalisée et associe harmonieusement les plus belles matières, souvent dans les tons bleu-gris et crème, avec toile de Jouy revisitée et lustres contemporains. Allez boire un thé et commander l'une des nombreuses pâtisseries fines.

HOSTELLERIE DE GENÈVE €

11 place du Marché
✆ +41 21 921 45 77
www.hotelgeneve.ch
22 chambres plusieurs catégories de 150 à 270 CHF, suite pour 3 personnes 320 CHF.

Avec sa jolie façade donnant sur la place du Marché (appelée aussi Grand-Place), l'hostellerie de Genève, joliment rénovée, est une adresse familiale. Les chambres ont des petits noms très originaux : Marguerite, Orient Express, Romantique, Design…, des noms évocateurs pour des chambres personnalisées. Elles affichent un décor recherché différent (par exemple design ou chalet) et sont d'un haut niveau de confort. Demandez à choisir si c'est possible. Également deux restaurants : le Christopher Bar et La Cantina, la table des horlogers.

HÔTEL DES TROIS COURONNES €€€

49 rue d'Italie ✆ +41 21 923 32 00
www.hoteltroiscouronnes.ch
71 Chambres et 21 suites. Tarifs selon occupation de 450 à 700 CHF, suite de 600 à 6 000 CHF. Petit déjeuner 40 CHF.

Une beauté historique, une enveloppe précieuse pour cet établissement construit en 1842. L'hôtel des Trois Couronnes fait partie des monuments de Vevey à « visiter ». Gravir les marches de l'escalier de l'entrée et lever les yeux sur les cours et balcons intérieurs. Élégance chargée d'histoire que l'on retrouve dans les 71 chambres, richement décorées de style classique. La terrasse, surélevée par rapport à la promenade du lac, offre une vue magnifique sur le lac et les montagnes.

LE CHARLOT €

5 place du Marché
✆ +41 21 922 28 58
www.lecharlot.com
Ouvert tous les jours. De 5 à 10 CHF.

Une institution à Vevey. Le temps d'un sandwich original, sain et abordable. Situé sur la place du Marché, cette sandwicherie tombe à pic si vous avez un petit creux. Le concept : des sandwichs sur mesure, faits minute avec des produits frais. Vous choisissez parmi une vingtaine de garnitures (viande, poisson, végétarien...) et 9 sauces. On y sert aussi quelques sandwichs chauds et, de temps en temps des salades. Possibilité de manger sur place et sur la terrasse, mais en étant aussi près du lac, manger un sandwich les pieds dans l'eau, c'est tentant !

LE «CENTRAL» NOCENTE €

14 rue du Centre
✆ +41 21 921 38 51
www.central-nocente.ch
Ouvert du mardi au samedi de 10h à 15h et de 17h30 à minuit. Plats entre 26 et 45 CHF.

Vous cherchez l'atmosphère d'une pinte vaudoise ? Ici, c'est le vrai bistrot de quartier, sans chichis, mais très exigeant quant à la qualité de la cuisine. Le café Central dirigé par le chef Nocente et sa femme Stefania vous prépare de délicieuses spécialités italiennes : les crecchiette au cime di rapa avec saucisse fraîche au fenouil, la fameuse burratina des Pouilles, les salamis piquants calabrais (la schiacciata)... Se dégustent derrière les rideaux en dentelle et sous les abat-jour tulipes. De l'authentique qui s'assume !

ICHIOSHI - SUSHI BAR €

14 rue du Conseil
✆ +41 21 921 44 20
Ouvert du mardi au samedi de 11h30 à 14h et de 18h à 21h30. Les bols du chef de 17 à 25 CHF.

Dans un cadre sobre, avec mobilier sombre et fresque japonisante, l'Ichioshi propose une belle gamme de sushis, préparés par un chef japonais. Bon rapport qualité/prix. On peut aussi y manger des salades d'algues ou de calamars et une très bonne soupe miso. Les bols du chef sont également très appréciables et proposent une grande variété de chirashis : saumon, thon, mixte ou veggi. L'endroit ne pouvant pas accueillir beaucoup de monde, il est conseillé de réserver. Possibilité de prendre à emporter ou de manger sur la terrasse.

À LA VALSAINTE €

22 rue du Collège
✆ 021 921 32 60
www.alavalsainte.ch
Ouvert du mardi au samedi de 10h30 à 14h30 et de 18h à 22h. Jeu de quilles à l'intérieur. Mets à l'ancienne dès 25 CHF.

Bâti dans une ancienne chapelle, le café restaurant de la Valsainte a ouvert ses portes en 1890. Ce vénérable bistrot au cœur de la vieille ville accueille aussi bien les habitués que les amateurs de cuisine traditionnelle de passage. Une cuisine typique de brasserie vaudoise donc, mais également de délicieux filets de perche du Léman, des mets à l'ancienne comme la tête de veau vinaigrette, du pied de porc Madère, des rognons de veau à l'ancienne... Et à ne surtout pas louper, un amusant jeu de quilles à l'arrière du bistrot !

SAVEURS & TARTARE €

18 rue des 2 Marchés
✆ +41 79 433 45 12
saveurs-tartare.ch
Ouvert du mardi au vendredi de 11h à 19h. Les soirs du jeudi et vendredi sur réservation. Samedi 10h à 17h.

C'est original ! Un bar à tartares... Dans un tout petit espace qui peut accueillir 9 personnes, le menu propose un tartare de bœuf, accompagné de pain et de salade, en sauce traditionnelle ou au piment d'Espelette. Également une version saumon, citron vert, aneth et ciboulette. Si les places sont prises, il y a toujours la possibilité de prendre à emporter. Il n'y aura plus qu'à mélanger la viande et l'assaisonnement et se régaler ! La carte propose aussi des tartares en sandwichs. La formule du soir propose une entrée de saison et une boule de glace en dessert.

ALADIN €

8 rue du Lac
✆ +41 21 922 20 00
www.aladin-vevey.com
Ouvert du mardi au dimanche de 10h30 à 15h et de 17h30 à 23h (vendredi et samedi jusqu'à minuit). 28 CHF pour un plat

Dans la rue piétonne de Vevey, le restaurant Aladin est une adresse réputée chez les riverains. Dans un magnifique décor digne des *Mille et Une Nuits*, Ahmad Bahadli vous propose depuis douze ans des spécialités marocaines, libanaises et même irakiennes. Le jour, l'ambiance est conviviale et ensoleillée. Le soir, les bougies sur les tables rendent l'atmosphère plus intime. Après une entrée de houmous et un couscous ou un tajine, rien de mieux que de s'installer sur un pouf avec son narguilé et profiter pour s'octroyer une digestion légère.

CAFÉ LITTERAIRE €

33 quai Perdonnet
✆ +41 21 922 42 00
http://lecafelitteraire.ch
Ouvert mardi, mercredi et jeudi de 9h à 23h, vendredi et samedi de 9h à minuit, dimanche de 10h à 21h.

Au bord du lac Léman, le Café littéraire propose une restauration de planchettes à base de produits régionaux, de brunchs gourmands et de plats du jour équilibrés. Vous pouvez vous y attabler tout au long de la journée pour un thé, un chocolat, une tartine gourmande et en soirée pour prendre une bière artisanale de pays. Voici un lieu chaleureux et convivial qui invite aussi aux plaisirs littéraires. Vous avez le choix des livres sur les étagères et tout au long de l'année une programmation culturelle variée selon les possibilités.

BLA BLA €

5 Grand Place
✆ + 41 21 922 35 33 - www.blablavevey.com
Café Restaurant Bar & Party, 7j/7, de midi à minuit. Pizza au mètre dès 24 CHF, la double 48 CHF.

Ce n'est pas du bla-bla si l'on vous assure que passer un moment de votre journée au sein de ce bar plein d'entrain, c'est une vraie cure d'optimisme ! Logé au sein du Tralala Hôtel, maison de maître du début du siècle, le bar se transforme au gré des heures. Le matin, le réveil se veut énergique avec un bon petit déjeuner vitaminé, le midi on adore grignoter la pizza au mètre, le goûter se veut gourmand avec d'excellentes pâtisseries maison et de saison, et le soir devient beaucoup plus festif avec des apéros terroir où le vin de la région coule à flots.

LE CARRÉ €

45 Rue du Lac
✆ 021 921 50 06
www.lecarre-vevey.ch
Ouvert 7j/7 de 8h à minuit. Salon de thé. Brasserie. Bar ouvert jusqu'à 2h les week-ends. Plats autour de 20 CHF.

Le Carré tient son nom de sa magnifique terrasse (carrée, bien évidemment !) qui s'avance sur le lac en vous offrant une vue panoramique sur tous les environs. En plus de cela, on apprécie surtout le concept de cet endroit qui réunit d'un côté l'espace café et salon de thé tout au long de la journée, de l'autre la brasserie ouverte midi et soir et, juste en dessous, le bar à cocktails. Les plats de la brasserie sont d'inspiration belge (carbonnade flamande, moules frites ou gaufres), avec aussi de bonnes bières. Pour couronner le tout, l'accueil est charmant.

LE NATIONAL €

9 rue du Torrent
✆ +41 21 923 76 25
www.natic.ch
Du lundi au samedi de 11h à minuit. Comptez 30 CHF pour un plat, plat du jour 18 CHF, menu 49 CHF.

Café, bar et resto *soul*, l'établissement est flanqué d'un majestueux cèdre du Liban. C'est l'adresse branchée de Vevey, réunissant les plus jeunes le soir et toutes les générations en été, sur sa grande et belle terrasse. Dans un décor mêlant les éléments bruts et le plastique, l'esprit brocante et le design, une cuisine inventive et raffinée est servie. La qualité des mets n'est malheureusement pas toujours constante. Des concerts et des projections de films en plein air sont organisés sous un grand cèdre. Également un bar et club.

LE MAZOT €

7 rue du Conseil
✆ +41 21 921 78 22
Ouvert du lundi au samedi de 11h à 14h et dès 18h. Plats de 15 à 40 CHF. Réservation conseillée.

Un mazot, c'est un chalet miniature, souvent l'annexe d'un chalet plus grand. Ainsi, ce bistroquet traditionnel, tout en bois et en longueur, avec, d'un côté, des chaises, de l'autre des bancs, semble tout droit descendu de la montagne. Les petites fenêtres donnent l'illusion d'être dans un chalet d'alpage avec encore les anciens moulins à café, les barattes à fromage… Dans ce cadre rustique, les habitués viennent principalement pour la viande, dont le fameux steak de cheval sauce mazot, mais aussi pour des plats au fromage avec les excellents röstis.

LE SYRIEN €

5 place Scanavin
✆ +41 21 921 02 57
Ouvert tous les jours de 10h à 20h en hiver et de 10h à 22h en été. Sandwichs, plat du jour.

Le kebab version saine et délicieuse ! Une fois sur la place Scanavin, vous ne pouvez pas manquer la petite tente blanche du Syrien. Plantée ici aussi bien en hiver qu'en été, elle jouxte la petite salle du restaurant. À l'intérieur, l'accueil chaleureux du gérant, Ahmad Badawi, les épices et les chichas nous transportent au Moyen-Orient. Vous y mangerez très bien pour un petit prix. Pour le dessert, vous n'aurez que l'embarras du choix, la vitrine regorgeant de pâtisseries ! Et pourquoi ne pas les accompagner d'un petit verre de thé à la menthe.

LES TROIS SIFFLETS €

1 rue du Simplon
✆ +41 21 921 14 13
www.3sifflets.ch
Ouvert du mardi au samedi de 11h à 14 et de 18h30 à 23h. Dimanche et lundi, de 18h30 à 22h. Plat du jour à 19 CHF.

Un restaurant traditionnel qui témoigne que l'on peut être rustique sans être kitsch. Devant une croûte ou une fondue (servie avec marche militaire et drapeau suisse... soyez prêts à entendre la musique militaire plus d'une fois dans la soirée !), ce sont des clients de tout âge qui se retrouvent aux Trois Sifflets. Il paraît que le nom de cette pinte se réfère aux trois sifflets que le premier gérant entendait tous les jours à 11h : le train, le bateau puis le sien, pour prévenir sa femme et ses filles qu'il était temps de se mettre à la cuisine !

LE PATIO €€€

5 chemin de l'Hôtel du Mirador
✆ +41 021 925 11 11
www.mirador.ch
Ouvert tous les jours pour le petit déjeuner, le déjeuner et le dîner. Plats dès 26 CHF.

Sur le mont Pèlerin, l'hôtel Mirador Resort & Spa vous offre l'une des plus belles terrasses avec vue panoramique sur la région de Vevey-Montreux. C'est un voyage gastronomique et une belle expérience culinaire avec le talent incontesté du chef Philippe Bossert, nouvellement récompensé. Le Patio sert une cuisine raffinée et de saison qui saura faire frétiller de plaisir les plus gourmets. Pour profiter plus longuement de l'instant de bonheur, l'offre « swim and eat » vous permet d'allier relaxation, piscine et repas. Un vrai moment de bonheur.

ZE FORK ON THE WATER €€

2 rue du Léman
✆ +41 21 922 18 13
www.zefork.ch
Ouvert du lundi au dimanche de 8h30 à 00h. Plat du jour 18 ou 21 CHF. Suggestions 35 ou 45 CHF.

Une adresse très typée, tenue par un groupe de joyeux drilles efficaces et sympathiques. La terrasse donne sur le quai Perdonnet, le lac et bien entendu la fourchette géante plantée dans l'eau qui a donné son nom au restaurant et qui est l'emblème de Vevey. Cette fourchette face à l'Alimentarium inspire certainement le chef... Les plats sont créatifs. Signature gourmande de la maison : les assiettes thématiques (le lac, le potager, le foie gras, la terre...). C'est beau, c'est bon ; dommage que le service manque parfois de douceur. Jolies salles design.

RESTAURANT DENIS MARTIN €€€

2 rue du Château ✆ +41 21 921 12 10
www.denismartin.ch
Ouvert du mardi au samedi dès 19h, uniquement le soir. Menu initiation 280 CHF, évolution à 360 CHF. Sur réservation.

Le cuisinier étoilé Denis Martin est un ambassadeur de la cuisine moléculaire. Venir dîner ici, c'est venir assister à des expériences. Il a été sacré chevalier de l'ordre des Arts et des Lettres par Frédéric Mitterrand en 2011. Au rez-de-chaussée de cette maison historique de Vevey, Denis Martin marie arômes et épices avec virtuosité. La présentation est également très intéressante. Les menus déclinent une multitude de découvertes : langoustine/cédrat/cacahuètes/figues... Autant d'associations à découvrir les yeux fermés ! En été, belle terrasse au bord du lac.

HÔTEL DES TROIS COURONNES €€€

49 rue d'Italie
✆ +41 21 923 32 00
www.hoteltroiscouronnes.ch
Restaurant gastronomique. Ouvert du mardi au samedi de 19h à 22h. Plat du jour 44 CHF.

À la hauteur du cadre, le chef Lionel Rodriguez fait preuve de prouesses gastronomiques mêlant légèreté et créativité. Goûtez à la douceur et à l'élégance du lieu et savourez les plats à l'inspiration méditerranéenne. En été, la terrasse et sa fontaine offrent une situation rêvée pour déguster le brunch du dimanche ou les menus ensoleillés. Si vous avez de la chance, vous apercevrez les montagnes enneigées sur la rive française. De quoi offrir à vos sens une caresse de béatitude.

LE BOUT DU MONDE

24 rue d'Italie
✆ +41 21 921 40 04
www.leboutdumonde.ch
Du lundi au dimanche de 16h30 à 23h (22h le dimanche).

Créé par un groupe d'amis, le Bout du Monde est à la fois un bar à bières et une cave pour des concerts souvent gratuits (chanson française, rock, jazz), du théâtre, des contes, des lectures, des soirées impro... Jeunes et moins jeunes s'y réunissent dans une ambiance chaleureuse. Le genre de café d'où l'on ne vous chasse pas si vous ne consommez pas plus que ça. L'endroit propose aussi des soupes maisons délicieuses le midi durant les froides journées d'hiver ! De bonnes énergies qui débordent de créativité pour ravir un public voulu proche.

CATHY'S BISCUITS

7 rue de l'Hôtel-de-Ville
✆ +41 21 921 26 62

Ouvert du mardi au vendredi de 11h30 à 18h30, le samedi jusqu'à 17h.

Une adresse charmante et gourmande au centre-ville, côté lac. Après avoir été gestionnaire de fortune, Catherine Celotti a fait de son hobby un métier, en transformant l'ancien magasin d'antiquités de son père en biscuiterie : macarons, cookies, sablés, pains d'épice remplissent ses bocaux en verre, tous préparés avec des produits biologiques, sans colorant, sans conservateur et très peu de sucre. Vous pouvez même vous asseoir pour boire un thé et goûter une de ses glaces. Confitures et sirops maison également, avec des fleurs et fruits cueillis à la main.

GRAND HÔTEL DU LAC

1 rue d'Italie
✆ +41 21 925 06 06
www.ghdl.ch

Bar ouvert de 12h à minuit. Salon oriental avec service du thé de 15h à 18h. Snack de 12h à 23h.

Surprenante et originale, la décoration de cet hôtel associe l'élégance classique à des tissus et des objets très contemporains. Côté *lounge*, vous vous installez dans de confortables fauteuils dans une atmosphère asiatique. Les jours de beau temps, vous profiterez de la terrasse face au lac. Quant au salon oriental, il aurait beaucoup plu aux écrivains romantiques du XIXe siècle comme Pierre Loti. Pour accompagner votre thé, vous vous laisserez forcément tenter par les délicieuses pâtisseries aériennes, présentées comme des bijoux dans une vitrine !

KAVO

5 rue Jean-Jacques Rousseau
✆ + 41 21 921 24 25
www.kavo-vevey.ch/bar-a-vins

Mardi et mercredi de 16h à 22h, du jeudi au samedi de 17h à minuit.

Le Kavo est un bar à vin branché et raffiné avec son mobilier design et son mur de verdure. Ici l'accent est mis sur le vin suisse, en témoigne la cave en verre qui vous accompagne dans l'antre du Kavo. La Suisse possède plus de 40 cépages et ce bar lounge propose plus de 200 encaveurs, soit une vingtaine de vins et pétillants au verre. Très tendance, la grande table d'hôte vous invite à la dégustation d'un Blanc réserve comme un Dézaley grand cru, accompagné d'une ardoise tapas. Une ambiance musicale. Tout pour passer un bon moment.

LÄDERACH CHOCOLATIER

8 rue du Théâtre ✆ +41 21 921 37 37
eu.laderach.com/fr

Ouvert du lundi au vendredi de 9h à 18h30 et le samedi de 8h à 17h. Fermé le dimanche.

Parmi les chocolats de ce confiseur réputé, les Chaussures de Charlie Chaplin, 61 % de cacao et une bonne dose de caramel tendre, sont un régal ! On y trouve aussi des créations originales de bonbons chocolat, réalisés pour des occasions spéciales. L'artisanat et la tradition des deux entreprises familiales Poyet et Läderach se sont associées. Même sous le nom de « Läderach », vous trouvez toujours, au 8 rue du Théâtre, à Vevey, de savoureuses spécialités chocolatières confectionnées de manière artisanale et quotidienne...

▸ **Salon de thé** sur place.

LE V ÈME

Place de la Gare
✆ +41 0 21 922 40 32
www.veme.ch

Du lundi au dimanche de 10h à minuit (vendredi et samedi jusqu'à 2h). Burgers dès 13 CHF. Soirées concerts.

À deux pas de la gare, un bar où se détendre, boire et manger des burgers de qualité sans casser sa tirelire. Le cadre est très sympa, on adore cette déco, boisée et design, avec une belle bibliothèque, qui donne envie de s'y arrêter à toute heure de la journée. Les burgers nommés par des prénoms comme le Jean-Claude sont gourmands et bien servis. Accompagnés d'une des nombreuses bières proposées, votre soirée sera festive et détendue ! Soirées et afterworks avec une belle programmation toute l'année à consulter sur le site Internet.

UN AIR DE FAMILLE

5 rue du Conseil
✆ +41 21 921 50 22

Un univers romantique à souhait, avec des couleurs douces et des confections originales à froufrou. Un Air de Famille, c'est une toute petite boutique qui propose des vêtements pour femmes « à l'ancienne ». L'écru, le gris et les vieux roses dominent. Mais rassurez-vous, il n'y a pas que des vieux points de tricot : la modernité s'allie au style rétro. La décoration, elle aussi, vous transporte dans des années révolues. Annick accueille chaleureusement ses clientes et leur offre même quelquefois un café ou un petit verre de vin !

UN AMOUR VACHE UN AMOUR TENDRE

3 rue des 2 Marchés
✆ +41 21 922 33 13
www.amourvacheamourtendre.ch
Ouvert du mardi au vendredi de 10h à 18h30, le samedi de 10h à 17h.

Voici une boutique pour rapporter de beaux souvenirs de votre escapade en Suisse ! En rentrant, on est tout de suite plongé dans une ambiance de chalets de montagne et de maisons d'antan aux poutres apparentes. Vous trouverez aussi bien de la vaisselle Poya que des diffuseurs d'ambiance au parfum « edelweiss », des luminaires *cosy* aux nappes *trendy*, des objets de bois aux textiles de lin, du zinc à l'ardoise… Bref, uniquement des objets choisis et des matières nobles.

BALTHAZAR

32 rue du Lac
✆ +41 21 922 23 81
Ouvert le lundi de 14h à 18h30, du mardi au vendredi de 10h à 18h30, le samedi de 10h à 17h (et parfois le dimanche)

Branché ! Situé dans la vieille ville de Vevey depuis 2003, Balthazar est un ravissant magasin d'objets de décoration, de cadeaux et de cartes postales. Valérie Jobin sélectionne des objets design originaux de créateurs indépendants (venant principalement du Japon, des pays nordiques, de France et d'Angleterre) et les présente très joliment dans son espace. Créant cet univers avec goût, c'est un magasin plein de surprises et d'objets inédits qui sont présentés de manière à vous exalter ! De bonnes idées de cadeaux à rapporter chez vous.

BRAVO

9 Rue du lac
✆ + 41 21 922 62 62
www.bravo.swiss
Du mardi au samedi de 9h à 18h30. Le jeudi jusqu'à 20h, samedi à 17h. Le dimanche selon planning pour les brunchs.

Un grand « bravo » pour avoir redonné vie à ce lieu qui fut jadis une ancienne brasserie, une salle de jeu de quilles, une salle de bal, une salle de cinéma… Sur deux étages, vous déambulez dans ce grand espace, en passant sous la coupole en pavés de verre à la découverte du savoir-faire local. Les produits sont 100 % *Swiss made*, tous éthiques, ingénieux et originaux. On prolonge volontiers cette découverte au café. De cet endroit se dégage une effervescente créative : si vous aimez les objets design, la mode ou les vêtements, c'est le coup de cœur assuré !

CÔTÉ POTAGER

59 rue d'Italie
✆ +41 21 921 37 75
www.cotepotager.ch
Ouvert du mardi au vendredi de 9h à 12h30 et de 14h à 18h30, le samedi de 9h à 16h.

Manger ses légumes cultivés en Suisse est une devise chez Côté Potager ! Dans le petit magasin d'Emmanuelle Forney ouvert depuis 2008, vous ne trouverez que des produits suisses, de quelque cent petits producteurs. Si les beaux fruits et légumes de saison prennent une place importante, n'hésitez pas à y passer pour acheter des pâtes, des flûtes, des sirops et bien d'autres produits régionaux et locaux. Nous vous recommandons également les paniers-cadeaux. Pour une dimension essentielle de la vie : de la bonne nourriture, de préférence crue et croquante.

KIZUKU

22 et 35 rue du Lac
✆ +41 21 922 27 01
www.kizuku.ch
Ouvert du mardi au vendredi de 10h à 12h et de 13h30 à 18h30 et le samedi de 9h à 17h.

Ce petit magasin propose des coups de cœur, que ce soit des grandes marques nordiques ou des créateurs de Vevey. On y trouve des objets ludiques et sympathiques, uniquement du design d'aujourd'hui et beaucoup de nouveautés. Jetez un coup d'œil au superbe plafond qui fait figure d'ovni parmi tous ces objets contemporains ! Le showroom situé dans la même rue est plus ciblé mobilier. Kizuku veut dire « observer / remarquer » ou « construire / bâtir », et il retranscrit bien la volonté de Noémie et Jean de proposer les créations de nouvelles marques au succès à venir.

LAITERIE DE LA GRENETTE, FROMAGERIE LA CHAUDIÈRE

27 rue des Deux-Marchés ✆ +41 21 921 23 45
www.lachaudiere.ch/shop/
Ouvert le lundi au vendredi de 10h à 12h30 et de 14h à 18h30, samedi de 8h à 17h. Achat en ligne possible.

Une bonne dose de fromages suisses à glisser dans ses valises s'impose ! Alors pour cela, au cœur de la vieille ville, la laiterie de la Grenette, fromagerie et crémerie, est l'adresse idéale pour acheter des fromages de la région, dont les fondues maisons de Wysmüller ainsi que des meringues, de la double crème et autres produits du terroir. Les sachets de bricelets sont une bonne idée de cadeau. Également des confitures de lait et des spécialités sucrées à tartiner.

LA RIVIERA SUISSE

TÊTE À CLAK

Rue du Centre 8 ✆ + 41 21 921 17 79
www.tete-a-clak.ch/contact.html
Barbier coiffeur, boutique mode hommes femmes. Ouvert du mardi au vendredi de 9h à 19h. Samedi de 9h à 17h.

Tête à Clak décoiffe par son originalité en alliant boutique de prêt-à-porter, objets mode et déco et créateur capillaire. Un duo de choc, Christophe et Igor, vous promet de passer un moment privilégié pour un relooking capillaire ou pour trouver chaussures à votre pied du côté du prêt-à-porter. Un univers *trendy* où l'on se laisse chouchouter et conseiller par les talents des gérants. Les odeurs de bougies de créateurs locaux comme Philippe K (en vente) vous plongent dans une découverte sensorielle dès l'accueil. Atypique, on sort de cet univers enchanté.

ATELIER CUISINE

3 rue du Simplon
✆ +41 21 921 33 66
www.ateliercuisine.ch
Du lundi au samedi de 9h à minuit. À partir de 99 CHF le cours comprenant 3 repas.

Dans une belle bâtisse du vieux Vevey, les chefs proposent des ateliers de cuisine française, italienne, thaïe ou japonaise et même des repas dans le noir pour exacerber les saveurs et les sensations. Vous apprenez des trucs et des astuces, des tours de main et des procédures. Tout est prévu, que vous soyez novice ou amateur, seul ou entre amis, pour vous transmettre cette passion des chefs pour leur cuisine. En prime : vous mangez le fruit de votre apprentissage. Alors à vos tabliers, vos fiches de recettes et excellente dégustation !

DR. BURGENER SWITZERLAND CARE & SPA

1 rue d'Italie
✆ +41 21 925 06 06
www.hoteldulac-vevey.ch
7j/7 de 10h à 19h (jusqu'à 20h vendredi et samedi). Massages à partir de 90 CHF.

Agréable espace détente situé dans le luxueux établissement du Grand Hôtel du Lac. Vous y trouverez un hammam, sauna, massages et des soins avec les produits de la marque Dr Burgener, membre des Relais & Châteaux. Une parenthèse les pieds dans l'eau où l'on profite sereinement de la piscine et des massages sur mesure du spa. Thés froids et chauds, ainsi qu'une assiette de fruits secs offerts. Accueil très chaleureux dans un bel univers très lumineux.

LES PLÉIADES

www.lespleiades.ch
Pass famille avec ski et train (voyage en train Vevey - Blonay - Les Pléiades aller/retour) : adulte 49 CHF.

Abritant à 1 348 m une petite station de sports d'hiver et d'été, la montagne des Pléiades offre une multitude d'activités à seulement 40 minutes de Vevey. En hiver, 8 km de pistes de ski alpin et 10 km de pistes de ski nordique satisferont les skieurs débutants et moyens. Idéal pour les familles et possibilité de prendre des cours sur place. Des parcours balisés sont également à disposition des randonneurs en raquettes. Les Astropléiades vous emmènent tout droit dans les étoiles grâce à des bornes didactiques qui vous familiarisent avec l'astronomie.

VEVEY SUR GLACE - PATINOIRE COUVERTE

Place du Marché
www.vevey-sur-glace.ch
De fin octobre à fin février, de 10h à 19h, samedi jusqu'à 20h. Adulte 5 CHF. Location de patins : 5 CHF.

Grâce à un partenariat entre la Ville de Vevey et l'Association Vevey sur Glace, cette patinoire de 600 m² renaît de ses cendres à chaque saison hivernale. La Ville finance l'infrastructure et l'Association assume la gestion et l'exploitation de la patinoire, qu'elle anime et fait vivre. Cette patinoire couverte installée au bord du lac remplace une ancienne patinoire naturelle, pour le plus grand plaisir des petits et grands. Location de patins ou de casques.

ORIENTAL-VEVEY

22 rue d'Italie
✆ +41 21 925 35 90
www.orientalvevey.ch
Programmation de septembre à mai.

L'Oriental-Vevey est une ancienne chapelle transformée en salle de spectacle dès la fin du XIXe siècle, puis en cinéma en 1915. Depuis 2001, l'association Oriental-Vevey gère cet espace de spectacles et de création dans les domaines de la musique et du théâtre. La programmation est centrée en priorité les artistes professionnels suisses, sur les arts vivants (théâtre et danse) et la musique contemporaine. La programmation met en valeur les arts de la scène et encourage la collaborations entre les différentes formes artistiques.

LA TOUR-DE-PEILZ ★

Entre Vevey et Montreux, relié par le bus 201 à la promenade de Montreux et à quelques tours de pédales des principales scènes, La Tour-de-Peilz constitue un excellent point de chute pour ceux qui souhaitent éviter la cohue, ou qui se sont organisés un peu tard pour assister confortablement au festival de Jazz. En lui-même, il vaut également le détour pour quelques visites du village. Du haut de la tour du château, vous pouvez admirer les dents de Morcles et les dents du Midi, à l'est, qui encadrent le majestueux Catogne. En face, vous pouvez voir le Grammont et, plus à l'ouest, vous apercevez la chaîne du Jura.

© SOFIA GARAVANO - SHUTTERSTOCK.COM

La Tour-de-Peilz.

MUSÉE SUISSE DU JEU ★

Au château ✆ +41 21 977 23 00
http://museedujeu.ch/fr/

Ouvert du mardi au dimanche de 11h à 17h30, et les lundis fériés. Entrée adulte 12 CHF.

Abrité, depuis plus d'un quart de siècle, dans un très beau château du XIIIe siècle, le musée du Jeu propose un panorama de l'univers ludique, à travers 250 jeux de tous les pays, de l'Antiquité à nos jours. Depuis juin 2012, un espace est même consacré à l'histoire de la loterie. Les enfants peuvent également construire un château de cartes géant et découvrir l'ancêtre de la Game Boy. Parcours ludique à l'extérieur et boutique proposant un grand choix de jeux de société.

▶ **Le musée organise** des ateliers, des visites guidées et même des *team building*.

PLAGE ET CAMPING DE LA MALADAIRE €

310 route de Saint-Maurice
✆ +41 21 944 31 37
www.la-maladaire.ch

Ouvert de mai à septembre. Adultes 7 CHF. Tente 3 places 6 CHF. Pavillons : adultes 30 CHF.

Un camping à l'ombre des grands arbres effleure le Léman. En contrebas de la route, il dispose d'une terrasse agréable, d'un petit restaurant sympathique (et le bar à cocktail !) donnant sur le lac qui mérite d'être connu et reconnu. Deux grands pavillons, sortes de yourtes, pouvant accueillir jusqu'à 8 adultes. Original et pratique pour ceux qui n'ont pas de tente. À tout moment, vous bénéficiez de l'emplacement idyllique pour aller vous baigner dans le lac.

HÔTEL BON RIVAGE €€

18 route de Saint-Maurice
✆ +41 21 977 07 07
www.bon-rivage.ch

Chambre standard côté nord de 110 à 180 CHF, standard vue sur le lac de 160 à 220 CHF.

Une ode au romantisme en bord de lac. Construit en 1864, l'hôtel a été totalement rénové en 2001. 60 chambres confortables et modernes sont à disposition des clients qui désirent se reposer au calme. L'hôtel abrite un restaurant gourmand, accueille des séminaires et programme des animations culturelles. Le jardin donne directement accès au lac. Pour la petite histoire, l'endroit a accueilli le célèbre compositeur allemand Richard Wagner et était avant géré par la congrégation des sœurs de Saint-Joseph d'Annecy, en tant que pensionnat puis comme maison de repos.

HÔTEL DE LA VIEILLE TOUR €€

43 grand-Rue
✆ +41 21 944 10 00
www.vieilletour.ch

Chambre simple à partir de 88 CHF, double à partir de 115 CHF. Les chambres côté lac sont plus chères. Wi-Fi gratuit.

Hôtel sympathique situé dans le centre de la Tour-de-Peilz, à 15 minutes de marche seulement de Vevey, et à l'accueil chaleureux. Même si vous êtes en centre-ville, le lac n'est jamais bien loin dans cette région et vous le rejoindrez en quelques minutes à pied. Les chambres sont confortables et décorées dans les tons crème, avec un mobilier contemporain. Les chambres doubles standards ou supérieures bénéficient de tout le confort nécessaire. Privilégiez tout de même les chambres côté lac, plus calmes, et surtout celles avec une grande terrasse !

LE DOMINO €

Au Château

✆ +41 21 944 51 22

Ouvert du mardi au dimanche, dès 8h30. Fermeture le mardi et le dimanche à 17h30, plus tard si clientèle.

Construit par Pierre de Savoie, le château de La Tour-de-Peilz a servi de réduit défensif, de poste de surveillance du trafic lacustre sur le Léman et de douane. Situé dans l'ancienne maison du jardinier du château, le café-restaurant du musée du Jeu propose une cuisine de saison et, par beau temps, déploie sa terrasse dans la cour. L'hiver, il propose du vin chaud et des crêpes. Idéal après une balade le long du lac, de Vevey à la Tour-de-Peilz, et avant une visite du musée du Jeu. C'est très agréable pour une pause après la visite ludique du musée.

THE GARDEN ON THE LAKE €€

18 route de Saint-Maurice

✆ +41 21 977 07 07

www.bon-rivage.ch/the-garden/

Ouvert du mardi au samedi soir. Menu midi : 3 plats 58 CHF, 2 plats 49 CHF. Menu du soir de 62 à 75 CHF.

Une très belle terrasse dans un parc face au lac. Légèrement en retrait de La Tour-de-Peilz, le restaurant de l'hôtel Bon-Rivage est un havre de paix. Rosiers et jardin potager entourent la belle terrasse et confèrent une atmosphère romantique au lieu. On y sert une cuisine tendance gastronomique pleine de saveurs. Au menu inspiration d'hiver : fricassée de homard et ris de veau laqué au vin jaune, noisettes de selle de chevreuil rôties aux poivres parfumés, fondue d'épinards frais et févettes. Le ton est donné… Agréable terrasse en été avec vue sur le lac.

CERCLE DE LA VOILE VEVEY - LA TOUR

✆ +41 21 944 50 41

www.cvvt.ch

Cours de voile, organisation de régates.

Vous voulez apprendre à naviguer ou vous perfectionner ? L'école de voile du CVVT vous fera découvrir l'univers du nautisme dans le cadre naturel agréable proposé par le lac. De nombreux cours de voile sont destinés aux navigateurs de tous niveaux, enfants, ados et adultes, et modulables à la demande, sous forme de stage, de cours hebdomadaire ou de leçon particulière. Location de petits voiliers sans permis possible (sortes de dériveurs très stables).

SAINT-LÉGIER - LA CHIÉSAZ

Ces anciens villages vignerons pour le compte des seigneurs de Blonay, Saint-Légier et La Chiésaz, situés au-dessus de l'autoroute A9, ont perdu presque toutes leurs vignes mais ont gardé intact le charme des maisons vigneronnes. On appelle les habitants de Saint Légier les « Tyalos ». Ce surnom aurait pour origine une bagarre entre deux jeunes gens éméchés et l'un des spectateurs aurait crié « Tya-lo ! Tya-lo ! », ce qui signifie cyniquement « Tue-le !, Tue-le ! »… Depuis, le sobriquet est resté. Pour atteindre ces petits villages, depuis Vevey, vous accédez à Saint-Légier-La Chiésaz par le train des Étoiles qui mène au mont Pèlerin.

L'AUBERGE COMMUNALE €€

78 route des Deux-Villages ✆ +41 21 943 11 77

http://auberge-st-legier.ch

Chambre simple 75 CHF, chambre double 135 CHF ; chambre triple 193 CHF. Petit déjeuner : 15 CHF.

Une adresse villageoise chaleureuse et loin du tumulte de la ville, pour se ressourcer à la campagne de Saint-Légier. Tout à la fois hôtel avec six chambres, bar terrasse aux beaux jours et restaurant ouvert du mercredi au dimanche inclus avec des plats typiques et généreux, tendance gastronomique. Depuis décembre 2018, vous pouvez découvrir le carnotzet, une petite pièce fraîchement rénovée, chaleureuse et cachée dans un recoin de L'Auberge. L'endroit idéal pour y partager une bonne fondue de la région et passer des bons moments en famille ou entre amis.

LE PETIT €

74 route des Deux-Villages

✆ +41 21 943 11 85

le-petit.ch

Ouvert du mardi au vendredi, midi et soir, et le samedi soir. Plats 33 / 51 CHF.

Caché au-dessus de La Chiésaz, cette bonne adresse (anciennement Chez Dallen) propose une cuisine du marché fraîche, sincère, savoureuse et inventive. Le chef cuisinier Philippe a réalisé son rêve d'avoir son propre restaurant et on sent toute sa passion dans sa carte, qui évolue au rythme des saisons, ainsi que quelques plats additionnels selon les livraisons du jour. Tout est fait maison en utilisant principalement les produits des artisans locaux. Une table simple de bons produits appréciée des locaux et des promeneurs. Bon à Petit !

BLONAY ★

Blonay et Chamby sont des villages à la fois de vignobles et d'alpages, avec des chalets typiques. Fin septembre, ne manquez pas la désalpe, fête traditionnelle qui ponctue la descente des troupeaux depuis les alpages jusqu'à la plaine. Vous accédez à Blonay par le Train des Étoiles qui poursuit sa route aux Pléiades. Et à Chamby, par le train à vapeur Blonay-Chamby, qui est d'ailleurs la principale attraction du coin, proposant un unique chemin de fer musée, qui vous fera passer par de magnifiques paysages à travers un voyage tout à fait charmant sur les hauteurs de Vevey ! En voiture, prenez sortie n° 14 Vevey, direction Saint-Légier, Blona.

© MTRAVELR - SHUTTERSTOCK.COM

Blonay.

CHÂTEAU DE BLONAY

Château de Blonay

Ce magnifique château du XIIe siècle appartient à la famille Blonay depuis sa construction, excepté la période de 1752 à 1806. À Blonay, les seigneurs gardaient à l'origine le château de Chillon, qui était la propriété de l'évêque de Sion. C'est en revenant de croisade que l'évêque se rend compte que Chillon est occupé par la Maison de Savoie. Aux alentours de 1184, les Blonay bâtissent alors leur château, dans le but de se défendre contre les Savoyards. Seul le donjon subsiste aujourd'hui. Il est classé comme bien culturel d'importance nationale.

CHEMIN DE FER - MUSÉE BLONAY-CHAMBY

3 Place de la gare

✆ +41 21 943 21 21

www.blonay-chamby.ch

Visite et trajet aller-retour depuis Blonay 22 CHF. Le train circule les samedis et dimanches de mai à octobre.

À bord d'un vieux train tiré par une locomotive à vapeur, vous remontez le temps pour explorer le musée du Chemin de Fer à Chamby, invention qui a permis le développement de toute la Riviera. Lors de la fermeture, en 1966, de la liaison ferroviaire Blonay-Chamby, une équipe de bénévoles passionnés de chemin de fer a décidé de créer une ligne de chemin de fer touristique à vapeur, à laquelle est venu s'ajouter un dépôt-musée, en 1973, ainsi qu'un restaurant.

SENTIER ASTROPLÉIADES - PARCOURS CLAUDE NICOLLIER

Place de la Gare 2

✆ +41 21 926 80 40

astropleiades.ch/fr

Ouvert de mai à octobre, seulement le jour. 2 à 3 heures de parcours (17,5 km).

Le parcours AstroPléiades, destiné aux enfants et parrainé par le spationaute Claude Nicollier, est divisé en quatre stations donnant des informations sur la terre, les galaxies, les étoiles et le système solaire. Chaque station présente des modèles en trois dimensions et des activités ludiques. Pour prolonger la découverte, choisissez le chemin pédestre du Sentier des exoplanètes reliant les Pléiades et Blonay en 2h de marche, toujours relation avec le domaine spatial.

CAFÉ-RESTAURANT LES FOUGÈRES €

31 route de l'Alliaz

✆ +41 21 943 12 83

www.lesfougeres.ch

Ouvert du mercredi au samedi midi et soir, le dimanche de 10 h à 18 h. Plats de 32 à 40 CHF.

Une bâtisse à l'architecture typique de la région, en retrait du remue-ménage, mais facilement accessible depuis la ville. Dans un décor de pinte traditionnelle, sont servis principalement des plats de viande comme rumsteak de nos monts, beurre «Café de Paris» ou encore les Rognons de veau à la moutarde de Meaux, orienté cuisine du terroir. Ambiance conviviale et détendue, dans salle à manger accueillante, avec cheminée, ou également sur la terrasse.

MONTREUX ★★★

Longtemps simple région agricole, la ville s'est véritablement développée avec le tourisme à la fin du XIXe siècle. La clientèle des personnalités du monde entier a été remplacée de nos jours par une clientèle d'affaires et de tourisme de luxe, Montreux a conservé le charme de ses anciens hôtels Belle Epoque. Ainsi qu'une sorte de nostalgie constamment présente, au bord du lac ou dans les hauteurs, du côté de Caux et de Glion. Deux grands événements rythment l'année : le Montreux Jazz Festival, en été, et, en hiver, le marché de Noël, parmi les plus grands de Suisse. Et en troisième, le Montreux Comedy Festival.

Balade

Autour de Montreux, il existe un réseau étendu d'itinéraires pédestres, de la promenade courte à la randonnée vers la dent de Jaman et les rochers de Naye. C'est également un petit paradis pour le parapente et le ski (même si les plus belles stations se trouvent plutôt côté Valais).

▶ **Les sentiers pédestres.** Une carte très détaillée des sentiers pédestres est disponible à l'office de tourisme, avec des indications sur tous les points d'intérêt. Parmi les sentiers balisés les plus connus : le sentier des Tenasses et la haute route de la Riviera (itinéraire sur la carte « Hauts de Montreux » en vente dans les points d'informations à 9,50 CHF). L'office de tourisme des Paccots organise « les sentiers gourmands », des parcours jalonnés de haltes gastronomiques, avec excursions à l'alpage dans des restaurants où vous dégusterez divers mets du terroir, dans une ambiance champêtre.

▶ **La gorge du Chauderon.** À partir du vieux Montreux, prenez la ruelle du Chauderon et continuez jusqu'aux gorges du Chauderon, en pleine forêt vierge ! Très jolie balade, à faire avec des chaussures de marche normales. Comptez 2 heures jusqu'aux Avants. Vous pouvez ensuite reprendre un train pour Montreux.

▶ **Montreux et son cœur de rocker.** Freddie Mercury est dans le cœur de tous les Montreusiens car après son installation à Montreux en 1978, il ne cessera d'admirer sa nouvelle ville, la quiétude et la beauté des lieux. La discrétion suisse lui permet de vivre une vie paisible et d'enregistrer ses chansons jusqu'au dernier album en 1991. **Alors, êtes-vous prêt à aller sur les traces de Freddie Mercury ?**

▶ Le Casino – studio d'enregistrement : après avoir emprunté la passerelle et surplombé la grande salle des machines de jeux, vous découvrez le Mountain Studios où Freddie Mercury a enregistré plusieurs de ses albums, dont le dernier, *Made in Heaven*. Des vitrines évoquent l'univers du chanteur comme les feuilles de chanson griffonnées à la main, des disques, des photos de son appartement à Territet (quartier de Montreux), des objets personnels et des instruments de musique. Ensuite, très ludique, on vous invite dans la salle de mixage The Control Room à monter le son en puissance sur la console et chanter du vrai rock. Une expérience inédite !

▶ Le mur des hommages à Queen : sur la façade ouest du casino, des messages dans toutes les langues tapissent le mur blanc. Le Queen Tribute Wall est un mur d'expressions et un beau témoignage d'amour à ce groupe légendaire.

▶ La statue de bronze : en sortant du casino, dirigez-vous vers le bord du lac et admirez la statue offerte par Queen en 1996. Freddie Mercury regarde le lac qu'il a tant apprécié.

Quartiers

▶ La voie de chemin de fer sépare la ville en deux : en dessous, un petit Monaco avec lac, palaces et gens de passage venus pour une conférence ou en villégiature de loisir, représentés par la « promenade ». Au-dessus, une vieille ville souvent ignorée, avec quelques commerçants qui ne bénéficient pas toujours des différentes manifestations côté lac. Pourtant, c'est ici que se trouve le véritable Montreux, dans ces anciennes petites communes du Châtelard et des Planches réunies en 1961 seulement pour former la ville de Montreux.

▶ **Le vieux Montreux :** à l'origine de la commune de Montreux, on trouve la paroisse, ou un « arrondissement », du même nom. Elle dépend alors de l'évêque de Sion, avant de passer aux mains des comtes de Savoie. L'église Saint-Vincent, qui domine le bourg du « vieux Montreux », est le centre de cette paroisse. Longtemps divisée en deux communes distinctes (Les Planches et Le Châtelard), l'ancienne paroisse retrouve son unité lors de leur fusion en 1961, pour former la commune de Montreux. La vieille ville, avec ses petites rues pavées et ses maisons anciennes, témoigne de ce passé

Sortir

C'est dans les pintes (auberges vaudoises) que l'on fait honneur au Bacchus vaudois avec le partage généreux du vin aux appellations locales (cépage chasselas) qui coule en abondance. Ambiance vigneronne et du terroir conservée aux antipodes des strass des festivals, qui compose aussi le Montreux actuel.

AQUAPARC

122 route de la Plage
✆ +41 24 482 00 00
www.aquaparc.ch

Ouvert toute l'année, de 10h30 à 20h30 (horaires différents selon la saison). Entrée journée 45 CHF.

Adrénaline, Family ou Bien-Être, il y en a pour tout le monde dans ce parc d'attraction et d'activités aquatiques. Entre autres, espace de relaxation en famille avec sauna et hammam, des parcours pour enfants où l'on se faufile dans la végétation et où l'on chasse des crocodiles, une piscine à vagues, ou encore des toboggans à sensations fortes, comme le Booster Loop, chute libre de 15 m dans une cage en verre. Possibilité d'y aller en toute saison mais l'été, on apprécie également l'espace extérieur. Un service de restauration est enfin disponible.

CHÂTEAU DES CRÊTES

Château des Crêtes

Il faut monter dans Clarens pour apercevoir cet étonnant bâtiment en briques rouges. Vincent Dubochet, grande figure montreusienne, a fait construire ce château en 1864 sur l'emplacement présumé des bosquets de Julie décrits dans *La Nouvelle Héloïse* de Jean-Jacques Rousseau. Léon Gambetta, ancien ministre français de la Défense et ami intime de Dubochet, y séjournera à plusieurs reprises. Le château changera ensuite plusieurs fois de propriétaires avant d'être racheté en 1985 par des industriels allemands qui demanderont au peintre André Russo de le restaurer.

AS'CRÉATIONS - LE STUDIO ★★

18 route du Pont ✆ +41 21 96 302 96
ascreations.ch

Librairie, galerie et café. Ouvert mardi de 13h à 19h. Mercredi à vendredi de 10h à 19h et samedi de 10h à 16h.

Un espace plein de promesses, à découvrir dans le vieux quartier des Planches, tout à la fois lieu d'exposition, café et boutique, le tout à vocation culturelle et conviviale, partage et découverte. Il s'agit ici de défendre des coups de cœur et de créer du lien social. À l'initiative du studio As'Créations, Flore et Arnaud. Arnaud est le fils du dessinateur suisse bien connu Derib (*Yakari*, *Pour toi Sandra*, etc.) et de Dominique de Ribaupierre, également dessinatrice de BD (*Autrefois à Évolène*). Sur place, un petit comptoir de bois blond et deux tables, quelques objets artisanaux de créateurs (ceux qui font les choses à la main et avec beaucoup de cœur) et un rayon librairie. C'est que As est la petite maison d'édition que vient de fonder Arnaud pour éditer les nouveaux ouvrages de ses parents et quelques autres coups de cœur. Au catalogue, deux ouvrages superbes de Derib, *Tu seras la reine*, histoire autour des vaches d'Hérens, et *Le Galop du silence* sur les chevaux des Franches Montagnes (Jura suisse). De beaux ouvrages qui mettent en valeur et font mieux connaître des races locales. En projet : le récit en BD de trois ans en vélo autour du monde par un jeune qui vient de rentrer en Suisse. As'Créations dispose d'une petite galerie d'exposition dont l'accrochage change tous les mois. La première avait été consacrée aux cinquante ans de carrière de Derib avec des dessins inédits de Derib signés à 17 ans qui présageaient largement de son talent futur. En vente des reproductions d'affiches et des dessins. Ateliers.

© PHILIPPE GUERSAN - AUTHOR'S IMAGE

Les quais fleuris de Montreux.

CASINO BARRIÈRE

9 rue du Théâtre
✆ +41 21 962 83 83

L'histoire commence en novembre 1881, date d'inauguration du casino Kursaal, alors plutôt salle de concert d'architecture anglaise. En 1883, on introduit un jeu d'argent appelé « les petits chevaux ». De 1914 à 1945, le célèbre orchestre du Kursaal, composé de 6 musiciens, ne va plus cesser de jouer. En 1962, est inauguré le premier dancing, appelé Lido, de style vénitien, et, en 1966, le festival de jazz de Montreux y fêtera sa première édition, ainsi que les vingt-six suivantes. Le 4 décembre 1971, le casino Kursaal va entièrement brûler lors d'un concert de Frank Zappa. Les musiciens laissent dans les flammes un matériel estimé à 600 000 CHF. L'orchestre des Mothers of Invention annule tous ses concerts européens. En souvenir de ce triste événement, le groupe Deep Purple compose la chanson *Smoke on the Water*, écrite, le soir même, dans la cage d'escalier du Grand Hôtel de Territet où il loge. Trois ans et demi plus tard, le casino rouvrira ses portes. Il propose jeux d'argent, spectacles, banquets, restaurant, night-club, cinéma, piscine, club nautique, ainsi qu'un studio d'enregistrement qui a vu défiler les artistes les plus célèbres, dont David Bowie, AC/DC, Led Zeppelin, Michael Jackson, pour ne citer qu'eux.

Devenu aujourd'hui le Casino Barrière de Montreux, il dispose d'une superficie de 10 000 m^2 avec machines à sous, jeux de table et électroniques, poker… Il abrite aussi trois restaurants, deux bars, deux terrasses, une superbe piscine ainsi que les anciens Mountain Studios, espace désormais dédié au groupe Queen.

HÔTEL FAIRMONT LE MONTREUX PALACE ★★

2 avenue Claude Nobs
✆ +41 21 962 1212
m.fairmont.fr/montreux

Superbe édifice de la Belle Époque, emblématique de la Riviera vaudoise, construit en deux ans seulement, 1905 et 1906, par l'architecte Eugène Jost. En raison du nouvel engouement dont jouissait le sport à cette époque, on y ajouta un « Pavillon des sports », devenu aujourd'hui un restaurant. Parmi les nombreuses personnalités qui y ont séjourné, citons Richard Strauss (1947), Vladimir Nabokov (de 1961 jusqu'à sa mort en 1977), Mikael Gorbatchev (1994), ou Michael Jackson (1997).

ROUSSEAU, PROMOTEUR DU TOURISME SUISSE

Le pays de Vaud est encore sous domination bernoise quand le philosophe genevois Jean-Jacques Rousseau arrive à Clarens, fait qui contribuera considérablement à l'essor du tourisme en Suisse. La publication de *La Nouvelle Héloïse* attire l'attention de l'Europe sur la Riviera suisse. Dans une étude intitulée *Paysages suisses dans la littérature romantique*, l'écrivain suisse romand Guy de Pourtalès (1881-1941) écrit : « Au temps du carnaval de l'année 1761, parut un roman qui bouleversa la société française. On ne parlait que de ce livre à la ville et à la cour, et une mondaine qui l'avait commencé un soir, avant d'aller au bal, renvoya sa voiture, la fit revenir deux heures plus tard, la renvoya à nouveau, et se résolut enfin à faire dételer ses chevaux pour n'être plus dérangée dans sa lecture. » Ce livre s'appelait *La Nouvelle Héloïse* et portait en sous-titre : *Lettres de deux amants, habitants d'une petite ville au pied des Alpes*. C'est ainsi que la Suisse est entrée dans la littérature française…

De nombreuses célébrités sont ensuite venues sur les traces de Rousseau. L'écrivain russe, Nicolas Karamzine (1766 - 1826), écrit des choses charmantes : « À cinq heures du matin, je sortis de Lausanne, la joie dans le cœur et l'*Héloïse* de Rousseau dans ma main. Vous devinez sans doute le but de mon voyage. Je voulais voir de mes propres yeux les beaux sites dans lesquels l'immortel Rousseau plaça ses amants romantiques… Beaucoup d'habitants que j'ai rencontrés connaissent l'Héloïse et sont très fiers que Rousseau ait glorifié leur pays en le choisissant comme décor de son roman. Le cultivateur en vous rencontrant vous dit : "Monsieur a sans doute lu *La Nouvelle Héloïse*". » Léon Tolstoï vient également s'installer à Clarens, « dans ce même village où a demeuré la Julie de Rousseau », écrit-il, en 1857, à sa tante Toinette. Lord Byron vient en 1816, nourri, lui aussi, de ce roman. Après s'être trouvé pris dans une tempête sur le Léman, il s'inspirera du prisonnier Bonivard du château de Chillon pour écrire *Le Prisonnier de Chillon*, un poème qui jouera lui aussi un rôle considérable dans l'attrait exercé par la Riviera vaudoise. La Maison Rousseau et de la littérature (MRL) à Genève propose une immersion philosophique au travers d'un parcours en images et musique dans la maison natale de l'écrivain. Les thèmes abordés sont la nature, l'enfance, la liberté, le sentiment, le bonheur et Genève.

CHÂTEAU DE CHILLON ★★★

Avenue de Chillon

www.chillon.ch

Ouvert d'avril à septembre de 9 à 19h et d'octobre à mars de 9h30 à 18h. Tarifs adulte 13,50 CHF.

Majestueux, il s'intègre naturellement sur les eaux du Léman. Sans doute l'une des silhouettes les plus célèbres au monde, le château de Chillon est un symbole de la Suisse, belle illustration du pays par l'harmonie des ses formes (vingt-cinq corps de bâtiments) et l'impression de solidité et d'équilibre qui s'en dégage. Forteresse posée sur l'eau, véritable verrou surveillant l'ancienne route d'Italie, passage obligé – en raison de l'étroitesse des lieux – sur l'axe nord-sud, c'est aussi, face au lac, une résidence ducale. Difficile de dater précisément cette place forte, mais la présence d'un poste romain y semble déjà attestée par des monnaies et des vestiges trouvés sur le site. Pendant tout le Moyen Âge, le château fut le siège des puissants comtes de Savoie, implantés dans la région. En 1536, Chillon est connu des baillis bernois, qui en font d'abord leur résidence, avant d'aménager à Vevey, au XVIIIe siècle ; le goût de la vie en société se répandant, ils commençaient à s'ennuyer entre ces murs solitaires. Berne a pitié de ses baillis et achète la maison des Tavel, à Vevey, pour en faire leur nouvelle résidence. Il est alors question de démolir le château de Chillon ; heureusement, le coût de l'opération est trop élevé. Enfin, la Révolution française entraînera la chute de Berne. En 1798, le pays de Vaud se libère de la tutelle bernoise et depuis, le château de Chillon appartient au canton de Vaud.

▸ **Sur place :** Une muséographie moderne, des expositions temporaires, vins du pays en vente, boutique de souvenirs et plage.

ÎLE DE SALAGNON

Clarens

Appelée aussi « île des cygnes » ou « île aux rats », Salagnon est la dernière-née des cinq îles du lac Léman (île de Peilz, île de Choisi, île de la Harpe et île Rousseau)... et la seule habitée sur le lac !

Jusqu'en 1880, il n'y avait qu'un ensemble de rochers, « les roches aux mouettes », devant Clarens. Lors de la construction du chemin de fer du Bouveret à Évian, le Tonkin, l'ingénieur montreusien Joseph d'Allinges charge des barques de pierres de Meillerie et les déverse sur cet ensemble de rochers pour en former une île qu'il entoure d'un mur. Il nomme celle-ci Salagnon en référence au sel de Bourgogne qui était autrefois présenté à la douane de Clarens avant d'être acheminé en Valais. L'île est rachetée 10 ans plus tard par un peintre français, Théobald Chartran, qui y fait construire une sorte de villa florentine, par l'architecte Louis Villard, ainsi qu'un petit port. Chartran y organisait alors des soirées fastueuses avec personnages illustres et feux d'artifices. À sa mort, l'île sera reprise par un comte russe, un commerçant zurichois, puis une Américaine, Mary Shillito. En 1947, Salagnon devient propriété d'un Zurichois, le baron Pflüger. Puis en 1950 est construit le petit port du Basset, qui sera vite agrandi et qui semble alors rapprocher l'île de la côte. La propriété ne reste accessible qu'en bateau ; à l'époque, un passeur, que l'on sonnait avec une cloche, faisait le trajet. Aujourd'hui, l'île, de même que la villa, sont classées comme biens culturels d'importance nationale.

IMPÉRATRICE SISSI

Place des Roses

Avenue de la Riviera, peu avant Saint John's Church en direction de Chillon.

L'impératrice d'Autriche Élisabeth de Bavière (1837-1898), dite Sissi, aimait séjourner dans la région. Elle se rendait alors au Grand Hôtel de Territet, depuis transformé en appartements, qui abrite également le musée de l'Audiorama. Ses nombreuses promenades la conduisaient à Caux, où elle a séjourné en août 1898, avant d'être assassinée le 10 septembre à Genève. Une statue a été élevée en son honneur dans le jardin des Roses. Vous pouvez y lire : « À la mémoire de Sa Majesté l'impératrice et reine Élisabeth en souvenir de ses nombreux séjours à Montreux. »

LE LIBOSON

Autoroute sortie Montreux, puis suivez le panneau Glion-Caux ; en hiver, garez la voiture environ 800 m après l'hôtel-restaurant l'Hostellerie de Caux. De là, marchez 700 m à pied sur un chemin enneigé (10 à 15 min de marche ; n'oubliez pas une lampe de poche !). Train, arrêt Les Hauts-de-Caux puis 20 min de marche.

✆ +41 21 963 30 19 - www.liboson.ch

130 CHF la nuit. Petit-déjeuner 10 CHF. Réservation indispensable.

Situé sous les rochers de Naye, le chalet du Liboson abrite un centre privé d'études littéraires, musicales et des beaux-arts. Ce lieu intellectuel atypique abrite un atelier de vitrail, une crypte égyptienne et une bibliothèque souterraine... Des conférences sur des thèmes philosophiques, le monde égyptien ou l'astronomie y sont organisées sur demande (à partir de deux personnes). Possibilité de chambre d'hôte sur place et de cours privés de philosophie.

Paddle sur le lac Leman, près de Montreux.

LA MAISON DU PÈRE NOËL AUX ROCHERS-DE-NAYE

les Rochers-de-Naye
✆ +41 90 024 52 45
www.mob.ch
Du mercredi au dimanche, pendant toute la durée de Montreux Noël. Train et entrée 39 CHF, 19 CHF pour les enfants.

Ne manquez pas la visite de la Maison du véritable Père Noël, dans sa grotte au sommet des rochers de Naye, à 2 042 m ! Pour y arriver, on vous propose une grimpée en train pour rejoindre le merveilleux pays du Père Noël. Pour les enfants, la découverte de son repaire, installée aux rochers de Naye, est toujours un moment magique dans l'attente du jour J. Maquillage, coin jeux, chasse au trésor… Petit cadeau et diplôme récompensent les enfants sages.

MAISON VISINAND - CENTRE CULTUREL MONTREUX ★★

32 rue du Pont
✆ +41 21 963 07 26
www.maisonvisinand.ch
Espace d'exposition : du mercredi au samedi de 15h à 18h. Entrée gratuite.

Bâtie en 1592, la Maison Visinand est la plus ancienne construction du quartier et le bâtiment est classé monument historique. Elle abrite en son sein le centre culturel de Montreux, soit trois espaces d'exposition, ainsi qu'un grenier où ont lieu des cours, des conférences, des ateliers, des spectacles et des activités pour adultes et enfants. Les expositions temporaires sont consacrées aussi bien aux beaux-arts qu'à la photographie ou aux arts appliqués.

MINES DE SEL DE BEX

Route des Mines de Sel
✆ +41 24 463 03 30
www.mines.ch
Ouvert tous les jours de mars à août. Entrée adulte 24 CHF, 5-15 ans 14 CHF.

Les Salines de Bex, c'est l'histoire de près de trois cent cinquante ans d'extraction de sel. La première galerie a été creusée en 1684. Transformée depuis pour être accessible au grand public, le lieu n'en a pas moins gardé son originalité et le cadre unique nous permet d'apprécier le gigantisme du labyrinthe taillé au cœur de la montagne, et de découvrir le monde souterrain des mines de sel. Un petit train vous conduit au cœur de l'exploitation pour continuer 1h à pied dans un vaste dédale de galeries, puits, escaliers, salles gigantesques…

MUSÉE DE MONTREUX ★★

40 rue de la Gare
✆ +41 21 963 13 53
www.museemontreux.ch
Ouvert tous les jours d'avril à novembre, de 10h à midi et de 14h à 17h. Adulte : 8 CHF. Gratuit jusqu'à 16 ans.

Le musée de Montreux, dont l'origine remonte à 1874, présente de nombreuses facettes de la région montreusienne, dans un groupe de maisons vigneronnes du XVIIe siècle reconstituées. L'exposition retrace la ville et sa région à travers 4 thèmes : histoire, terroir, tourisme et hôtellerie. Des collections de monnaies, de marques à feu, de rabots et d'outils de menuiserie contribuent à la compréhension du sujet. Une dame ayant fait don au musée de sa collection de dés à coudre, une salle supplémentaire a été ouverte pour accueillir 2 100 petits bijoux !

STATUE DE FREDDIE MERCURY ★

En bas de la Place du marché

Le chanteur de Queen est tombé amoureux de Montreux lors de l'enregistrement d'un album en 1978. Il aurait même affirmé : « Si tu veux la paix de l'âme, viens à Montreux. » Le groupe enregistrera également ses derniers albums au studio de Montreux et notamment de grands titres tels que *Mother Love*. Freddie Mercury vivra ses derniers mois ici, avant de mourir en 1991. Depuis, d'autres musiciens sont venus lui tenir compagnie : Ella Fitzgerald, Ray Charles, Quincy Jones, BB King...

SWISS VAPEUR PARC

Le Bouveret ✆ +41 24 481 44 10
www.swissvapeur.ch
Ouvert de mars à mai en semaine de 13h30 à 18h et les week-ends dès 10h. Quelques nocturnes en été. Entrée 17 CHF.

C'est le paradis des enfants qui choisissent leurs locomotives miniatures pour emmener leurs parents en balade ! Des modèles réduits de plus d'une quinzaine de locomotives à vapeur, essence et électrique vous transportent pour un tour du parc où des architectures, typiques du pays et d'ailleurs, ont été reproduites avec précision. Originairement conçu pour entretenir et faire rouler de manière privée ces petits bijoux de modélisme, le parc est aujourd'hui ouvert à tous, pour le ravissement des petits et grands. Le parc est très accueillant et très bien entretenu.

TEMPLE SAINT-VINCENT ★★

30 Rue du Temple

L'église aurait été construite au XVe siècle sur les ruines d'un *monasteriolum*, une petite église datant peut-être du XIe siècle. Elle est dotée d'une tour carrée surmontée d'une flèche à huit pans incurvés de 7,5 m de côté. Peu de temps après, à l'arrivée des Bernois (1536), l'église devient un temple protestant, ce qu'elle est d'ailleurs encore de nos jours. Les vieux Montreusiens appellent Saint-Vincent le temple des Planches. Les vitraux, modernes, sont signés par l'artiste vaudois Jean Prahin. De la terrasse, très belle vue sur l'agglomération montreusienne.

LA TOUR D'IVOIRE

Rue Igor-Stravinsky

Proche du Casino.

Compte tenu de l'étroitesse de l'espace dont elle dispose, entre la montagne et le lac, Montreux ne peut pas vraiment espérer s'agrandir. Dans les années 1960, quand la ville retrouve les faveurs du public, s'est posée la question du nouvel aménagement urbain. Les obligations économiques et touristiques prennent le dessus et la tour est construite. Au dernier étage, se trouvait un restaurant magnifique, mais ses six gérants ont tous fait faillite. Récemment, il a été racheté par un nouveau riche russe. Son désir a été de faire construire une maison sur le toit !

LES VILLAS DUBOCHET

Villas Du Bochet

Le même Vincent Dubochet qui a fait construire le château des Crêtes achètera également les terrains situés entre sa colline et le lac pour y édifier un ensemble de villas, les fameuses villas Dubochet. Le n° 17 a été habité en 1904 par Paul Kruger, défenseur des Boers d'Afrique du Sud et ex-président du Transvaal, exilé en Suisse. Le gouvernement de Pretoria a acquis la villa en 1954 pour en faire un musée. Dans une autre de ces villas habite le journaliste écologiste Franz Weber. Cet ensemble est classé monument historique du canton de Vaud.

MONTREUX RIVIERA

5 rue du Théâtre

✆ +41 848 86 84 84

www.montreuxriviera.com

Office de tourisme, informations et réservations.

Page Internet de l'office du tourisme de Lavaux et de la Riviera vaudoise (de Vevey à Villeneuve). La colonne Events et News sur la gauche permet de repérer très rapidement les spectacles et autres manifestations en cours. Il est également possible de réserver directement un hôtel, de trouver des idées de randonnées et de sports à pratiquer dans la région. C'est un allié pour organiser votre découverte et vous pouvez également réserver en direct des expériences thématiques comme Panoramic Vine, des visites guidées, des balades musicales…

OFFICE DE TOURISME MONTREUX-VEVEY

5 rue du Théâtre

✆ +41 84 886 84 84

www.montreuxriviera.com

L'Office de tourisme régional est en charge de la promotion de l'ensemble de la Riviera suisse : aussi bien Lavaux que la Riviera vaudoise (Vevey, Montreux et leurs environs). Le site Internet est riche en informations et propose des idées à thèmes, des évènements et propose de la réservation d'hôtels et de packages. En outre six points d'information sont à votre disposition à Montreux, Vevey, Chexbres, Cully, Lutry et Villeneuve. On les appelle les points « i ».

GOLDENPASS MOB

Gare de Montreux ✆ +41 21 989 81 90

www.mob.ch

Au départ de Montreux, des trains en direction du pays de Gruyères, de Château-d'Oex, de Zweisimmen, de Lucerne…

Cette ligne à vocation touristique propose un voyage extraordinaire dans 2 trains différents, avec vue panoramique sur des paysages époustouflants entre lacs et sommets. Un spectacle permanent ponctué par trois cols, les célèbres 4 000 des Alpes, et huit lacs. Les plus nostalgiques apprécieront le GoldenPass MOB Belle Epoque, aux allures d'Orient Express. Il suit le même trajet que le Panoramic… Dans sa version gourmande et saisonnière, il y a, en été, le Train du chocolat, puis, en hiver, le Train du fromage. Le prix comprend le voyage en train et les visites.

LA RIVIERA SUISSE

SWISS RIVIERA WINE TOURS ★★

45 avenue des Alpes
✆ +41 21 965 32 37
www.swissrivierawinetours.com/fr
A partir de 200 CHF / pers pour 5h de circuit.

Ces circuits d'une durée d'environ 5 heures ont été initiés en 2012. Au programme : visites guidées en petit comité (7 personnes max.) dans vignobles du Chablais ou dans ceux du Lavaux, avec dégustation de vin et repas inclus. Une manière très privilégiée de découvrir les particularités des vins du Lavaux. Vous suivez la côte en mini bus avec des guides et bénéficiez d'accès privilégiés dans les domaines. Le prix est dégressif pour les groupes, mais même si la qualité est au rendez-vous, il pourra tout de même en rebuter certains.

TRAIN DU CHOCOLAT

Rue de la Gare 22
✆ +41 21 989 81 90
www.mob.ch
Le train circule de mai à octobre, tous les lundis, mercredis et jeudis. 7j/7 en juillet et août. Tarif : 99 CHF.

La Compagnie du chemin de fer MOB SA propose également une excursion sympathique d'une journée, un peu chère mais parfaitement organisée. Le départ a lieu à 9h02 à Montreux, soit à bord des voitures Pullman Belle Epoque, soit des voitures panoramiques. Le Train du chocolat file ensuite jusqu'à Gruyère, où se trouve la fromagerie, vous pourrez découvrir comment se fabrique le fameux fromage « le gruyère ». De là, on n'est plus très loin pour visiter la célèbre chocolaterie Cailler, à Broc. L'arrivée à Montreux est à 17h52. Un tour très gourmand !

GOLDENPASSLINE

Gare de Montreux
✆ +41 21 989 81 90
www.goldenpassline.ch
Dès 89 CHF en première classe pour l'expérience complète.

Évasion panoramique pour le GoldenPass MOB Panoramic, et ambiance rétro pour le GoldenPass Belle Époque. Le Panoramic est un train moderne, équipé de larges fenêtres, quitte le lac Léman à partir de Montreux pour s'engouffrer dans un tunnel et continuer vers Château d'Oex et Gstaad, avant d'arriver à Zweisimmen. Bien entendu le parcours est magnifique avec une immersion alpestre. Les plus nostalgiques apprécieront le GoldenPass Classic « Belle Époque » aux allures d'Orient Express. Il suit le même trajet que le Panoramic, mais dans une ambiance Belle Époque.

FUNICULAIRE TERRITET - GLION

Gare de Montreux
✆ +41 21 989 81 90
mob.ch/line/funiculaire-territet-glion
Circule tous les jours. Horaires sur le site.

Sur un dénivelé de 300 m pour un court trajet de 600 m, ce funiculaire, ouvert en 1883, relie le village de Territet (à 5 minutes de Montreux) à Glion (690 m d'altitude) en 3 minutes. À l'époque de sa construction, il s'agissait de la rampe la plus escarpée au monde. La vue plongeante sur le lac depuis Glion est en effet vertigineuse ! Aujourd'hui, c'est le plus vieux funiculaire de Suisse, et on a véritablement l'impression de remonter le temps en l'empruntant !

AUBERGE DE JEUNESSE €

8 passage de l'Auberge ✆ +41 21 963 49 34
www.youthhostel.ch/montreux
De mi-février à mi-novembre. Lit simple en dortoir à partir de 45 CHF. Petit déjeuner et draps compris. Repas 17,50 CHF.

Belle auberge de jeunesse au décor moderne, idéalement située à 20 m d'une grande pelouse devant le lac. Un peu excentrée, il vous faudra compter 30 minutes à pied de Montreux en longeant le lac et à 2 minutes de la gare de Montreux-Territet. L'auberge comporte plus d'une centaine de lits, répartis dans des chambre de 2, 4 ou 6 lits. Des chambres « sans obstacles » sont aussi prévues pour les personnes à mobilité réduite. Pour ceux qui le désirent, possibilité de louer des vélos pour vous rendre dans le centre ou bien simplement vous balader sur les quais.

LE COUCOU €€

Route des Monts 31 – CH-1824 Caux
✆ +41 21 961 25 91 - www.coucoumontreux.com
Tarifs de la nuitée : dès 80 CHF en chambre alpine suivant la saison. Restaurant : de 10h à 22h tous les jours.

Le Coucou Hotel & restaurant est un chalet où le cocooning, la bonne ambiance et l'art du lâcher-prise sont de mise. Sur la terrasse, lové dans notre transat, on est ébloui par la vue sublime sur le lac Léman bordé de ses montagnes. Depuis sa construction en 1959 où Vera Rust a lancé sa rôtisserie, le restaurant d'altitude reste un endroit de prédilection pour se retrouver en famille ou entre amis après une échappée alpine. Le chalet très *cosy* bénéficie d'une décoration tendance montagne où peaux de bêtes, bougies, musique d'ambiance s'associent harmonieusement.

EUROTEL MONTREUX €€

81 Grand Rue
✆ +41 21 966 22 22
www.eurotel-montreux.ch/fr
À partir de 152 CHF (promotion en single), jusqu'à la suite avec vue sur le lac à 905 CHF.

Dans ce confortable hôtel, une chambre à la mémoire du célèbre *jazzman* Charles Lloyd, premier musicien international du Festival de Montreux en 1967 a été conservée telle quelle et en vous y prenant assez tôt, vous aurez la possibilité de la réserver au même prix qu'une chambre actuelle pour un petit séjour rétro. Au rez-de-chaussée le restaurant le Safran vous attend, également un bar lounge et une terrasse, le tout design et avec une belle vue en bordure de lac. Les hôtes pourront disposer gratuitement de vélos ainsi que de l'espace bien-être.

TRALALA HOTEL €€

2 rue du Temple ✆ +41 21 963 49 73
www.tralalahotel.ch
Chambre simples, doubles et suite de 120 à 240 CHF (tarif en ligne). Petit déjeuner buffet compris.

Une adresse jazzy ! Installé dans une maison de maître de 1616, le Tralala Hôtel, hôtel de charme, abrite un décor résolument design aux tons rouge, blanc et noir. Les 35 chambres, de haut confort, ont toutes pour thème la musique ! La décoration se décline autour d'artistes connus : David Bowie, Deep Purple, Miles Davis ou encore Carlos Santana. L'hôtel dispose aussi d'un Lounge Bar, le Tralala bar, pour une ambiance agréable et... musicale. Pour les ventres creux, le Tralala Eatery vous offre de quoi vous restaurer tout au long de la journée.

HÔTEL BON-PORT €€

4 bis rue du Théâtre
✆ +41 21 962 80 70
www.hotelbonport.ch
Chambre simple à quadruple de 70 à 240 CHF.

Une halte s'impose sur les bords du lac Léman ! Ici vous serez à Bon-Port pour flâner le long des quais et vivre le romantisme de la Riviera vaudoise. L'hôte Bon-Port constitue une excellente adresse située dans un quartier calme, à seulement 100 m du lac et à deux pas du casino. Les 30 chambres sont confortables et décorées avec beaucoup de goût, dans des tons chaleureux. Certaines proposent des kitchenettes pour être installé comme à la maison. Wi-fi gratuit dans tout l'hôtel. Cinq places de parking gratuites sur demande.

HOTEL VICTORIA €€

16 Route de Caux
www.victoria-glion.ch
56 chambres. Restaurant gastronomique. Piscine et très belle vue.

Glion offre un magnifique panorama sur le lac. Belle demeure située dans les hauteurs de Montreux dans un lieu magique qui respire le calme et l'authenticité avec une vue plongeante sur le lac Léman. Disposant de chambres spacieuses et décorées avec des meubles d'époque, le cadre, le confort, l'accueil et la table se complètent dans une ambiance unique. L'hôtel est imprégné de l'art de vivre de la Belle Époque. Antoine Mittermair, le propriétaire, et son équipe garantissent un accueil privilégié à leurs hôtes. Un lieu très recommandé !

HÔTEL LA ROUVENAZ €€

1 rue du Marché
✆ +41 21 963 27 36
rouvenaz.ch
Chambre à partir de 100 à 350 CHF selon saison. Petit déjeuner 14 CHF.

Un hôtel plein de charme aux accents du Sud ! Situé en plein centre, La Rouvenaz propose des chambres très confortables dans une enveloppe cosy et moderne. Certaines offrent une vue sur le lac comme la suite avec sa terrasse panoramique. L'hôtel dispose également d'un appartement 3 chambres. Pour qui cherche à profiter de Montreux et de la proximité du lac à des prix attractifs, c'est ici qu'il faut séjourner ! Sur place et au bord du lac, deux restaurants vous proposent des mets italiens et le deuxième des fruits de mer d'octobre à mars.

SPLENDID €€

52 grand-Rue
✆ +41 21 966 79 79
www.hotel-splendid.ch
Tarifs dès 120 CHF la chambre simple, dès 180 CHF la double, petit déjeuner inclus. Demi-pension 40 CHF. Wi-Fi gratuit.

Plus modeste que le Montreux Palace et le Majestic, le Splendid, construit en 1904, possède cependant lui aussi sa façade sur la Grand-Rue avec vue lac. Hôtel familial depuis 1934, il est actuellement aux mains de deux frères qui ont ressuscité son âme Belle Époque et modernisé les chambres de manière élégante. Parmi les personnalités qui y ont fait escale, figurent Lénine, en 1908, mais aussi les Rolling Stones. Possibilité de se restaurer dans l'établissement, au F1rst. Les deux tables avec vue sur le lac, à l'écart du reste de la salle, sont très prisées !

VILLA TOSCANE €€

2-8 rue du Lac
✆ +41 21 966 88 88
www.villatoscane.ch

Chambre à partir de 119 CHF, petit déjeuner au Royal palace 30 CHF. Accès gratuit au Spa du Royal Plaza.

Construit en 1904 dans un style architectural élégant de villa italienne et Art nouveau, cet hôtel est un véritable voyage dans le temps. Si la plus grande partie du mobilier et des vitraux ont dû être changés ou restaurés, on sait que la rampe d'escalier est d'époque. Les dernières chambres rénovées sont lumineuses et décorées dans des tons clairs. Tous les clients résidant à la Villa Toscane bénéficient d'un accès illimité et gratuit au Spa, espace Bien-Etre du Royal Plaza Montreux & Spa, hôtel 5*, situé en face de la Villa Toscane.

GRAND HÔTEL MAJESTIC €€€

45 avenue des Alpes
✆ +41 21 966 33 33
brhhh.com/suisse-majestic/fr

155 chambres et 5 catégories. Chambre simple à partir de 320 CHF, chambre double à partir de 390 CHF.

Ouvert en 1870 et entièrement rénové en 2010, le Majestic domine le lac dans tous les sens du terme. Derrière les stores jaunes des fenêtres et les splendides balcons en fer forgé, les 155 chambres sont décorées de manière sobre et élégante. En pénétrant par l'entrée principale, en face de la gare, c'est le volume et la luminosité qui impressionnent d'emblée. De magnifiques vitraux aux étages complètent cette atmosphère de luxe discret, dont vous pourrez profiter ne serait-ce que le temps d'un repas au restaurant 45 ou d'un verre en terrasse panoramique.

HÔTEL FAIRMONT LE MONTREUX PALACE €€€

2 avenue Claude Nobs ✆ +41 21 962 1212
m.fairmont.fr/montreux

Chambre à partir de 299 CHF, suite à partir de 899 CHF... suite présidentielle 6 499 CHF ! Petit déjeuner 50 CHF.

Un palace qui a du panache et qui a su résister aux difficultés des époques. Construit en 1906, il sera transformé en hôpital pendant la Première Guerre mondiale. C'est le plus bel hôtel de Montreux et sa rénovation de 2009 a largement contribué à son embellissement. De grands moments sont inscrits dans ce lieu, comme la signature du Traité des Dardanelles en 1936. Les chambres sont spacieuses et ont, de surcroît, un réel cachet avec leur mobilier et leur décoration Belle Époque.

TEA ROOM DE LA BAYE €

23 rue du Pont
✆ +41 79 833 27 79

Ouvert toute la semaine de 8h à 19h (fermé le mercredi en hiver). Comptez entre 10 et 20 CHF pour un plat.

Au cœur de la vieille ville, dans le quartier des Planches, ce petit *tea-room* ne dispose que de 22 places, mais c'est voulu pour préserver l'ambiance. Pour Michel et Françoise, c'est avant tout un lieu de convivialité où les gens se rencontrent et discutent tous ensemble. Mis à part les produits de boulangerie, on peut y manger des lasagnes maison, des pâtés de campagne, des salades et des steaks tartare. Magnifique vue sur toute la ville et le lac. Surtout, sympathique terrasse sur les pavés de l'autre côté de la rue. Pause chaleureuse et délicieuse !

AL CILENTO €

24 rue de la Corsaz
✆ +41 76 680 59 18
al-cilento.ch

Ouvert du lundi au vendredi de 7h30 à 23h et le samedi de 10h à 23h. Pâtes de 14 à 22 CHF. Plat du jour : 17 CHF.

C'est Mario Di Sessa qui orchestre cette adresse de quartier où l'on passe un moment très agréable. Vous êtes au bistrot du coin, dans la salle du restaurant ou celle du bar pour déguster une cuisine italienne ou suisse concoctée avec générosité par le chef. La maison travaille exclusivement les produits frais. Après la livraison matinale des légumes Mario prend place derrière les fourneaux. Une reconversion réussie pour cet ancien plombier de métier qui fit du théâtre, du chant, de la politique, du jardinage avant d'exprimer ici sa passion pour la cuisine.

BARREL OAK, IRISH PUB €

37 avenue des Alpes
✆ +41 21 961 16 81
www.barrel-oak.com

Ouvert tous les jours, jusqu'à 1h en semaine, 2h le week-end et minuit le dimanche. De 12 à 20 CHF pour un plat.

Ce pub irlandais a été ouvert en 2014 par trois copains d'école hôtelière qui ont réussi à en faire un lieu sympathique et convivial en plein centre de Montreux. Les locaux et les étudiants y ont leurs habitudes. La grande véranda à la vue imprenable sur le lac Léman et son calme apaisant séduisent les gens de passage. On y mange et boit bien et pour pas cher, chose rare à Montreux. Retransmission sur grand écran de tous les événements sportifs, également concerts, jeu de fléchettes, curry et karaoké le jeudi et le week-end : la fête et la bonne ambiance !

AU BRILLANT FAI WONG €

94 avenue des Alpes
✆ +41 21 963 81 33
www.faiwong.ch
Ouvert tous les jours de 11h30 à 14h30 et de 18h à 22h30. Comptez entre 20 et 30 CHF pour un plat, menu dès 30 CHF.

Tenu par la famille Wong, originaire de Hong Kong, le Fai Wong offre de nombreux plats à la carte, dont le canard servi en sept variations : laqué, aux pousses de bambous, à l'orange... Ou aussi la « vraie » fondue chinoise, à base de crevettes, calamars, surimi, bœuf, poulet, lard, ravioli, champignons, choux, tofu… Ça change de la classique au fromage ! Le superbe décor de style antique chinois, entièrement fait à la main, peut paraître opulent mais il se marie bien avec l'espace et vous plonge directement dans l'ambiance. La terrasse est ouverte en été.

LE MUSEUM €

40 rue de la Gare
✆ +41 21 963 16 62
www.restaurantlemuseum.ch
Ouvert du mardi au samedi à partir de 18h. Fondue dès 28 CHF, charbonnade 49 CHF, fondue à la viande 49 CHF.

Le Museum est une institution depuis 1948. Alors certes, ce n'est pas le meilleur rapport qualité/prix de la ville, mais on s'y régale dans une ambiance vaudoise pour déguster des spécialités suisses. Le cadre est joli et rustique, avec des nappes vichy rouge et blanc pour une ribambelle de spécialités de viande, comme la fondue au cœur de filet de bœuf, la charbonnade (uniquement le mercredi) et l'entrecôte (de 200 à 500 g !), le tout servi avec le gratin du caveau, réalisé avec dix sortes de fromage. On se régale avec tous ces plats !

CAVEAU DES VIGNERONS €

30 bis Rue Industrielle
✆ +41 21 963 25 70
www.caveau-des-vignerons-montreux.ch
Ouvert tous les jours de 8h à minuit (samedi dès 10h). Comptez 25 CHF pour une fondue.

Cette belle brasserie traditionnelle, située dans la vieille ville de Montreux, dispose d'une salle de restaurant classique et d'un grand carnotzet voûté au décor rustique. Si vous voulez déguster une fondue à Montreux, dans un cadre typique, c'est ici qu'il faut venir. Mais le meilleur de la maison, ce sont les viandes sur ardoise et autres röstis, qui vous permettent de découvrir et d'apprécier la cuisine suisse tout en dégustant des vins locaux de Lavaux, Villeneuve et Montreux. Parce que, bien évidemment, le vin est toujours bien choisi !

RESTAURANTS DU CASINO €

9 rue du Théâtre
✆ +41 21 962 83 83
Ouvert tous les jours, midi et soir. Formule du midi à partir de 22 CHF, menu du jour de 33 à 37 CHF.

Dans un décor chic et jazzy ou sur une belle terrasse face au lac, l'un des trois restaurants du casino saura proposer une cuisine originale pour vous séduire : Le Fouquet's est un restaurant traditionnel, Le Palais Bonheur se tourne vers les spécialités asiatiques et L'Entracte s'oriente vers les plats de brasserie. Et tous les mois, un festival, tels que la cigale de mer en mars ou la piccata de veau aux apserges en avril. Parfait pour un tête-à-tête dans une ambiance machines à sous ! Animation musicale tous les vendredis et samedis soir.

LE MÉTROPOLE €

55 Grand' Rue
✆ 021 963 75 58
www.lemetropole.ch
Brasserie ouverte tous les jours de 10h à 22h. Bar ouvert de 15h à minuit en semaine (jusqu'à 1h le week-end). Terrasse.

Face au lac, entre l'office de tourisme et le débarcadère, Le Métropole a un emplacement des plus remarquables pour tirer tout le meilleur de son espace. Divisé en deux salles, vous pourrez soit profiter d'un verre dans le coin bar, ou bien déguster les délicieuses spécialités suisses ou les pizzas dans la brasserie. Mais ce qu'on apprécie surtout, c'est cette grande terrasse qui nous accueille en toute saison, permettant d'admirer le magnifique paysage et de nous relaxer. Attention tout de même à la forte affluence en raison de sa position stratégique.

TAVERNE DU CHÂTEAU DE CHILLON €

24 avenue de Chillon ✆ +41 21 961 19 70
www.tavernechillon.ch
Ouvert tous les jours de 9h à 23h (petite carte de 14h à 19h). Plats de 30 à 38 CHF, pizzas de 17 à 23 CHF.

À quelques pas seulement du château de Chillon, voici une adresse idéale où vous poser après la visite, dans le décor rustique de la brasserie ou derrière les grandes baies vitrées de la véranda. La cuisine y est classique et parfois réinventée. Leur lapin à la moutarde ou encore le filet de féra et le papet vaudois évoquent les repas de famille. Une bonne adresse pour déguster des spécialités du terroir. Attention, ils accueillent parfois des groupes visitant le Château de Chillon.

LE 45 €€

45 avenue des Alpes
✆ +41 21 966 33 33
brhhh.com/suisse-majestic/fr/taste
Ouvert tous les jours de midi à 14h et de 19h à 22h. Salle vitrée panoramique. Plats de 28 CHF à 49 CHF.

C'est le restaurant du somptueux Majestic. Le 45 propose une excellente cuisine de saison et de marché face au lac, dans une grande salle vitrée panoramique, haute de plafond et très agréable... Vous avez un large choix de plats abordables, et d'autres très raffinés, telle la caille farcie au foie gras de canard, marron glacé et courge butternut, ou encore le ris de veau glacé, et son râpé de truffe… Et pour finir par une note subtile, le dôme au chocolat « Majestic », praliné et feuillantine. Service impeccable dans un cadre exceptionnel et très élégant.

LE PALAIS-ORIENTAL €€

6 quai Ernest-Ansermet
✆ +41 21 963 12 71
www.palaisoriental.ch
Ouvert tous les jours en été de 11h à 22h, cuisine non-stop jusqu'à 22h. Plats de 35 à 45 CHF.

Cette table a très bonne réputation. Et si vous souhaitez changer de la cuisine traditionnelle suisse, c'est une excellente alternative. Ouvert par un Algérien en 1955 et repris par un Iranien en 1988, ce restaurant propose une cuisine orientale raffinée, dans un décor soigné d'inspiration marocaine. Installée devant la promenade de Montreux, la terrasse en été est très plaisante. Accompagnée d'un thé iranien, la crème de mangue s'avère délicieuse. Et ne manquez pas au premier étage du Palais la galerie où de nombreuses expositions ont lieu chaque année.

AU PARC €€

38 Grand'Rue
✆ +41 21 963 31 57
www.au-parc.com
Ouvert toute la semaine de 11h30 à 14h30 et de 18h à 22h. Comptez de 20 à 30 CHF pour des pâtes et pizzas.

Au Parc offre une bonne cuisine italienne, avec tout ce qu'elle comporte de spécialités du pays comme les pizzas, les tartares et le vitello. La cuisine est toujours de saison, et il y a aussi certaines originalités comme les crostinis au foie gras poêlé, gnocchi aux écrevisses et Armagnac ou encore les *tagliolini* « minute » à la crème de truffe. L'endroit est chaleureux, peut-être un petit peu bruyant tant il peut attirer de monde... Et même si le restaurant est grand, il vaut tout de même mieux réserver lors des soirs de week-end !

RESTAURANT DU PONT €€

12 rue du Pont
✆ + 41 21 963 25 20
restaurantdupont.ch
Cuisine traditionnelle. Fermé le lundi et mardi. Ouvert de 11h à 14h30 et 17h30 à 23h30.

Tenu par deux sœurs qui savent accueillir en toute simplicité, le restaurant du Pont est un lieu qui a du caractère. Les orchidées sur le bord des fenêtres, les bancs en bois, la vieille caisse enregistreuse, sont autant de touches personnelles qui rendent ce lieu si charmant. La décoration murale met à l'honneur les outils de la ferme (fourche) et de la vigne et surtout l'idole de ces dames, Georges Brassens. D'ailleurs, nous l'aurions bien vu ici chanter *Les Copains d'abord* en dégustant le ris ou les côtelettes d'agneau aux herbes de Provence !

LA ROUVENAZ €€

1 rue du Marché ✆ +41 21 963 27 36
www.rouvenaz.ch
Ouvert tous les jours, midi et soir, de midi à 15h et de 18h30 à 23h30. Comptez 40 CHF un plat de viande ou de poisson.

Ce restaurant italien de plus de 50 ans d'existence sert de très bonnes pâtes et pizzas ainsi que de magnifiques plateaux de fruits de mer (de novembre à mars). La carte des mets varie selon les saisons. Le décor est plutôt contemporain, avec sièges en cuir beige et banquettes léopard. Cet établissement a su fédérer tous les publics : ambiances multi-générationnelles où se rencontrent aussi bien les locaux que les touristes ou stars de passage. Service jeune et efficace, une bonne adresse, réservation vivement conseillée. C'est aussi un hôtel à deux pas du lac.

SAFRAN €€

81 Grand' Rue
✆ +41 21 966 22 22
Ouvert tous les jours de 11h30 à 22h30 non stop. Plats viande ou poisson de 31 à 46 CHF.

Le Safran a tout juste ! Espace bar à tapas pour se relaxer avant manger. On opte pour une variation « terre et mer », « terroir » ou encore « végétarienne ». Vous avez le choix des assiettes : soupes, tapas, salades, viandes, poissons, pâtes… Une table gourmande avec une part belle laissée aux poissons et toujours une grande terrasse en face du lac et surplombant les quais fleuris de Montreux avec vue sur les Dents du Midi. Décorations design et chaleureuse, baies vitrées, mais espaces intimes tout de même. Plusieurs ambiances pour un bon moment de détente.

MONTREUX JAZZ CAFÉ €€€

2 avenue Claude Nobs ✆ +41 21 962 13 00
www.montreuxjazzcafe.com/fr
Ouvert tous les jours, de 11h30 à 22h30. Plats à partir de 28 CHF. Formule concert ou théâtre et repas 49 CHF.

Il y avait déjà le Montreux Jazz Café de Genève… Le voici dans sa ville ! Luxe détendu et décor inspiré par l'environnement du célèbre festival du même nom. Cuisine généreuse, sélection des meilleurs crus de la région entourés des archives des plus grands concerts et dans un décor imprégné d'émotions qui remontent à 1967. Que ce soit pour partager quelques tapas dans une ambiance musicale avant d'assister à un concert ou pièce de théâtre, c'est toujours un endroit plein d'énergie ! Ne vous privez pas de cocktails au Funky Claude's bar. Programmation de concerts.

CONFISERIE ZURCHER

45 avenue du Casino ✆ +41 21 963 59 63
www.confiserie-zurcher.ch
Ouvert du mardi au dimanche de 8h à 18h. Formules petit déjeuner de 7,90 à 26 CHF. Assiette du jour à 21 CHF.

La fameuse maison Zurcher existe depuis 1879. Ce grand chocolatier de Montreux nous ouvre sa boutique et son salon de thé raffiné très Belle Epoque. Espace feutré et moquette profonde, chocolats et pâtisseries haut de gamme. 3 formules petit déjeuner pour satisfaire tous les appétits, une bonne restauration pour le déjeuner et des gourmandises pour les après-midi. On vous recommande les recettes maison du grand-père : le chocolat chaud et le thé froid. Très sympathique, Anne qui dirige la maison est de la 5e génération de la famille.

LE PONT DE BRENT €€€

4 route de Blonay ✆ +41 21 964 52 30
www.lepontdebrent.ch
Ouvert du mardi au samedi de midi à 14h et de 19h à 21h30. Menu de midi 88 CHF, le soir de 195 à 295 CHF.

Tous les Suisses de la région connaissent cette prestigieuse adresse gastronomique, installée dans le ravissant village de Brent, sur les hauts de Montreux. Depuis 2011, Stéphane Décotterd concocte des plats divins à base de produits du terroir (2-étoiles au Michelin). Le feuilleté de cuisses de grenouilles au cerfeuil tubéreux, truffes noires, nous met l'eau à la bouche. Quand arrive la clémentine parfumée de Biscôme au miel de montagne, notre regard en dit long sur notre gourmandise ! Un cadre épuré dans une bâtisse de caractère et une terrasse merveilleuse.

FUNKY CLAUDE'S BAR - FAIRMONT

2 avenue Claude Nobs
✆ +41 21 962 14 00
Ouvert du dimanche au jeudi de 17h à 1h et vendredi et samedi jusqu'à 2h.

Dans le cadre très chic du plus beau palace de Montreux, ce bar propose un line-up incroyable de cocktails traditionnels faits maison et exclusifs pour accompagner des soirées musique live (sauf le dimanche). C'est le lieu où atterrir pour une ambiance musicale et festive, que l'on soit natif ou simplement de passage. Le décor et le choix des matériaux sont fidèles à l'univers de Claude Nobs, fondateur du festival. Gastronomie simple et festive tard dans la nuit.

LUCIEN MOUTARLIER

44 grand-Rue
✆ +41 21 963 21 14
www.moutarlier.ch
Ouvert du lundi au vendredi de 7h30 à 18h30, le week-end de 7h30 à 17h.

L'excellent confiseur de Chexbres est également installé à Montreux depuis 2005. Les membres de la famille Moutarlier se revendiquent comme des artisans du goût, et on comprend mieux pourquoi lorsqu'on entre dans cet établissement au décor gourmand. Sa boutique tout en longueur permet de déguster sur place les spécialités de chocolat très haut de gamme parmi le grand choix de truffes : au whisky, au rhum ou encore au Grand Marnier. En été, rien de mieux que d'y acheter une pâtisserie ou une glace maison et d'aller la déguster sur le quai en face.

BOUTIQUE LA CHATTE

33 avenue des Alpes
✆ +41 21 963 70 20
Ouvert le lundi de 14h à 18h30, du mardi au vendredi de 9h à 12h15 et de 14h à 18h30, le samedi de 9h à 17h.

Les chats, on les aime ici et vous en trouverez sur presque tous les objets de déco. Ils sont sur les tasses, les carnets et les décorations... Avec son carillon, son coin de bonbons et de sucettes et son fond de musique classique, ce petit magasin de cadeaux et surtout de livres d'occasion (au fond à droite) est une halte apaisante, *vintage* et très originale. Edith Schäfli vend également du thé, et des biscuits de saison et les pâtes de coing fait maison ! À l'extérieur vous pouvez fouiller dans des bacs de livres d'occasion à tous petits prix.

PURPLE FISH LOUNGE BAR

81 Grand Rue
✆ +41 21 966 22 22
Ouvert du mercredi au samedi de 16h à 23h. Dimanche de 12h à 20h.

Sous les pins qui s'émancipent grâce au climat clément de la Riviera, il est plaisant de terminer la journée dans un endroit rétro-design et branché. L'Eurotel de Montreux et son bar lounge le Purple Fish font partie de ces endroits. On se laisse aller l'été à siroter des cocktails en éveillant nos sens au rythme de la musique *live* ambiante : vendredi et samedi, de 17h30 à 20h30, c'est musique live ou DJ. L'hiver, la magie opère sous le dôme qui nous accueille de manière éphémère. Un lieu qui change selon les saisons pour ne jamais revivre le même moment !

DÉCAL'QUAI

1 rue de la Rouvenettaz
www.decalquai.ch
Horaires d'ouverture dépendant des événements, à voir sur le site.

Ce bel espace culturel regroupe les ateliers d'une quinzaine d'artistes indépendants, photographes, graphistes, designers, bijoutière, musiciens, architectes... Grâce à sa pluridisciplinarité, il permet la création de nombreux artistes. L'espace de travail est constitué d'un espace photo, d'un atelier ainsi que de studios de musique. Pour les visiteurs, vous trouverez aussi un bar et une scène avec, chaque mois, un événement organisé et mélangeant les arts de la musique à ceux du théâtre, en passant par l'artisanat et le multimédia.

BAZAR SUISSE

24 Grand-Rue
✆ +41 21 963 32 74
www.bazarsuisse.ch
Ouvert du lundi au vendredi de 9h30 à 18h30 et le samedi jusqu'à 17h. Le dimanche de 14h à 17h, de juin à août.

Kitsch et original, pour faire le plein de souvenirs, le grand Bazar Suisse est situé au centre de Montreux sur la rue principale en face du Marché Couvert. Il propose de nombreux objets souvenirs, coucous, boîtes à musique, couteaux suisses... Vous y trouverez également le merchandising exclusif du Montreux Jazz Festival, avec notamment des DVD, posters, t-shirts, etc. ainsi que, en exclusivité mondiale, un grand choix des objets officiels du chanteur disparu Freddie Mercury. Et si vous n'avez pas le temps de choisir, il reste le magasin en ligne.

LAITERIE DE GRUYÈRE

9 rue de l'Eglise Catholique
✆ +41 21 963 25 22
Ouvert du lundi au samedi de 8h à 18h30 et le dimanche de 12h à 17h.

Depuis 1982, Alfred Trioud vous accueille dans sa boutique où il propose plus de 10 sortes de fondues maison. Il produit pas moins d'une tonne de fondue par an et fournit tous les restaurateurs de la région ! Vous trouverez d'autres gourmandises locales comme les meringues, la crème double, les caramels de fabrication artisanale, plus de 300 sortes de fromages à la coupe et une sélection de vins pour des alliages parfaits. S'il ne fallait choisir que 3 fromages on vous conseille le Julius, le fromage de brebis de Leysin bio et le fameux vacherin de Marsens.

MARCHÉ COUVERT ★

Place du marché

Cette place accueillait déjà un marché sous les Bernois (1536-1798), mais c'est au XIXe siècle que cette halle se couvrira de bois et de métal, dans un style industriel en vogue. C'est un don d'Henri Nestlé qui a permis sa construction et ses plans sont l'œuvre d'un architecte de la ville, Henri Chaudet. Sa structure métallique, rappelant celle des halles de Paris, a été fabriquée dans la fonderie où Gustave Eiffel avait commandé les matériaux pour sa célèbre tour. Aujourd'hui, l'endroit accueille diverses manifestations chaque année.

SWISS CORNER

56 Grand-Rue

✆ +41 21 963 42 03

www.swiss-corner.ch

Ouvert du lundi au vendredi de 10h à 19h, le samedi de 10h à 17h et le dimanche de midi à 19h.

Magasin de souvenirs pas aussi banal qu'il en a l'air. Claudine Kilchoer, sa propriétaire, a en effet transformé l'arrière-boutique en « grotte à coucous » ! Demandez-lui d'en faire fonctionner quelques-uns, ça vaut la visite ! À noter que si vous achetez un couteau suisse, la gravure est gratuite, et vous serez donc paré comme un vrai suisse ! En plus des produits souvenirs classiques d'horlogerie, montres et couteaux, Claudine propose également différentes sortes de produits CBD, comme des assortiment de fleurs, des huiles et des crèmes.

PAYOT LIBRAIRIE

49 avenue du Casino

✆ +41 21 963 06 07

www.payot.ch

Ouvert du lundi de 14h à 18h30, mardi à vendredi : de 9h à 18h30, samedi de 9h à 17h.

La librairie lausannoise est également implantée à Montreux. Un seul étage mais un large choix ! Vous trouverez de quoi occuper vos jours et nuits de lecture. Un choix très large de romans dans plusieurs langues dont beaucoup en anglais, des illustrés sur la région et la Suisse, des ebooks et bien sûr des guides touristiques. Le cadre est spacieux et propice à la suggestion de nouveautés. Vous trouverez également des idées de cadeaux et l'invitation à partager des événements comme des vernissages ou des conférences thématiques.

LES BAINS THERMAUX DE LAVEY

48 route des Bains ✆ +41 24 486 15 55

www.bains-lavey.ch/fr

Ouverts tous les jours de 9h à 21h, le vendredi et le samedi jusqu'à 22h. Entrée adulte 27 CHF pour 3 heures.

L'eau thermale la plus chaude de Suisse : bassins intérieur et extérieur à 36 °C d'eau thermale dans un cadre majestueux de montagnes et de verdure. En plus des bains thermaux, un espace oriental avec hammam et bains turcs. Ainsi qu'un pavillon nordique avec saunas et puits d'eau froide, et encore un pavillon sérénité avec salles de repos (luminothérapie, musique douce, cheminée). Le Centre Wellness propose massages et gamme complète de soins. Idéal après une journée de ski !

SOLEIL D'ICI ET D'AILLEURS

22 rue du Pont

✆ +41 21 963 23 67

Ouvert du mardi au vendredi de 10h à 19h, le samedi de 10h à 16h.

L'adresse est aujourd'hui animée par une équipe d'une vingtaine de bénévoles et abrite une boutique de Magasin du monde (notre « Artisans du monde »). On y trouve des accessoires, de la vaisselle, des bijoux ethniques, de l'épicerie bio et éthique (Claro). On peut aussi y boire un café, un thé ou un chocolat. Et, en prime, la petite phrase peinte au mur : « *Il est important de croire aux contes de fées* »... Des animations régulières sont également proposées.

CLUB NAUTIQUE DE MONTREUX

143 rue du Lac

✆ +41 77 474 50 89

www.aviron-montreux.ch

Les cours d'initiation Adultes se déroulent sur 3 jours. Voir programmation en début de saison.

Ce club a été fondé en 1900 au restaurant des Palmiers à Montreux. Il permet aux petits et grands de découvrir l'aviron, un sport bénéfique pour le développement postural, la ténacité et l'esprit d'équipe. Plusieurs cours d'initiation prévus chaque année lors de 1 à 2 sessions extrêmement prisées (inscription une année avant). Mais la tenue traditionnelle – chapeau blanc, maillot rayé bleu clair et bleu foncé, culotte jusqu'aux genoux et chaussettes noires – n'est plus obligatoire.

LE FAIRMONT SPA

Avenue Claude Nobs 2
✆ +41 21 962 17 00
www.fairmont.fr

De 6h30 à 22h 7j/7. Soins lundi au jeudi de 10h à 19h30, et du vendredi au dimanche de 10h à 21h.

Pour moderniser ses structures, le Willow Stream Spa a choisi de fermer en 2021 afin de rénover complètement ses 2 000 m² dévoués au bien-être et à la relaxation et baignés de lumière grâce à ses grandes baies vitrées orientées côté lac. Les installations proposent désormais une piscine intérieure et extérieure, sept salles de soin, une zone mixte avec sauna, lits infrarouges, espace de détente, des espaces bien-être avec bain bouillonnant, hammam et douche tropicale. Un véritable havre de paix qui incarne la tranquillité et la pureté des Alpes suisses.

FLY-XPERIENCE

Prés des Fourches 2, Cp 23, 1845 Noville Riviera Vaudoise, Suisse ✆ +41 078 648 20 68
www.fly-xperience.com

Durée de l'activité : 1h30 Ouverture : Tous les jours de 8h à 18h. Prix : 170 CHF. Vol depuis Sonchaux.

Parapente Biplace Montreux et la Riviera vus du ciel : venez partager cette expérience unique de voler comme un oiseau au-dessus du lac Léman ! Un vol en parapente biplace avec Fly-Xperience, accompagné de pilotes professionnels et passionnés permet de découvrir cette magnifique région vue du ciel. C'est une échappée dans les airs à couper le souffle. Grâce à son microclimat, Montreux est très propice à la pratique du parapente. La Team Fly-Xperience vous accueillera avec le sourire. Sortez vos appareils photos, le panorama est superbe !

MINIGOLF DE MONTREUX

85 grand-Rue
✆ +41 79 611 73 21
www.minigolf-de-montreux.ch

Ouvert de mi-Mars à fin Octobre. Horaires à confirmer selon la météo. Tarif adulte : 7 CHF.

Voilà un beau loisir intergénérationnel, pour les touristes, la population locale, les promeneurs, et pour les joueurs occasionnels autant que les confirmés. Le minigolf de Montreux offre un magnifique parcours de 18 trous dans un charmant parc bien arboré et fleuri, aux abords du lac, entre la villa Florentine et le Petit Palais du Montreux Palace. Sur place, une buvette vous propose des boissons fraîches ainsi que des glaces ou quelques snacks. Il se veut ainsi un lieu de détente, où chacun passera un moment agréable en toute simplicité.

PATINOIRE NATURELLE DE CAUX

A quelques pas de la gare. ✆ +41 79 673 47 49
www.ilovecaux.com/les-activites

Ouvert de mi-décembre à mi-mars si les conditions météo le permettent. Entrée adulte 4 CHF. Location patins 3 CHF.

Au cœur du village de Caux, situé à 20 minutes en train de Montreux, la patinoire naturelle offre un merveilleux cadre aux amateurs de glisse. Vous y accédez à pied depuis la gare : la patinoire naturelle de Caux, entourée de sapins, est un lieu véritablement fantastique en hiver. Des entrées nocturnes sont également possibles, pour prolonger l'étonnement au bout de la nuit. A condition de réserver, il est également possible de déguster sur place une fondue ou une raclette !

LE BLACK PEARL

92 Grand-Rue
✆ +41 21 963 52 88
www.leblackpearl.ch

Ouvert du mardi au samedi de 23h à 5h. Entrée gratuite en semaine, 15 CHF le week-end.

Même si Montreux est moins animé que Lausanne la nuit, Le Black Pearl est néanmoins un club très sympa à découvrir. Véritable institution fondée en 1999, cette discothèque est peuplée principalement d'étudiants des nombreuses écoles hôtelières des environs de Montreux. En musique, la house et le R'n'B dominent, avec une pointe de latino. De nombreuses soirées sont aussi programmées pour attirer un public plus varié les week-ends. La décoration est confortable et aérée, c'est sûrement pour cela qu'il est devenu l'un des repères des soirées sur la Riviera.

CASINO BARRIÈRE MONTREUX

9 rue du Théâtre ✆ +41 21 962 83 83

Ouvert tous les jours. De 10h30 à 3h du lundi au jeudi et dimanche, jusqu'à 5h le vendredi et samedi. Entrée libre.

Dans ce Casino estampillé Barrière ce sont des jeux mais pas que. Également trois bars, trois restaurants, des animations : thés dansants, loto-repas, salons à thème, congrès, tournoi de poker, etc. 21 tables de grands jeux acceptent les mises à partir de 5 CHF : roulette, Black Jack, Stud Poker, Craps, Punto Banco, 364 machines à sous dont les mises démarrent à 10 centimes et des jeux électroniques. Si le jeu n'est pas votre tasse de thé, le casino se visite aussi pour les souvenirs du chanteur Freddie Mercury, que vous pouvez découvrir librement.

MONTREUX MUSIC & CONVENTION CENTRE

95 Grand-Rue
✆ +41 21 962 20 00
www.2m2c.ch

Ouvert la semaine de 8h à 18h. Réservations de 14h à 17h.

Construit en 1973, agrandi en 1981, le centre de congrès et de musique de Montreux prend sa forme définitive, tout de verre transparent, en 1993 avec l'inauguration de la prestigieuse salle de concert et Auditorium Stravinski. Il dispose de plusieurs salles pouvant accueillir jusqu'à 3 000 personnes. C'est ici que se déroulent la plupart des concerts payants et des têtes d'affiche du Festival de Jazz, ainsi que le Festival du Rire et de nombreux autres spectacles.

NED NOUVEL ESPACE DANCERS

19 rue du Marché
✆ +41 21 961 25 40
www.ned.ch

Entrée entre 5 et 25 CHF.

Le NED est une boîte de nuit-discothèque, mais aussi une salle de concert. En bref, le Nouvel Espace Dancers est surtout une des places immanquables pour les folles nuits sur la Riviera. Pour le plus grand plaisir des amateurs de concerts, toutes les tendances sont les bienvenues : aussi bien reggae que rock ou même hardcore, métal, punk, ska, funk… Le NED est le rendez-vous des « vrais » Montreusiens et une scène très appréciée pendant le Festival de jazz.

TMR THÉÂTRE MONTREUX - RIVIERA

32 rue du Pont ✆ +41 21 961 11 31
www.theatre-tmr.ch

Horaires des représentations : mardi, mercredi, jeudi : 19h, vendredi, samedi : 20h et dimanche 17h.

Au cœur du vieux quartier des Planches, vous découvrez ce beau théâtre de comédie. Vieille bâtisse de style bernois, la maison Visinard abrite le centre culturel de Montreux et, au sous-sol, le théâtre Montreux-Riviera. Sa petite salle peut néanmoins accueillir jusqu'à 117 personnes. Très bonne programmation de comédies originales, avec des troupes de Suisse romande ainsi que des compagnies françaises de plus en plus nombreuses. L'idéal pour passer une soirée à bien rire !

LES AVANTS

Charmant village à environ 1 000 m d'altitude, Les Avants se trouvent à la porte du Pays-d'Enhaut et des Préalpes vaudoises. En mai-juin, c'est le paradis des narcisses. De nombreux sentiers pédestres, vers le col de Jaman, le Pays-d'Enhaut, Montreux (le long des magnifiques gorges du Chauderon), en font le point de départ de nombreuses randonnées (cartes pédestres détaillées à la gare des Avants). Pour y accéder en train, prenez le train GoldenPass (MOB) en direction de Château-d'Œx-Gstaad-Zweisimmen, arrêt Les Avants. Par la route, sortie Montreux et suivez les panneaux « Les Avants », en passant par Chernex puis Chamby (environ 15 minutes).

Balade

Belle randonnée dans les hauts de Montreux (prévoyez 3h de marche et de bonnes chaussures).

Descendez le long de la petite route des Avants en direction de Glion, jusqu'au pont Bridel, qui franchit la Baye de Montreux. Au bout du pont, un sentier non balisé part à gauche et grimpe dans le bois. Il rejoint une petite route, que vous descendez jusqu'à un virage en épingle. Au bout d'un chemin fermé par une chaîne, un sentier rejoint le torrent des Vaunaises. Traversez-le. Vous suivez un sentier, toujours en forêt. Restez sur le sentier du haut, jusqu'à un passage sur un torrent sécurisé par des barrières. Juste après, prenez le chemin qui grimpe au-dessus du sentier principal et rejoint les hauts de Caux. Vous sortez du bois derrière des chalets, sur un itinéraire balisé venant de Jaman. Là, vous pouvez soit prendre le train vers Montreux, soit continuer à pied : longez le palace de Caux et suivez la route jusqu'à un escalier (balisage jaune). Puis, par le chemin du Tremblex, rejoignez la voie du train à crémaillère. De là, le chemin descend vers Glion. Comptez environ 30 minutes pour atteindre Glion, par un escalier débouchant au centre du village. Vous sortez du village direction des Avants, par le chemin de Mottalettaz, qui se prolonge par un chemin en forêt, jusqu'au relais des Trois Chemins, cabane située à un carrefour au-dessus de la Baye de Montreux. Poursuivez le chemin jusqu'à la route Sonzier-Glion. Passez le vieux pont de pierre. Au virage, un large chemin de gravier s'ouvre sur la gauche. Près d'une chute d'eau, le chemin commence à s'élever et passe près d'une maison isolée. Puis, le sentier ne cesse de grimper dans la forêt débouchant aux Avants.

LE CHÂTELARD ACADEMY

80 route des Narcisses
© +41 21 989 80 00
ecolechatelard.ch
Ouvert du lundi au vendredi de 8h à 17h.

Cette « haute école de valeurs humaines pour jeunes filles », comme l'indique le panneau situé devant le bâtiment des années 1870, est un ancien hôtel de luxe, le Grand-Hôtel des Avants, lieu de séjour apprécié des Anglais et des Russes à la Belle Époque. Ernest Hemingway y a d'ailleurs séjourné. Aujourd'hui, le Châtelard est une académie qui dispense une formation intégrale spécialisée pour les jeunes filles, dont des cours de savoir-vivre ou de haute cuisine. L'école organise également des camps d'été ainsi que différents événements saisonniers.

CAFÉ RESTAURANT TRAITEUR LE RELAIS €

Route des Narcisses © +41 21 981 19 80
www.cafe-restaurantlerelais.com
Ouvert du mardi de 8h à 15h30, mercredi au vendredi de 8h à 23h, samedi de 8h30 à 23h30, dimanche de 8h30 à 17h30.

La famille Moreau est aux fourneaux de ce Relais depuis 2003 et nous concocte des plats typiques comme les fameux röstis, des viandes sur ardoises, des fondues... Toute la gastronomie de montagne servie de manière chaleureuse dans un cadre simple mais très agréable. Vous pouvez également repartir avec vos bocaux, vos soupes et votre foie gras et bûche maison confectionnés par le service traiteur. Une bonne table que l'on ne manquera pas de relayer !

AUBERGE DE LA CERGNIAULAZ €€

18 route de la Cergniaule
© +41 21 964 42 76
www.lacergniaulaz.ch
Ouvert du mercredi au dimanche, fermeture annuelle de janvier à fin mars. Comptez 35 CHF pour un plat.

En venant à l'Auberge de la Cergniaulaz, on se retrouve dans un chalet à la décoration typique, planté au milieu des alpages et qui domine la Riviera. À la carte, une cuisine de marché élaborée dont la grande spécialité est le lapin à la tessinoise, servi dans une petite marmite. On apprécie le beau choix de vins et surtout l'accueil chaleureux. L'été, une terrasse ombragée est très agréable, à n'importe quelle heure. C'est aussi le point de départ de très jolies balades.

PISTE DE LUGE LES AVANTS

www.mob.ch
Mercredi de 13h30 à 21h30, vendredi de 16h à 21h30, samedi de 9h30 à 21h30, dimanche de 9h30 à 18h30. Adulte 15 CHF.

En hiver, lorsque la neige est abondante, la route qui relie Les Avants à Sonloup, dans les hauts de Montreux, est fermée et l'on peut profiter de plus de 2,5 km de piste de luge ! À noter que le mercredi, le vendredi et le samedi, la piste est ouverte en nocturne jusqu'à 22h. Un régal pour la glisse en famille en toute sécurité. Pour remonter entre 980 et 1 200 m d'altitude, on empruntera pendant 6 minutes le magnifique funiculaire tout droit venu d'un autre temps. Rien que pour ce petit bijou de la Belle Époque, on apprécie l'expédition.

RANDONNÉE « LES HAUTS DE MONTREUX »

Comptez environ 3 h de marche. Portez de bonnes chaussures.

Descendez le long de la petite Route des Avants en direction de Glion, jusqu'au pont Bridel, qui franchit la Baye-de-Montreux. Au bout du pont, un sentier non balisé part à gauche et grimpe dans le bois. Il rejoint une petite route, que vous descendez jusqu'à un virage en épingle. Au bout d'un chemin fermé par une chaîne, un sentier rejoint le torrent des Vaunaises. Traversez-le. Vous suivez maintenant un sentier, toujours en forêt. Restez sur le sentier du haut, jusqu'à un passage sur un torrent. Juste après, prenez le chemin qui grimpe au-dessus du sentier principal et permet de rejoindre les hauts de Caux. Vous sortez ainsi du bois derrière un groupe de chalets. Là, vous pouvez soit prendre le train vers Montreux, soit continuer à pied : longez le palace de Caux et suivez la route jusqu'à un escalier (balisage jaune). Puis, par le chemin du Tremblex, rejoignez la voie du train à crémaillère. De là, le chemin descend vers Glion. Comptez environ 30 min pour atteindre Glion, par un escalier débouchant au centre du village. Vous sortez du village en direction des Avants, par le chemin de Mottalettaz, qui se prolonge par un chemin en forêt, jusqu'au relais des 3 chemins. Poursuivez le chemin jusqu'à la route Sonzier-Glion. Passez le pont de pierre. Au virage, un chemin de gravier s'ouvre sur la gauche. Près d'une large chute d'eau, le chemin commence à s'élever et passe près d'une maison isolée. Le sentier ne cesse ensuite de grimper dans la forêt pour déboucher aux Avants.

SONLOUP

Depuis Les Avants, un funiculaire vous emmène à Sonloup (1 156 m), pour un superbe belvédère posé dans un écrin de verdure, de forêts et de montagnes. Il s'agit de l'une des premières stations de ski en Suisse et la route Sonloup-Les Avants a longtemps été une piste de bobsleigh réputée, où l'on pouvait croiser l'écrivain Ernest Hemingway. Bien que la neige se fasse plus rare, de nombreuses activités hivernales y subsistent encore aujourd'hui : la piste de luge de plus de 2 km (remontée en funiculaire), les pistes de ski du Manoïre et d'Orgevaux, la piste de ski de fond du village et d'Orgevaux (balisées et tracées).

COL DE JAMAN

Le col de Jaman et sa célèbre dent s'élevant jusqu'à 1 875 m d'altitude constituent une randonnée à ne pas manquer. En été, vous accédez au col par Caux ou par Les Avants. Prenez la sortie Montreux, suivez Chamby-Les Avants et continuez vers le col (4,5 km depuis Les Avants). Ou, depuis Glion-Caux, continuez la route en direction du col de Jaman depuis les hauts de Caux (8,5 km).
En hiver, la route fermée à la circulation. Vous y accédez en train depuis Montreux, arrêt Jaman (trains toutes les heures, durée 45 minutes) ou depuis la gare des Avants, puis en raquettes ou en ski de randonnée (renseignez-vous sur les conditions avant de partir).

FUNICULAIRE LES AVANTS - SONLOUP

Rue de la Gare 22
✆ +41 21 989 81 90
Funiculaire aller et retour 10 CHF. Aller 5 CHF.
En 6 minutes, vous passez de l'arrêt du GoldenPass MOB Les Avants au joli belvédère de Sonloup, parcourant les 500 m qui séparent ces deux petits villages. Les trains sont plus fréquents en hiver, quand la piste de luge est ouverte ! Au printemps, et surtout au mois de mai, les champs sont recouverts de narcisses et constituent un paysage magnifique. À Sonloup, la machinerie du funiculaire, mise en service en 1910 et récemment rénovée, est rendue visible au public.

CABANE DE JAMAN €

En voiture depuis Les Avants-sur-Montreux (VD) ou depuis Caux-sur-Montreux (VD), soit à pied.
En hiver : accès par les pistes (MGN), en peau de phoque ou raquettes depuis Les Avants.
✆ +41 21 943 17 51
Fermé de novembre à fin avril. Refuge de 30 places, 2 dortoirs. 20 CHF la nuit pour les non membres.
À 1 540 m d'altitude, votre nuit sera étoilée et en pleine nature dans ce refuge d'altitude, qu'on appelle la cabane. Au pied du col, vous serez tout frais pour partir l'ascension de la Dent de Jaman dès l'aube après une bonne nuit au refuge. Ou peut-être choisirez-vous une option également très prisée des randonneurs aventuriers et romantiques : le coucher de soleil sur toute la Riviera depuis la dent. Dans les deux cas, la vue est tout simplement sublime.

Le Col de Jaman.

RESTAURANT LE MANOÏRE €

En voiture depuis Les Avants-sur-Montreux (VD) ou depuis Caux-sur-Montreux (VD), soit à pied.

✆ +41 21 964 63 30

Ouvert en saison de 10h à 20h. Plats entre 20 et 50 CHF.

A 1 512 mètres d'altitude sous la Dent de Jaman, cette ancienne fromagerie a été transformée en restaurant dans les années 1940 par les mythiques Ruth et Fred Buser. Aujourd'hui, l'annexe du restaurant (buvette) comprend 5 chambres de 2 lits, avec douche et WC à l'étage. Facilement accessible par la route, on aura plaisir à s'y arrêter après la randonnée pour refaire le plein d'énergie. Le restaurant Le Manoïre propose une cuisine du terroir soignée concoctée par le chef Frédéric Médigue qui a travaillé dans des restaurants étoilés Michelin.

CHALET PLEIN SOLEIL €€

En voiture depuis Les Avants-sur-Montreux (VD) ou depuis Caux-sur-Montreux (VD).

✆ +41 21 323 91 80

www.jaman.ch

Appartements à louer. Belle vue. Dès 480 CHF. Prix variant selon les saisons.

Ce chalet posé en pleine nature propose trois appartements de quatre lits à louer à la semaine ou au mois. Idéal pour des familles ou des groupes d'amis souhaitant tout découvrir de la région et profiter à fond de la montagne. Le décor est simple et rustique mais les installations sont confortables. Depuis le chalet, on apprécie la vue sur la Dent de Jaman, ainsi que sur tout le lac Léman du Bouveret à Genève. En été, on profitera sans souci des balades et de la fromagerie d'alpage. Mais l'hiver, la route est fermée de novembre à avril.

FROMAGERIE DE DÉMONSTRATION

✆ +41 21 964 38 23

Visites et vente des fromages sur place tous les jours durant la saison d'estivage, de fin mai à mi-septembre.

Au col de Jaman, à proximité du restaurant le Manoïre, on peut visiter la fromagerie du Revon. Ce chalet a été transformé en fromagerie, dans le cadre du programme communal de revalorisation des alpages initié en 2008. Au Revon, le public peut assister au processus de fabrication des produits fromagers. Une visite est proposée d'une durée d'une heure. On peut également la compléter par une dégustation, petite moyenne ou grande, selon votre appétit du moment !

ROCHERS-DE-NAYE ★

Les rochers de Naye constituent l'un des plus beaux belvédères romands, à 2 045 m d'altitude, avec vue sur tout le bassin lémanique et les Alpes suisses. De nombreuses attractions sont proposées par la société GoldenPass : observation de marmottes (parc et exposition), jardin alpin de Rambertia et, en hiver, la maison du Père Noël. La montée se fait uniquement à la marche ou en train à crémaillère. Pour une escapade atypique, vous pouvez choisir de déguster une fondue le soir dans l'un des restaurants et dormir presque à la belle étoile dans une yourte ou dans l'auberge sur place. Unique et atypique, la destination ravira les amoureux de la nature.

Balade

Il semblerait que tous les chemins mènent aux rochers de Naye ou presque, tant les itinéraires sont variés pour arriver jusqu'au sommet. On vous a concocté un mélange d'itinéraires sportifs et/ou touristiques.

- Première possibilité pour y accéder, prenez le petit train à crémaillère depuis Montreux pour les rochers de Naye. Celui-ci s'agrippe à flanc de montagne sur une pente vertigineuse.

Autre possibilité : de Montreux, prenez la route en direction de Glion puis Caux. Possibilité de vous garer à côté de la gare. Puis prenez le petit train à crémaillère à partir de Caux.

- Pour redescendre des rochers de Naye, vous pouvez reprendre le même train à crémaillère, dans le sens inverse, jusqu'à Montreux, ou bien, si vous voulez un deuxième itinéraire touristique qui vous fera faire une boucle en visitant de nouveaux endroits, prenez le train à crémaillère jusqu'à Glion puis le funiculaire jusqu'à Territet et marchez 5 à 10 minutes à pied jusqu'au château de Chillon. Vous pouvez reprendre le bus (ligne 1) ou le bateau depuis Chillon.

- Troisième possibilité : à pied, mais avec de bonnes chaussures de marche. Un chemin parfaitement balisé court au fond de la gorge du Chauderon. Comptez 1 heure 30 pour la descente. Vous pouvez toujours tenter de reprendre le train en route !

LA RIVIERA SUISSE

JARDIN ALPIN DE LA RAMBERTIA ★

✆ +41 21 989 81 90

www.rambertia.ch/accueil

Ouvert de juin à septembre. Entrée libre.

Multicolore et parfumé, le jardin alpin de la Rambertia enivre du parfum de son millier de fleurs et plantes alpines, qui proviennent pour moitié d'autres pays d'Europe, d'Amérique, d'Asie et du Népal en particulier. L'emplacement du jardin, à 1 980 m, sur la crête est dominant la combe des Rochers-de-Naye, a été choisi pour son climat propice. Ce jardin est dédié à Eugène Rambert, un poète de Montreux. Il est accessible par un sentier de 400 m depuis le terminus du petit train.

MARMOTTES PARADIS ★★

✆ +41 21 989 81 90

www.mob.ch

D'avril à septembre, de 9h à 18h. Entrée libre.

Sur les 14 espèces recensées dans le monde Marmottes Paradis en accueille 5, en provenance de Russie et d'Amérique du Nord. Logées dans des parcs de 400 m², celles-ci sont protégées des prédateurs par des clôtures. En empruntant un tunnel, vous pouvez observer, dans l'un des parcs, l'intérieur des terriers à travers de grands hublots. Deux autres parcs sont équipés de caméras afin de pouvoir examiner l'activité souterraine des marmottes. Un centre didactique donne des informations sur les différentes espèces de marmottes dans le monde.

TRAIN MONTREUX - GLION - CAUX - ROCHERS-DE-NAYE

Rue de la Gare 22

✆ +41 21 989 81 90

www.mob.ch

Tarif aller-retour depuis Montreux adulte 70 CHF. En décembre : maison du Père Noël 39 CHF avec train + visite.

Un bien charmant train à crémaillère qui mène, en moins d'une heure, des palaces de Montreux au paysage de montagne des Rochers-de-Naye, à 2 045 m d'altitude. Le chemin passe par Glion et Caux pour vous permettre de découvrir d'autres points de vue. Vertigineux et majestueux pour le décor grandeur nature, le trajet peut même se faire à bord d'un train Belle Époque durant l'été et les week-ends d'octobre. Une montée et une vue à vous couper le souffle !

DORTOIRS AUX ROCHERS-DE-NAYE €€

✆ +41 21 989 81 90

www.mob.ch

Formules comprenant le trajet aller-retour Montreux Rochers-de-Naye, le dîner, le petit déjeuner et la nuitée.

Une nuit insolite sur le flanc de la montagne pour être réveillé par les cris des marmottes ! Voilà ce que promet une escapade aux Rochers-de-Naye. C'est idéal en groupe ou en famille pour un dépaysement total, car vous serez perché en pleine nature. Mais c'est tout aussi agréable en solo, pour venir se ressourcer sous le tapis d'étoiles. Le bâtiment des Rochers-de-Naye propose également des dortoirs de 8, 6, 4 et 2 lits (avec WC et douches à l'extérieur des chambres).

Joueurs de cor des Alpes au sommet des Rochers-de-Naye.

Train à crémaillère rejoignant les Rochers-de-Naye.

© PETER STEIN - SHUTTERSTOCK.COM

RESTAURANT ALPIN €

✆ +41 21 989 81 90

Ouvert tous les jours. Horaire d'hiver, de 10h à 15h30. Horaire d'été (dès début mai jusqu'à mi-octobre) de 10h à 17h.

Après avoir apprécié la vue, deux restaurants vous accueilleront au niveau de la gare d'altitude, pour un bon repas ou simplement un verre, le choix d'une restauration rapide (ou pas) pour le restaurant-cafétéria Alpin. Il se trouve à l'arrivée des trains et bénéficie d'une très grande terrasse avec vue sur les montagnes. Un bel espace pour reprendre de l'énergie après une randonnée, pour partager une fondue entre amis ou encore pour faire une pause sucrée avant de repartir. Il y a aussi une boutique de souvenirs pour les cadeaux d'altitude !

RESTAURANT PANORAMIQUE PLEIN ROC €

✆ +41 21 989 81 90

Du mercredi au dimanche. Horaire d'hiver de 10h à 15h30. Horaire d'été (début mai à mi octobre) de 10h à 17h.

Situé au sommet des Rochers-de-Naye, il se rejoint par le passage sous un tunnel de 200 mètres. Cet espace ayant été creusé dans la falaise par des militaires (ancienne zone de l'armée). Un spectacle pour les yeux à travers la baie vitrée et bonne cuisine traditionnelle : fondues, croûtes au fromage, assiettes froides, le tout maison et à base de produits frais acheminés tous les jours par le train. Service sur la magnifique terrasse en été devant un paysage époustouflant !

LES ROCHERS-DE-NAYE

Forfaits journaliers train et ski.

Entre 1 150 et 2 042 m, cinq installations vous attendent avec 8 km de pistes, pour tous niveaux. Le domaine est assez petit, mais il est vraiment magnifique, grâce à sa vue impressionnante sur les Alpes et le lac Léman. Il a aussi la particularité d'être accessible uniquement par le petit train à crémaillère. Sur place, l'école de ski de Montreux vous permet de suivre des cours collectifs ou individuels. Vous pouvez également en profiter pour découvrir de belles balades en raquettes, ou même vous essayer aux 5 km de pistes de ski de fond.

VILLENEUVE ★

Si elle a gardé un certain cachet de ville médiévale, la petite ville de Villeneuve n'a d'intérêt que si vous y aboutissez après une balade le long du lac. Vous pourrez alors vous promener sur la place de la Gare et admirer la maison de ville, puis l'église Saint-Paul dans la Grand-Rue, sur laquelle apparaissent les armoiries de la Maison de Savoie. Autrement, Villeneuve est surtout connue pour sa grande zone industrielle… Vous viendrez également à Villeneuve pour profiter des nombreuses activités lacustres (la pêche s'y révèle d'ailleurs excellente !), d'animations autour du deltaplane et du parapente, et de la réserve des Grangettes.

© EVA BOCEK - SHUTTERSTOCK.COM

Villeneuve.

FONDATION DES GRANGETTES

16 Grand-Rue

✆ +41 21 968 10 25

www.pronatura-grangettes.ch/fr

Réserve naturelle Pro Natura.

Créée par Pro Natura en 1989, la Fondation des Grangettes a engagé un gardien pour accueillir et renseigner les personnes intéressées par le site naturel protégé du même nom. La Fondation des Grangettes s'emploie à permettre la pérennisation de ce patrimoine exceptionnel du petit marais de la réserve des Grangettes. Des journées à thème comme le « Nettoyage des Roselières » sont organisées. Vous trouverez également des brochures, guides et une exposition traitant de différents thèmes de la réserve. Le bureau n'a par contre pas de permanence d'ouverture.

ÎLE DE PEILZ

Île de Peilz

Cet îlot au large de Villeneuve aurait émergé des sables apportés par le Rhône. Son histoire est peut-être romancée : au milieu du XIXe siècle, deux fiancés anglais partent se baigner dans le lac ; le séjour tourne au drame car le jeune homme se noie. À l'endroit où son corps sera retrouvé, la fiancée fait édifier l'île de Paix. Le Conseil fédéral l'offrira à la reine Victoria lors d'un séjour à Montreux, mais ne souhaitant pas payer les impôts, elle rendra l'île à la Suisse ! Aujourd'hui, il ne reste plus qu'un grand platane sur les trois mis en terre en 1851.

RESTAURANT DE L'ÉTOILE €€€

Chemin du Battoir

✆ +41 21 960 10 58

www.etoilenoville.ch

Ouvert du mercredi au dimanche de 10h30 à 15h30, et de 18h à 23h30. Comptez pour le menu complet 100 CHF.

Situé aux portes de la Réserve des Grangettes, à deux pas du Bouveret et du Swiss Vapeur Parc, le restaurant de l'Étoile est notamment réputé pour sa sélection de foies gras (à partir de mars) que le Périgord et l'Alsace envieraient. Une cuisine de saison digne des grandes tables avec, en été, une belle sélection de poissons du lac, de mer et une bouillabaisse désormais célèbre dans toute la région. Avec une carte des vins proposant plus de 120 crus. Les plats sont d'une fraîcheur absolue et la nature tient une grande part dans la créativité des mets.

RÉSERVE NATURELLE DES GRANGETTES ★

17 grand-Rue

✆ +41 21 968 10 25

www.pronatura-grangettes.ch

La réserve des Grangettes, située au bout du lac, est reconnue d'importance internationale pour les oiseaux d'eau et les migrateurs. C'est un site reconnu mondialement (Convention de Ramsar 1990). De nombreux canards viennent y passer l'hiver dans des eaux qui ne gèlent jamais et qui abondent en nourriture. C'est un site d'escale, surtout printanier, où plus de 260 espèces d'oiseaux ont été observées. Environ 70 espèces y nichent, dont certaines très rares. Tour d'observation.

ATELIER GEPETTO

7 grand-Rue

✆ +41 21 960 18 09

ateliergepetto.ch

Créations graphiques.

Il n'y a pas encore si longtemps, on réparait le matériel de pêche dans cet atelier. Cet ancien atelier tenu longtemps par Monsieur et Madame Gailloud est devenu un lieu d'exposition et de création. La petite-fille fait honneur à son grand-père qu'elle surnomme Gepetto, en donnant vie à ce lieu si cher en souvenirs. Vous trouverez des cartes en série limitée de toutes formes et toutes couleurs, du papier soyeux ou plus rugueux, de bien beaux supports pour y glisser votre plume. Artistes invités, collaborations et beaucoup de surprises à découvrir !

HÔTEL DU PORT €€

Rue du Quai 6

✆ 021 960 41 45

www.duport.ch

Chambre double à partir de 120 CHF avec petit déjeuner, 280 CHF. Animaux acceptés.

À quelques minutes de Montreux et en plein Villeneuve, ce charmant hôtel est posé au bord du lac, les pieds dans l'eau. La plage de galets et la vue sur les montagnes constituent un cadre idyllique à votre séjour. Sur le deck avançant sur l'eau, vous pourrez profiter du restaurant de l'hôtel pour déjeuner en terrasse ou prendre un verre en regardant le coucher de soleil. On apprécie la clarté dans les chambres et l'aménagement optimisé, avec vue sur les montagnes ou sur le lac. Il existe aussi des chambres familiales avec lits à étage.

FUNPLANET

11 route des Deux-Chênes

✆ +41 21 967 37 67

www.funplanet.ch

Ouvert 7j/7. Horaires variables selon la saison.

Funplanet est une très belle destination pour passer du bon temps en famille, un immense centre de loisirs avec une multitude d'activité indoor, tel que bowling, karting, mini-golf fluorescent, billard et divers jeux vidéos. Des soirées à thème DJ sont organisées toutes les semaines. En 2021, Funplanet revient après une rénovation complète, avec deux nouveaux restaurants et un lounge-bar à votre disposition tous les soirs. De nouvelles activités sont prévues, notamment un espace dédié entièrement aux enfants de moins de 12 ans : Funplanet Kids.

ORGANISER SON SÉJOUR

Comment partir ? Quel budget prévoir ? Quelles sont les particularités de la destination ? Qu'emporter dans sa valise ? Quels papiers emmener avec soi ? Où faire du change ? Parce que oui, même si c'est un pays frontalier, il y a une douane à passer et une nouvelle monnaie à adopter ! Avant un départ vers la Suisse, les interrogations sont nombreuses, et certains détails techniques peuvent vite porter des ombres au tableau d'un voyage idyllique. Vous trouverez dans cette rubrique toutes les infos nécessaires pour partir en toute confiance : des petites contraintes à éviter pour passer la douane au bon taux de change, des infos de santé à la couverture téléphonique, rien n'est oublié. Nous vous proposons aussi une sélection des meilleures agences et circuits de voyage, ainsi que nos adresses d'hôtels. Laissez-vous guider futé dans tous les aspects pratiques pour un séjour inoubliable et sans stress dans la capitale olympique.

PRATIQUE

ORGANISER SON SÉJOUR

ARGENT

La monnaie ici est le franc… suisse, bien sûr ! 1 euro = 1,08 franc suisse en décembre 2020 (code ISO : CHF).

Il n'est pas possible de payer en euros dans tous les établissements, il est donc préférable de retirer des francs suisses à un distributeur. Ce sera plus apprécié et surtout sera plus économique pour vous, car les commerçants acceptant les euros ne se fient pas toujours au taux de change en vigueur.

BUDGET / BONS PLANS

En Suisse, une TVA de 7,7 % est incluse dans le prix de vente des marchandises. Ainsi, l'électronique est bien moins chère qu'en France, où la TVA est plus élevée. Si vous avez un nouveau téléphone à acheter, ça peut valoir le coup d'aller dans un magasin d'électronique. Attention par contre aux ordinateurs qui n'auront pas les mêmes claviers que ceux que l'on trouve en France !

À l'inverse, l'alimentaire et les services sont bien plus élevés que dans l'Hexagone.

Les budgets que l'on vous propose sont calculés par personne et par jour.

© DANIELGBUENO - ISTOCKPHOTO.COM

- **Petit budget :** 120 CHF par jour (nuit en auberge de jeunesse ou en camping, deux repas « sur le pouce », un verre le soir, frais annexes).
- **Budget moyen :** 220 CHF par jour (nuit en petit hôtel, deux repas dans des restaurants « bien et pas chers », un verre le soir, frais annexes).
- **Gros budget :** à partir de 340 CHF par jour (nuit en hôtel de charme, deux repas dans des restaurants « bonnes tables », taxi, un verre le soir, frais annexes).
- **Budget luxe :** 600 CHF par jour (nuit en hôtel de luxe, petit déjeuner, deux repas « bonnes tables ou luxe », un verre le soir, frais annexes).

PASSEPORT ET VISAS

Pour un séjour de moins de trois mois, une carte d'identité valable ou un passeport sont suffisants pour les ressortissants européens, d'Amérique du Nord, du Japon, d'Australie, de Nouvelle-Zélande et de certains pays d'Amérique latine. Ne l'oubliez pas, même si vous arrivez par la gare ferroviaire de Genève, on vous la demandera en passant la frontière pour prendre le train qui va à Lausanne. Comme Lausanne et la Riviera se découvrent également par bateau avec la compagnie CGN, pensez à prendre vos documents d'identité lorsque vous traversez d'une rive à l'autre.

Au-delà de trois mois, un permis de séjour est nécessaire.

PERMIS DE CONDUIRE

Le document nécessaire pour louer un véhicule en Suisse est simplement le permis de conduire, national ou international. Pour circuler avec votre propre voiture, pensez également au certificat national d'immatriculation du véhicule (carte grise).

SANTÉ

Pensez à faire la demande d'une carte européenne d'assurance maladie (gratuite, si vous êtes à jour de votre sécurité sociale française) car en cas de petits pépins de santé, les frais de santé en Suisse sont exorbitants.

VACCINS OBLIGATOIRES

Aucun vaccin n'est nécessaire pour entrer sur le territoire suisse et il n'y a pas de risque de maladie spécifique par rapport à la France. Cependant, pensez à vous faire vacciner contre les hépatites A et B.

© ASSALVE - ISTOCKPHOTO.COM

Francs suisses.

SÉCURITÉ

En arrivant par Genève, vous passerez forcément devant le poste de douane. Si vous prenez le TGV pour Lausanne, le contrôle, qui n'a pas toujours lieu, se fait à bord du train. Vous devrez indiquer les raisons de votre voyage et les marchandises à déclarer si c'est le cas.

DÉCALAGE HORAIRE

La Suisse et la France fonctionnent sur le même fuseau horaire et passent aux heures d'hiver et d'été au même moment.

LANGUES PARLÉES

Sur la Riviera suisse, on parle le français, ainsi que dans toute la Suisse romande (20 % des Suisses parlent le français). Dans le reste de la Suisse, l'allemand est parlé par 64 % des habitants, l'italien par 6,5 % et le romanche par une petite minorité dans le canton des Grisons (0,5 %). D'autres langues sont parlées par 9 % de la population.

À Lausanne, il y a un beau mélange, avec 58 % de Suisses et 42 % d'étrangers. On dénombre même jusqu'à 162 nationalités ! Si vous parlez anglais, ça pourrait donc aider, portugais aussi, tant la communauté lusophone est bien présente. Mais rassurez-vous, tout le monde parle bien français ici !

ELECTRICITÉ ET MESURES

L'électricité est de 220 V AC et 50 Hz. Les prises électriques diffèrent des prises françaises. Vous pouvez toutefois y brancher vos prises « plates ». Pour les prises de terre, vous trouverez des adaptateurs dans la plupart des centres commerciaux.

BAGAGES

Pour venir, rien de spécial à prévoir, sauf peut-être des affaires chaudes pour l'hiver. L'été, pensez à votre maillot de bain : la baignade dans le lac est vraiment divine pour se rafraîchir. Mais en toute saison, n'oubliez pas des affaires à l'épreuve de la pluie !

Au retour, si vous rentrez avec des produits neufs achetés pendant vos vacances, évitez de les garder sous emballage ou dans leur boîte d'origine. En cas de contrôle à la frontière, les douaniers pourraient vous soupçonner de chercher à revendre les produits sur le sol français (cela est surtout valable pour l'électronique, qui est bien moins chère en Suisse qu'en France) et vous feront payer des taxes supplémentaires (la TVA française).

S'Y RENDRE

Il n'y a pas d'aéroport à Lausanne, mais à peine plus d'une heure sépare Paris de l'aéroport de Genève (lui-même à 45 minutes en train de Lausanne). Mais quitte à prendre le train pour finaliser votre trajet pour arriver à la gare de Lausanne, on vous conseille de le prendre directement depuis la gare de Lyon à Paris. En revanche, pour venir depuis le sud de la France (ou lorsqu'il n'y a pas une ligne de TGV directe dans votre ville), de nombreuses compagnies *low cost* proposent des vols à un prix défiant toute concurrence. Même si les prix varient en fonction des saisons et que les horaires ont sûrement été modifiés à cause de la crise du Covid, ça reste le plus simple pour passer les montagnes. En voiture, Lausanne est assez bien desservie par la France ou l'Italie (attention de ce côté à ne pas avoir des routes fermées l'hiver à l'approche des chutes de neige). Mais de manière globale, voyager jusqu'à Lausanne reste simple.

AIR FRANCE

✆ 36 54

www.airfrance.fr

Réservations en ligne ou par téléphone, tous les jours de 8h à 20h.

La compagnie, qui existe depuis 1933, est synonyme de qualité, de service et de confort. Sa flotte est majoritairement constituée d'Airbus âgés d'une dizaine d'années. Au départ de Paris-CDG, Air France propose plusieurs vols directs et quotidiens pour Genève et Zurich (1h à 1h20 de vol). Des vols sont également assurés entre Lyon et Zurich. Les tarifs varient selon les périodes et le taux de remplissage, mais avec de la chance vous pouvez trouver des vols à 52 CHF l'aller pour Genève ou Zurich. Le site de la compagnie offre des idées de découvertes.

EASY VOLS

✆ 08 99 19 98 79

www.easyvols.fr

Pour voyager malin, il faut faire ses recherches en toute efficacité, sans perdre trop de temps à jongler d'un site à un autre. Pour trouver le bon vol au bon prix, l'idéal est la plateforme comparatrice de vols. Easyvols permet de comparer en temps réel les prix des billets d'avion chez plus de 700 compagnies aériennes et pas seulement des compagnies low-cost. Vous pouvez économiser jusqu'à 70 % du prix si vous êtes prêts à saisir au vol les meilleures offres. Des avis avisés de clients sont aussi consultables sur le site Internet.

GENÈVE AEROPORT

21 route de l'Aéroport

GENÈVE

✆ +41 848 192 020

www.gva.ch

Un des plus vieux aéroports du vieux continent puisque, créé le 11 octobre 1919, il a dépassé le siècle d'existence. L'aéroport de Genève-Cointrin est desservi en transports en commun par trains ou bus. L'option du train est clairement la meilleure vu qu'elle permet de relier l'aéroport au centre-ville et la gare de Genève Cornavin en 7 minutes chrono. Autrement, les lignes de bus 5, 10, 23, 28, 50, 56, 57, 59 et 66 peuvent aussi vous y emmener (le 66 part de Ferney-Voltaire, à la frontière, et relie l'aéroport en 15 minutes).

MISTERFLY

✆ 08 92 23 24 25

www.misterfly.com

Ouvert du lundi au vendredi de 9h à 21h. Le samedi de 10h à 20h.

MisterFly.com est le nouveau-né de la toile pour la réservation de billets d'avion. Son concept innovant repose sur un credo : transparence tarifaire ! Cela se concrétise par un prix affiché dès la première page de la recherche, c'est-à-dire qu'aucun frais de dossier ou frais bancaire ne viendront alourdir la facture finale. Idem pour le prix des bagages ! L'accès à cette information se fait dès l'affichage des vols correspondant à la recherche. La possibilité d'ajouter des bagages en supplément à l'aller, au retour ou aux deux… tout est flexible !

INTERVIEW

L'ASSURANCE VOYAGE, LE BON RÉFLEXE POUR PARTIR L'ESPRIT TRANQUILLE

avec CATHERINE DIBOUES, responsable du marché voyage, loisir et mobilités chez Allianz Travel.

En cas d'annulation de voyage, peut-on bénéficier d'un remboursement des frais engagés ?
L'assurance voyage propose une indemnisation lorsque l'on doit abandonner son projet de séjour pour une raison indépendante de sa volonté. Contrairement aux idées reçues, les assurances liées aux cartes bancaires ne proposent pas toutes une assurance annulation.

Que se passe-t-il en cas de retard de vol ?
Avec l'assurance voyage Allianz Travel, les frais supplémentaires liés à l'attente sont pris en charge, à partir de 2h de retard. Il peut s'agir des frais de restauration, de transport lors d'un changement d'aéroport ou d'une éventuelle nuit d'hôtel.

L'assurance voyage couvre-t-elle la perte ou le dommage des bagages ?
Allianz Travel indemnise les voyageurs en cas de bagages endommagés ou perdus par la compagnie aérienne. Cela comprend l'indemnisation du bagage et son contenu.

Quelles sont les destinations couvertes par votre zoning Europe svp ? Est-ce uniquement l'UE ou l'ensemble du continent européen ?
Les pays européens ont des accords avec l'administration française. Avant de partir, il faut demander la carte européenne d'assurance maladie. La sécurité sociale et la mutuelle prennent alors en charge les frais médicaux, selon leurs barèmes. Les frais médicaux étant majoritairement plus élevés qu'en France, l'assurance voyage permet de se voir remboursé du reste à charge.

En cas de souci de santé sur place, que faut-il faire ?
En cas de doute ou pour des symptômes légers, nous proposons un service de téléconsultation médicale, par téléphone et en visio, qui permet d'être conseillé et orienté par un professionnel ainsi que d'obtenir une ordonnance si besoin. Pour une situation plus grave, il est nécessaire d'appeler les urgences locales, dont les numéros sont disponibles sur notre application mobile. Une fois à l'hôpital et dans un état stable, on appelle Allianz Travel pour déclencher les procédures de prises en charge. Notre centre d'assistance fonctionne 24h/24, 7j/7.

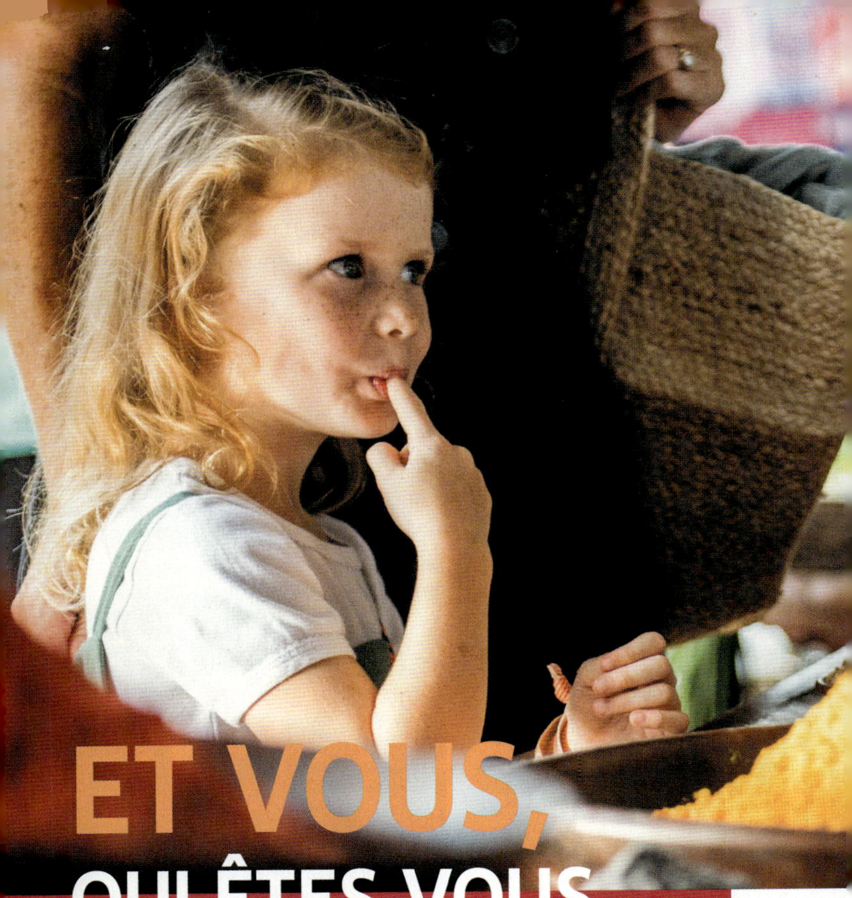

OPTION WAY

✆ 04 22 46 05 23

www.optionway.com

Option Way est l'agence de voyages en ligne au service des voyageurs. L'objectif est de rendre la réservation de billets d'avion facile en vous faisant économiser. 3 bonnes raisons de choisir Option Way :

- la transparence comme mot d'ordre. Finies les mauvaises surprises, les prix sont tout compris, sans frais cachés ;
- des solutions exclusives qui vous permettent d'acheter vos vols au meilleur prix ;
- le service client, basé en France, joignable gratuitement, composé de véritables experts de l'aérien. Ils sont là pour vous, n'hésitez pas à les contacter.

TRAINLINE

www.trainline.fr

Un vrai bon plan qui permet d'acheter un billet de train en moins d'une minute. Il suffit de créer une première fois son profil de voyageur (nom, prénom, âge, carte SNCF) qui sera enregistré pour les recherches suivantes. La recherche/réservation du billet se fait ensuite très rapidement et regroupe toutes les offres de la SNCF et d'autres compagnies européennes (Thalys, Eurostar, Deutsche Bahn, Renfe, Trenitalia...). Devenir le premier guichet du monde libre est le but affiché de ce site pratique et malin, de quoi vous mettre en confiance, non ?

KELBILLET

www.kelbillet.com

Kelbillet est un site comparateur regroupant les principales compagnies desservant les meilleures destinations européennes : SNCF, BlaBlaCar, Thalys, OuiBus, Air France, EasyJet, Flixbus, Air France, Thalys, etc. Vous souhaitez trouver un billet de train pas cher, mais aussi un billet de bus, avion, ou du covoiturage ? Ou bien acheter un billet de train à un autre voyageur ? Revendre un billet que vous ne pouvez utiliser ou vous faire rembourser ? KelBillet.com est un très bon plan. Ce site propose de nombreux billets pour voyager en France et en Europe.

TROC DES TRAINS

www.trocdestrains.com

Voici un site malin, gratuit et facile d'utilisation, consacré aux annonces de reventes de billets de train à petits prix, ni échangeables ni remboursables. Vous pouvez soit y rechercher un billet, soit en déposer un et ainsi le proposer à d'autres utilisateurs. Toute transaction est garantie sans enchères, sans frais et sans commission ! Bon à savoir également, le site Troc de Trains contrôle la validité des billets de train proposés à la vente et indique la fiabilité du billet. Enfin, bien pratique, il existe un service d'alerte.

TGV LYRIA

tgv-lyria.com

Une grande facilité pour joindre Paris-Gare-de-Lyon à Lausanne. Les TGV Lyria desservent Lausanne depuis Paris, jusqu'à 4 allers-retours par jour. TGV Lyria propose 3 classes de voyage : Business 1re, Standard 1re et Standard. A chacun son voyage avec des tarifs qui s'appliquent à chaque profil. Il est intéressant de suivre les réseaux sociaux pour bénéficier d'offres et de toutes les informations sur la destination. Très confortable, votre voyage en train est rapide et vous arrivez dans le centre névralgique de Lausanne. Assurément le meilleur choix.

ZEPASS

www.zepass.com

Site qui propose à tous d'acheter ou de revendre des billets de train en toute confiance et simplicité. L'achat de billet d'occasion permet de trouver des billets Prem's à la dernière minute pas cher. En outre, vous pouvez aussi revendre un billet de train. Il suffit de déposer son annonce : le billet est en vente en quelques minutes. Places de concert, de théâtre, de spectacles ou de manifestations sportives sont également vendues ou déposées sur ce site. Zepass permet d'organiser au mieux ses achats et de planifier ses voyages.

SÉJOURS ET CIRCUITS

Lausanne et la Riviera suisse constituent une destination touristique par excellence, sans que ce ne soit trop envahi par les foules. En effet, la Suisse, véritable îlot montagneux, arrive encore à garder son côté sauvage. Néanmoins, de nombreuses infrastructures existent et différents tour-opérateurs sont là pour s'occuper de vous. Comme toujours, cela a un coût supplémentaire, peut-être encore plus en Suisse qu'ailleurs, tant le prix des services est élevé. Pour cela, nous vous avons donc déniché les meilleures visites possibles, en insistant tout particulièrement sur notre dossier spécial pour la région de Lavaux. Si vous faites partie de ces parents qui viennent repérer le coin pour peut-être y envoyer votre enfant à étudier, nous avons également pris le temps de vous parler des grandes écoles à Lausanne. Parce que oui, Lausanne est aussi une ville très étudiante qui comporte de nombreuses grandes écoles !

ORGANISER SON SÉJOUR

ALTIPLANO VOYAGE

3 place du Temple
CAROUGE
✆ 04 50 46 90 25
www.altiplano-voyage.com
Agence de voyages spécialisée Amérique Latine et Asie.

Historiquement dédiée aux destinations d'Amérique latine, l'agence ouvre en 2008 son horizon pour proposer des voyages en Asie, sous la marque Jaipur. L'équipe de Carouge est très attentionnée et prend le temps qu'il faut pour vous concocter un voyage qui vous ressemble. Ici le voyage est organisé par vous et surtout pour vous, avec l'aide et l'expertise de l'équipe d'Altiplano. Aucun voyage n'est identique. Ici, vos souhaits, vos désirs et bien sûr votre budget sont respectés. Un grand tour de la Suisse en train prévoit un arrêt à Lausanne.

ARTS ET VIE

251, rue de Vaugirard - **PARIS** (15e)
✆ 01 40 43 20 21
www.artsetvie.com
Autres agences : Grenoble, Lyon, Marseille et Nice. Du lundi au vendredi de 9h à 12h30 et de 14h à 17h.

Depuis 60 ans, Arts et Vie, association culturelle de voyages et de loisirs, développe un tourisme ouvert au savoir et à la découverte culturelle et humaine. L'esprit des voyages s'inscrit dans une tradition associative caractérisée par une ambiance conviviale, riche en rencontres, en patrimoine et civilisations du monde. Tous les circuits sont animés et conduits par des accompagnateurs passionnés, formés par l'association, soucieux de faire partager leur enthousiasme aux adhérents voyageurs. Un circuit « Flânerie » prévoit un arrêt à Montreux.

INTERMÈDES

10, rue de Mézières - **PARIS** (6e) ✆ 01 45 61 90 90
www.intermedes.com
Du lundi au jeudi 9h-19h, vendredi 18h. Samedi 9h30-16h de janvier à mars et septembre, octobre.

Un spécialiste des voyages culturels avec conférencier en Europe et dans le monde. Depuis près de 25 ans, Intermèdes crée des voyages sur ces routes millénaires. Conçus dans un esprit « grand voyageur », les voyages sont proposés en petits groupes, accompagnés par des guides sélectionnés. Un séjour vous permet de parcourir la Suisse en train panoramique en une semaine. Le second jour prévoit un arrêt à Lausanne avec au programme la visite de la cathédrale, de la vieille ville, du port de plaisance, du musée Olympique, ainsi que du château médiéval de Chillon.

MONDORAMAS

943, Voie Antiope, ZI – Athelia III
LA CIOTAT
✆ 04 42 36 03 60
www.mondoramas.com
Circuits de mars à octobre, voyage en mini-groupe, en avion, autocar, ferry.

Depuis 25 ans, cette agence méridionale travaille avec des autocaristes, tour-opérateurs et prestataires de services spécialisés dans les voyages de groupes. Avec sa devise « à chaque groupe sa thématique », l'équipe cherche à créer une bonne alchimie sur la destination. Des voyages organisés, privilégiant les arts et la culture, l'écologie, la gastronomie et le terroir, les fêtes folkloriques. De nombreux circuits en Suisse sont proposés et vous pourrez découvrir Lausanne et la riviera suisse lors de leur autotour « Les joyaux du Lac Léman ».

INTERVIEW

LE VOYAGE-SUR-MESURE

AVEC STEVEN LE CHEVALIER ET MATHIEU VALLY DE QUOTATRIP

Quel est le concept de l'agence QuotaTrip ?

Quotatrip est la première plateforme de mise en relation entre voyageurs et agences locales. Grâce à elle, les voyageurs peuvent enfin échanger en direct avec des agences qui sont sur place et concevoir un voyage unique, au meilleur prix et 100% personnalisé.

Pourquoi voyager avec des agences locales ?

À l'inverse des agences traditionnelles, les agences locales sont des expertes de la destination choisie. Ce sont aussi les mieux placées pour concevoir des séjours qui sortent des sentiers battus. Elles sont ainsi en mesure de répondre à l'ensemble des envies, le voyageur rentre dans l'univers de l'equi-tourisme = le tourisme sans intermédiaire.

Quels sont les autres avantages pour les voyageurs ?

Il y a une multitude d'avantages. Cela permet notamment de ne pas voyager comme tout le monde, d'organiser de manière simple et rapide un séjour sur mesure et au meilleur prix. Fini les mauvaises surprises, les voyageurs posent toutes les questions qu'ils souhaitent et bénéficient d'un accompagnement sur mesure, de la conception du projet jusqu'à sa réalisation en toute sécurité car les agences référencées sont sélectionnées et recommandées par les journalistes des guides du Petitfute en toute impartialité.

Les démarches sont-elle simples à effectuer ?

Les sites de voyage en ligne font perdre beaucoup de temps aux internautes sans pour autant répondre entièrement à leurs désirs. Quota Trip propose un formulaire simple et rapide qui permet de décrire les souhaits, les envies et les besoins. L'internaute reçoit aussitôt gratuitement et sans engagement les offres de trois ou quatre agences locales avec qui il peut ensuite échanger afin de personnaliser son projet grâce à la messagerie mise en place.

Quelles sont les destinations proposées ?

Notre plateforme propose plus de 21 000 projets de voyage sur plus de 100 destinations à travers le monde. De l'Amérique latine en passant par l'Asie et l'Afrique, nos mille agences partenaires sont là pour répondre à vos projets de voyage.

Décrivez votre projet de voyage. Echangez en direct avec les agences locales et partez au meilleur prix.

***Plus d'informations** : quotatrip.com*

E.LECLERC VOYAGES

✆ 08 25 88 46 20

www.leclercvoyages.com

E.Leclerc a sélectionné pour vous les offres des meilleurs voyagistes. Un grand choix de formules, vous pouvez payer en plusieurs fois, l'agence s'adapte à votre statut, allant de monoparental, à jeunes mariés, ou encore à spécial enfant. Des conseillers vous aident pour voyager, et petit plus : un carnet de voyages vous sera donné avant le départ en vacances. S'adaptant à chaque voyageur, il vous est proposé des destinations partout dans le monde. En général, niveau prix, vous pouvez trouver des formules plus économiques que chez les spécialistes.

GO VOYAGES

www.govoyages.com

Go Voyages propose un très grand choix de vols secs, charters et réguliers au meilleur prix au départ et à destination des plus grandes villes. 155 000 itinéraires de vols, 665 compagnies aériennes et plus de 2 millions d'hôtels dans 40 000 destinations... Possibilité également d'acheter des packages sur mesure « vol + hôtel » et des coffrets cadeaux. Sans oublier le grand choix de promotions sur tous les produits et la location de voitures. La réservation est simple et rapide, le choix multiple et les prix très compétitifs.

L'AGENCE DE VOYAGES DU BHV MARAIS

55, rue de la Verrerie - **PARIS** (4e)

✆ 01 42 78 38 91

www.bhv.fr

Ouvert du lundi au samedi de 9h30 à 20h et le dimanche de 11h à 19h.

L'agence de voyages du BHV Marais vous ouvre le monde à travers de somptueux voyages, des croisières, des *city-breaks*, des *road-trips* ou des circuits organisés... Un questionnaire classique sur le site internet vous permet d'être contacté par un conseiller en voyages dans les 72 heures. Le personnel est véritablement à votre écoute et saura, pour sûr, vous concocter le voyage de vos rêves ! Alors, laissez-vous tenter et profitez de cet accompagnement sur mesure !

OPODO

✆ 01 70 91 75 75

www.opodo.fr

Centre d'appel ouvert du lundi au vendredi de 9h à 18h et le samedi et dimanche de 9h à 14h.

Pour préparer votre voyage, cette agence vous permet de réserver au meilleur prix des vols de plus de 600 compagnies aériennes, des chambres d'hôtels parmi plus de 1,7 millions d'établissements et des locations de voitures partout dans le monde. Vous pouvez également y trouver des locations saisonnières ou des milliers de séjours tout prêts ou sur mesure. De nombreuses offres de dernière minute sont proposées sur le site, de l'Amérique latine à l'Asie, en passant par l'Afrique et l'Océan Indien. Opodo dispose également de différentes options d'assistance.

PARTIR-PAS-CHER

✆ 01 70 96 02 84

www.partirpascher.com

Centre d'appel ouvert du lundi au vendredi de 9h à 20h, le samedi de 10h à 20h et le dimanche de 12h à 20h.

Ce soldeur de voyages ou du moins cet explorateur de voyages à bon marché travaille pour vous faire faire des économies en toute sécurité. Partir-Pas-Cher vous permet de réserver votre week-end, croisière, circuit dans plus de 120 destinations dans le monde. Plus de 10 000 séjours ont été sélectionnés. Vous avez généralement le choix entre diverses propositions dans des hôtels de différentes catégories souvent pour un week-end, avec ou sans petit déjeuner. Vous profitez de réductions de 20 % à 60 %. Des offres dernière minute sont également proposées sur le site.

PROMOVACANCES

✆ 08 99 23 00 16

www.promovacances.com

Promovacances est une agence de voyage en ligne qui propose de nombreux séjours touristiques, des week-ends, ainsi qu'un très large choix de billets d'avion à tarifs négociés sur vols charters et réguliers, des locations, des hôtels à prix réduits. En plus de cette importante offre, n'hésitez pas à guetter en ligne des promotions de dernière minute et les bons plans du jour. Enfin, des informations pratiques sont à consulter en ligne pour préparer votre voyage : santé, formalités, aéroports, voyagistes, compagnies aériennes.

EASYVOYAGE

✆ 08 99 19 98 79

www.easyvoyage.com

Le concept peut se résumer en trois mots : s'informer, comparer et réserver. Des infos pratiques sur plusieurs destinations en ligne (saisonnalité, visa, agenda...) vous permettent de penser plus efficacement votre voyage. Après avoir choisi votre destination selon votre profil (famille, budget...), le site vous offre la possibilité d'interroger plusieurs sites à la fois concernant les vols, les séjours ou les circuits. Grâce à ce moteur performant, vous pouvez réserver directement sur plusieurs bases de réservation (Lastminute, Go Voyages et bien d'autres).

LILIGO

www.liligo.com

Un des leaders et des pionniers de la formule. Liligo interroge agences de voyages, compagnies aériennes (régulières et low cost), trains (TGV, Eurostar...), loueurs de voitures, mais aussi 250 000 hôtels à travers le monde pour proposer les offres les plus intéressantes en temps réel. Les prix incluent les frais de dossier, d'agence... Une fois la recherche établie et l'offre sélectionnée par l'utilisateur, le comparateur le met directement en relation avec le site marchand. Quelques astuces sont délivrées en ligne pour bénéficier des offres les plus intéressantes.

EXPEDIA FRANCE

✆ 01 57 32 49 77

www.expedia.fr

Expedia est le site français n° 1 mondial du voyage en ligne. Un large choix de 300 compagnies aériennes, 240 000 hôtels, plus de 5 000 stations de prise en charge pour la location de voitures et la possibilité de réserver parmi 5 000 activités sur votre lieu de vacances. Cette approche sur mesure du voyage est enrichie par une offre très complète comprenant prix réduits, séjours tout compris, départs à la dernière minute... Son algorithme et sa base de données permettent en effet de proposer des formules vol et hôtel à peu près n'importe quand.

QUOTATRIP

www.quotatrip.com

QuotaTrip est une nouvelle plateforme de réservation de voyage en ligne qui met en relation des voyageurs à la recherche d'expériences authentiques et uniques et des agences de voyages locales sélectionnées pour leurs compétences et leur sérieux. Le réseau de QuotaTrip couvre près de 200 destinations du monde entier. Le but de ce rapprochement est simple : proposer un séjour entièrement personnalisé aux utilisateurs. QuotaTrip promet ainsi l'assurance d'un voyage serein, sur mesure, sans intermédiaires et sans frais supplémentaires.

JETCOST

www.jetcost.com

Jetcost compare les prix des billets d'avion et trouve le vol le moins cher parmi les offres et les promotions des compagnies aériennes régulières et *low cost*. Le site est également un comparateur d'hébergements, de loueurs d'automobiles et de séjours, circuits et croisières. L'interface du site Internet est très simple d'utilisation. Après avoir lancé la recherche, on peut affiner les résultats en fonction de ses choix afin de trouver le vol le plus intéressant, la durée du trajet, les éventuelles escales ou encore l'aéroport d'arrivée.

VIVANODA.FR

www.vivanoda.fr

Vivanoda.fr est un site français indépendant permettant en un clic de comparer et combiner plusieurs modes de transport (avion, train, autocar, ferry et covoiturage) entre deux villes. Vivanoda est né d'un constat simple : quel voyageur arrive à s'y retrouver dans les différents moyens de transports qui s'offrent à lui pour rejoindre la destination de son choix ? La recherche sur Internet de ces informations se révèle en effet souvent très fastidieuse... Grâce à ce site, fini les nuits blanches et bonjour les voyages à moindre coût.

PRATIQUE

SE LOGER

BUDGET / BONS PLANS

Le budget pour une nuit à l'hôtel commence généralement autour des 100 CHF et peut monter très vite !
Alors, face au prix exorbitant des hôtels, vous pourriez être tenté de vous diriger vers des auberges de jeunesse. L'idée est très bonne, surtout pour les baroudeurs, mais évitez juste de comparer avec le prix des auberges que vous avez déjà fréquentées à l'autre bout du monde... Voici le site de l'organisation des Auberges de jeunesse suisses : www.youthhostel.ch
Un autre bon plan serait le camping. Il faut en effet noter la qualité des campings de Lausanne et de Vevey, idéalement situés au bord du lac ou en lisière de forêt, toujours très bien équipés et remarquablement entretenus. Attention, le camping sauvage est interdit en Suisse. Voici un site utile répertoriant tous les campings de Lausanne et de la région : www.avtc.ch

C'EST TRÈS LOCAL

Les offices de tourisme ont lancé un programme de promotion des chambres à la ferme, programme dont l'intitulé fait évidemment sourire les visiteurs en quête de logements bon marché : « Sur la paille » !
Des exploitants agricoles proposent également des chambres et appartements à louer, dans une atmosphère chaleureuse : www.tourisme-rural.ch

POUR LES GOURMANDS

Notre passion française pour les viennoiseries a fait des adeptes partout dans le monde, et il n'y a donc rien d'étonnant à retrouver notre cher croissant dans ce pays voisin qu'est la Suisse. Vous ne serez donc pas dépaysés de ce côté-là ! Mais les Suisses aiment aussi la nourriture fraîche et saine, et le muesli, accompagné de fruits en tout genre, est donc également très apprécié le matin. Pour profiter de toutes les influences des pays limitrophes de la Suisse, vous pouvez accompagner cela par un cappuccino, pour une variante franco-italienne ! Autres options : l'omelette ou les saucisses, pour le côté germanique.

SE LOGER

Les tarifs hôteliers sont, à prestation égale, presque deux fois plus élevés ici qu'en France. Pas de chambre double agréable à moins de 180 CHF. Se loger en Suisse coûte donc cher mais les hôtels sont, de manière générale, très bien tenus et de qualité. Au top généralement : la literie et la propreté. Du reste, la présence de nombreuses écoles hôtelières dans la région lémanique, dont celle très réputée de Lausanne, témoigne de cette vieille tradition locale, et notamment en matière de service, quasiment irréprochable. Sachez toutefois que les salles de bains sont souvent les dernières à être rénovées, et il n'est pas rare, même dans un 4 étoiles, de trouver des équipements étonnamment désuets. Pensez à vous connecter directement sur les sites des hôtels qui pratiquent des prix selon l'occupation et les périodes. Vous pourriez être agréablement surpris de vous trouver dans un 4 étoiles au prix d'un 2 !

HOME EXCHANGE €€

www.homeexchange.fr

Abonnement annuel 130 €.

Et si vous échangiez votre maison avec d'autres pour partir en vacances ? HomeExchange est une plateforme d'échange de maisons et d'appartements entre particuliers. L'idée : un site Internet pour échanger son logement (studio, appartement, villa…) moyennant un abonnement annuel à l'agence en ligne, qui se charge de la présentation du bien et de la mise en contact des intéressés. Un excellent moyen de faire des économies pour partir en vacances et économiser ainsi les frais d'hébergement sur place. Le choix est large avec plus de 400 000 offres dans 159 pays.

HOTELS INSOLITES €€

www.hotels-insolites.com

Sur ce site, des endroits jamais imaginés, comme un phare, un train décoré dans le style Années folles, un campement de mineurs une forteresse militaire, un aquarium, un ballon dirigeable, un tonneau (si si !), un nid dans un arbre. Les prix varient de pas cher à très cher. Le site délivre toutes les infos nécessaires pour les lieux qui sont dispersés à travers le monde, avec numéros de téléphone, adresses. Imaginez une péniche à Vienne sur le Danube… Un rêve peut-être envisageable avec ce site Internet fort de 700 adresses.

SWISS CHARME HOTELS €€

BERNE

✆ +41 31 378 18 35

www.rooms.ch

Site de réservations d'hôtels de charme. Avec le pass Swiss Charme Hotel, la 6e nuit est offerte.

Une sélection d'hôtels, de dortoirs, d'auberges et de pensions qui permettent de séjourner en Suisse de manière confortable et à prix abordable. Ils sont classés de 1 à 3 étoiles, leur confort est souvent simple, mais ici on mise sur la relation clientèle et la garantie d'un accueil unique et chaleureux. Ambiance familiale à partager et vous serez conseillés de manière personnalisée grâce aux connaissances des gens du « cru ». Une bonne alternative après un séjour luxueux. Excellent pour un retour aux sources pour connaître les hôtes suisses.

AGRITOURISME SUISSE €

✆ +41 21 613 11 35

www.myfarm.ch

Chambre en agritourisme.

Une aventure sur la paille, une soirée au chalet ou un bivouac dans les arbres ? Dans toute la Suisse, des exploitants agricoles proposent des chambres et appartements à louer, dans une atmosphère chaleureuse et parfois insolite. Un site qui permet à la fois des découvertes d'évènements et la réservation de votre séjour. Bien sûr, pas d'adresse dans Genève même, mais à proximité avec le domaine de Crève-Cœur à Choulex et la ferme Pittet à Russins. Une autre façon de séjourner au plus près des habitants dans une nature préservée.

HÔTEL CRYSTAL €€

5 rue Chaucrau
✆ +41 21 317 03 03
www.crystal-lausanne.ch
Chambre simple dès 121 CHF, double dès 161 CHF. Petit déjeuner buffet à volonté offert. Parking : 20 CHF. Wifi gratuit.

Ne pas se fier à l'entrée désuète et discrète de cet hôtel. Situé dans une rue piétonne du centre-ville (accès en voiture autorisé), l'hôtel Crystal bénéficie d'une superbe terrasse au dernier étage avec vue sur Lausanne. Vous serez séduit par les styles pop art, vintage, en passant par l'art contemporain ; aucune chambre ne se ressemble. Rénovées au fur et à mesure selon ses idées créatives, le propriétaire tient à conserver les valeurs familiales. Une adresse économique, centrale, pratique. Copieux petit déjeuner pour bien commencer la journée.

HÔTEL DES VOYAGEURS €€

19 rue Grand-Saint-Jean
✆ +41 21 319 91 11
www.voyageurs.ch
35 chambres. Chambre simple de 120 à 200 CHF. Petit déjeuner inclus. Wi-fi gratuit.

L'Hôtel des Voyageurs, petit hôtel familial et sympathique, a bénéficié d'une rénovation complète en 2015 dans le style Art déco. Situé au cœur de la vieille ville, dans une petite rue piétonne charmante mais pas facile à trouver. Bien regarder le plan avant de s'engager en voiture car les sens interdits sont nombreux (possibilité de charger/décharger les bagages devant l'hôtel). Les chambres sont désormais confortables et très agréables. Le week-end, privilégier les chambres à l'arrière de l'hôtel pour éviter le passage bruyant des piétons qui se rendent au Flon.

HÔTEL DU MARCHÉ €

42 rue Pré-du-Marché
✆ +41 21 647 99 00
www.hoteldumarche-lausanne.ch
De 135 à 200 CHF en simple et de 170 à 275 en double. Petit déjeuner express : 5 CHF, buffet 15 CHF. Wifi.

C'est notre coup de cœur et notre camp de base préféré à Lausanne ! L'Hôtel du Marché est un petit hôtel très bien tenu, à proximité de la place de la Riponne. La décoration est soignée pour un séjour des plus agréables, pour une nuit ou pour des chambres au mois. On adore l'ambiance familiale, avec un excellent accueil et des prix abordables. Situé dans une rue peu fréquentée par les voitures, ce logement permet de profiter commodément de Lausanne, dans la tranquillité. Non loin de votre chambre, le bus 1 pour Ouchy est à deux pas, le métro à trois pas.

LAUSANNE PALACE €€€

7-9 rue du Grand-Chêne
✆ +41 21 331 31 31
www.lausanne-palace.ch
Chambres simples de 440 à 650 CHF. Petit déjeuner 40 CHF. Parking 30 CHF. Libre accès au Centre de bien-être.

Inauguré en 1915, ce palace 5 étoiles est situé en plein centre-ville. Il a accueilli de nombreuses personnalités et, depuis 1980, le président du Comité international olympique (CIO) y a son appartement, d'où le drapeau olympique au-dessus de l'entrée. Si des transformations importantes ont eu lieu ces dernières années, la plupart des éléments Belle Époque ont été conservés. Les 140 chambres sont spacieuses, avec des balcons donnant sur le lac ou sur la cathédrale et le Flon. Les installations de loisirs incluent spa, piscine, équipements sportifs…

REGINA €€

18 rue Grand-Saint-Jean
✆ +41 21 320 24 41
www.hotel-regina.ch
Chambre simple de 128 à 220 CHF, chambre double de 168 à 250 CHF, chambre triple 189 à 285 CHF. Petit déjeuner inclus.

Face à l'hôtel des Voyageurs, le Regina est également situé en plein centre et dans la zone piétonne. Mêmes recommandations en ce qui concerne le stationnement, donc. Les chambres, classiques et relativement spacieuses, sont équipées d'une connexion Wifi gratuite. Dans un style d'époque, on apprécie celles qui nous permettent de profiter de la vue sur la cathédrale et le centre historique (mais cela a un prix !). Abondamment fleurie, la salle du petit déjeuner ne manque pas de kitsch, mais a l'avantage de mettre de bonne humeur.

SWISS WINE HÔTEL & BAR €€

5 rue Caroline
✆ +41 21 320 21 41
byfassbind.com/fr/hotel/swiss-wine
63 chambres. Chambres simple à partir de 96 €, double à partir de 103 €. Petit déjeuner 17 €.

Tout proche des restaurants sympathiques de la cité médiévale et des monuments historiques, le Swiss Wine s'articule autour de la découverte des vins suisses, non seulement à travers sa décoration originale mais surtout avec son Wine Bar. Le caveau peut être privatisé. Les clients de l'hôtel bénéficient d'un espace fitness avec sauna. Les chambres, récentes et insonorisées, sont très agréables. Certaines comportent une kitchenette. Vue imprenable sur la cathédrale depuis la salle vitrée du petit déjeuner. Un excellent rapport qualité/prix/emplacement.

ALAGARE €€

14 rue du Simplon
✆ +41 21 612 09 09
www.hotelalagare.ch/fr/

49 chambres. Simple à partir de 90 CHF. Petit déjeuner 15 CHF. Wi-Fi gratuit.

Alagar est un petit hôtel charmant situé, comme son nom l'indique avec humour, juste sous la gare. Rassurez-vous, c'est dans une rue calme. Les 49 chambres, toutes parfaitement équipées, sont confortables et le personnel est adorable. Le thème ferroviaire est partout du sol au plafond, des fresques contre les murs et des bancs en bois d'anciens trains. Typique et original ! Le petit déjeuner copieux se prend dans une salle aux poutres apparentes, typiquement suisse, avec une décoration inspirée du wagon-restaurant de l'Orient Express.

BEST WESTERN HOTEL MIRABEAU €€

31 avenue de la Gare ✆ +41 21 341 42 43
www.mirabeau.ch

74 chambres. Chambre simple à partir de 150 CHF, double à partir de 198 CHF. Petit déjeuner buffet inclus.

Construit en 1911, l'hôtel Mirabeau, un charmant 4 étoiles où règne une belle ambiance traditionnelle, a su conserver son architecture Art déco typique de l'époque. La décoration intérieure correspond à celle d'un hôtel chic et classique. On apprécie la très belle vue sur le lac depuis les chambres, ainsi que la magnifique terrasse sous les marronniers. Les chambres supérieures toutes rénovées et climatisées sont non fumeur. Également des chambres familiales.

HÔTEL AGORA SWISS NIGHT €€

9 avenue du Rond-Point
✆ +41 21 555 59 55
www.fassbindhotels.com

Chambre simple à partir de 155 CHF, double à partir de 170 CHF. Wi-Fi.

Entièrement reconstruit en 2013, l'ancien Hôtel Agora est devenu l'Agora Swiss Night by Fassbind (grand groupe hôtelier suisse). Il est tout proche de la gare de Lausanne. Dans un bâtiment moderne, chic et design, on trouve des chambres confortables et lumineuses (avec télé câblée, air conditionné). Des studios sont proposés avec une kitchenette. Son atout charme : une salle panoramique au neuvième étage pour prendre son petit déjeuner avec une vue splendide sur les Alpes, le lac Léman et le Jura. Également, une salle de fitness avec sauna et un parking optionnel.

HÔTEL DU BOULEVARD €€

51 boulevard de Grancy
✆ +41 21 614 28 28
www.boulevard51.ch/fr/

22 chambres. A partir de 99 CHF la nuit. Studio meublé au mois à partir de 845 CHF. Petit déjeuner 15 CHF.

Situé sous la gare, cet hôtel comporte une vingtaine de chambres très confortables, avec une réception surprenante… puisqu'il n'y en a pas ! Dans ce microcosme entièrement automatisé, on vous répondra à travers un interphone, puis au téléphone depuis l'hôtel de La Nouvelle Couronne, à Morges. Le restaurant sous la véranda a été remplacé par un atelier d'architectes, mais la plupart des chambres sont équipées d'une kitchenette. Le petit déjeuner se prend au restaurant Le Milan qui se trouve de l'autre côté de la rue. Parfait pour des séjours de longue durée.

HÔTEL VICTORIA €€€

46 avenue de la Gare
✆ +41 21 342 02 02
www.hotelvictoria.ch

59 chambres et suites. Chambre simple à partir de 144 CHF, double à partir de 168 CHF. Petit déjeuner 20 €.

À une petite minute de la gare, dans une belle bâtisse historique, l'hôtel Victoria est un 4 étoiles chaleureux et calme, plein de charme et de personnalité, où la décoration est enrichie de nombreux objets chinés aux quatre coins du monde par un propriétaire voyageur. La devise est simple : « On voyage pour changer, non de lieu, mais d'idées » (Hippolyte Taine). Ainsi, toutes les chambres sont différentes et les habitués demandent souvent à retrouver la leur ! Accès gratuit à la salle de fitness, sauna payant. Wifi gratuit et 6 places de parking gratuites.

ROYAL SAVOY HÔTEL & SPA €€€

40 avenue d'Ouchy
✆ +41 21 614 88 88
www.royalsavoy.ch

196 chambres et suites. À partir de 281 CHF petit déjeuner compris. Brasserie du Royal. Lobby Lounge Bar. Cigar Lounge.

Ce grand hôtel ancestral, estampillé 5 étoiles et inauguré après une rénovation soignée en novembre 2015, a le charme des établissements balnéaires de luxe d'antan, où l'on résidait pendant une saison entière, personnel et bagages griffés à l'appui. 196 chambres dont 101 dans le bâtiment datant de 1909. Une façade historique à deux pas du lac, typique avec sa petite tour clocheton. À l'intérieur c'est le grand luxe : vastes espaces et mobilier cosy et design. Sur place : bar, brasserie, spa. IPad et machine Nespresso dans les chambres. Un moment royal !

ANGLETERRE & RÉSIDENCE €€€

11 place du Port
✆ +41 21 613 34 34
www.angleterre-residence.ch

75 chambres. Chambre individuelle de 295 à 385 CHF. Forfait week-end à partir de 435 CHF pour deux.

Magnifique bâtisse blanche aux volets gris clair, ce 4 étoiles est composé d'un bâtiment principal et de pavillons datant des XVIIIe, XIXe et XXIe siècles. En 1863, il accueillait la toute première école hôtelière au monde, déplacée depuis au nord de la ville. Le style des chambres est lié aux différentes étapes de la construction de l'hôtel : traditionnelles, avec poutres apparentes, ou bien contemporaines, avec un mobilier design. Partenaire du Beau-Rivage Palace, il offre un accès privilégié à la piscine extérieure chauffée, aux tennis et au spa Cinq Mondes.

BEAU-RIVAGE PALACE €€€

17-19 Place du Port ✆ +41 21 613 33 39
www.brp.ch

Chambres de 500 à 870 CHF, junior suite à partir de 1 200 CHF, suite à partir de 4 000 CHF. Petit déjeuner 49 CHF.

Au bord du lac, dans un magnifique parc de 10 ha, le célèbre palace lausannois, construit en 1861 et rénové récemment, possède 168 chambres personnalisées. De nombreux clients prestigieux y ont séjourné, notamment Albert Cohen, qui s'est inspiré du cadre pour écrire *Belle du Seigneur*. Comble du bien-être, le spa Cinq Mondes comprend deux piscines (une intérieure et une extérieure), un fitness, des salles de massage, un hammam, un sauna et un bain bouillonnant. La Terrasse, ancienne rotonde de 1924 entièrement rénovée en 2010, offre une vue incroyable sur le lac.

BNBLAUSANNE.CH €

23 Av Dapples
✆ +41 21 616 77 22
www.bnblausanne.ch

3 chambres d'hôte personnalisées. Occupation simple 100 CHF, double 120 CHF.

Ce qui fait la différence ici, c'est bel et bien l'accueil d'Ariane et James qui vous permettront de vous sentir chez vous en un rien de temps et orientent leurs clients selon leurs désirs de découvertes. Leur appartement se situe aux abords d'un magnifique parc centenaire, entre le lac Léman et la gare de Lausanne. Vous serez accueillis avec chaleur et simplicité dans ce vaste appartement du début du XXe siècle. Les trois chambres, décorés avec goût et charme, et le petit salon offrent un séjour douillet alliant confort, convivialité et authenticité.

CAMPING DE VIDY €

3 chemin du Camping
✆ +41 21 622 50 05
www.campinglausannevidy.ch

Adultes 8,50 CHF. Emplacement de 15 à 20 CHF. Bungalows pour 3-4 personnes à partir de 90 CHF.

Ce grand camping est idéalement placé sur les rives de Vidy, près du lac. Il dispose de 400 places en saison et de 65 places résidentielles à l'année (caravanes et mobil-homes). C'est une solution très économique et idéale pour venir s'amuser entre amis et profiter différemment de la ville, à quelques pas des plages du lac. De juin à septembre, organisation de soirées musicales et du monde sur la piste de danse. La terrasse de son restaurant Les Berges de Vidy est très agréable en été. Les crêpes de Gilles ont également très bonne réputation !

CHÂTEAU D'OUCHY €€€

2 place du Port
✆ +41 21 331 32 32
www.chateaudouchy.ch

Chambre simple de 290 à 450 CHF, chambre double de 330 à 520 CHF. Suite à partir de 800 CHF. Petit déjeuner 30 CHF.

Entièrement rénové par le Lausanne Palace & Spa, le château d'Ouchy, datant du XIIe siècle, se dresse directement au bord du lac, tel un décor de théâtre. Surprenant, déroutant, l'hôtel tranche parmi le décor environnant et mérite vraiment le coup d'œil. Ce lieu étonnant renferme 50 chambres et 17 suites, alliant matières nobles, objets design et raffinement. L'hôtel est agrémenté d'une belle piscine en été, également d'un sauna et d'un hammam, ainsi que d'une terrasse prise d'assaut dès les premiers rayons de soleil. Un coup de cœur !

HÔTEL AULAC €€

4 place de la Navigation
✆ +41 21 613 15 00
www.aulac.ch

84 chambres à partir de 119 CHF. Forfait week-end dès 149 CHF, petit déjeuner buffet inclus. Wi-fi gratuit.

L'hôtel Aulac est bien évidemment situé au bord du lac, ou en face plus exactement, et tout proche de la station de métro M2 Ouchy. Cet hôtel classé 3 étoiles, à l'architecture Belle Époque, offre tout le confort attendu dans des chambres (84) récemment rénovées. On apprécie les services gratuits : Wifi, petit déjeuner, bouteille d'eau, possibilité de café et de thé, un verre de vin offert au restaurant, la télévision avec 128 chaînes internationales, la carte des transports urbains. Un confort simple mais appréciable pour séjourner tout proche du lac.

HÔTEL BELLERIVE €€

99 avenue de Cour
✆ +41 21 614 90 00
www.hotelbellerive.ch

38 chambres. Chambre simple à partir de 128 CHF, chambre double à partir de 142 CHF. Petit déjeuner buffet à 15 CHF.

Très agréable de séjourner dans cet hôtel familial avec multitude de « plus » : des chambres rénovées à la vue imprenable sur le lac, un salon/salle de réunion avec une bibliothèque multilingue, le calme à Ouchy, un parking gratuit, un café-pub chaleureux avec une terrasse lounge et petite restauration jusqu'à 22h30, une gestion familiale, un espace wellness gratuit pour les clients, avec sauna et salle de fitness. Un camp de base sympathique et idéal pour se ressourcer. À deux pas, les bus 1 et 25 vous mènent au centre-ville.

LOFT BERNALDO €€

6 rue du Liseron
✆ +41 76 271 64 79
www.bedandbreakfastlausanne.com

De 160 à 220 CHF la nuit selon le nombre de personnes. Petit déjeuner compris.

À proximité du lac, dans un quartier calme, ce loft est un enchantement, tant en raison de la beauté des lieux, à la décoration raffinée, que du confort ou encore de l'accueil de votre hôte. Un saladier de fruits frais et de fruits secs, quelques chocolats, des fleurs et une maison impeccable vous ouvrent les bras. Le café et le thé sont à volonté. Le studio comprend une cuisine ouverte, un salon, deux chambres en alcôve, une mezzanine. Vous pouvez résider confortablement à 7 personnes. Petit déjeuner copieux et délicieux. C'est un coup de cœur !

HÔTEL DU PORT €€

5 Place du Port
✆ +41 21 612 04 44
www.hotel-du-port.ch

Chambre simple de 145 à 160 CHF, chambre double de 175 à 215 CHF, suite de 230 à 250 CHF, petit déjeuner inclus.

Dirigé par la famille Nicolier depuis 1962, soit donc trois générations tout de même, l'Hôtel du Port est un charmant petit établissement situé au bord du lac, près du port d'Ouchy, à 600 m du Musée olympique et à 5 minutes en métro du centre-ville. Décorées dans les tons beige et blanc, les chambres sont spacieuses et donnent ou sur le lac (pour la vue) ou sur la cour (pour le calme). L'accueil est chaleureux et le restaurant réputé propose une cuisine traditionnelle et des plats du terroir. Esprit familial et situation idéale.

MÖVENPICK HOTEL €€€

4 avenue de Rhodanie
✆ +41 21 612 76 12

72 chambres. Chambres de 205 à 420 CHF, suite à 1450 CHF (80 m²). Petit déjeuner buffet 34 CHF.

Un soin particulier a été apporté au confort et à la qualité du service afin de satisfaire tous les clients. Certaines chambres restent résolument classiques et 72 chambres contemporaines mettent l'accent sur un côté plus design. Trois restaurants sont à votre disposition : Le Jardin, La Brasserie et La Pêcherie. Pensez aussi à tenter quelques boissons au Tchin Tchin Bar où l'on trouve une sympathique sélection de cocktails et de bières. Un coin pour enfants, un centre de remise en forme et un sauna contribuent aussi grandement au confort du séjour.

LAUSANNE JEUNOTEL €

36 chemin du Bois de Vaux
✆ +41 21 6260222

Chambre à 4 lits 50 CHF par nuit et par personne. Petit déjeuner et draps inclus. Repas : 17,50 CHF.

Installée au bord du lac, une auberge de jeunesse de style contemporain allie bois et béton. Le hall, vaste et agréable, a été entièrement décoré de manière design en 2006. Les chambres ne proposent que le strict minimum, mais sont fonctionnelles (avec placards) et propres. Il est possible de jouer au billard, au Baby-foot, au ping-pong, ainsi que de louer des vélos. Le jardin est aussi très agréable pour se reposer et faire des rencontres. Parfait pour ceux qui doivent se rendre à l'université, à l'EPFL, ou qui sont restés jeunes.

NASH CARLTON HOTEL €€€

4 avenue de Cour
✆ +41 21 613 07 00
www.carltonlausanne.com

Chambre simple de 295 à 400 CHF, chambre double de 250 à 485 CHF. Petit déjeuner 25 CHF.

Cet élégant hôtel particulier 4 étoiles, entouré d'un beau jardin et situé entre la gare et le lac, est installé dans une superbe bâtisse du début du XXe siècle. Fraîchement rénové sans renier ses origines, les chambres sont spacieuses et décorées dans un style victorien chaleureux, peut-être un peu trop chargé parfois mais toujours luxueux. D'ailleurs, de luxueux, nous retrouvons aussi les salles de bains en marbre. Une magnifique terrasse ombragée propose un écrin de verdure en plein centre et permet de profiter des services de restauration.

AQUATIS HÔTEL €€

Route de Berne 150
✆ +41 21 654 24 24
www.aquatis-hotel.ch

143 chambres entre 135 et 270 CHF. Espace détente, spa et fitness. Package avec entrée à l'Aquatis aquarium-vivarium.

Sur les hauteurs de Lausanne, situé devant la belle façade en écailles du musée Aquatis et à deux pas du métro (Vennes), cet hôtel moderne est un agréable lieu d'étape. Ouvert en 2015, cet hôtel 3 étoiles supérieur est lumineux et confortable, avec des chambres au design épuré. Plus particulièrement dédié aux hommes d'affaires et aux congressistes, il est également apprécié des touristes pour son calme, sa vue et la possibilité de se garer facilement. Sur place, une brasserie bénéficiant d'une grande terrasse, un spa avec hammam et fitness.

CAMPING DE PRA COLLET €

71a route du Jorat
✆ +41 21 784 07 68
www.camping-pra-collet.ch

Adulte 10 CHF par nuit. Emplacement (tentes, caravanes) de 9 à 13 CHF ; voiture 3 CHF. Locations tente 25 CHF.

Cap sur la verdure et la nature ! Ce beau camping situé sur les hauts de Lausanne, à l'orée de la forêt, propose des vacances en toute tranquillité. De taille familiale, il est idéal pour des vacances relaxantes ou en famille. En son sein, il offre de nombreuses activités avec possibilités de grillades, pétanque, terrain pour jeux de ballons et une zone Wifi gratuite liée à la buvette. L'accès à la piscine en plein air est gratuit, et les parcours santé (Vita) et VTT ainsi que le golf sont à proximité. C'est aussi un point de départ idéal pour des randonnées.

TULIP INN €€

8-10 chemin du Cerisier
✆ +41 21 646 16 25

Chambre simple de 147 à 220 CHF, double de 174 à 260 CHF, petit déjeuner inclus.

Situé près de Beaulieu, cet hôtel moderne possède une devanture assez fade, mais les chambres sont calmes et confortables. On apprécie même la décoration d'intérieur qui est colorée et très chic, avec des touches parfois verdoyantes et un ensemble joliment boisé. Autre point positif, le petit déjeuner est très bon et très copieux. Enfin, Tulip Inn propose tout ce qu'un établissement de ce genre doit être en mesure d'offrir : un Wifi, un parking couvert, un centre d'affaires et un bar lounge ouvert en continu pour vous détendre.

S'INFORMER

Que vous voyagiez avec votre propre véhicule, en sac à dos, en train ou à vélo, la Suisse est véritablement un pays où vous trouverez avec facilité toutes les informations pour vous organiser et vous informer avant le grand départ. Pour vous guider au préalable, laissez-vous tenter par les suggestions de séjours, de découvertes, d'expériences et d'activités de Suisse Tourisme (www.myswitzerland.com). Les nombreux offices de tourisme vous suggèrent de l'évasion pure en fonction de vos attentes. Les stations de ski mettent en avant des produits alléchants été comme hiver, les villes proposent des packages culturels « tout en un » et thématiques, et les villes de campagne de belles escapades du terroir. Ces entités sont à la page pour vous guider sur les événements partout en Suisse. Le site de la Confédération suisse (www.admin.ch) vous sera d'une aide précieuse pour récolter les informations institutionnelles du pays.

CARNETS DE VOYAGE

36, Boulevard de la Bastille
PARIS (12e)
phoenix-publications.com
Trimestriel consacré à des destinations de voyage avec des focus dédiés à la découverte des régions.

Trimestriel consacré à des destinations de voyage avec des focus dédiés à la découverte des régions, *Carnets de Voyage*, le magazine des voyages réussis. Tous les 3 mois, la revue vous invite à découvrir à travers ses reportages le meilleur des destinations. Grande ou petite escapade à la découverte d'une ville, d'une région, en France, en Europe ou dans le monde à travers des reportages photo uniques complétés de conseils pratiques et de bonnes adresses pour nous faciliter le voyage avec enfin, un agenda des rendez-vous à ne pas manquer.

CHOISIS TON RESTO

www.choisistonresto.com
Site Internet proposant une sélection d'adresses gastronomiques et de coups de cœur.

Addict de la bonne humeur, Amélie Nouhad Monpays est une croqueuse de vie, tout simplement ! Ce qu'elle aime par-dessus tout, c'est partager tous ses bons plans gourmands et ses découvertes gastronomiques. En véritable reporter, elle déniche les nouveautés : bars, restaurants, boutiques gourmandes… Surtout, elle partage sur la Toile et sur son blog toutes ses impressions afin de nous retranscrire de manière authentique son expérience, pour découvrir et faire découvrir un lieu pour son ambiance, pour sa cuisine, afin de guider les gourmands !

MUSEUMS.CH

Schweizerisches Landesmuseum Postfach
www.museums.ch
Association des musées suisses.

Museum est le site de l'association faîtière pour les musées en Suisse (Association des musées suisses). Outre promouvoir la diversité et le patrimoine muséal du pays, l'association permet grâce à son site Internet de faire une recherche par catégorie des visites à programmer. C'est un sésame incroyable pour bénéficier de tous les détails concernant aussi bien le côté pratique (horaires, tarifs d'entrée) que le côté culturel (expositions temporaires). Ne manquez pas l'événement phare organisée chaque année : la nuit des musées. C'est une façon insolite de visiter.

MYSWITZERLAND.COM

✆ 00800 100 200 29
www.myswitzerland.com
Site de la Suisse touristique pour préparer votre voyage.

Un site alléchant qui vous dévoile dans les moindres détails tous les atouts touristiques du pays. Un passage est inévitable pour organiser votre escapade. Plein d'astuces, d'informations pratiques et d'idées de séjour sur le site de l'office de tourisme Suisse. Il vous permet, entre autres, d'acheter à l'avance la vignette autoroute nécessaire pour circuler avec votre véhicule dans le pays. Des suggestions d'itinéraires, des réservations d'hôtels, des conseils, la météo, etc., autant d'articles utiles à votre préparation de voyage en terre helvétique.

RESTER

Nombreux sont les Français tentés de s'installer en Suisse romande, comme l'ont fait Charles Aznavour, Jean-Claude Killy, Isabelle Adjani ou Maurice Béjart. Moins d'impôts, de meilleures rémunérations, des paysages magnifiques et une proximité avec la nature, les atouts de la région sont séduisants. Et plus d'emploi aussi, pour les gens comme vous et moi !

Mais attention : l'installation peut parfois prendre du temps avec toutes les paperasses à remplir. En ce qui concerne les questions administratives, le mieux est de vous renseigner auprès du consulat et des représentations françaises.

Consultez également le site Internet de l'association Groupement transfrontalier européen, frontalier.org.

Vous trouverez aussi de nombreuses informations sur le site du cabinet de conseil fiscal et juridique suisse Micheloud & Cie : www.live-in-switzerland.com

ACTION CONTRE LA FAIM

14, boulevard de Douaumont
PARIS (17e)
✆ 01 70 84 70 70
www.actioncontrelafaim.org/
Par téléphone de 9h à 13h et de 14h à 18h.

ONG internationale spécialisée dans la lutte contre la faim dans le monde, active dans les domaines de la nutrition, santé, sécurité alimentaire, de l'eau, de l'assainissement. L'association intervient dans des situations de crise. Le but étant de rendre les populations autonomes d'un point de vue de la nutrition, en apportant une aide concrète et en formant les intervenants locaux qui prendront le relais. Ses missions de volontariat durent de trois mois à un an en Afrique, Asie, Amérique, Europe centrale, dans le Caucase, au Moyen-Orient et dans les Caraïbes.

MINISTÈRE DE L'EUROPE ET DES AFFAIRES ÉTRANGÈRES

www.diplomatie.gouv.fr

Site Internet officiel pour connaître les formalités d'entrée et séjour dans le pays. Dans la rubrique « Services aux Français », vous trouverez un guide de l'expatriation, les modalités de demandes de documents officiels. Sur la page d'accueil en sélectionnant le pays, vous obtenez les contacts des ambassades. Dans l'espace politique, économie et socio-culturel, quantité d'informations et de communications utiles pour qui s'intéresse aux réalités du pays.

CIDJ

www.cidj.com

Le Centre d'Information et de Documentation Jeunesse a été créé en 1969, sous la tutelle du ministère de la Jeunesse et des Sports. Le site Internet est bien fait et très complet. La rubrique « Partir à l'étranger » fournit des informations pratiques aux jeunes qui ont pour projet d'aller vivre à l'étranger. Il y a une rubrique spécifique dédiée à chacun des thèmes suivants : travail, étude, stage, volontariat international et séjours linguistiques. Pour vous aider dans vos démarches, vous pouvez avoir un entretien gratuit avec un conseiller du CIDJ.

BUSINESS FRANCE

77, Boulevard Saint-Jacques
PARIS (14e)
✆ 01 40 73 30 00
Ouvert en semaine de 8h30 à 18h30.

L'Agence pour le développement international des entreprises françaises travaille en étroite collaboration avec les missions économiques. Le site Internet recense toutes les actions menées, les ouvrages publiés, les événements programmés et renvoie sur la page du Volontariat International en Entreprise (VIE). Fondée en 2015, cette structure est née de la fusion entre Ubifrance et l'Agence française pour les investissements internationaux. Elle est affiliée au Ministère de l'Europe et des Affaires étrangères et au Ministère de l'Économie et des Finances.

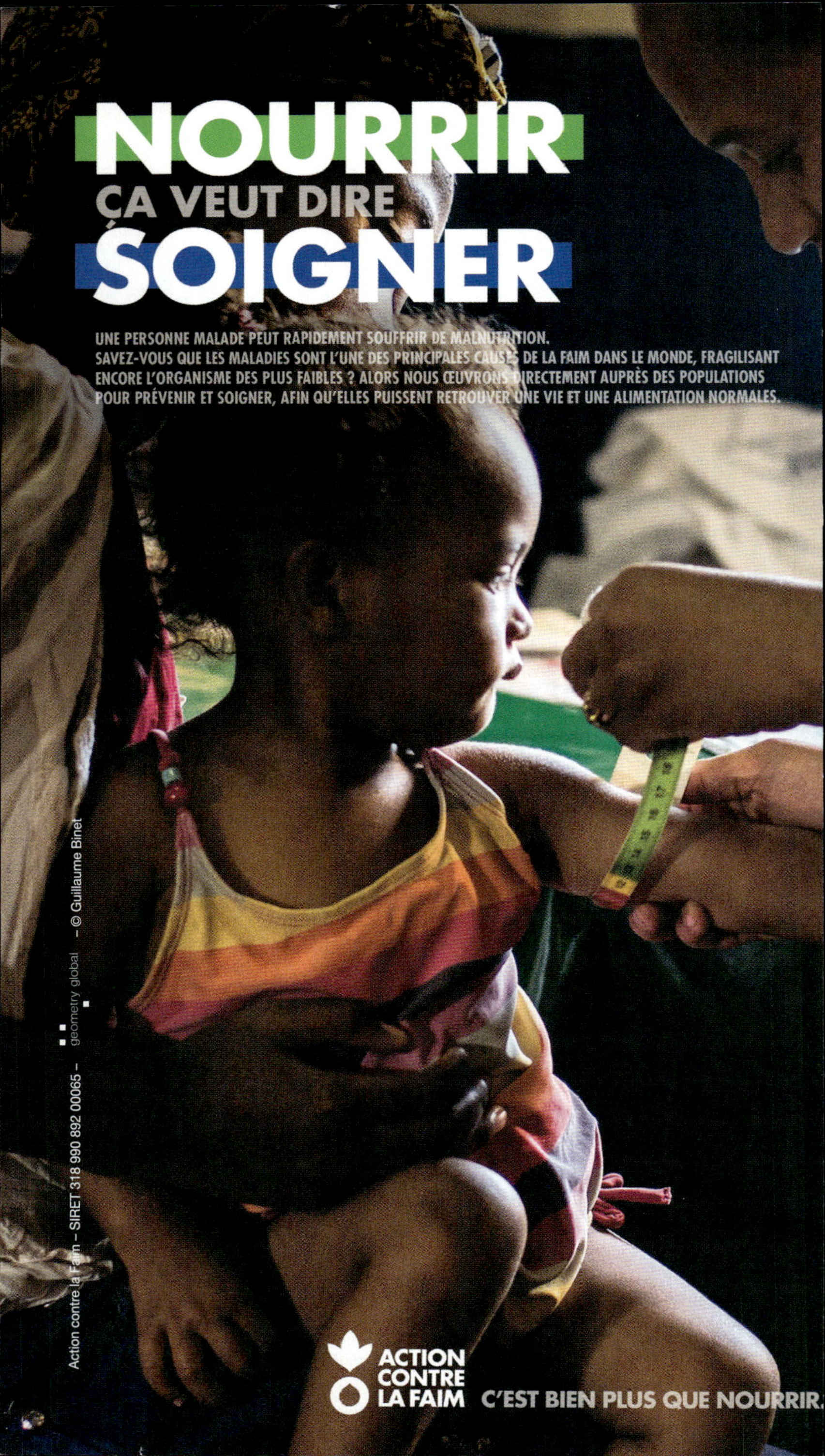

NOURRIR
ÇA VEUT DIRE
SOIGNER
UNE PERSONNE MALADE PEUT RAPIDEMENT SOUFFRIR DE MALNUTRITION.
SAVEZ-VOUS QUE LES MALADIES SONT L'UNE DES PRINCIPALES CAUSES DE LA FAIM DANS LE MONDE, FRAGILISANT ENCORE L'ORGANISME DES PLUS FAIBLES ? ALORS NOUS ŒUVRONS DIRECTEMENT AUPRÈS DES POPULATIONS POUR PRÉVENIR ET SOIGNER, AFIN QU'ELLES PUISSENT RETROUVER UNE VIE ET UNE ALIMENTATION NORMALES.
Action contre la Faim – SIRET 318 990 892 00065 – geometry global – © Guillaume Binet
ACTION CONTRE LA FAIM
C'EST BIEN PLUS QUE NOURRIR.

INDEX

D

E

F

G

H

M

N

O

P

© GRAUY - ISTOCKPHOTO.COM

Vue sur Lausanne.

EDITION

Directeurs de collection et auteurs : Dominique AUZIAS et Jean-Paul LABOURDETTE

Auteurs : Florent CATANZARO, Priscilla PARARD, Romain RISSO, Mathias DESHOURS, Sylvie DEL COTTO, Mathilde LEROY, Juliette COURTOIS, Amandine GLEVAREC, Séverine VULLIEZ, Corine LACRAMPE, Isabelle GUIGNET, Aude HAENNI, Laure DE GONNEVILLE, Chloé CONSIGNY, Jean-Paul LABOURDETTE, Dominique AUZIAS et alter

Directeur Editorial : Stéphan SZEREMETA

Rédaction Monde : Laure CHATAIGNON, Morgane VESLIN, Pierre-Yves SOUCHET, Natalia COLLIER

Rédaction France : Briséis CREAC'H-MENUT, Tony DE SOUSA, Mélanie COTTARD, Audrey VEDOVOTTO

FABRICATION

Maquette et Montage : Romain AUDREN, Julie BORDES, Delphine PAGANO

Iconographie et Cartographie : Anne DIOT, Julien DOUCET

WEB ET NUMERIQUE

Directeur Web : Louis GENEAU de LAMARLIERE

Développeurs : Guillaume BARBET, Adeline CAUX et Roland SPOUTIL

Intégrateur Web : Mickael LATTES, Antoine DION

Webdesigner : Caroline LAFFAITEUR

Community Traffic Manager : Alice BARBIER, Mariana BURLAMAQUI et Noémie LE SAUX

DIRECTION COMMERCIALE

Directeur commercial : Guillaume VORBURGER

Coordinatrice des Régies commerciales : Manon GUERIN

Account Manager Marketplace : Leila ROUGEOT assistée de Lola FAVRE-MOT

Responsable Régies locales : Michel GRANSEIGNE

Responsables Développement régie inter : Jean-Marc FARAGUET et Guillaume LABOUREUR

Chefs de Publicité Régie internationale : Camille ESMIEU

Chefs de Publicité Régie nationale : Caroline AUBRY, François BRIANCON-MARJOLLET, Perrine DE CARNE MARCEIN, Yannick LE MARRE

Régie LAUSANNE - RIVIERA SUISSE : Dahlia SANTOS

DIFFUSION ET PROMOTION

Directrice des Ventes : Bénédicte MOULET assistée d'Aissatou DIOP

Responsable des ventes : Jean-Pierre GHEZ assisté de Nelly BRION

Relations Presse-Partenariats : Jean-Mary MARCHAL

ADMINISTRATION

Président : Jean-Paul LABOURDETTE

Directrice des Ressources Humaines : Dina BOURDEAU assistée de Sandra DOS REIS et Eva BAELEN

Directrice Administrative et Financière : Valérie DECOTTIGNIES

Comptabilité : Guillaume PETIT, Aminata BAGAYOKO, Jeannine DEMIRDJIAN

Recouvrement : Fabien BONNAN assisté de Sandra BRIJLALL

Responsable informatique : Elie NZUZI-LEBA

PETIT FUTÉ LAUSANNE - RIVIERA SUISSE

LES NOUVELLES EDITIONS DE L'UNIVERSITE
18, rue des Volontaires - 75015 Paris.
© 01 53 69 70 00 - Fax 01 42 73 15 24
Internet : www.petitfute.com
SAS au capital de 1 000 000 €
RC PARIS B 309 769 966
Couverture : Ville de Lausanne, Suisse © rudi1976 - stock.adobe.com
Parachutiste © Dinostock - Fotolia
Impression : IMPRIMERIE CHIRAT - 42540 Saint-Just-la-Pendue
Achevé d'imprimer : janvier 2022
Dépôt légal : 02/03/2022
ISBN : 9782305038636

Pour nous contacter par email, indiquez le nom de famille en minuscule suivi de @petitfute.com
Pour le courrier des lecteurs : info@petitfute.com

IMPRIMÉ EN FRANCE

T

U

V

W

Y

Z